伟大的艺术家

伟大的艺术家

（英）乔治·布雷 编著　谭斯萌 李惟祎 钱卫 译

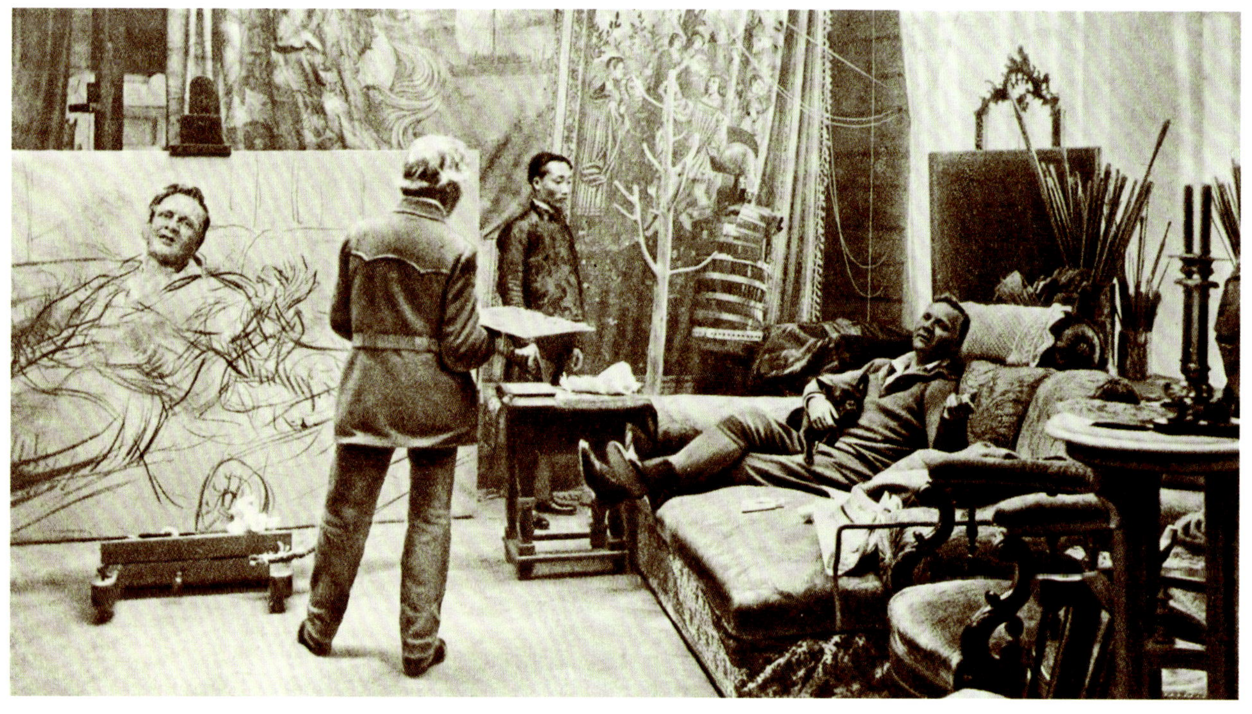

中国·武汉

图书在版编目(CIP)数据

伟大的艺术家 / (英) 乔治・布雷 (George Bray) 编著；谭斯萌，李惟祎，钱卫译. --武汉：华中科技大学出版社，2019.1

ISBN 978-7-5680-4603-9

Ⅰ.①伟… Ⅱ.①乔… ②谭… ③李… ④钱… Ⅲ.①艺术家－生平事迹－世界 Ⅳ.①K815.7

中国版本图书馆CIP数据核字(2018)第217714号

Original Title: Artists: Their Lives and Works

简体中文版由Dorling Kindersley Limited授权华中科技大学出版社有限责任公司在中华人民共和国（不包括香港、澳门和台湾）境内出版、发行。

湖北省版权局著作权合同登记 图字：17-2018-164号

伟大的艺术家　　（英）乔治・布雷 编著

Wei Da De Yishujia　　谭斯萌 李惟祎 钱卫 译

出版发行：华中科技大学出版社（中国・武汉）电话：（027）81321913

北京有书至美文化传媒有限公司　（010）67326910－6023

出 版 人：阮海洪　　邮编：430223

责任编辑：莽 昱 李 鑫　　封面设计：郑元柏

责任监印：徐 露 郑红红　　内文排版：北京博逸文化传媒有限公司

印刷：鸿博昊天科技有限公司

开本：787mm × 1092mm　1/8

印张：45

字数：230千字

版次：2019年1月第1版第1次印刷

定价：228.00元

A WORLD OF IDEAS:
SEE ALL THERE IS TO KNOW

www.dk.com

本书作者

George Bray

乔治・布雷，作家、艺术家。毕业于中央圣马丁艺术学院，主要撰写艺术史和当代视觉文化方面的文章。目前生活、工作于伦敦。

Nick Harris

尼克・哈里斯，毕业于牛津大学，曾担任教师和图书编辑。他为成人和青少年撰写艺术、历史方面的书籍与文章。

Kirsty Seymour-Ure

科斯蒂・西摩-尤尔，毕业于杜伦大学，他是一位经验丰富的自由撰稿人和编辑，专攻艺术、建筑、设计等。

Iain Zaczek

伊恩・扎克泽克，曾就读于牛津大学与伦敦的考陶尔德学院。他是凯尔特艺术和拉斐尔前派艺术方面的专家，出版30多本著作。

Caroline Bugler

卡罗琳・巴格勒，获剑桥大学艺术史学位和伦敦考陶尔德学院艺术硕士学位。她出版过多本著作，并发表多篇文章。曾任伦敦国家美术馆和艺术基金会编辑。

Diana Loxley

戴安娜・洛克斯利，获埃塞克斯大学文学博士学位。她是一名自由编辑兼撰稿人，曾在英国伦敦的一家出版公司担任执行编辑。她编辑并撰写了多本文化理论与艺术方面的书籍，并参与编著DK“大思想”系列。

Jude Welton

朱迪・威尔顿，获英语学士学位。她曾撰写并编辑多本艺术史方面的通俗读物。她参与编著的DK图书包括《印象派》《莫奈》等。

Andrew Graham-Dixon

安德鲁・格雷厄姆-狄克逊，他是一流的艺术评论家和艺术节目主持人，曾为BBC主持了多部具有划时代意义的系列节目，比如著名的《英国艺术史》《文艺复兴》等，并拍摄了多部关于艺术和艺术家的纪录片。

目录

第五章
19世纪

第六章
20世纪早期

第七章
1945年至今

前言

我经常参观本地的一座博物馆，它正好是家顶尖的博物馆，即伦敦国家美术馆。我越来越强烈地感受到：许多游客，甚至可以说绝大多数游客，都没有对周围的画作产生真正的体验，更不要说有什么思考了。那他们都在干些什么呢？自拍。过程很简单：站在名画面前，对着手机屏幕调整自己的姿态，拍照，然后走人。在此期间，自拍者完全无需正对被摄作品。看到他们的表演，我深受打击，因为画作本身，无论是达·芬奇（Da Vinci）的、拉斐尔（Raphael）的，还是米开朗基罗（Michelangelo）或其他艺术家的作品，在某种程度上都变得无关紧要。人们只对其名声感兴趣，自拍照的意义也只不过是证明自拍者与此类著名事物有过实际接触而已，哪怕这接触十分地短暂。因此，自拍照既是一种证据，又是一种炫耀。但这同时也暴露出一个问题：人们根本就不理解为何伟大的艺术作品值得关注。艺术作品不是用来炫耀的，而是要用心去观赏、去体会的。它们不应该仅仅被当作卖弄的资本，变成现代人自恋的玩物。

本书的要务之一就是提醒人们这一点。它可以被视为一座便携式博物馆，致力于介绍世界史上最出众的部分画家与雕塑家的生平与作品。每个条目都从时代背景出发，简明扼要地阐述特定艺术家的作品全貌及精华所在，同时辅以精心挑选的插图。本书的作用可以止步于此，但并未结束。这取决于读者能否通过真正亲身前往观赏其中的任意一幅原作来完成使命：找出画作，加以感受，并从中寻找独特的意义与启示。对观者的眼睛与心灵来说，每幅艺术作品都可以是常看常新的。因此本书中的各个条目既是关于特定艺术家作品的入门指南，又是一扇等待开启的大门。每一扇门的背后都有一个可供探索的世界。那个世界或许是巴洛克时代卡拉瓦乔（Caravaggio）或贝尼尼（Bernini）笔下的罗马那血腥可怖的场景；抑或是江户时代动荡不安的日本；还可能是令人悲痛的普罗旺斯——文森特·凡·高（Vincent van Gogh）晚年悲剧的发生之地。

本书的设计也许称得上新颖，但基本结构并无创新之处。实际上，本书所采用的结构可追溯到近500年前的后古典主义时期的艺术史开山之作，即乔尔乔·瓦萨里（Giorgio Vasari）的《艺苑名人传》（*Lives of the Painters, Sculptors, and Architects*）。该书第二版即最终版于1568年出版。瓦萨里这部被誉为艺术史圣经的著作分为多个章节，每章介绍一位特定艺术家的生平及主要作品，细节往往着墨极多（毕竟当时无法配以原作的照片）。必须要强调的是，瓦萨里那个年代获取信息显然比现在要困难得多。即便只专注于意大利艺术家（其中大部分来自托斯卡纳），且时间范围限定在14世纪初至其生活的年代，瓦萨里还是花了30多年的时间来收集、研究素材。他走遍意大利靴形版图的每个角落，参观艺术家的工作室，复印学徒合同，与无数可能有所帮助的人不断地交谈：镇上有哪位能帮我介绍下皮耶罗·德拉·弗朗切斯卡（Piero della Francesca）吗？谁能告诉我列奥纳多·达·芬奇（Leonardo da Vinci）笔下那位面带神秘微笑的女性是谁？米开朗基罗多久换一次袜子？从来不换？真的吗？请继续说下去……

瓦萨里拥有无穷的好奇心，对他来说，任何问题都值得追问、探究一番。他勾勒艺术家生平背后的野心也是无穷的。他企图让视觉艺术，尤其是绘画与雕塑的艺术，成为一门供人关心与探讨的严肃学科。在瓦萨里所处的年代，只有诗歌、戏剧和哲学才被视为真正的人文科学。画画的和做雕塑的只被看作是手艺人：做做手工活而已，做的时候还把身上弄得脏兮兮。正是瓦萨里提出：绘画与雕塑本身就是哲学、诗歌与戏剧的载体，是思想与感受的深刻表现——而他无疑是正确的。因此，他认为最伟大的艺术家完全可以同其他闻名遐迩的知识巨匠比肩而立。

瓦萨里的同代人将其视为怪人，但他的确笑到了最后。我有时觉得我们当代人做得有些过火：在我们的观念里，把艺术家都视为英雄人物——尤其是当我看到在世的艺术家出售的画作足以买下一整条街的房屋时。或许瓦萨里要对这一切负责，也要对引起名作前自拍现象的艺术狂热负责，但这绝非一种指责。

诸位读者手中的这本书无疑是瓦萨里《艺苑名人传》的后裔，虽然它并不像那部杰作一样充满偏见——瓦萨里经常给自己厌恶的画家捏造事实，加以诋毁——并且视野也更加广阔。本书虽将目光聚焦于西方艺术，但对其他地区也不失关注。因此，它不仅是座便携式博物馆，还是一座世界级博物馆。最重要的是，它提供了一种深入艺术的方式，因而可以说是拓展眼界的必备工具，而这正是当下极其短缺的事物。当我们观赏来自不同其他时空的天才所创造的艺术作品时，便会脱离我们当下所处的文化环境，或至少将之代入一种更为广阔的视角。我们会超越自拍者的自恋境界，摆脱偏见，通过重塑的人文情怀认识到，在我们自身的观看方式之外，还存在着更多的可能性。

安德鲁·格雷厄姆-狄克逊（Andrew Graham-Dixon）

1500年以前

第一章

▷**被拣选者**
此处细节出自《最后的审判》(*The Last Judgement*),是乔托为帕多瓦斯科洛文尼礼拜堂提供的设计方案的一部分,描绘了被拣选者(即被送往天堂之人)的队伍。有些学者认为,前排戴金色帽子者是艺术家本人。

乔托

约1270—1337年,意大利人

作为站在意大利绘画光荣传统之巅的杰出人物,乔托以自然主义的视角和丰富的人类情感将艺术引上了全新的道路。

乔托（Giotto）是自古希腊时期以来第一位在生前就已声名远扬的艺术家。他主要在佛罗伦萨工作，但对其服务的需求让他去过意大利的其他地方，还有可能到过法国的阿维尼翁（Avignon）。同时代人称他为当时最伟大的画家。尽管如此，很久以后才有人试图对他的成就进行系统记述。

“他将遗失了数个世纪的艺术带入人间……不愧于‘佛罗伦萨荣耀之光’之称。”

——乔万尼·薄伽丘，《十日谈》，约1350年

出身未知

乔托的首位传记作者是乔尔乔·瓦萨里，其著名的《艺苑名人传》在艺术家去世200多年后的1550年首次出版。瓦萨里书中的大部分信息都不可靠，对乔托生平信息的掌握也不够完善。例如，瓦萨里写道，“这位伟人”出生于1276年，然而与乔托的时代更接近的消息来源声称，他在1337年去世时已70岁，这说明他出生在1266年或1267年。而一些晚近学者更倾向于1270年这一判断。

被契马布埃发掘

乔托的出生地依然不详，可能是位于佛罗伦萨东北部约24千米处的村庄科莱·迪·维斯皮尼亚诺（Colle di Vespignano）。据说他的父亲是一位名叫邦多纳（Bondone）的农民。据瓦萨里称，年幼时的乔托曾帮父亲照看羊群。这就衍生出这个男孩的艺术天赋如何被发掘的引人入胜的故事。有一天，约10岁的乔托正在石板上给一只羊画速写，正逢来自佛罗伦萨的著名画家契马布埃（Cimabue）路过此地。他对这个孩子的绘画技巧赞叹不已，于是立刻询问乔托的父亲，能否收他为徒。

初露锋芒

这类童年故事在艺术家的传记中十分常见，但多数属于虚构。事实上，1999年挖掘的最新文献就证明，乔托的父亲不是农民，而是一位生活在佛罗伦萨的铁匠。然而，这个故事的关键点——乔托师从契马布埃——有可能实有发生。契马布埃很可能是当时意大利最重要的画家，因此才华横溢的年轻人自会慕名而来，而同时代的人无疑将乔托视为他的直接继承者。这一点在但丁（Dante）著名的长诗《神曲》（*The Divine Comedy*，大约在1320年完成）中体现明显，其中有一段中如是写道：“契马布埃认为自己在绘画领域极具权威，如今广受赞誉的却是乔托，他使前者的光环暗淡下来。”

13世纪80年代，乔托可能多半是在当学徒。男孩子通常在12岁至14岁左右开始接受这种培训，往往持续6年或更久。人们对乔托的生平一无所知，他的名字直到1301年才出现在记录当中，其中提到他在佛罗伦萨拥有一座别墅。后来有关乔托的文献记载同样涉及财产与投资，虽然这无法体现他的性格，但证实了他的显赫财富及其身为精明商人的传闻。

斯科洛文尼礼拜堂

能够确切归于乔托名下的首件存世作品，也是唯一可以合理而精确地断定年代的作品，是一组几乎覆盖了帕多瓦斯科洛文尼礼拜堂[又称阿雷纳礼拜堂（Arena Chapel）]整个室内空间的湿壁画。这座礼拜堂为该城市最富有的公民之一恩里科·斯科洛文尼（Enrico Scrovegni）而建，其选址处曾建有一座古罗马圆形剧场（竞技场）——该建筑的俗名也由此而来。1300年，斯科洛文尼买下了这块土地，5年后礼拜堂落成。至此，乔托的湿壁画创作大致进

◁**系列湿壁画**

斯科洛文尼礼拜堂内部被乔托杰出的壁画所覆盖，一直延伸至天花板。主要的三层图像讲述了圣母玛利亚和耶稣的生平故事。

人物小传

乔尔乔·瓦萨里

出生在意大利阿雷佐（Arezzo）的乔尔乔·瓦萨里（1511—1574年）是一位成功的画家兼建筑师，曾为科西莫·德·美第奇（Cosimo de' Medici）设计了佛罗伦萨的乌菲奇美术馆（最初为政务厅）。科西莫是美第奇政治王朝之祖，实际上，该家族在大半个文艺复兴时期里统治着佛罗伦萨。瓦萨里以其1550年首次出版的艺术史作品《艺苑名人传》而闻名于世。他在1568年的第二版增补本中加入了自传部分。这部作品使瓦萨里赢得了“艺术史之父”的美誉，并促使其他国家展开类似的传记编纂工作。

《自画像》，乔尔乔·瓦萨里，约1566—1568年

△《宝座上的圣母》，约1310年

乔托将圣母与圣子的形象固定在一个三维空间中，从而为优雅的人像增添了真实感。

展顺利，因为这些作品的所注日期通常是在约1303年至1306年。

斯科洛文尼礼拜堂的湿壁画顶端是饰有星空的拱形天花板，而湿壁画专门描绘耶稣、圣母玛利亚及其父母圣安娜（St Anna）和圣约阿希姆（St Joachim）的生平事件。这些场景所传达的情感不尽相同，乔托通过对姿势和面部表情的掌握，展现了一种前所未有的描绘不同场景中人物情绪的能力——从耶稣诞生时的温情脉脉，到哀悼者们围在基督身旁时的悲痛欲绝。乔托的人物形象具有一种全新的体积感和重量感，人物所处的背景呈现一种近乎真实的凹凸感，这与之前盛行的扁平化、超自然的拜占庭风格截然相反。艺术家将他对透视的理解与对身体和姿势的合理表现相结合，并更为写实地描绘衣服面料的褶皱，以在画作中创造出真实可信的人物。

乔托的同代人认为他的自然主义和立体感掀起了一场绘画革命。最值得注意的是，佛罗伦萨画家琴尼诺·琴尼尼（Cennino Cennini）约在1400年对乔托的成就进行了总结："乔托将绘画艺术从希腊风格（即拜占庭风格）转化为拉丁风格，并使之融入现代。"

相关技术

湿壁画

乔托是推崇湿壁画技术的第一人，这是他成为意大利绘画之"父"的一个重要原因。在他逝世后的几个世纪里，意大利的众多著名艺术家都认为该项技术是对自身技能的最高考验。湿壁画（fresco，本意为"新鲜"）要在湿灰泥上完成，将新鲜的灰泥直接涂抹在墙壁或天花板上。随着灰泥变干，颜料成为墙壁不可分割的一部分，形成持久的涂层。这种技术需要十分稳健的手法，因为颜料一旦涂到灰泥上，就很难再做修改。

阿西西（Assisi）圣方济各大教堂（The Basilica of St Francis）里的湿壁画碎片

声望与争议

据说，除了帕多瓦，乔托还在意大利别处工作，其中有大概10个艺术中心，包括卢卡（Lucca）、米兰、里米尼（Rimini）、罗马和乌尔比诺（Urbino）等。不过，这些地方关于其作品的早期文献记载内容不详，无法判断与其任何存世作品是否相关。关于他是否参与创作阿西西圣方济各大教堂的著名壁画，历史学家们一直争论不休。

这座教堂坐落于圣方济各墓地附近，在圣方济各逝世并被追封为圣人后不久便开始施工。教堂于1253年落成，1260年至1320年由几名当时极出色的艺术家用湿壁画加以装饰。乔托很可能是其中之一，据说他绘制了教堂中最令人印象深刻的一组壁画——关于圣方济各生平的28个场景——虽

"他不仅超越了同时代的大师，还超越了数百年前的大师。"

——列奥纳多·达·芬奇，《大西洋古抄本》（*Codex Atlanticus*），约1500年

然也有学者认为这些壁画出自另一位或其他艺术家之手。1997年，教堂及其壁画因地震遭受严重破坏，而粗暴的修复方式又饱受诟病。根据瓦萨里的说法，乔托还曾在阿维尼翁为克雷芒五世（Pope Clement V）效力——这位法国教皇于1309年将教廷从罗马迁至此处，但这一说法同样未经证实。除了斯科洛文尼礼拜堂，仅有2件重要的存世作品被公认为乔托的作品：佛罗伦萨的圣十字教堂（Santa Croce）中遭到破坏却依旧令人难忘的壁画，以及一幅华丽的木板油画《宝座上的圣母》（*Ognissanti Madonna*），现藏于佛罗伦萨乌菲奇美术馆。

△**乔托钟楼**
乔托晚年开始着手设计佛罗伦萨大教堂的钟楼，其表面的彩色大理石为这座高85米的塔楼增添了镀漆之感。

艺术家兼建筑师

据称，乔托结过2次婚，有过至少8个孩子。人们对他的性格特征知之甚少，虽然14世纪的作家乔万尼·薄伽丘（Giovanni Boccaccio）[著名的《十日谈》（*The Decameron*）作者]称他性情温和、谈吐风趣。

关于乔托的生平记载最详实的时间是从1328年至1333年，期间他在那不勒斯为该城的国王“聪明的罗伯特”（Robert of Anjou）效劳。他在宫廷中备受尊敬，但他在此完成的作品仅剩下残片。1334年，他回到佛罗伦萨，在那里被任命为城市建筑师，期间设计了大教堂的钟楼。1337年，钟楼只完成了第一层。后来的设计有所变更，但该建筑有时仍被称为“乔托钟楼”。

佛罗伦萨市为乔托举办了一场公共葬礼，并将他葬在大教堂内。他是有史以来首位获此殊荣的艺术家。凭借他的作品和个性，乔托开创了一个全新的时代：继他之后，艺术史逐渐成为关于伟大艺术家的历史。

◁**《圣方济各生平》，1325—1328年**
乔托作于圣十字教堂内巴尔迪礼拜堂（Bardi Chapel）中的壁画使他跻身于佛罗伦萨艺术界的首批伟人之列。

简要年表

约1303—1306年
为帕多瓦斯科洛文尼礼拜堂绘制湿壁画杰作。

约1309—1314年
可能在阿维尼翁为教皇克雷芒五世效劳，虽然这一时期并没有知名画作传世。

约1310年
为佛罗伦萨的诸圣堂主祭坛绘制《宝座上的圣母》。

约1320—1330年
为佛罗伦萨圣十字教堂的巴尔迪礼拜堂和佩鲁齐（Peruzzi）礼拜堂（分别属于两个银行业家族）绘制湿壁画。

扬·凡·艾克

约1385—1441年，尼德兰人

扬·凡·艾克的艺术影响力遍及欧洲且备受赞誉，他利用油画颜料异常饱满、微妙的色泽描绘自然界的色彩与质感。

扬·凡·艾克（Jan van Eyck）是北欧15世纪最杰出的画家，在意大利也饱受赞誉（那里的人通常对非意大利艺术家嗤之以鼻）。意大利学者巴托洛梅奥·法齐奥（Bartolomeo Facio）在其写于1455年左右的《名人传》（*Liber de viris illustribus*）中甚至声称："扬·凡·艾克是我们这个时代最伟大的画家"。一个世纪之后，乔尔乔·瓦萨里在《艺苑名人传》中将扬·凡·艾克归为油画的发明者。如今，我们并不知道这是否属实（这项技术的起源鲜为人知），但扬·凡·艾克的确将油画发展到了前所未有的高度。他在油画中使用的错视技法使他名噪一时。

早年及影响

扬·凡·艾克的一生都很出名，我们对其早年生活却所知甚少，对其出生日期也只能加以推测。关于他的文献记录最早出现在1422年，当时他已是一位著名艺术家，所以，年龄可能略小于30岁；接下来的是婚姻、家庭和20年的创作旺盛期，年龄可能略大于40岁——由此推测，他的大致出生年份为1380年到1390年。他的出生地同样没有记载，但据一个16世纪的传说，即扬·凡·艾克出生于马塞克镇（Maaseik），该镇现位于比利时。

据说，扬·凡·艾克有两位同是画家的兄弟胡伯特（Hubert）和兰伯特（Lambert），姐姐玛格丽特（Margaret）也是一名画家。我们对扬·凡·艾克的学校教育经历或艺术训练一无所知，虽然他那微图画家般的精妙笔触说明他可能是以手抄本插画师的身份开始职业生涯。《都灵时令书》（*The Turin Hours*）是一部完成于1447年左右的奇书，后毁于火灾，其中的插图有可能出自画家本人之手。

△《都灵时令书》
《圣施洗约翰的诞生》（*The Birth of St John the Baptist*，上图）是《都灵时令书》中为数不多的幸存插图之一。它如此精美，以至于有些学者认为它可能出自扬·凡·艾克或其兄长胡伯特之手。

扬·凡·艾克一定是极其聪明且擅长交际之人，他主要受雇于勃艮第公爵（Duke of Burgundy）菲利普三世（Philip III），且备受敬重、报酬丰厚。菲利普重视扬·凡·艾克，不仅仅因为他的艺术才能，还因为他是一名外交官——菲利普曾派他出国执行了多项任务。

艺术家兼外交官

扬·凡·艾克的第一位知名雇主是荷兰伯爵巴伐利亚的约翰（John of Bavaria）。据记载，扬·凡·艾克曾于1422年在海牙为其效力。约翰死于1425年1月，不久之后，扬·凡·艾克便南下到布鲁日，开始为菲利普三世（见右侧方框）效力。其余生主要在布鲁日为菲利普服务，有时也在非

人物小传

菲利普三世

扬·凡·艾克的主要雇主菲利普三世是勃艮第公国的统治者。勃艮第公国是当时欧洲非常富强的国家之一，其领土范围最广时曾覆盖现在的比利时、荷兰、卢森堡以及部分法国北部。菲利普出生于1396年，从1419年开始担任统治者，直到1467年去世。他利用艺术来颂扬自己，同时也真正热爱文化事业，拥有欧洲精美的图书馆之一。

《菲利普三世》，仿罗吉尔·范·德·韦登（Rogier Van Der Weyden），约1450年

▷《人物肖像》（*Portrait of a Man*），1433年
扬·凡·艾克作品的画框上刻有"Als Ich Can"（我/艾克可以），这一双关语暗示画作可能是艺术家的自画像。

"他是画家之王，其完美而精准的作品应永世铭记。"

——让·勒迈尔·德·贝尔热（Jean Lemaire De Belges），《玛格丽特的皇冠》（*La Couronne Margaritique*），约1505年

简要年表

1429年
为葡萄牙的伊莎贝拉公主（菲利普三世未来的新娘）画像。

1432年
完成哥哥胡伯特数年前开始创作的《根特祭坛画》。

1434年
为富有的意大利商人乔瓦尼·迪·尼科拉诺·阿尔诺芬尼（Giovanni di Nicolao Arnolfini）及其妻子绘制双人肖像画。

1439年
为妻子玛格丽特画像，这是他已知的最后一幅标注日期的作品。

利普别处以及国外的住所服务。他最重要的外交使命是在1428年至1429年前往葡萄牙，协商菲利普与葡萄牙约翰一世（John I）之女伊莎贝拉公主（Princess Isabella）之间的婚约。

1432年，扬·凡·艾克在布鲁日买下一栋房子，大约在同一时间结婚。1434年，他的孩子接受洗礼，菲利普公爵担任了孩子的教父——这表明菲利普既对他的画技敬重有加，又对他有着深厚的个人情感。

根特的凡·艾克兄弟

除了菲利普三世，凡·艾克还有其他的赞助人，其中包括布鲁日（当时的国际贸易中心）的教会和商人。他最著名的作品是为距布鲁日约50千米处的根特大教堂所作，由一位富有的商人若多屈斯·维德（Jodocus Vyd）赞助，后来他成了根特市市长。这是一件复杂的巨型祭坛画作，由12幅橡木板油画组成，另有8幅绘于两侧，总共20幅图像。其中，主镶板描绘《羔羊崇拜》

▷**《根特祭坛画》，1432年**
这一巨型祭坛画长约4.6米，高约3.5米。有人曾建议用齿轮发条装置移动镶板画。

相关技术
油画

相比盛行于15世纪的蛋彩画，油画的上色效果更加出色。并且，油画干得更慢，因而可以随着时间的推移而混合并重新加工。扬·凡·艾克在他的颜料中使用坚果油，并混合亚麻籽。他通过细腻的笔触层层叠加颜料，融入细节，以奢华的质地或光滑的表面创造出真实可感的立体形像——这在其著名的《阿尔诺芬尼夫妇像》（*Arnolfini Portrait*）中表现明显。

《阿尔诺芬尼夫妇像》，1434年

(*Adoration of the Lamb*)，描绘了上帝的羔羊将血洒入圣杯，象征着基督在十字架上的牺牲。《根特祭坛画》(*Ghent Altarpiece*) 不仅是艺术史上最著名的作品之一，还饱受争议——主要针对扬·凡·艾克在其创作中所扮演的角色。根据画框上的铭文，该作品由他的哥哥胡伯特始创，于1432年由扬·凡·艾克本人完成。据称，胡伯特已在1426年去世，而我们并不清楚作品此时的进展情况：有可能是胡伯特负责整体设计，扬·凡·艾克负责执行。

△**城市致敬礼**
一件受1913年根特世博会委托订制的青铜像表达了市民们对胡伯特（将《圣经》放在腿上）和扬·凡·艾克（目视前方，手拿调色盘）的敬意。兄弟二人的雕像位于他们著名祭坛画所在的根特大教堂外。

不过，这件祭坛画的历史重要性是非凡的，因为它最先通过无比清晰、明亮地再现自然而证明了油画的特性。扬·凡·艾克可能研制了一种材料（粉末状颜料混合于该液体中），它比之前的颜料类型质地更薄，因此也干得更快，以便叠加多层涂料。通过这种方式创作一幅可以产生相当丰富而微妙效果的油画。底层颜料改变了半透明颜料层（即釉面，涂在底层颜料之上）的外观，从而制造出物理混色所无法实现的深度与光泽。

细节与象征手法

改进原材料只是扬·凡·艾克的成就之一，若没有他无与伦比的观察能力和高超工艺，这些便不值一提。从男子下巴上的短胡茬儿到远处的微小细节，他以相同的精准观察描绘着一切。然而，他并非仅专注于呈现外观。他的画具有丰富的象征意义，且铭文采用了多种语言——这些铭文既引人深思，又供人膜拜。即便如此，实现了宏大与精巧之间平衡的丰富细节却从未让我们忽视画作本身。阿尔布雷希特·丢勒(Albrecht Dürer)曾对扬·凡·艾克的高超技艺加以概括，称《根特祭坛画》是“一件充满智慧的惊人之作”。

在扬·凡·艾克已知的20多幅画作中（大部分都作于晚年），其为作品标注的日期均在1432年至1439年。只有少数几幅未标日期的作品创作时间可能更早，其中包括一些宗教画或肖像画。有时，扬·凡·艾克将两种类型画结合在一起，例如表现一位正在朝拜圣母子的著名朝臣。据悉，他在菲利普三世的宫廷中担任首席艺术家期间，还创作过其他主题的画作，制作过服装和装饰品，但这些作品均无一保留。

扬·凡·艾克于1441年6月在布鲁日去世。菲利普付给扬·凡·艾克的遗孀一大笔钱，“作为对艾克多年功劳的报酬，并对她和孩子们表示安慰”，这表明他对艺术家的钦佩之情从未间断。扬·凡·艾克的名声继续流传，对同代人以及后来的艺术家影响深远。他对自然界的敏锐观察影响了17世纪的荷兰画派。

▷**《玛格丽特·凡·艾克》，1439年**
这幅私人肖像画可能是扬·凡·艾克送给妻子的生日礼物，因为上面刻着这样的文字：“我的丈夫扬于1439年6月15日完成了这幅画像，我当时33岁。”

> “不久之后，他的发明不仅享誉佛兰德斯，还传遍了意大利。”
>
> ——乔尔乔·瓦萨里，《艺苑名人传》，1568年

▷一幅未知的肖像画
多纳太罗没有留下明确的自画像，但有些学者认为《佛罗伦萨文艺复兴的五位大师》（*Five Masters of the Florentine Renaissance*）这幅可能由保罗·乌切洛（Paolo Uccello）始绘于15世纪或16世纪的画作中，包含了艺术家的肖像（见此处局部）。

多纳太罗

约1386—1466年，意大利人

多纳太罗是15世纪最伟大的雕塑家，他的职业生涯漫长、作品丰富多样，曾创造出意大利文艺复兴时期最为著名的艺术杰作。

多纳太罗（Donatello）在15世纪的欧洲雕塑家中鹤立鸡群，当时无一人能在多样性、创造性或情感与力量的表现上与之匹敌。无论作品的规模如何，圆雕还是浮雕，他的技术始终娴熟如一。他雕刻大理石和其他石材，同时也制作木雕，有时会涂以写实的色彩；他用蜡、泥土和灰泥制作模型，并用青铜铸造富于表现力的成品；他甚至还尝试用玻璃来铸造雕塑，但没有作品保存下来。他的作品在佛罗伦萨当地以及意大利别处的艺术中心——特别是帕多瓦、比萨（Pisa）、罗马和锡耶纳（Siena）——均十分畅销。

典型的波西米亚人

多纳太罗漫长的职业生涯在当时的资料中均有记载。为数不多的文献告诉我们：他全身心地投入工作，有点像典型的波西米亚人。这一点从他的爱好中不难看出，他为人傲慢冲动、不修边幅且挥金如土。

与吉贝尔蒂合作

多纳托·迪·尼科尔（Donato di Niccolò），人称多纳太罗（小多纳托），约1386年出生在佛罗伦萨。他的父亲是一名羊毛梳理者，该职业在佛罗伦萨十分普遍，因为那里的纺织业十分繁荣。

多纳太罗可能在1402年左右和他的朋友——文艺复兴时期建筑的伟大先驱菲利波·布鲁内莱斯基（Filippo Brunelleschi）——在一次罗马之行中（虽然这次旅行没有记载）受到了启发。据悉，他在约1403年至1407年曾以洛伦佐·吉贝尔蒂（Lorenzo Ghiberti）的学徒兼助手的身份和他一起制作了佛罗伦萨大教堂洗礼堂的第一套青铜大门（总共有2套）。这组委托作品十分复杂且声望极高，吸引了众多年轻艺术家前往吉贝尔蒂的工作室学习。吉贝尔蒂是金饰和青铜雕刻方面的专家，他从不用石头创作，因此多纳太罗可能是在另一家画室习得雕刻技艺。

风格的演变

1407年，约20岁的多纳太罗开始独立创作，为大教堂雕刻大理石雕像。他的第一件著名委托作品是一尊真人大小的大理石雕像《大卫》（*David*，1408—1409年），它原本打算用来装饰大教堂的一处扶壁，但未实现。该雕像转而由市议会购买，陈列在市政厅[现称旧宫（Palazzo Vecchio）]内，这说明多纳太罗在当时已小有名气。这尊雕像主要沿袭了吉贝尔蒂优雅的哥特式风格，但多纳太罗很快就摆脱了这一影响：其个人风格越来越明显，人物更加写实，也更具个性——这些特质如今被视为文艺复兴艺术的典型特质。

多纳太罗早期雕塑中最著名的要数圣乔治大理石人像，它是为佛罗

◁**《大卫》，1408—1409年**
多纳太罗的早期作品在很大程度上归功于吉贝尔蒂的国际哥特式风格，其特点是温文尔雅、细节精巧。

◁**《圣乔治》，约1415—1417年**
多纳太罗放弃了哥特风格的技法，使圣乔治看起来个性饱满，颇为写实。圣人的直立站姿和紧锁的眉头有助于表达其决心的坚定。

相关技术

石上素描

多纳太罗在一些雕塑作品——特别是那些供人远观的雕塑——中对形式进行了了极为大胆的创新，而后期的作品往往以表现主义式的粗犷加以处理。不过，他还擅长细致入微的处理方式：他发明了一种“浅浮雕”（rilievo schiacciato，浅平浮雕）的技术，这种技术在大理石上精细雕琢，好比在石头上绘制素描。为了向多纳太罗致敬，米开朗基罗最早的雕塑作品《楼梯上的圣母》（*The Madonna of the Stairs*）便使用这种技术完成。

《楼梯上的圣母》，米开朗基罗，约1490年

> “仅他一人，就以大量的作品将我们这个时代的雕塑带入不可思议的完美当中。”
>
> ——乔尔乔·瓦萨里，《艺苑名人传》，1568年

“他的**至高成就**……不仅是**宏伟壮观**的作品，还包括一项绝妙的**技术创举**。”

——莫德·克拉特韦尔（Maud Crutwell），《多纳太罗》，1911年

▷《图卢兹的圣路易》，约1423年
这尊尺寸大于真人的青铜像在当时是一项了不起的技术成果。多纳太罗将手持主教权杖的圣路易表现得温和而又颇具人性。

人物简介

科西莫·德·美第奇

多纳太罗最可靠的赞助人科西莫·德·美第奇（1389—1464年）从1434年起担任佛罗伦萨的统治者，但名义上只是一位普通公民。他不仅委托多纳太罗工作，还为他提供包食宿的工作室，只收取少量租金，以保障他的利益。据说他临终前曾要求儿子皮耶罗（Piero）确保雕塑家晚年得到悉心照顾。美第奇还赞助过多纳太罗的商业伙伴米开洛佐·迪·巴尔托洛梅奥（Michelozzo di Bartolommeo）——他是美第奇宫（始建于1445年）的设计者。

刻有科西莫·德·美第奇肖象的青铜硬币

伦萨最重要的建筑之一圣弥额尔教堂（Orsanmichele）所作，该建筑物兼具教堂与粮食市场的功能。为了体现公民的自豪感，当时的佛罗伦萨各行会（贸易组织）在装饰建筑物外部的壁龛中竖立各自的守护神雕像。《圣乔治》是为武器和刀剑制造者行会制作的，雕像最初以真正的装备加以装饰，包括一个头盔和一把伸向街道的剑或者长矛。这位年轻英雄形象的神情惟妙惟肖，十分传神：他骄傲而坚定地站立着，但因为在等待战斗的到来，表情中也流露紧张之感。

多纳太罗还为圣弥额尔教堂和佛罗伦萨大教堂制作了另外几尊宏伟的雕像，包括他的第一尊重要青铜像《图卢兹的圣路易斯》（*St. Louis of Toulouse*）。青铜材料远比大理石昂贵，并且用它来创作规模较大的人像需要高超的技术。为了完成任务，多纳太罗雇用了米开洛佐，他是一名经验丰富的金属工匠，也曾为吉贝尔蒂效力。米开洛佐既是建筑师，又是雕塑家，很可能设计了雕像的建筑型饰边。

合作

从1424年到1433年，多纳太罗和米开洛佐戮力同心，完成了包括洗礼堂中的伪教宗约翰二十三世墓（1424—1428年）在内的几件重要作品。他们除了住在佛罗伦萨的工作室，还有一段时间住在比萨一个靠近卡拉拉（Carrara）的大理石采石场。1430年至1433年，他们在罗马共事。

多纳太罗回到佛罗伦萨之后，在他新创作的委托作品中体现了罗马古代艺术的影响。例如，他在1433年至1439年为大教堂制作的唱诗班坐席以丰富的古典建筑装饰和跳舞小天使的檐壁为特色——其中，小天使让人回想起古典艺术中经常见到的丘比特像（胖胖的、长翅膀的婴孩形象）。多纳太罗著名的《大卫》青铜像——文艺复兴时期的第一尊独立裸体雕像——大概也受到其罗马之行的启发，因为它使人回想起古代的运动员雕像（尽管有些学者认为它是多纳太罗职业生涯晚期的作品）。

▷《大卫》，约1440—1460年
对立平衡的姿势（重心放在一条腿上，身体和头部轻微扭转）赋予了大卫青铜像生命。人们将大卫当作佛罗伦萨共和国与美第奇家族地位的象征。

◁《加塔梅拉塔骑马像》，1443—1453年
多纳太罗的这件写实之作参考了古罗马皇帝马库斯·奥勒留（Marcus Aurelius）的那尊（位于罗马的）著名古典雕像。不过《加塔梅拉塔骑马像》是为了纪念一位公民，而不是统治者，这反映了文艺复兴时期的人文主义实践。

在帕多瓦工作

1443年至1453年，多纳太罗在当时威尼斯统治下的意大利北部城市帕多瓦工作。他在那里完成了3件委托作品。作品均使用青铜材料，这在其后来的创作中成为首选。其中2件作品为帕多瓦的圣安东尼奥主教堂所作，包括一尊真人大小的耶稣受难像和一座祭坛（一件由独立雕塑、浮雕板和其他元素组成的精美作品）。第3件作品是文艺复兴艺术的巅峰杰作之一《加塔梅拉塔骑马像》（*Gattamelata*）。加塔梅拉塔是纳尔尼·德·埃拉兹莫（Erasmo de Narni）的昵称，他是一位著名的雇佣兵队长，曾代表威尼斯作战，于1443年在帕多瓦逝世。这个名字的字面意思是“狡黠的猫”，有时也被译成“狡猾的猫”。这座巨大的雕像由埃拉兹莫的遗孀融资修建，并得到了威尼斯政府的批准。这是自古以来第一尊伟大的青铜骑马雕像，堪称一项重大的技术壮举，并激发了全世界无数尊骑马雕像的创作。不过，它们中没有一尊可媲美《加塔梅拉塔骑马像》的庄严高贵。

1453年离开帕多瓦时，多纳太罗已年近古稀，但他的艺术作品仍然充满活力、技艺出色。1457年至1459年，他在锡耶纳工作，但生命的最后几年主要在佛罗伦萨度过，他是当地最受美第奇家族欢迎的艺术家。他为美第奇教区教堂——圣洛伦佐教堂——创作了最后一组作品，这些作品在他去世时尚未完工，后由他的助手代为完成。这是饰有青铜浮雕板的讲道坛，上面主要描绘了基督生平的场景，展现了多纳太罗晚期风格中非凡的情感张力和不受拘束的表现力。

死亡与遗产

多纳太罗于1466年12月13日逝世，葬于圣洛伦佐教堂，位于他的首席赞助人科西莫·德·美第奇的墓旁。他对当代意大利艺术家（包括雕塑家和画家）影响深远，其浮雕上所表现出的精准透视以及雕塑的力量与写实给他们留下了深刻的印象。多年以来，他的名声一直起伏不定，这也反映了时代趣味的变化，不过他仍被誉为史上伟大的雕塑家之一。

▽南讲道坛，约1460—1466年
这座讲道坛是佛罗伦萨圣洛伦佐教堂的两座讲道坛中的一座，表现了基督受难的场景。多纳太罗去世后，讲道坛被放置在4根彩色大理石立柱之上。

简要年表

约1415—1417年	1433—1439年	1453年	约1460—1466年
创作了早期作品中最为著名的《圣乔治》，以其所传达的活力与个性引人瞩目。	为佛罗伦萨大教堂设计唱诗班坐席，该作品充分表现了古典艺术对多纳太罗作品的影响。	完成了自古罗马时期以来第一座重要的青铜骑马雕像《加塔梅拉塔骑马像》。	为圣洛伦佐教堂制作讲道坛，该作品以其原始的情感力量而著称。

马萨乔

1401—1428年，意大利人

在短短几年的职业生涯中，马萨乔利用娴熟的透视与布光法，创作出立体感，从而革新了绘画。

乔尔乔·瓦萨里在《艺苑名人传》（1568年）中将意大利绘画分为3个时期，并将乔托、马萨乔（Masaccio）和列奥纳多·达·芬奇视为各个时期的伟大开创者。后人认可了瓦萨里对马萨乔的重视，并将他誉为文艺复兴艺术乃至整个欧洲艺术界的关键人物之一。

“马萨乔”是个亲切的昵称，意即“邋遢的汤姆”。据瓦萨里称，由于画家太过沉迷于艺术，以致对日常事务毫不在意，包括自己的穿着。他的真名是托马索·迪·瑟·乔万尼·迪·蒙·卡塞（Tommaso di Ser Giovanni di Mone Cassai），于1401年12月21日（那天正是圣托马斯节，他也因此而得名）出生在佛罗伦萨南部的小镇卡斯泰尔圣焦万尼（Castel San Giovanni）。

早期创新

马萨乔的父亲是一名公证人，家境富裕，但艺术家的早年生活我们所知甚少。1422年，他成为佛罗伦萨画家行会的成员；同年，他创作了已知的最早作品《圣母子被圣者推崇登基》（*The Virgin and Child Enthroned with Angels and Saints*）三联画。该作品展现了马萨乔年仅20岁就已有相当独立的精神世界。当时的佛罗伦萨绘画大多充斥着甜美色彩与装饰细节，马萨乔却复兴了乔托式的高贵伟岸。

马萨乔一定有着超越年龄的成熟，这一点可以他与年长他许多的布鲁内莱斯基和多纳太罗间的友谊为证——二人分别是当时最伟大的建筑师与雕塑家。

◁《圣三位一体》，约1427—1428年

这幅画展现了被钉在十字架上的耶稣，由圣父托举着，两侧是圣母玛利亚和圣约翰。人物身后穹顶上的彩绘花格镶板似乎汇聚于一点，呈现出一种纵深感。

重要作品

在接下来的五六年里，马萨乔创作了3件伟大的作品：比萨一座教堂中的一组多屏祭坛画（其中只有部分保存了下来）以及佛罗伦萨的两幅壁画委托作品——分别是卡尔米内圣母教堂（Santa Maria del Carmine）中的布兰卡契礼拜堂（Brancacci Chapel）壁画[与马索利诺（Masolino）合作]和圣母玛利亚教堂（Santa Maria Novella）中的《圣三位一体》（*The Trinity*）。在这些作品中，马萨乔发明了一种在平面上表现体积与空间的技巧。他凭借对透视的掌握以及对衡定单点光源的应用实现了这一点。虽然他的画作基于严谨的观察和计算，但不仅仅是对技术的诠释。它们无比高贵，承载了精神的高贵。

1427年至1428年，马萨乔前往罗马，不久后在此去世，死因不明。他的作品在当时几乎没有产生直接的影响，却在后来影响深远：瓦萨里曾列举25位在布兰卡契礼拜堂研究过其壁画的艺术家，其中就包括达·芬奇、米开朗基罗和拉斐尔。

相关技术

线性透视

正是马萨乔将透视原理应用在二维平面上以创造立体的效果。这些数学原理由马萨乔的建筑师朋友菲利波·布鲁内莱斯基发展而来。它们集中表现为灭点，即图像中的一个单点——当平行线在画作空间中移步时，看似交汇于一点。马萨乔的技术成果可以在下图中看到：画中，天使的扁平化光轮与圣子头上的椭圆形立体光环（以及栩栩如生的身躯）形成鲜明的对比。

《圣母子》（*The Vigin and Child*），1426年，《比萨三联画》的中间部分

▷《税收》，约1425—1428年

该处细节出自马萨乔绘于布兰卡契礼拜堂的壁画，站在这群人中最右边的那个人（以使徒托马斯的身份出现）被认为是艺术家本人。

“他单枪匹马掀起了有史以来最伟大的绘画革命。”

——欧仁·德拉克洛瓦（Eugene Delacroix），《巴黎评论》（*Revue de Paris*），1830年

皮耶罗·德拉·弗朗切斯卡

约1412/1415—1492年，意大利人

皮耶罗是15世纪极受推崇的意大利画家之一，同时也是一位极有天赋的数学家，他对几何与比例的迷恋是其艺术具有庄严之美的原因所在。

如今，皮耶罗·德拉·弗朗切斯卡（Piero della Francesca）被视为文艺复兴最伟大的画家之一，他的生平佚事却出乎意料地鲜为人知。他去世后，人们对他艺术的关注渐淡，可能因为他不常在意大利的主要艺术中心工作，并且其重要作品大多打破了常规。他以数学家的身份被后人铭记，其艺术家身份却被忽视了数个世纪，直到19世纪末，他的作品才再次得到关注。

△《基督受洗》，约1436—1439年

这幅早期杰作具有近乎催眠术般的特质，宁静而庄严，其平衡感和秩序感源自构图中潜藏的几何形状。

早年

皮耶罗大约在1412年至1420年出生在位于佛罗伦萨东南部约110千米处的波尔戈·圣·塞泊勒克洛小镇[Borgo San Sepolcro，即现在的圣塞波尔克罗（Sansepolcro）]。据说，他是家中6个孩子中的长子，祖先是制造与销售皮革制品的工匠和商人，父亲贝内德托（Benedetto）似乎曾竭力为自家企业征税，以此来提升家族地位。

皮耶罗可能在当地的文法学校就读过几年。据瓦萨里《艺苑名人传》（1568年）的记载，他年轻时“努力钻研数学”（可能是做商业账簿）。他应该是在学校习得一些拉丁文，但我们尚不明确其数学几何知识的获取方式。可能是曾于15世纪30年代在圣塞波尔克罗当过医生的尼科洛·提葛诺斯（Niccolò Tignosi）向他介绍过欧几里德（Euclid，古希腊“几何学之父”）的作品。

艺匠与艺术家

皮耶罗在青年时期决定成为一名画家。15世纪30年代，他给当地的一名专为教堂作画的艺术家安东尼奥·德·安吉阿利（Antonio d'Anghiari）担任助手。皮耶罗靠手工品赚取额外的收入（比如制作旗子），并一度被家乡的官员雇佣，让他在城墙和塔楼上绘制教皇尤金四世（Pope Eugenius IV，他的势力重新控制了圣塞波尔克罗）的徽章。

皮耶罗活跃的确切年代尚不明确，不过到了15世纪30年代末，他似乎已开始投身于更有野心的项目。据悉，他曾在佛罗伦萨居住过一段时间，在那里，他协助多梅尼科·威尼西亚诺（Domenico Veneziano）绘制了一系列壁画，并邂逅了文艺复兴早期大师们的作品，其中包括安杰利科（Angelico）、布鲁内莱斯基和马萨乔（见第24—25页）。他们使用雕塑模型，

相关技术

皮耶罗的论著

皮耶罗天生具有非凡的智慧和敏锐的视觉感受力。尽管他所受的正规教育有限，但撰写过三篇重要的数学论文：《论算盘》（*Treatise on the Abacus*）、《论绘画中的透视》（*On Perspective in Painting*）以及《论五种正多面体》（*The Little Book on the Five Regular Bodies*），其中第三篇涉及复杂的欧几里德几何学。皮耶罗艺术中的数学比例常被解读是为了体现黄金分割。然而，皮耶罗的著作从未对这种形而上学的观点表现出丝毫兴趣，反而体现其聪慧的头脑以及在数字关系和几何形式上的见多识广。

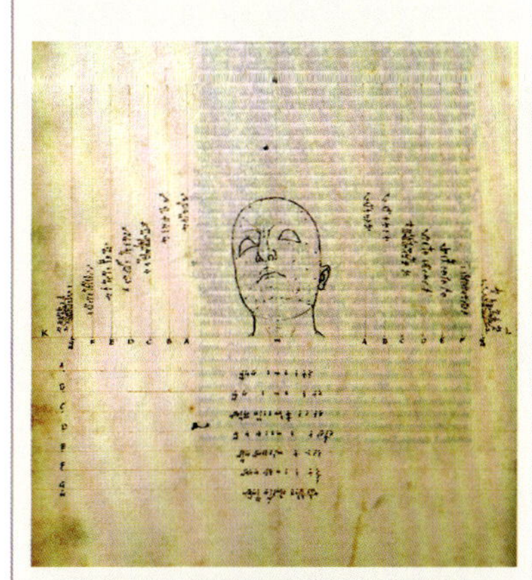

出自皮耶罗的论著《论绘画中的透视》中的头部透视图

◁《基督复活》，约1460—1462年

这幅令人敬畏的壁画作品由皮耶罗为故乡圣塞波尔克罗的市政厅绘制。在《艺苑名人传》中，乔尔乔·瓦萨里声称，画作左数第二名正在睡觉的士兵就是皮耶罗本人的自画像。

> “我必须展示出这种**科学**（透视）对于绘画的**必要**价值……**透视**……即按照**比例来辨别**一切物体。”
>
> ——皮耶罗·德拉·弗朗切斯卡，《论绘画中的透视》，15世纪70年代

▷《圣洁的敬拜和示巴女王会见所罗门王》(*Adoration of the Holy Wood and the Meeting of Solomon and the Queen of Sheba*)，约1452—1460年

这一庄重的场面为示巴女王认出了真十字架后通知所罗门王的情景。为了营造视觉与叙事上的连贯性，皮耶罗重复利用并在反面画底稿（原尺寸设计图），以便同一个人物不止一次出现，有时是作为镜像。

背景简介

乌尔比诺宫

山地小城乌尔比诺是皮耶罗的赞助人费德里戈·达·蒙特费尔特罗（Federigo da Montefeltro，1422—1482年）宫廷的所在地。费德里戈因军事指挥官的身份而赫赫有名，但他是一名格外重视学习的重要艺术赞助人。他统治下的乌尔比诺跻身于15世纪意大利最重要的世俗宫廷之列。乌尔比诺对艺术家和学者颇具吸引力，是巴尔达萨雷·卡斯蒂廖内（Baldassare Castiglione）著名的《廷臣论》（*Book of the Courtier*）的灵感来源——这本书描绘了一名廷臣的理想生活方式。公爵宫拥有意大利最好的图书馆，对于像皮耶罗这样的艺术家，是理想的求知环境。

公爵宫，乌尔比诺

并严格运用数学透视来营造立体感的错觉，这显然影响了皮耶罗的艺术。鉴于工作性质，皮耶罗经常远离家乡，但他一直与圣塞波尔克罗保持密切的联系：他完成镇上的委托任务，加入市议会，晚年时还资助过他的兄弟姐妹及其众多子女。

几何学的艺术

皮耶罗故乡的形象出现在若干幅画作的背景当中，其中包括《基督受洗》。这幅画大概在1436年至1439年开始创作，可能是他第一件重要的委托作品。

《基督受洗》展现了构成皮耶罗风格的诸多个性元素——平衡的设计、光的透明质地、人物的庄严伟岸及其沉着冷静的目光，尽管这与他晚期的画作存在不少明显的差异。皮耶罗在木板上创作蛋彩画（颜料与蛋黄相混合），在肉色调之下涂上一层传统的绿色底衬（土绿色），可能在1450年之后，他不再使用这种技术。他创造了肉眼可识别的景深感，而非晚期作品中运用的系统且计算精确的透视法。不过，作品的构图仍基于精确的数学比例，使用二分法与三分法，并根据圆形和三角形等纯几何形状布局，这反映了皮耶罗对欧几里德几何学的痴迷。

家乡之外

1445年，皮耶罗受委托为圣塞波尔克罗的慈善兄弟会（Compagnia della Misericordia）绘制了一组多联画（一种大型多屏祭坛画），合同规定该作品要在3年内完成。然而，皮耶罗是出了名的慢工出细活，直到1462年才完成该作品。在此期间，艺术家忙于家乡之外的委托任务。据称，他曾在费拉拉（Ferrara）为莱昂内洛·埃斯特（Leonello d'Este）的宫廷效力，也曾在罗马以及里米尼宫和乌尔比诺宫（见左侧方框）中作画，为西吉斯蒙多·马拉泰斯塔（Sigismondo Malatesta）和费德里戈·达·蒙特费尔特罗效劳。在宫廷中，他必定见过佛兰德斯艺术家们的油画作品，并且在后期的作品中借用了他们的技术，利用油画颜料来提亮画作表面，有时也与蛋彩相结合。

壁画与底稿

在15世纪50年代，皮耶罗曾长期待在距圣塞波尔克罗不远的城市阿雷佐。在那里，他为圣方济各大教堂绘制过一组讲述真十字架故事的宏伟壁画。这件作品耗时8年，如今被视为文艺复兴的艺术杰作之一。这组壁画展现了皮耶罗组织复杂叙事的非凡能力，并展现了他如何通过改进传统技术以适应慢条斯理的工作方式。绘制湿壁画（见第

“绘画不过是在画面上以缩小或放大的方式来呈现事物的表面与外形。”

——皮耶罗·德拉·弗朗切斯卡，《论绘画中的透视》，15世纪70年代

14页）时，通常只涂上当天可以画完的灰泥，但皮耶罗有时会在灰泥上敷上湿布，以便延长可继续加工的时间。

他还利用“底稿”将设计转移至墙上，他是运用该技术的先驱之一。他制作出全尺寸的草稿，并在所绘特征的轮廓上戳出小孔，然后通过小孔将装在布袋中的炭粉尘轻拍（拍打）至湿润的灰泥表面，以便在墙上留下图案的轮廓。

简要年表

1445年 受委托创作圣塞波尔克罗小镇的慈善祭坛画（Misericordia Altarpiece），直到1462年才完成该作品。

约1450—1472年 绘制《基督受鞭图》，这是一件让学者困惑不解的神秘杰作。

1451年 绘制壁画《在守护神圣西吉斯蒙德面前的西吉斯蒙多·马拉泰斯塔》（*Sigismondo Malatesta before his Patron St Sigismundus*），这是他在里米尼所画的最为重要的作品。

1452—1460年 在阿雷佐创作了规模最大的作品《真十字架传奇》（*The Legend of the True Cross*）系列壁画。

15世纪80年代 绘制了生平最后一件作品《基督诞生》，该作品在19世纪以前一直为德拉·弗朗切斯卡家族所保管。

晚年

在15世纪六七十年代，皮耶罗不时在乌尔比诺生活工作，创作了最为著名的一些作品，包括神秘的《基督受鞭图》（*Flagellation of Christ*）、《巴蒂斯塔斯·斯福尔扎和费德里戈·达·蒙特费尔特罗双人肖像画》以及《圣母子与诸圣人及天使》（*Madonna and Child with Saints and Angels*），其中，皮耶罗利用透视创造出精确的空间错觉。

乌尔比诺的知识分子氛围和费德里戈浩大的图书馆资源可能为皮耶罗的数学论著开拓了思路。他从15世纪70年代中期开始专注这些论著可能是因为视力的衰退（虽然他在15世纪80年代绘制出晚年的杰作《基督诞生》）。他的最后一本论著《论五种正多面体》开篇便是一封献给费德里戈之子吉多贝尔多·达·蒙特费尔特罗（Guidobaldo da Montefeltro）的信，吉多贝尔多在费德里戈去世后于1482年成为乌尔比诺公爵。年迈的皮耶罗在信中对这位年轻的公爵饱含深情，并献上自己“晚年最后一次数学实践中的微小成果”，为了“不会因缺少运动而变得头脑呆滞”，他承担这项工作。

在他生命的最后6年，皮耶罗留在了圣塞波尔克罗的家中，于1492年10月在此去世。他曾写道，自己十分“热衷”于艺术所带来的名声。然而，他的作品几个世纪以来一直默默无闻，直到19世纪后半叶，人们才重新对他产生兴趣；在20世纪，人们才对他的伟大给予充分的认可。

▷数学与符号
皮耶罗的插图体现了他对线性透视这一革命性工具的掌握。他在《圣母子与诸圣人及天使》中使用这一方法来制造景深的错觉。他还在绘画中运用了传统的宗教符号：圣母头顶上方的鸵鸟蛋象征着童贞女产子。

▽《圣母子与诸圣人及天使》，约1475—1477年
这幅画作的委托人费德里戈·达·蒙特费尔特罗跪在圣母子前，画中人物之间没有情感上的联系，并与纯几何形式和画作的对称性相结合，营造出一种超越时间与世俗的特质。

乔凡尼·贝利尼

约1430/1435—1516年，意大利人

综观贝利尼漫长的职业生涯，他革新了威尼斯绘画，为之赋予全新的地位和声誉。他开创了油画的新技术，并培养了许多接班人，其中以提香最为著名。

在乔凡尼·贝利尼（Giovanni Bellini）职业生涯的初期，威尼斯在绘画领域尚无法与艺术重地佛罗伦萨比肩。在他去世时，这座城市的艺术已蜚声国际。这一突飞猛进的转变在很大程度上得益于贝利尼的功劳。他不仅使威尼斯绘画声名显赫，还赋予其独特的个性，强调色彩与氛围的重要性，与佛罗伦萨艺术重视线条的典型特征形成鲜明对比。

△**圣若望及保禄堂（Santi Giovanni e Paolo）**

乔凡尼·贝利尼和詹蒂莱·贝利尼被光荣地葬在这座巨大的威尼斯教堂内，这里还埋葬着威尼斯的多位总督（统治者）。

艺术史家肯尼思·克拉克（Kenneth Clark）总结了乔凡尼·贝利尼在威尼斯艺术史上的地位，认为“再没有其他画派如此依靠一个人的创造力”。此外，在其长达60多年的漫长职业生涯中，贝利尼激励了下一代威尼斯画家，他的画室是他们主要的训练场所。

△**《圣母加冕》（*The Coronation of the Virgin*），约1472—1475年**

贝利尼为佩萨罗（Pesaro）的圣方济各教堂创作了一幅祭坛画；这是他为数不多的几幅不属于威尼斯委托的作品之一。

威尼斯之子

虽然贝利尼成就瞩目，但由于他很少给作品标注日期（尤其在其早年），没有几幅作品可通过其他证据获悉可靠的作画时间，所以我们对他的生平知之甚少，只能简要描述其职业生涯。他的一生看似平淡无奇，并将主要精力投入到艺术创作中。他的事业似乎在稳步上升（他于1483年被任命为威尼斯共和国官方画家，属于为数不多的记录其生平的里程碑事件），但据手头资料，他很少离开家乡，不大乐意为远方的赞助人效劳，即使这些赞助人腰缠万贯、声名显赫且多次邀请。

贝利尼的出生不详，但最有可能是在15世纪30年代初的威尼斯。他的父亲雅各布·贝利尼（Jacopo Bellini，约1400—1470／1471年）是当时威尼斯画家中的领军人物，文献表明，他还另有2个孩子：乔凡尼的哥哥詹蒂莱（Gentile，约1430—1507年）是一名杰出的艺术家，妹妹尼科洛西亚（Niccolosia）嫁给了安德烈亚·曼特尼亚（Andrea Mantegna，约1431—1506年）——这位来自帕多瓦的年轻画家已经取得一定的成就。可以肯定，詹蒂莱和乔凡尼在雅各布的画室中受过训练，并且三人至少合作绘制过一幅委托作品。

人物小传

雅各布·贝利尼

雅各布对儿子们的作品产生了深远影响。他没有几幅画作流传下来，却有近300幅素描保存于两本相簿中，现藏于大英博物馆和卢浮宫。这些素描由他的儿子詹蒂莱和乔凡尼继承，他们以此当作自己的作品灵感与主题源泉。这些素描深谙宗教题材的构图，其中大多是用金属笔尖蘸棕色墨水完成的。

《耶稣受难》（*Crucifixion*），钢笔画，雅各布·贝利尼，约1450年

“他用出于本能的敏锐判断力……控制感觉。”

——罗杰·弗莱（Roger Fry），《乔凡尼·贝利尼》，1899年

▷**《一名男子的肖像（乔凡尼·贝利尼）》，1505—1515年**

贝利尼这幅文雅的肖像由其学生维托尔·迪·马蒂奥（Vittore di Matteo）所绘。马蒂奥化名为“贝林尼亚诺”（Belliniano），以纪念他的老师，他的风格也贴近贝利尼。

风格上的影响

15世纪50年代末，贝利尼住在自己的威尼斯别墅，此时想必已经开始了独立的职业生涯。他的早期画作深受其父亲线条优雅及其妹夫曼特尼亚色彩鲜明的影响。不过，他的风格逐渐拓宽，且更加成熟，对暖光颇有好感。在这方面对他产生重大影响的是西西里艺术家安东内洛·德·梅西纳（Antonello da Messina），他曾在1475年至1476年到访过威尼斯。安东内洛是意大利最重要的油画先驱，虽然贝利尼很可能在其到访之前就已开始尝试油画颜料，但自此以后，他越来越多地使用它们，以创作出比传统蛋彩颜料更为丰富的雾化效果。

简要年表

- 约1472—1475年 绘制《圣母加冕》，该画是贝利尼少数几件来自威尼托区以外的重要委托作品之一。
- 约1501—1504年 为莱昂纳多·洛雷丹总督绘制了自己知名度最高的肖像作品。
- 1505年 绘制《圣母子被圣者推崇登基》（*The Madonna and Child Enthroned with Saints*），该作品是他最为宏伟的祭坛画作品。
- 1514年 为费拉拉公爵阿方索·德埃斯特（Alfonso d' Este）绘制《诸神的盛宴》（*The Feast of the Gods*，后被提香修改）。

◁《莱昂纳多·洛雷丹总督》，约1501—1504年

贝利尼的这幅肖像画是身穿官衣的总督（威尼斯城邦的统治者）。贝利尼促进了威尼斯肖像艺术的发展。

探索材质

贝利尼开始在作品中综合使用蛋彩和油画颜料，通常以蛋彩画起稿，用油画收尾。然而，他生命的最后几年，似乎只使用油画颜料，这使他的画中呈现出格外微妙的色调变化。

他的早期画作大多绘于木板上，晚年却偶尔使用帆布。因此，他的职业生涯经历了阶段性变化：从一开始将板上蛋彩画当作便携式画作的常规技术，到后来用布面油画取而代之。

贝利尼是最早探索油画颜料材质潜能的艺术家之一，这在他为共和国总督莱昂纳多·洛雷丹（Leonard Loredan）所绘的肖像画中表现得尤为明显，画中他用略粗糙不平的颜料描绘阳光洒在模特华丽服装的金线上的效果。他对材质的兴趣被学生提香（Titian，参见第67—71页）继承，这也是贝利尼的影响力持续存在的方式之一。

△《伊莎贝拉·德斯特》（*Isabella d'Este*），1534—1536年

这幅肖像画由贝利尼的学生提香绘制。伊莎贝拉是意大利文艺复兴时期的一股强大的政治势力，也是一位要求极高的艺术赞助人。她拼命想要得到一幅贝利尼的大型作品，但他拒绝了她的要求，最终只给她画了一小幅基督诞生图。

个人品质

贝利尼受到众多学生的喜爱与敬重，其中可能包括乔尔乔涅（Giorgione）、塞巴斯蒂亚诺·德尔·皮翁博（Sebastiano del Piombo）以及提香。德国艺术家阿尔布雷希特·丢勒曾在1505年至1507年到访威尼斯，他热情地肯定了贝利尼的天赋，称其"虽然年迈，却是最棒的画家"，同时也证实了作为老师的贝利尼性情温和。因为大多数威尼斯艺术家都对丢勒和其他外国人持有敌意，把他们视为不受欢迎的竞争者，贝利尼却彬彬有礼、乐于助人，他对丢勒的作品赞许有加，并将他推荐给潜在的赞助人。

除了这些观点，关于贝利尼个人的生平记录极少。据了解，他有一个妻子（大概于1498年逝世）和一个儿子（似乎英年早逝）。他有可能后来再婚，但我们难以下定论。

体裁偏好

贝利尼的主要身份是一名宗教画家，偏爱静谧、沉思的主题，尤其是圣母子。他反复处理这个主题，将人物——从依依不舍的亲密感到崇高庄严——置于雄伟的建筑环境中。他还经常以美景为布景来增强画作的氛围，这是其作品中被学生所继承的另一个特征。

此外，贝利尼是当时最优秀的肖像画家之一，还在威尼斯总督宫绘制过一些大型历史场景，虽然这些画作在1577年被大火烧毁。在其职业生涯的晚期，还创作过几幅神话题材的画作，他对此兴味索然，而当时的一些知识赞助人对这些精心制作的寓意画兴致勃勃。曼托瓦公爵夫人（Duchess of Mantua）伊莎贝拉·德斯特就是一位这样的赞助人，多年以来，她一直想让贝利尼根据她的研究绘制一幅寓意画，但最终只勉强等到一幅宗教画。（我们之所以知道个中曲折，是因为伊莎贝拉与其威尼斯代理人之间的来往信件保存了下来。她于1496年首次向贝利尼提出要求，最后于1504年收到了那幅宗教画。）

死亡和安葬

贝利尼于1516年11月去世，享年大致在80岁至85岁，他的葬礼在最宏大的威尼斯教堂之一圣若望及保禄堂中举行，与哥哥詹蒂莱（于1507年去世）合葬于此。当时的威尼斯贵族马林·萨努多（Marin Sanudo）在日记中记录了这场庄严得体的葬礼，以纪念这位伟人的逝去："我们今天早上得知最好的画家乔凡尼·贝利尼过世……他的名声享誉世界，虽已年老，仍在不断创作杰出的作品。"

△《诸神的盛宴》，1514年和1529年
这幅神话题材的画作描绘了奥维德（Ovid）的诗歌《岁时记》（*Fasti*）中的一个场景：众神在林间空地上嬉戏。该画在贝利尼去世前两年绘制，后被其学生提香改动，显然是为了使它与提香挂在同一个房间里的其他作品相协调。

"在我看来，他是能真正将最强烈的感觉与艺术家的一切伟大之处融为一体的不二之人。"
——约翰·罗斯金（John Ruskin），《给亨利·利德尔的信》（*Letter to Henry Liddell*），1844年

桑德罗·波提切利

约1445—1510年，意大利人

波提切利是一名佛罗伦萨画家，也是意大利文艺复兴初期伟大的艺术家之一。他曾接受美第奇家族的赞助，但声名渐衰，直到19世纪才被重新发掘。

桑德罗·波提切利（Sandro Botticelli）是佛罗伦萨人，他在此工作间，正逢该城市历史上最辉煌时期之一。他出生时，名叫亚里桑德罗·菲利佩皮（Alessandro Filipepi），桑德罗是亚历山德罗的简称，而波提切利（意为“小圆桶”）最初是他哥哥的绰号，暗示其身材有些矮胖。桑德罗在1470年开始使用这个名字，后当作姓氏。

波提切利的父亲马里亚诺（Mariano）是一位制革工人，在城市的诸圣堂地区工作。那里属于工人阶级生活区，主要居民为织布工和制革工。桑德罗几乎一生都待在那里，死后被葬在当地的教堂中。

△《圣母子》，约1470年

和他的老师菲利波·利皮一样，波提切利一生中描绘了多个版本的圣母子，力求刻画出女性优雅的理想典范。

训练与独立

在《艺苑名人传》（1550年）中，乔尔乔·瓦萨里声称波提切利最开始曾给一位金匠当学徒，但这点无法证实。到了15世纪60年代，他开始在一位擅长激发别人兴趣的大师菲利波·利皮（Fra Filippo Lippi）修士的画室（约1406—1469年）中接受训练。利皮年幼时成了孤儿，在修道院长大，16岁立誓成为一名修士。后来他成了一名画家，因与一名修女的丑闻而声名狼藉。二人育有2个孩子，其中的一子菲利皮诺（Filippino）成为波提切利的首席弟子。撇开争议不谈，利皮是一名优秀的教师。他的风格是线条化和突出的装饰效果，并且喜欢绘制忧思的圣母。所有这些因素都对年轻的波提切利产生了巨大影响。

约1467年以前，波提切利可能一直在利皮的门下学习。到了1470年，他成立了自己的画室，并得到了第一项重要的委托任务。1472年，他加入了圣路加职业画家协会（Compagnia di San Luca）。从一开始就订单不断，波提切利的名声很快就传到了佛罗伦萨之外的地方。1474年1月，他前往比萨，开始为大教堂创作壁画。到了1481年，他名声大噪，还被教皇召唤到罗马，帮忙装饰西斯廷礼拜堂（Sistine Chapel）的墙壁。

体裁的多样性

按照时代的标准，波提切利是一位作品丰富、体裁多变的艺术家。他绘制过宗教与神话场景、寓意画和肖像画，并在作品中涉及文学主题。他受雇于教会、民政局和当时重要的王室家族，其中势力最强大的当属美第奇家族，该家族在大半个15世纪里有效地统治着佛罗伦萨。在科西莫和“伟大的洛伦佐”（Lorenzo the

相关艺术

圆形画

波提切利擅长创作关于圣母子的圆形画作。这种形式被称为“圆形画”，曾在15世纪风靡佛罗伦萨。它可能是从彩绘托盘（desco da parto，送给新生儿母亲的托盘）演变而来。这是一个经过装饰的托盘，通常绘有葡萄酒和甜食，当作象征性的礼物，送给安全分娩的母亲。与分娩之间的联系可能正是圣母子成为最受欢迎的圆形画主题的原因。《圣母颂》（*The Madonna of the Magnificat*）是波提切利创作的最美的圣母像之一。在这幅圆形画里，圣母正在谱写《圣母颂歌》，这是来自《路加福音》中的一段文字，有时也被称为“圣母之歌”（Song of Mary），而天使正在往她的头上放置一个布满星星的王冠。

《圣母颂》，约1483—1485年

“如果波提切利活在今天，一定会为《时尚》（*Vogue*）杂志工作。”

——彼得·乌斯蒂诺夫（Peter Ustinov），摘自《观察家》（*The Observer*），1968年

▷《东方三博士来朝》（局部），约1475年

这幅画原为货币兑换商行会的官员乔凡尼·德尔·拉米（Giovanni del Lami）而作。据说，波提切利在画中加入了一幅自画像：艺术家身着黄色长袍，注视着画面之外的人。

▷《春》，约1477—1482年
波提切利的画作展现了爱神维纳斯（画面中间）；其右侧是美惠三女神（美貌与魅力的化身），她们围成一个圆圈不停地跳舞；维纳斯的左侧是春之女神弗洛拉（Flora），她正散播着鲜花。

背景简介

吉罗拉莫·萨沃纳罗拉

有人认为，波提切利曾受到多明我会传教士吉罗拉莫·萨沃纳罗拉（Girolamo Savonarola）的影响。萨沃纳罗拉于1490年抵达佛罗伦萨时制造了一场大动乱，后来担任圣马可（San Marco）修道院院长。身为一位伟大的演说家，萨沃纳罗拉针对美第奇家族及其腐败的追随者们，用其言辞激烈、散发厄运的布道吸引了大批民众。他疾呼，佛罗伦萨正在走向毁灭。当法国军队入侵意大利北部时，他的预言似乎实现了。1497年，他举办了一场引人注目的“虚荣的篝火”，呼吁市民们在主广场的大火中公开焚烧他们的卡片、骰子、珠宝、化妆品，甚至画作。然而，当他斥责教皇为反基督者时显然玩过了头。1498年，他被当作异教徒逮捕，并处以火刑。

吉罗拉莫·萨沃纳罗拉纪念碑
费拉拉，意大利北部

Magnificent，1449—1492年）等人的统治下，他们大张权势；同时他们也是慷慨的赞助人，雇用过当时所有重要的艺术家。波提切利很快便引起了美第奇家族的注意。据记载，他的第一幅委托作品木板蛋彩画《坚毅女神》（*Fortitude*，1470年）就是受美第奇家族的一名合伙人之托，他将这项工作交给了波提切利，即便他此前曾允诺交给另一位艺术家。

这幅委托作品是与美第奇家族长期合作关系的开始，在接下来的20多年，波提切利为不同的家庭成员创作了各种各样的作品。例如，1475年，洛伦佐的弟弟朱利亚诺（Giuliano）请他为市中心举行的一场壮观的骑马比武大赛绘制一面旗帜。3年后，朱利亚诺遭到帕齐——当时试图篡夺美第奇家族政权的一个敌对家族——的暗算。这些阴谋分子被迅速抓获并处死，波提切利被雇绘制在公共建筑的大门上被绞死者的尸体，作为血腥事件余波的一部分，以警示其他潜在的敌人。波提切利的首席赞助人是洛伦佐·迪·皮尔弗朗切斯科·德·美第奇（Lorenzo di Pierfrancesco de' Medici，“伟大的洛伦佐”的远房表弟）。有人认为他是神话场景画《春》（*Primavera*）、《帕拉斯和肯陶洛斯》（*Pallas and the Centaur*）以及《维纳斯的诞生》（*The Birth of Venus*）的委托人，后来这些画作成为波提切利最受欢迎的作品。

寓意画与新柏拉图主义

学者为这些神话题材的画作撰写了数十篇文章，并针对其寓意展开讨论。当然，它们并非是对古代传说的简单描绘，而是复杂的寓意画，旨在展现赞助人的温文尔雅与渊博学识。构图的主要元素并非由艺术家选择，而是取决于洛伦佐的顾问。

简单来说，这些象征符号往往是对美第奇家族的恭维。选择智慧女神（帕拉斯·雅典娜）的希腊名字而非罗马名[密涅瓦（Minerva）]当作美第奇家族追随者（the palleschi）一词的双关语。此外，美第奇家族的个人符号——3个环环相扣的圆环——被用作女神衣裙上的装饰图案。

神话主题的画作也反映了洛伦佐的导师马西里奥·费奇诺（Marsilio Ficino）的新柏拉图主义学说在当时非常流行。他将古代传说重新诠释为当今的道德教训。对他而言，维纳斯代表人性，是感官之爱与精神之爱的完美结合（费奇诺发明了“柏拉图式的爱情”一词）。在《维纳斯的诞生》中，这一制衡的感官部分通过纳入西风之神（Zephyr）和花神克罗斯（Chloris）来表现：他们将维纳斯吹向岸边，在那里，春天的贞洁化身正等待着为她遮盖赤裸的身躯。

> “……在某种程度上宛若天使，却带有……流亡者的哀伤……和一种无法形容的忧郁之情。”
>
> ——沃尔特·佩特（Walter Pater，形容波提切利画中的人物），《文艺复兴史研究》（*Studies in the History of the Renaissance*），1873年

诗意的形式

波提切利处于文艺复兴时期的关键时期，当时解剖学和透视学研究使得艺术家们能够为周围的世界绘制出极为逼真的图像。尽管他对这些发展十分熟悉，但有时却选择忽视。在绘制建筑物时，波提切利呈现出完美的透视效果，但在《维纳斯的诞生》中，人物几乎和树木一样大，显得无所依靠，看起来似乎飘浮在空中。维纳斯的形象大致是以一座古代雕像为参考，但波提切利忽略了古典比例，倾向于拉长躯干，使她的胳膊和腿一样修长。并且，当时的画家一度用错视艺术手法创作风景画，波提切利却满足于通过一系列柔和而富有韵律的程式化风格来表现大海的泡沫。

波提切利是一位出色的绘图师。不过，他艺术中的一切均服从于他对优雅、诗意形式的偏好。历史学家伯纳德·贝伦森（Bernard Berenson）称赞他是“欧洲有史以来最伟大的线条设计师”。

简要年表

1470年

完成他的第一幅作品《坚毅女神》，这是一幅描绘天主教教义中7种美德之一的木板蛋彩画。

约1475年

绘制《东方三博士来朝》，其中的几个人物形象为美第奇家族成员的肖像，右手边之人为波提切利的自画像。

1481年

和其他几位杰出艺术家一同为新建成的西斯廷礼拜堂创作一系列壁画。

约1485—1486年

绘制《维纳斯的诞生》，这幅画由美第奇家族所有，连同他的《春》和《帕拉斯和肯陶洛斯》在美第奇城堡展出。

1500年

《神秘的耶稣诞生》是唯一一幅有他签名并标注日期的画作。至此，他的风格已不再流行。

晚年

波提切利的风格在15世纪90年代开始失宠，它与达·芬奇等同代人的作品相比，可能显得有些过时。瓦萨里将波提切利的日渐衰微归结为受到言辞激昂的传教士吉罗拉莫·萨沃纳罗拉（见左侧方框）的影响：虽然没有直接的证据表明波提切利是他的追随者之一，但这或许可以解释其后期一些宗教画中的强烈情感，以及《神秘的耶稣诞生》（*Mystic Nativity*）中奇特的神启图像。实际上，波提切利在生命的最后几年里似乎难以谋生。据瓦萨里称，他在1510年去世之前成了跛子，要依靠拐杖才能行走。

波提切利去世后不久就名声渐衰，部分原因在于他的杰作大多被私人收藏。他的声誉于19世纪开始恢复，在当时，像拉斐尔前派这样的艺术家们开始欣赏他的作品之美。

▽《维纳斯的诞生》，约1485—1486年

根据波提切利在该画中所阐释的古典神话，维纳斯在大海的泡沫中诞生，站在一只巨大的贝壳上，被带往岸边。

希罗尼穆斯·博斯

约1450—1516年，尼德兰人

博斯也许是所有幻想题材画家中最伟大的人物。他创作了令人难忘的作品，这些作品在他死后的500年里依然让观众痴迷，但也难以理解。

◁**《人间乐园》，约1495—1505年**

在这幅三联画中，博斯用幻象展示在基督教信仰的背景下世俗放纵的风险及其带来的可怕后果。

希罗尼穆斯·博斯（Hieronymus Bosch）是所有伟大的画家中辨识度最高的一位。他那可怕的生物和噩梦般的风景同时出现在通俗文化与高雅文化中，并成为我们经常借鉴的想法与图像的一部分。因为他的作品如此奇特而有力，我们对他的职业生涯知之甚少，以致他差不多被遗忘了几百年。自19世纪末他被重新发掘以来，他的性格和艺术动机一直是人们揣测不绝的重点。有些人称他为疯子、魔鬼崇拜者或堕落的瘾君子。而在另一个极端，他又被描述成艺术家圣贤，用自己的作品来探索基督教思想的高深境界。与如此丰富多彩的理论相比，实事求是的证据告诉我们：博斯信仰正统的宗教，是一名受人尊敬的社会成员，而不是怪人、隐士或异端。

据了解，博斯的一生都在斯海尔托亨博斯镇度过，他用镇名当作自己的名字，且偶尔签在自己的画作上。他的真名是杰罗姆·凡·阿肯（Jerome van Aken），希罗尼穆斯仅仅是杰罗姆的拉丁文形式，而博斯则是镇名的缩写形式。

如今位于荷兰南部、靠近比利时边界的斯海尔托亨博斯镇，在当时是

△**家乡**

这尊手握调色盘的博斯雕像，矗立于斯海尔托亨博斯镇的市场上，位于他的故居前面（如今房子被涂成了绿色，且经过多次修复）。

> “谁能描述……博斯脑海中**构想**出的所有**光怪陆离**的幻想，并用画笔**表达**出来呢？”
>
> ——卡勒尔·凡·曼德尔（Karel van Mander），《画家之书》（*The Book of Painters*），1604年

▷**艺术家之脸**

有些艺术史家认为，《人间乐园》里描绘地狱的第三幅油画中，那个怪诞的树人脸就是博斯的一幅自画像。

相关技术

素描

博斯约有20幅素描保存至今，这些作品说明他是一名出色的绘图师。他的素描除了为油画而作的前期研究，还包含富有想象力的独立作品。博斯通常使用笔刷或羽毛笔，蘸墨水和/或茶褐色颜料（一种由烧焦木材的滚烫烟灰制成的棕色色料）。布鲁盖尔（Bruegel）和伦勃朗（Rembrandt）继承了博斯所开创的尼德兰钢笔画传统。

怪物研究，约1490年

布拉班特公国（Duchy of Brabant）的主要城镇之一，属于勃艮第公爵统治领土的一部分。该地区是一座繁荣的教区中心，是众多宗教机构的故乡，以宏伟的圣约翰哥特式教堂最为著名。该牧区教堂于1559年被提升为主教教堂，至今仍俯瞰着这座小镇。

我们没有查到关于博斯的出生记录。关于他的首次记录出现在1474年，因而他很可能出生于15世纪中叶。他的父亲、祖父、曾祖父和其他亲属都是画家，但遗憾的是，他们几乎没有作品保存下来，因此无法知道博斯从他们身上学到了什么。我们知道他约在1480年娶了一名来自当地富裕家庭且比他年长的女性，但几乎没有关于其基本生活的记载。

名利双收

博斯的婚姻使他成为一个富有之人，他可能并不需要为谋生而画画。斯海尔托亨博斯镇市政档案中的文件显示，他和妻子拥有大量财产，税务记录显示他跻身于该镇居民中富有者的前十之列。关于博斯的另一主要文献来自他长期（从1486年直到逝世）参与的一个斯海尔托亨博斯镇宗教组织圣母兄弟会（the Brotherhood of Our Lady）。该组织致力于崇拜圣母，即专门崇拜圣约翰教堂圣母雕像一项实践活动。兄弟会的记录并没有提供任何关于博斯的生平细节，但证明他享有很高的社会地位：他是该组织的精英团体"宣誓成员"中唯一的一名艺术家。据悉，兄弟会还支付了1516年8月（他去世的确切日期不详）在圣约翰教堂为博斯举行厚葬的费用。

基督教图像志

博斯为兄弟会创作了若干作品，但没有一幅留存下来，而且当代或近现代资料中提到的大部分其他作品也同样不复存在。虽然我们的信息尚不完整，但博斯显然是一位令人钦佩的成功画家。

在他生命的最后，其名声传遍了意大利和西班牙：于1504年去世的卡斯提尔（Castile）的伊莎贝拉女王（Queen Isabella）拥有他的3件作品；至16世纪后期，他成为西班牙菲利普二世（Philip II）最喜爱的艺术家。菲利普对博斯的赞赏本身就足以反驳任何称其作品违背正统基督教教义的观点，因为西班牙国王就是一名极为虔诚的天主教徒。

博斯的有些画作对传统宗教题材描绘得相当直接，比如耶稣受难。其他画作则探讨一般的道德问题，包括贪婪和堕落。他的绝大部分作品包含怪诞的一面，只有少数几幅以他日后闻名于世的梦魇意象为主题。这些作品富有创意，且充满象征意义，但是

▷**《头戴荆冠的耶稣画像》（*Ecce Homo*），约1500年**

在这幅画中，博斯描绘了本丢·彼拉多（Pontius Pilate）正在将耶稣交给愤怒的暴徒[画作标题的意思是"瞧这个人"（Behold the Man）]。左侧那幽灵般的轮廓是艺术家的赞助人，他们本已从画中抹去，却在20世纪80年代作品修复中浮现出来。

> "他的画作就像是承载着伟大智慧与艺术价值的书籍。即使他的作品有荒唐之处，也是我们自身的荒唐，而不属于他。"
>
> ——若瑟·德·西格赞（Jose de Siguenza），《圣杰罗姆的历史》（*History of the Order of St Jerome*），1605年

连他最为复杂的画作却有着通俗易懂的主题。例如著名的《人间乐园》（*The Garden of Earthly Delights*）是一件巨幅作品，几十个人挤满了3块画板，其基本理念却大致围绕着使男女远离上帝乐土、堕入恐怖地狱的肉体之罪。

◁**博斯的兄弟会**
博斯在社会上享有特权地位，部分原因是他身为著名的圣母兄弟会的一员，该组织围绕斯海尔托亨博斯镇圣约翰教堂中的圣母玛利亚木雕像开展活动。

灵感与孤独

博斯在一个距尼德兰主要艺术中心相当遥远的小镇工作，他的图像大多涉及当时的民俗与流行文化，而非主流艺术。他一定看过插图手抄本以及宗教神秘剧和戏剧，其中包括圣徒受魔鬼诱惑或折磨的场景，有时会有戴着怪诞面具的演员出现。

博斯的绘画在技术上也颇具个人风格。他没有使用当时特有的优雅笔触（受扬·凡·艾克画作的影响）。相反，他的处理方式不断而多变；在某些地方，颜料涂得稀薄而精致，而在其他地方，笔触则变得清晰而饱满。博斯的相对孤独状态有助于解释其画难以界定日期的原因：在同时代的本地艺术家中，没人可与之相提并论。他现存的画作中没有一幅画标有日期，并且在这方面，没有其他线索可以提供帮助。从2010年到2015年，博斯研究与保护计划（Bosch Research and Conservation Project）使用先进的技术检验了大部分可能归于博斯或其画署名下的作品，即使是这样的调查也留下了诸多未解的谜团。

◁**怪物灵感**
博斯作品中的可怕怪物相当于他眼中的哥特式教堂上的滴水嘴怪兽。

超现实主义遗产

博斯的作品在16世纪期间经过大量临摹、模仿和版画复制（受其影响的艺术家包括布鲁盖尔），之后却被遗忘了将近300年，哪怕他的名声在西班牙流传得更久。他于19世纪末被重新发现，并且自20世纪20年代起吸引着超现实主义画派——他们将博斯视为志趣相投的灵魂。博斯目前的知名度可以根据2016年在其家乡举办的纪念他逝世500周年展览的成功程度来衡量：为期3个月的展览吸引了超过40万名参观者，开放时间延长了4倍，从以前到了一天24小时。

▽**《旅人》，约1510年**
这幅画富含基督教的象征意义，其主题的全部寓意却颇有争议。有些人认为这个人物形象代表了浪子，还有人则认为该作品代表了人在善恶之间的取舍。

其他艺术家名录

杜乔·迪·博尼塞尼亚

约1250/1260—1318/1319年，意大利人

杜乔·迪·博尼塞尼亚（Duccio di Buoninsegna）是当时锡耶纳画家中的翘首。据了解，他在这座城市度过了整个职业生涯，虽然有些学者认为他也可能在佛罗伦萨和阿西西工作过。

杜乔在锡耶纳画派中的地位可与当时乔托在佛罗伦萨画派中的地位相媲美，他摆脱了拜占庭式的刻板惯例，并创造出更人性化的自然主义风格。不过，乔托在壁画领域中创造了其最伟大的作品，且在形式和情感力度方面表现出色，而杜乔则专注于板面油画。他的风格以线条的灵敏、亲近的感觉和色彩的美感为特征，其作品在整个14世纪以及15世纪初的锡耶纳都影响深远。

主要作品：《端坐宝座的圣母与圣婴及六位天使》（*Rucellai Madonna*），1285年；《宝座上的圣像》（*Maestà*），1308—1311年；《圣母子与圣徒》（*Virgin and Child with Saints*），约1310—1315年

克劳斯·斯吕特

约1350—1405/1406年，尼德兰人

克劳斯·斯吕特（Claus Sluter）是当时欧洲在意大利以外的重要雕塑家。他出生在荷兰的哈勒姆（Haarlem），早年曾待在布鲁塞尔，不过他所有著名的作品却均创作于第戎（Dijon）。第戎如今位于法国东部，在当时是由勃艮第首府——勃艮第是斯吕特的主要赞助人——大胆菲利普公爵（Duke Philip the Bold）统治的强大国家。

和扬·凡·艾克一样，斯吕特的作品出现较晚，但突破了中世纪传统，创造出更为写实的风格。他的人物往往裹着华丽的服装，有种强烈的实体存在感，特色鲜明。起初，他的雕塑涂上了写实的色彩，但颜料几乎全部剥落。斯吕特的作品不仅影响了其他雕塑家，还影响了扬·凡·艾克一代的画家。

主要作品：尚莫尔修道院（Chartreuse de Champmol）入口处的雕塑，约1390—1406年；《摩西之井》（*Well of Moses*），1395—1403年；大胆菲利普公爵之墓，始于1404年（在斯吕特死后完成）

安德烈·卢布廖夫

约1360/1370—1430年，俄国人

安德烈·卢布廖夫（Andrei Rublev）是迄今为止俄国早期最著名的画家，关于其生平几乎没有可靠的信息。第一部提及他的纪录片记载了他于1405年在莫斯科工作，其职业生涯似乎主要在这座城市及周边度过。据悉，他与其他艺术家合作完成壁画，但他的圣像画（宗教画，通常将圣人及其他神圣形象绘于木板上）最负盛名，特别是著名的《圣三位一体》（*Old Testament Trinity*）。

在这件作品中，上帝以三位超凡脱俗的陌生人的形式出现在亚伯拉罕（Abraham）面前，分别代表圣父、圣子和圣灵。这些人物形象聚集在一座祭坛周围，祭坛上立着一个盛满水的圣杯，代表圣餐。这幅作品广受赞誉，以抒情优美的线条、平和的感觉、细腻的色彩而著称，并被视为俄国圣像画的最高杰作。卢布廖夫是一名修士，于1988年被俄罗斯东正教会追封为圣人。

主要作品：《圣三位一体》，约1411年；《救世主基督》（*Christ the Saviour*），1410—1420年

洛伦佐·吉贝尔蒂

1380—1455年，意大利人

作为雕塑家、金匠、设计师兼作家，吉贝尔蒂是14世纪早期佛罗伦萨艺术的关键人物之一，处于哥特时代向文艺复兴过渡的时期。他的职业主要是为佛罗伦萨大教堂洗礼堂制作的2套青铜门——这些作品的工作如此繁复精美，耗用了吉贝尔蒂近15年才完成。每扇门都被分成若干块镶板，高浮雕中的人物形象诠释了圣经中的场景。在第一扇门上，28个场景中的每一个都围有哥特式的四叶饰边框，且人物的线条连贯，十分典雅；第二扇门上的场景（只有10个）则规模宏大，自然主义的布景体现了对透视法的精巧运用。有几位杰出的艺术家曾在吉贝尔蒂的画室中接受过部分训练，其中包括多纳太罗和乌切洛。

主要作品：佛罗伦萨大教堂洗礼堂北门，1402—1424年；《施洗者约翰像》，1413—1417年；佛罗伦萨大教堂洗礼堂东门，1425—1452年

皮萨内洛

约1394—1455年，意大利人

皮萨内洛（Pisanello）是个绰号，意思是“小比萨人”，艺术家安东尼奥·皮萨诺（Antonio Pisano）正是因此才为人所知。这很可能说明他出生在比萨，却在维罗纳（Verona）开始了职业生涯，随后陆续在其他几个主要艺术中心——主要在意大利北部，最南至那不勒斯——工作。他是国际哥特式优雅风格的杰出代表人物之一，其丰富的旅行经历反映了各大宫廷对其服务的需求，那里正是这种风格盛极一时的主要地方。他几乎没有大型作品保存下来，但留传下来的有出自他手的几幅板面油画和多幅素描，以及20多块肖像勋章。皮萨内洛

△圆形镶板上的自画像，天堂之门（佛罗伦萨大教堂洗礼堂东门）的门框，洛伦佐·吉贝尔蒂，1425—1452年

△罗吉尔·范·德·韦登,《圣路加为圣母画像》(*St Luke Drawing the Virgin*, 局部)被认为是画家自画像的部分,约1435—1440年

是这种艺术形式的发明者和最杰出的代表人物,这种艺术风尚迅速传遍意大利,随后传至其他国家。

主要作品:《圣乔治和公主》(*St George and the Princess*),约1433—1438年;《约翰八世皇帝的肖像勋章》(Portrait medal of Emperor John VIII),约1438—1439年;《圣尤斯塔斯的愿景》(*The Vision of St Eustace*),约1450年

罗吉尔·范·德·韦登

约1399—1464年,尼德兰人

罗吉尔·范·德·韦登(Rogier van der Weyden)出生并受训于低地国家中的图尔奈(Tournai),然而其人半个职业生涯都待在布鲁塞尔——他曾帮助该市成为欧洲北部的主要文化中心之一。他是当时最伟大的尼德兰画家,是扬·凡·艾克当之无愧的接班人。

他是一位出色的肖像画家,主要擅长的却是宗教画,其作品呈现出引人注目的情感张力,这一点尤其体现在描绘基督受难的正剧与悲剧场景中。他经营着一间繁忙的画室,他的助手在此为他的画作制作了多个版本,其中有不少出口到法国、德国、意大利以及西班牙。通过这种方式,他成了当时极有影响力的画家之一,在16世纪以前,他的作品一直被不断复制、改编。

主要作品:《下十字架》(*Descent from the Cross*),1440年;祭坛画《最后的审判》(*Last Judgement*),约1445—1450年;祭坛画《七圣礼》(*Seven Sacraments*),约1450—1455年

让·富凯

约1420—约1481年,法国人

让·富凯(Jean Fouquet)是15世纪杰出的法国画家,非常难得的是,他擅长板面油画和手抄本插图。他可能在巴黎接受过训练,但他的职业生涯多半待在家乡的城市图尔,那里在当时是法国宫廷的所在地。他的赞助人包括查理七世(Charles VII)及其继任者路易十一(Louis XI)。1446年至1448年,富凯到访罗马,把意大利文艺复兴的学习成果带回了法国,并以对古典建筑的透视与细节的兴趣而著称。不过,他在追求细节的写实和精确性的同时,仍能忠于自己的北方传统。他作品大多与宗教和历史题材有关,同时还是一名出色的肖像画家。

主要作品:《自画像》,约1450年;《艾蒂安·舍瓦利耶日课经》(*Hours of Etienne Chevalier*),约1450—1460年;《默伦双联画》(*Melun Diptych*),约1452年

安德烈亚·曼特尼亚

约1431—1506年,意大利人

安德烈亚·曼特尼亚特别早熟,在十多岁时就已创作出杰出的作品。半个多世纪以来,他一直是主宰意大利北部画坛的艺术家之一。他早年在帕多瓦度过,他在那里被画家弗朗切斯科·斯夸尔乔内(Francesco Squarcione)收为弟子。1460年,他搬到了曼图亚(Mantua),且余生都在此为执政的冈萨加(Gonzaga)家族担任宫廷画家。他在结合了豪华场面与家庭细节的场景中美化了赞助人,同时还绘制传统的宗教题材、肖像画和神话主题。

他对古代有着浓厚的兴趣,并深受古罗马艺术的影响。然而,他的作品不但如雕像般庄严高贵,还有声有色、生动逼真,且往往有着奇特的想象力。曼特尼亚对一些同代人影响深远,其中就包括他的内兄乔凡尼·贝利尼。

主要作品:《圣芝诺祭坛画》(*San Zeno Altarpiece*),约1457—1460年;《园中的痛苦》(*The Agony in the Garden*),约1460—1465年;《凯撒的胜利》(*The Triumphs of Caesar*),约1460—1480年

马丁·施恩告尔

约1440—1491年,德国人

马丁·施恩告尔(Martin Schongauer)是当时德国的首席画家,然而其首要身份是一名版画家。他是主要从事铜版画(大约发明于15世纪中叶)的首位重要艺术家,在丢勒之前被当作该项技术最伟大的代表人物。

我们很难确切证明施恩告尔所作的油画有留存下来,但他已知的版画作品有100多幅。这些版画主要涉及宗教题材,不过他也制作过若干幅关于日常生活的场景。它们比早期的版画更富有想象力,且在技术上更有创意,形成了各种各样的色调和纹理。施恩告尔在阿尔萨斯(Alsace)的科尔马(Colmar)度过了大半职业生涯。年轻的丢勒曾在1492年到访这座城市,希望能遇见大师,但施恩告尔在前一年就已经去世了(可能死于瘟疫)。

主要作品:《圣母之死》(*Death of the Virgin*),约1470—1475年;《圣安东尼的诱惑》(*Temptation of St Anthony*),约1470—1480年;《圣母在玫瑰园》(*Madonna in the Rose Garden*),1473年

16世纪

第二章

列奥纳多·达·芬奇

1452—1519年，意大利人

列奥纳多在艺术和科学上都颇具天赋。他是当时出色的博学者，也是一名旷世天才。他为数不多的几幅完成画作以美丽与庄严震惊了同代人，并将艺术引向了一个全新的时代。

列奥纳多出生在距佛罗伦萨约40千米的芬奇村或附近地区。父亲是一名经营法律事务的公证人，母亲是个农家女孩，列奥纳多是他们的私生子。他曾在佛罗伦萨给艺术家安德烈亚·德尔·韦罗基奥（Andrea del Verrocchio）当学徒，此前关于他的早年生活我们所知甚少。列奥纳多20岁时在当地画家行会注册为专业艺术家，随后他又在韦罗基奥的画室中待了4年，直至1476年才开始独立出来。

早期杰作

列奥纳多在15世纪70年代（及其一生中的其他时期）的活动日期无法确定。早期的《受胎告知》（*Annunciation*）很可能是与韦罗基奥合作完成的。当两位艺术家在韦罗基奥的《基督受洗》（*Baptism of Christ*，1472—1475年）中各画出一位天使时，列奥纳多所绘形象之绝妙远远超过了他的老师。

这一时期仅有的一幅肖像画作《吉内弗拉·德·班琪》（*Ginevra de'Benci*）是列奥纳多仅有的完成之作，这幅画和他停笔时的状况大致相同。他的第一幅保存下来的代表作《东方三博士来朝》（*The Adoration of the Magi*）可追溯到1481年至1482年。这

◁**《自画像》，约1512—1515年**
这幅作于列奥纳多约60岁的红色粉笔素描被认为是一幅自画像。至少有一位目击者曾称艺术家有些早衰，这一描述与画中的形象相吻合。

◁**《东方三博士来朝》，1481—1482年**
在画中，东方三博士来朝这一通常相对私密的场景，被描绘成一桩轰动的公共事件。画中的人物个性鲜明，举止生动，跃然纸上。

相关技术

油画

在列奥纳多的时代之前，曾有人使用油画颜料，然而他对这一媒介的偏好对整个意大利和欧洲的艺术产生了重大影响。与蛋彩这样的媒介相比，油画产生的色彩更加丰富多样，使更微妙的色调变化和更精美的细节成为可能；它也使得像达·芬奇这样的完美主义者能够在闲暇时重新加工不满意的部分。他可以利用油画颜料消除坚硬的轮廓线，画出诸如《蒙娜·丽莎》（*Mona Lisa*）和《圣母子与圣安妮》（*The Virgin and Child with St Anne*）等作品中那般美妙的柔和色调[即晕涂法（sfumato）]。

《圣母子与圣安妮》局部，1508—1513年

“除了怎样盛赞也不为过的人体美，他所画的一切都展现出无限的优雅。”

——乔尔乔·瓦萨里，《列奥纳多·达·芬奇传》，1560年

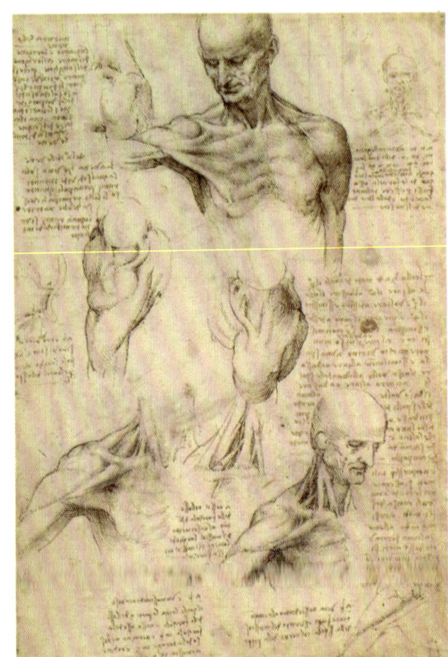

△**解剖图稿**
这份对男子脖颈和肩膀的细致研究，在列奥纳多笔记的众多解剖图稿中十分典型。这些研究往往基于他亲自进行的解剖。

幅画描绘了圣母子处在异常激动的人群中心却波澜不惊。然而，作品复杂且野心勃勃的构图尽在画家的掌握之中。

一幅令人痛心的《圣杰罗姆》(*St Jerome*)同样可能出自同一时期，这幅迷人的画作尚未完成。

无穷无尽的艺术

列奥纳多的多项事业与这些作品的命运颇为相似。他的完美主义以及广泛的兴趣使他在各个项目上花费的时间长达好几年，以至于它们变得格外易受时间和机遇的影响。令赞助人颇为沮丧的是，部分作品都未完成、遭到遗失或毁坏；另一些则由于他在众多技术实验中产生的问题而遭到破坏。再没有另一位伟大的艺术家完成作品的数量如此稀少。

列奥纳多在面对赞助人的抱怨时十分冷静，只遵从自己作画的激情。他那专注、惊人的能力和前所未有的名气帮助改善了艺术家的社会境况。同时代的人不仅将列奥纳多视为一名敬业的工匠，还将他当作一个强大而完整的独特个体——确切地说，一位天才。

▽**载人飞行**
列奥纳多的飞行机器草图激发了现代爱好者将其转化为模型的欲望。如下图所示，这是一架由飞行员操作的带有扑翼的飞行器(一种扑翼飞机)。达·芬奇还十分明智地设计了一款降落伞。

笔记

1482年，列奥纳多离开佛罗伦萨，前往米兰为统治者卢多维科·斯福尔扎(Ludovico Sforza)效力(见对页方框)。在此期间，他开始了一项贯彻一生的项目，即在笔记上画满自己的研究、实验和发明。这些内容最终多达上千页，主题包括解剖学、植物学、军事和土木工程、建筑学、光学、水力学、地形学等，当然包括绘画和雕塑。还有像坦克和飞行器这样的构想发明、关于全球灾难的末日预言幻象，甚至还有笑话和谜语。页面上满是由左撇子列奥纳多用反写字母从右至左书写而成的草图和笔记。这种“镜像写作”可能有助于保持其作品的私密性，同时也避免了弄脏笔迹。大多数情况下，这些笔记代表了利用直接观察和科学实验来了解大自然运作方式的非凡持久的努力。

“我可以和其他任何人一样，通过绘画来完成任何可为之事。”

——列奥纳多·达·芬奇，致卢多维科·斯福尔扎的信

◁《最后的晚餐》，1496—1498年

这幅画呈现了耶稣告诉使徒们他们中会有一个人背叛自己的瞬间。画面中，使徒们震惊、怀疑、悲伤和（其中某个人身上的）内疚紧张的反应，让人深切地感受到揭露真相时那令人惊讶的本质。

米兰岁月

列奥纳多在米兰待了17年，期间大部分时间都在为卢多维科及其宫廷效力，无论是策划丰富多彩的节庆活动、设计建筑物，还是测绘城市的防御工事。在列奥纳多抵达米兰后不久，他就为卢多维科最宠爱的情妇绘制了一幅从容美丽的肖像画《抱雪貂的女子》（*The Lady with the Ermine*，1483—1485年），其他项目则花费较长时间才完成。其中一项是为卢多维科父亲的纪念碑修建一座巨大的青铜马雕塑。列奥纳多最终制作了一个全尺寸的黏土模型，但就在准备好将它铸造成青铜时，米兰受到法国军队的威胁，而卢多维科需要将一切可用的金属拿来制造武器。1499年，占领这座城市的法国军队弓箭手将列奥纳多的“大马”用作打靶练习，这座马被同代人称为奇迹，却很快成了碎片。

在达·芬奇的米兰岁月里，最卓越、最不幸的画作就是《最后的晚餐》（*The Last Supper*）。该画受委托绘制在一座多明我女修道院圣玛利亚感恩教堂（Santa Maria delle Grazie）的食堂墙上。达·芬奇历时3年才完成此画，并广受好评。他抛弃了既定的湿壁画方法——该方法需要快速作画，具有粗犷的效果，但缺少长时间思考和细节的雕琢。作为替代品，他想出一种实验性的媒介，结果却不如其所料。《最后的晚餐》在他生前就开始脱落，几个世纪以来经历了很多不恰当的补救和修复（最近有争议的一次是在1999年）。尽管如此，作品的宏伟构图和几何结构、画面的紧张

人物小传

卢多维科·斯福尔扎

列奥纳多17年来的雇主卢多维科（1451—1508年）是一名雇佣兵的次子，其父亲自立为米兰大公。1476年，卢多维科夺权，以摄政王的身份进行统治，后成为大公。卢多维科是一位修养良好的赞助人兼建筑师，他让米兰成为重要的文化中心。在意大利各公国之间的斗争中，他鼓励法国人进入意大利，开启了一个外国干预的时代，他自己却成为受害者。1499年，法国的路易十二（Louis XII）占领米兰，卢多维科成为囚犯，并在监狱度过余生。

[illegible]

"没有工作就足以令我厌烦。"

——列奥纳多·达·芬奇,《达·芬奇笔记》

▷**《圣母子与圣安娜与圣施洗约翰》(*The Virgin and Child with St Anne and St John the Baptist*),约1500—1501年**

这是列奥纳多的一幅从未完成的全尺寸预备图（草图）。草图被用作"摹绘"：在所绘线条上刺出小孔，并撒上木炭，以便在画板或画布上形成轮廓线参考点。这幅草图因从未用于摹绘，（后遭严重毁坏）而幸存下来。

感和戏剧感，以及对姿势和动作炉火纯青的把握，使之成为最著名的宗教画典范之一。

回到佛罗伦萨

法国占领米兰使列奥纳多失去了赞助人，他很快就搬出了这座城市。他在曼图亚、威尼斯和佛罗伦萨各待了一段时间，随后前往意大利中部成为臭名昭著的亲王凯萨·波吉耳（Cesare Borgia）的工程师。之后，他回到佛罗伦萨，在那里为阿诺河（River Arno，见下方方框）分流计划制作设计图。虽然该项目失败了，但16世纪初的佛罗伦萨仍然是列奥纳多发挥创造力的中心。

人物组合

大约在1500年至1501年，列奥纳多绘制了《圣母子与圣安娜与圣施洗约翰》这幅规模较大、颇为美观的草图。它体现了列奥纳多对超大规模的密集人物组合的兴趣，其中神秘的笑脸在日后成为其作品中愈发明显的特征。据说，这幅草图或列奥纳多的另一幅类似的草图曾在佛罗伦萨展出2天，当时有一大群惊讶不已的人排着队等待观看。

显然，列奥纳多为这个主题与组合形式的潜在价值颇为着迷，随即将类似的形式运用在几年后于米兰完成的《圣母子与圣安娜》(*Virgin and Child with St Anne*) 中。在这幅画中，圣约翰被耶稣迈向前方、要伸手抱住的一只羊羔所取代。场景中的运动感因圣母的姿势而加强，圣母坐在她的母亲圣安妮的腿上，身体却向前弯曲，这种大胆的构图将观众吸引到场景之中。

大型项目

在佛罗伦萨期间，达芬奇开始创作他最著名的作品《蒙娜·丽莎》。画中这名女子轻松的姿态和神秘的微笑让观众们惊叹了好几个世纪。我们不禁认为，列奥纳多也有同样的感觉，因为这位模特的丈夫从未拥有过这幅他所委托的作品——列奥纳多在余生里一直保管着它。

1503年，列昂纳多接受委托，创作了一幅重要的作品。他要在佛罗伦萨政府中心旧宫的宏伟大厅（Great Chamber）的一面墙上绘制一场佛罗伦萨的伟大胜利（安吉亚里战役）。当这座城市的新秀米开朗基罗受邀在另一面墙上绘制另一场战斗场面时，这项任务就变成了一场不甚愉快的比赛。结果，两位艺术家都由于不同的原因而放弃了自己的项目，而且，2件作品都在后来的大厅整修中遭到毁坏。

未竟之志

此时的列奥纳多开始返工一些长期以来未完成的事业。1483年，他首次在米兰逗留时曾签订合同，为圣母无玷受孕会（Confraternity of the Immaculate Conception）绘制一幅祭坛画。该作品从未在教堂中装裱，并且成了历时23年之久的法律争端对象。这一争端在他重新定居米兰之后才得以解决，随后他完成了如今被称为《岩间圣母》(*The Virgin of the Rocks*, 1506—1508年）的画作。该作品早已有一幅早期版本，但其创作时间我们不

背景简介

创见性的方案

列奥纳多在佛罗伦萨最常用的联系人之一就是尼科洛·马基雅维利（Niccolò Machiavelli），他是一位重要官员，曾撰写著名的经典《君主论》(*The Prince*)——这本书定义了赢取并坚守权力所需的无情手段。1503年，马基雅维利在任职期间让列奥纳多负责规划一项阿诺河的改道项目，以便佛罗伦萨可以绕过其竞争对手比萨（Pisa），直达大海。在众多提案中，列奥纳多为该地区绘制了一幅十分有趣的地图，并标出了他建议的改道路线。

列奥纳多绘制的托斯卡纳西北部地图，1503年

◁《蒙娜·丽莎》，约1503—1508年

几乎可以断定，这位模特是佛罗伦萨布商弗朗西斯科·德尔·乔孔多（Francesco del Giocondo）的妻子蒙娜·丽莎·盖拉尔迪尼（Madonna Lisa Gherardini）。"Mona"是"Madonna"的缩写，意为"女士"或"夫人"。

△克洛吕斯城堡

在生命的最后几年里，达·芬奇在法国图尔（Tours）附近这座15世纪克洛吕斯城堡（Chateau du Clos Luce，当时被称为克鲁克斯城堡）里生活工作。现在这里坐落着一座以艺术家生平为主题的博物馆。

得而知。将这两幅作品进行比较可以说明列奥纳多在艺术上的发展。早期的版本比较温暖且人性化，与列奥纳多后期的大部分作品一样，1506年至1508年的这幅画预示了文艺复兴盛期宏伟庄严的构图，其中列奥纳多与米开朗基罗、拉斐尔一并成为该时期的"三杰"。

除了完成《圣母子与圣安娜与圣施洗约翰》，达·芬奇在米兰的第二次逗留令人失望，他接下来逗留罗马期间主要的作品是一幅神秘的《施洗者圣约翰》（*St John the Baptist*），他将这位通常是苦行僧式的人物描绘成一个充满肉欲、微笑着的年轻人。

列奥纳多应法国国王弗朗西斯一世（Francis I）之邀，来到法国。他被当作一位文化偶像，在克鲁克斯（Cloux）安顿下来，衣食无忧，于1519年去世。根据瓦萨里的说法："死在了国王的怀里"。他被葬在附近的昂布瓦斯（Amboise）圣佛伦丁教堂。

关于艺术家的私人生活我们知之甚少，不过他终生未婚，并且据推测是同性恋。他最亲密的友谊似乎是和两个学生梅尔奇（Melzi）和萨拉伊（Salai）建立起来的，他们都是其遗嘱的受益人。梅尔齐是主要的继承人兼遗嘱执行者，列奥纳多为他留下了自己的画作，还有金钱和其他私人物品。

简要年表

约1475年
在雇主韦罗基奥的《基督受洗》中画了一位天使，预示其前景无限。

1481—1482年
创作《东方三博士来朝》，但作品未完成，届时他离开佛罗伦萨，前往米兰。

1496—1498年
花3年创作了《最后的晚餐》，尽管进行了多次修复，仍不失为一幅极为动人的作品。

1499年
他的巨型黏土模型"大马"，在铸成青铜以前就被法国士兵所毁。

约1500—1501年
画了一幅粉笔与炭笔素描《圣母子与圣安娜与圣施洗约翰》。

约1503—1508年
创作著名的女性肖像画《蒙娜·丽莎》，他最后定居法国时一直随身携带着这幅画。

1503—1506年
绘制了一幅大型壁画《安吉里之战》（*The Battle of Anghiari*），该作品未完成，后来遭到毁坏。

1506—1508年
完成《岩间圣母》，该画现藏于伦敦国家美术馆。

▷《桃花源图》，1524年
作品中的这处细节基于8世纪陶渊明的一首诗，展现了文徵明如何用清晰大胆的线条勾画山体、树木，并结合柔和的渐变水墨，以增加深远之感。

文徵明

1470—1559年，中国人

文徵明是中国明朝（1368—1644年）“四大家”之一，即明朝杰出的艺术家之一。他以水墨山水画而闻名，有时还用设色来营造画面的氛围。

◁**长亭送别**

文徵明与艺术家仇英合作绘制了这幅丝绸水墨插画（约1540年），该插图描绘了杂剧《西厢记》中的一幕，画中一名书生正在向他的情人挥手道别。

文徵明于1470年出生在中国东部苏州附近。其父文林是一位地方文官，本期望子承父业，文徵明却在竞争激烈的文官考试中表现不佳，只在退隐之前短暂当过官。

文徵明可能是随了母亲，其母是一位小有成就的艺术家，不过她在文徵明年仅6岁时就去世了。1489年，文徵明开始跟随沈周学画，沈周是苏州吴门画派的创始人：该画派的名称源自3世纪中国东南部的统治势力吴国。这不是一所正规的学校，而是一群志同道合的富家子弟组成的“君子与文人”艺术家团体，其成员往往是画家兼诗人、书法家。这些拒绝官方资助、依靠私人赞助的艺术家们精于用毛笔蘸水墨绘制文雅的山水画。

自然和园林

文徵明是吴派最著名的画家之一。他深受老师沈周的影响，但并非严格沿袭其作品，而是创作了题材多样、风格各异的画作，将纯墨色与青绿设色相结合。自然景观和山水、园林以及兰、竹等植物是最受欢迎的主题。文徵明的风格也有可能受到夏昶作品的影响。这位著名艺术家是他妻子的叔父，因其墨竹画而备受重视。在中国明代，园林被视为自然界的缩影，而园林设计则成了一种地位显赫的艺术。

始建于1509年的拙政园是苏州最著名的园林。设计师王献臣在园中赠予文徵明一处画室。1535年，艺术家完成了一套包含35幅园林墨色景观的画册；随后在1551年又绘制了一套八景图。其中每幅都伴有一首诗和一段注释题词。

晚期作品

文徵明的晚期作品受到元代（1271—1368年）初期艺术家的影响。他的画像更加朴素，在极简的山水或几乎空白的背景中融入嶙峋的岩石和粗糙的树木。他的作品风格从早期苍翠繁茂的山水画，到后期甚是简朴的研习之作，加上他当时号称“最文雅的文人艺术家”，使得他至1559年去世时成为中国极受敬仰的画家之一。

相关技术

三绝

吴派的艺术家们拥有与艺术相关的三个组合绝技：诗歌、绘画和书法，这三者在中国被称为“三绝”。他们对这三类艺术形式一视同仁，并将之结合起来，以创造一件独立统一的艺术作品。在同一幅卷轴上作画题诗，使画作得以阐明作为图像补充内容的书法和诗歌。绘画被视为“沉默的诗歌”，而诗歌则被视为“有声的绘画”，并且文人们从小就接受书法方面的训练。唐代（618—907年）以来，人们便开始创作三种形式相结合的作品。

一幅山景，文徵明

◁**扇面画，约1550年**

从明代中叶开始，饰有绘画和诗歌的纸扇就被男女随身携带，以显自身的优雅，如文徵明所作的这件范例。

1500
Albertus Durerus Noricus
ipsum me propriis sic effin-
gebam coloribus ætatis
anno XXVIII.

阿尔布雷希特·丢勒

1471—1528年，德国人

作为北欧当时最为重要的艺术家，丢勒集精湛的技艺与强大的智慧于一身，这在他的绘画、版画、素描和论著中均有表现。

阿尔布雷希特·丢勒在各个方面都是一位举足轻重的艺术家。他是当时德国最著名的画家，不过他的版画更为出名，他是第一位享有如此盛名的版画艺术家。他曾两次到访意大利，在将文艺复兴的思想传入北欧的过程中发挥了重要作用——这不仅体现在风格上，还在于他想要提高艺术家的知识地位与社会地位。他的名声在他去世后依然屹立不倒，是第一批跻身于民族英雄的艺术家之一。

学徒与游历生涯

丢勒于1471年5月21日出生在纽伦堡（Nuremberg），在家中18个孩子里排行老三。他的父亲也叫阿尔布雷希特·丢勒，是一名金匠，他的母亲是一位金匠的女儿，因此，他骨子里就具有精湛的技艺。他最早跟随父亲接受金匠方面的培训，而到了1486年，即丢勒15岁时，便开始在迈克尔·沃格穆特（Michael Wolgemut）门下当学徒。沃格穆特是纽伦堡的首席画家，同时也是一位创作力旺盛的插画家，很可能是他教会了丢勒如何制作木刻版画——这是15世纪末和16世纪初此类插画的标准形式。

◁《自画像》，1500年
这幅极具震撼力的作品绘于28岁。画中，丢勒采用正面姿势来描绘自己，表达了一种严肃庄重之感。

◁《圣杰罗姆治愈狮子》（*St Jerome Curing the Lion*），1492年
丢勒的木刻版画描绘了书房中的学者圣杰罗姆正在从狮子的爪子上拔出一根刺。这张是圣杰罗姆书信集的卷首插图。

1490年，随着学徒生涯的结束，丢勒离开纽伦堡，开始了一段长达4年的游历生涯。这种“漫游岁月”（德语中叫作“Wanderjahre”，即英语中的“years of wandering”）在当时的年轻艺术家（与工匠）中颇为常见，这让他们有机会在安定下来之前看看世界万物，并磨砺自己的技能。

丢勒到访了德国及其邻国的多个地方，其中包括瑞士的巴塞尔（Basel），那里是世界领先的出版中心，丢勒在此完成了大量制作书籍插图的工作。

乏味的婚姻

1494年5月，丢勒回到纽伦堡。同年7月7日，他与一位富有的金属工人的女儿艾格尼丝·弗雷（Agnes Frey）在一场包办婚姻中结为夫妻，艾格尼丝给他带来了丰厚的嫁妆。当时，她大约19岁，丢勒22岁。这桩联姻一直维持到丢勒去世，不过他们没有孩子，似乎也很少谈及感情。丢勒的朋友利巴尔德·皮尔克海默（Willibald Pirckheimer）认为艾格尼丝“唠叨、[illegible]且贪婪”，不过另一[illegible]的说法是，她是一个不起眼的女人，与她所嫁的

背景简介

纽伦堡

丢勒的大半生都在德国的纽伦堡度过。这是一座蓬勃发展的城市，人口数量约为5万。它是神圣罗马帝国的一部分，需向皇帝缴税，实际上却是一个自治城邦。它地处欧洲地理中心，这一位置使它成为主要的商业中心，同时，这里的文化生活也充满活力。丢勒的教父安东·科贝格（Anton Koberger）曾经营该市最重要的出版机构，该出版机构将书销往全欧洲。

丢勒位于德国纽伦堡的家和画室

“他是一位会流芳百世的艺术家。”

——鹿特丹人伊拉斯谟（Erasmus of Rotterdam），致利巴尔德·皮尔克海默的信，1523年7月19日

这位天才毫无共同之处。和丢勒的母亲一样，她也在各种市场和集市上帮忙出售他的版画，但她对知识毫无兴趣。丢勒的兴趣遍及科学与艺术，且晚年还热衷于宗教改革方面的辩论[他钦佩马丁·路德（Martin Luther），自己的观点却较为中庸]。

婚后，丢勒离开纽伦堡，前往意大利北部进行考察，时间从1494年秋季持续到1495年春天。他大部分时间都待在与德国有着密切贸易联系的重要艺术中心威尼斯。

回到纽伦堡后不久，丢勒便开始了忙碌但成功的职业生涯。例如，他于1496年完成了萨克森州（Saxony）选帝侯智者腓特烈（Frederick the Wise）的一幅肖像画。智者腓特烈是他的第一位贵族赞助人，并成为其忠实的赞助人之一，多年以来向艺术家委托过若干幅画作。

△用于印刷木刻版画的印刷机

这台用于木刻版画的印刷机通过丢勒的一幅素描而复原，陈列在丢勒纽伦堡的家中。

成名

丢勒因版画而成名，而非油画。版画可多次印刷，且易于运输，从而使印着其名字的版画风靡整个欧洲。他甚至还在通常不看好外国艺术家的意大利备受好评。

身为版画家的丢勒的首次成功是在1498年出版了一套15张关于启示录的木刻版画（该主题与时事相关，因为当时很多人担心1500年会是世界末日）。这些作品包含了木刻版画中未曾有过的意象。在早期的职业生涯中，丢勒很可能是亲自切割木块，但后来日益繁忙，他便逐渐只参与设计工作，将使用刀子、半圆凿和凿子的切割过程留给助手或雇佣的专家。

△《骑士、死亡与魔鬼》，1513年

这件规模宏大、结构复杂的作品充满了象征意义的意味，它是丢勒最为出色的版画之一，其名字的首字母可见于左下角的徽章上。

丢勒的版画大多是木刻版画，但在较新的铜版蚀刻技术中取得了更高的成就。铜版蚀刻比木版雕刻更难，因为金属比木头要坚硬得多，其优势在于能创造出更精致的细节和更多变、更微妙的效果。到了16世纪末，这种版画已取代了大部分木刻版画。丢勒在蚀刻版画的技术和想象力上都是匠心独运的大师。他创造了异常丰富的光影效果与质地，有时还会利用自己发明的主题，例如在《骑士、死亡与魔鬼》（*The Knight, Death,and the Devil*，1513年）这幅关乎基督教信仰的寓意画中，他刻画了一名战胜了黑暗势力的坚定武士。

“若没有**比例**，即便经过了**精心考虑**，任何一幅**画作**都不可能**完美**。”

——阿尔布雷希特·丢勒，《人体比例四书》，1528年

重要年表

- 1484年 用银尖笔画法画了一幅精美的自画像；这对一个13岁的男孩来说是一项惊人的成就。
- 1489年 出版了有关启示录主题的15张木刻版画；该系列标志着他作为版画家获得第一次真正意义上的成功。
- 1502年 绘制《小野兔》，该作品成为他最著名的水彩画。
- 1506年 为意大利威尼斯的圣巴托洛米奥教堂(San Bartolomeo)创作祭坛画《玫瑰花冠之宴》。
- 1513年 制作版画《骑士、死亡与魔鬼》，该作品被视为版画杰作之一。
- 1526年 为纽伦堡市议会绘制《四使徒》(*The Four Apostles*)，这组作品可算作是他最伟大的画作。

通才

这样一幅作品展现了丢勒如何摈弃艺术家等同于工匠的中世纪思想，由认真执行赞助人的指示，转向了将艺术家要兼顾脑力和体力劳动的文艺复兴观念。这是他与同时代意大利伟大的达·芬奇的共同特质之一，人们往往将二者进行比较。他们二人的目光均远远超出了一贯的艺术主题，用素描来探索周遭世界的各个方面。

打压竞争

1505年夏至1507年年初，丢勒再次造访意大利，他大部分时间都待在威尼斯。在那里，他受到了伟大的乔凡尼·贝利尼的赞扬，却遭到当地其他艺术家的敌视，他们对外来竞争心怀不满。他为由德国社区管辖的威尼斯圣巴托洛梅奥教堂绘制了他雄心勃勃的祭坛画之一《玫瑰花冠之宴》(*The Feast of the Rose Garlands*，1506年)。

个人小传

利巴尔德·皮尔克海默

丢勒最好的朋友利巴尔德·皮尔克海默(1470—1530年)是一名富裕的律师兼作家，他是纽伦堡十分杰出的公民之一。他是一位古典学者，将古代文本翻译成德文，并将希腊文翻译成拉丁文。丢勒曾为他的著作绘制插图，并为其图书馆——当时非常精美的图书馆之一——设计藏书票。在第二次到访意大利期间，丢勒曾给皮尔克海默写信，这些信件为了解他的日常生活提供了丰富的信息来源。

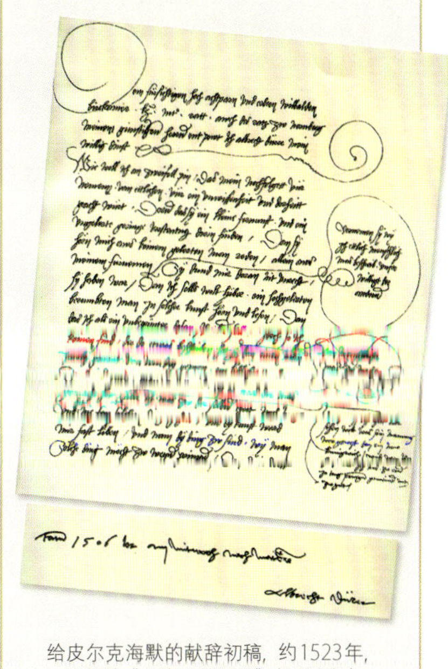

给皮尔克海默的献辞初稿，约1523年，丢勒的《人体比例四书》(1528年)

◁《玫瑰花冠之宴》，1506年

这幅华丽的油画描绘了加冕圣母怀抱婴儿耶稣，同时在将玫瑰花环分发给崇拜者。小耶稣在教皇尤里乌斯的头上放了一个花环，而圣母则在给皇帝腓特烈三世戴上王冠。

他意识到，威尼斯画家为自己对色彩的认识而自豪，在这件华丽的作品中，他以其人之道还治其人之身："让那些说我是名不错的版画家、却不知如何处理色彩的人闭嘴"。

▽**《四使徒》，1526年**
这幅巨型双联画是丢勒大型作品中的最后一组，画面从左至右依次呈现了圣约翰（书）、圣彼得（钥匙）、圣马可（书卷）和圣保罗（书和剑）。

回到纽伦堡后，丢勒巩固了自己身为德国顶尖艺术家的地位，他于1509年购买的一栋大别墅（现专门作为丢勒博物馆）从侧面标志了他的成功。1512年，神圣罗马皇帝马克西米利安一世（Maximilian I）到访了这座城市，并对丢勒的作品印象深刻。他为丢勒提供了几份委托任务，却由于持续的财务困难而逃避付账。不过，马克西米利安下令纽伦堡市政府向艺术家支付相当大的一笔年度津贴，以此作为补偿。1519年，马克西米利安去世时，这些款项就终止了，于是丢勒决定与其继任者查理五世（Charles V）会面，希望能够说服他续约。1520年，丢勒出席了查理五世在亚琛（Aachen）的加冕仪式，新皇帝同意恢复这笔款项。此次亚琛之行是丢勒从1520年中旬至1521年中旬巡游德国与荷兰各个城市的一部分。

相关技术

水彩

水彩画在18世纪之后才开始广为流行，当时的风景画家对此十分青睐，而丢勒是认识到水彩画潜质的首位重要艺术家。有时，他使用水彩，仅仅是为了给墨水画加入些许微妙的色彩，但他同样在画中充分运用了这种介质，比如其著名画作《小野兔》（*Young Hare*）。这幅作品同时使用了透明水彩和被称为水粉的不透明颜料类型。他以完美的技巧描绘出野兔柔软毛皮的质地。

《小野兔》，1502年

“他的乐趣在于**将人描绘得如同确实存在**于他周围一般。”

——威尔海姆·瓦肯罗德（WilhelmWackenroder），《一个热爱艺术的修士的内心倾诉》（*Outpourings from the Heart of an Art-loving Monk*），1797年

声名渐长

丢勒在旅途中发了高烧，返回纽伦堡后，身体变得十分虚弱。他的作品数量减少了，质量却从未下滑，并于1526年绘制了一组可跻身于其伟大杰作之列的双联画《四使徒》。

他职业生涯早期的作品中以观察入微的细节为特质，且往往充满活力。不过，在文艺复兴时期艺术的影响下，他的作品规模渐渐变得更为宏大，形式更为简单，情感也更加克制。在《四使徒》中，他所展现的高贵、庄严堪比文艺复兴时期的任何意大利艺术。

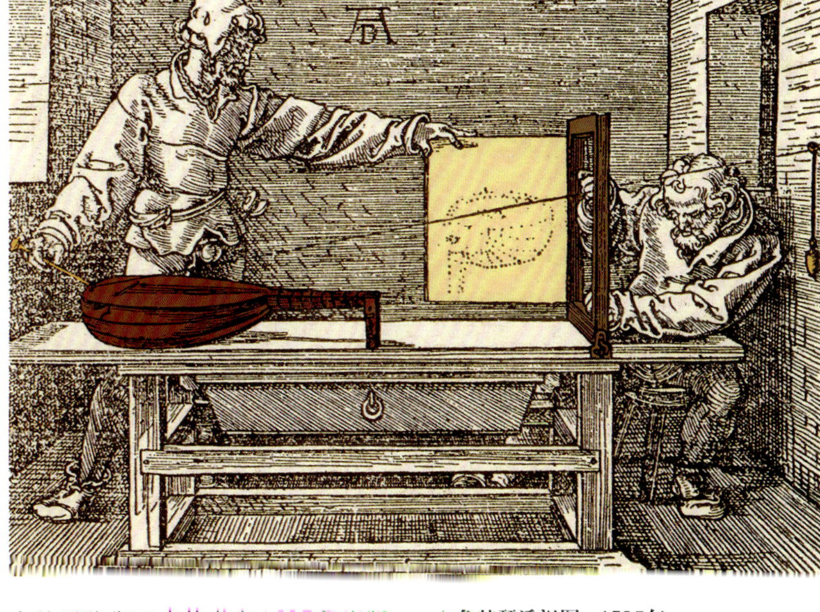

△**鲁特琴透视图，1525年**

这幅木刻版画出自丢勒的《测量论》，与几何学在艺术中的应用有关。

艺术家兼作家

在生命最后几年里，丢勒在艺术领域不太活跃，却忙于写作。在他的职业生涯早期，就已开始为艺术家们撰写教学手册，但并未完成。他于1525年出版了他的第一本书《测量论》（*Treatise on Measuring*），其中包括对透视的探讨。这是第一本用德语撰写的艺术理论书。接下来，一本关于防御工事的书在1527年出版；1528年4月，在享年56岁的丢勒去世6个月后，《人体比例四书》（*Four Books on Human Proportion*）得以出版。他认为存在“多种形式的相对美”，用插图来诠释人的体型，以此来帮助艺术家们勾勒出“人性最广阔的界限，以及……可能出现的各种人物类型”。

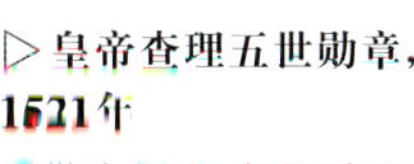

▷**皇帝查理五世勋章，1521年**

丢勒在1521年设计了这个工艺精美的银牌，以纪念新加冕的神圣罗马帝国皇帝查理五世统治下的第一届纽伦堡议会。

一份永恒的遗产

丢勒对他的同代人产生了重大影响。他是一位杰出的教师，他培养的众多学生传播了与其风格相关的知识。他的版画——通常盖有他名字的首字母组合“AD”——在其在世时被大量模仿、临摹（有时以欺诈为目的），并在他死后继续被历代复制、改动。到了19世纪初，他已成为德国的民族英雄，毫无争议地成为本国有史以来最伟大的艺术家。

1828年4月6日，正值丢勒逝世300周年，为丢勒纪念碑而造的奠基石安置在纽伦堡，纪念碑于1840年正式落成，这是有史以来第一座为艺术家建立的公共纪念碑。

△**丢勒雕像，1840年**

在丢勒逝世3个多世纪以后，这座雕像建立在其出生地和生活了大半生的家乡纽伦堡。

米开朗基罗

1475—1564年，意大利人

作为那个时代最伟大的艺术家，米开朗基罗因身兼雕塑家、画家和建筑师于一身而大放异彩，并对其同代人及后代人产生了深远影响。

从米开朗基罗第一批保留下来的作于十几岁的素描，到他88岁去世时留下的未完成的雕塑群像，他辉煌的职业生涯持续了近四分之三个世纪。作为欧洲最辉煌的艺术家，在此期间，几乎无人可与之媲美。他的同代人对之投以景仰的目光，而对绘画、雕塑和建筑作品跻身于世界艺术最为人熟知的地标之列的人来说，这种看法至今仍不足为奇。

◁《圣安东尼的诱惑》(*The Temptation of St Anthony*)，约1488年

根据马丁·施恩告尔的一幅版画，一些艺术史家认为这幅小画是米开朗基罗最早的幸存作品。

早年

米开朗基罗·博纳罗蒂（Michelangelo Buonarroti）于1475年3月6日出生在托斯卡纳的卡普雷塞（Caprese）小镇［现名卡普雷塞·米开朗基罗（Caprese Michelangelo）］。他的父亲卢多维科（Ludovico）是当时的镇长，米开朗基罗出生几周后，他的家人就搬回了约100千米以外的佛罗伦萨家中。卢多维科是平庸之辈，他相信自己的血管里流淌着贵族血统，并为此设法压制米开朗基罗早年的艺术爱好“绘画和雕塑”，因为它们通常被视为手艺人行业，所以不适合成为一名绅士的职业追求。

尽管如此，他最终还是向这位意志坚强的男孩作出了让步。米开朗基罗在1488年开始给佛罗伦萨的重要画家多梅尼科·吉兰达约（Domenico Ghirlandaio）当学徒。

从佛罗伦萨到罗马

次年，米开朗基罗进入由佛罗伦萨的实际统治者洛伦佐·德·美第奇（伟大的洛伦佐）赞助的一家非正规的雕塑学院。学院由贝尔托多·迪·乔万尼（Bertoldo di Giovanni）管理，他曾是多纳太罗的学生兼助手，也是青铜雕刻方面的专家。米开朗基罗对大理石的偏爱胜过其他材料，我们尚不清楚他在哪里学会了雕刻大理石的技巧。晚年的他喜欢让人认为他的天赋是上帝所赐。在雕塑方面，他可能是自学成才的；但在绘画方面，他想必至少从吉兰达约——他是一位出色的工匠，也是一位高效的画室管理者——那里掌握了基本功。

米开朗基罗深受洛伦佐的喜爱，他在美第奇宫为米开朗基罗提供食宿。当洛伦佐于1492年去世时，佛罗伦萨的政局变得动荡不安。米开朗基罗于1494年离开这座城市，且1495年的大部分时间都待在博洛尼亚（Bologna）。

△《酒神巴库斯》(*Bacchus*)，1496—1497年

在米开朗基罗的这尊受古典想象激发而创作的罗马神灵雕像中，巴库斯体态柔和，站姿似乎很不稳定。

▷《米开朗基罗》，约1550年

米开朗基罗的好友兼追随者丹尼尔·德·沃尔泰拉（Daniele de Volterra）为米开朗基罗绘制了这幅肖像，他自己的作品往往以米开朗基罗提供的草图为基础。

“只要世界长存，他的作品就会盛名永传。”

——乔尔乔·瓦萨里，《艺苑名人传》，1550年

背景简介

卡拉拉大理石

意大利最著名的大理石采石场位于佛罗伦萨西北方向约100千米处的卡拉拉。自古罗马时代以来，这些采石场就为雕像和建筑物提供了石材，而这里的大理石至今仍被出口到世界各地。米开朗基罗喜欢亲自走访采石场，监督为自己的雕像所预备的大理石块的切割过程，有时花费数月待在那里，但不愿靠中间人来选择他的原材料。

卡拉拉大理石采石场

直到1495年他才回到佛罗伦萨，但这座城市当时还在闹饥荒和瘟疫，于是他于1496年迁居罗马，以寻求更好的职业前景。那时的他只有21岁。

至此为止，米开朗基罗创作的作品规模普遍较小。但在罗马期间，他曾因两座大型大理石雕塑而成名。这两尊大理石雕塑各受一位红衣主教的委托：一尊巴库斯的雕像（罗马神酒，丰饶与狂欢之神），以及著名的《圣母哀悼基督》（*Pietà*）——该作品一完成就立刻被誉为杰作。1501年，米开朗基罗回到佛罗伦萨（当时由较为稳定的共和政府统治），开始创作圣经中的英雄大卫的巨型雕像。这件作品站立高达5米，由一块卡拉拉（Carrara）大理石雕刻而成（见左侧方框），于1504年完工，因其惊人的美与细节以及姿势的高贵典雅，被视为一场雕塑的胜利。这座雕像虽是为大教堂而设计的，却被安置在市政厅外面，成为新共和国引以为豪的象征。

天才之争

米开朗基罗的下一件大型委托作品是为旧宫议会厅绘制一幅关于卡辛纳之战（the Battle of Cascina，一场佛罗伦萨战胜比萨的战役）的巨幅壁画，以同达·芬奇正在绘制的同尺寸壁画安吉亚里之战（佛罗伦萨战胜米兰）相呼应。

达·芬奇是当时最著名的艺术家，但其强劲的竞争对手米开朗基罗已开始崭露头角。两人互不待见，而这一场面激发了两大艺术巨头之间的冲撞。不过，两位艺术家均没能完成壁画。继实验技术（将油画颜料涂在厚厚的底漆之上）失败以后，列奥纳多放弃了他的作品，米开朗基罗则为自己的场景创作了一幅全尺寸草图（预备草稿）。然而，1505年在他开始作画之前，就被教皇尤里乌斯二世（Pope Julius II，见右侧方框）传唤到罗马修建教皇的坟墓，教皇计划将之建成基督教时代以来最壮观的陵墓。

该项目成了米开朗基罗的一位学生口中的“陵墓悲剧”：尤里乌斯失去了对这件作品的热情，在1513年去世以后，与其继承人的谈判拖延了30年之久，直到最终缩减为一座纪念碑。该纪念碑主要由米开朗基罗的助手雕刻而成，于1545年完工。

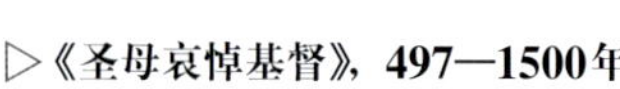

▷**《圣母哀悼基督》，497—1500年**

圣母长袍上的褶皱及其富有表现力的特征为文艺复兴时期的雕塑带来了前所未有的写实之风。

▽**《大卫》（*David*），1501—1504年**

不同于众多早期艺术家将大卫刻画成站在被杀死的巨人歌利亚（Goliath）身上，米开朗基罗描绘了在战斗之前他将弹弓架在肩上的状态。

重要年表

- **约1490年** 创作了（已知）第一批临摹乔托和马萨乔画中人物的素描。
- **1497—1500年** 雕刻《圣母哀悼基督》，该作品最早使他成名。
- **1501—1504年** 创作了一尊大卫的巨型雕像，该雕像成为他在佛罗伦萨首件成功的公共作品。
- **1508—1512年** 取材于创世纪和其他主题中的场景，绘制罗马的西斯廷礼拜堂天花板。
- **1519年** 开始加工美第奇教堂，直至他1534年永久定居罗马时仍未完成。
- **1536—1541年** 在西斯廷礼拜堂的内坛墙壁上绘制《最后的审判》。
- **1546年** 被任命为圣彼得大教堂的建筑设计师。
- **约1555年** 开始创作《隆达尼尼的圣殇》（*Rondanini Pietà*，以曾拥有这幅画的一个家族来命名），该作品在他1564年去世时尚未完成。

西斯廷礼拜堂

尤里乌斯委托给米开朗基罗的另一件重要作品成为艺术家的最高成就。西斯廷礼拜堂（The Sistine Chapel）的天花板（1508—1512年）被誉为一件具有崇高美的宏伟壮观之作，并且使年仅37岁的米开朗基罗一跃成为世界上伟大的艺术家之一。画在天花板上的几十个人物展现了米开朗基罗在描绘人体，尤其是男性裸体方面的技巧。他的传记作者兼好友乔尔乔·瓦萨里曾写道："除了以最美观的比例形式和最多样化的姿态呈现人体并表达人物的各种动作，他拒绝绘制任何东西。"米开朗基罗展现了雄浑的效果，摈弃了不必要的细节。他受到前辈乔托和马萨乔的启发，同时也深受古罗马雕塑的威严和解剖技巧的影响。不过，

人物小传

教皇尤里乌斯二世

尤里乌斯二世（1503—1513年在位）是所有教皇中权力最大也最冷酷无情的一位。他凭借外交和军事手段使罗马教廷成为意大利的主导势力，并亲自率领军队出征，以扩大领土。同时，他还是当时最伟大的艺术赞助人，着手修建新圣彼得大教堂[起初由建筑师布拉曼特（Bramante）设计]，并雇佣米开朗基罗和拉斐尔来完成重任。他在战争和艺术方面投入了大量资金，从而使教廷财政状况得以维持稳定。

刻有尤里乌斯二世肖像的金属钱币

◁西斯廷礼拜堂的天花板，1508—1512年
米开朗基罗勉强接受了绘制西斯廷教堂天花板的委托任务，他自认为是一位雕塑家，而不是画家。

"超凡入圣的米开朗基罗·博纳罗蒂，是雕塑家与画家中的王者。"

——本韦努托·切利尼（Benvenuto Cellini），《自传》（*Autobiography*），约1560年

相关技术

演示图

术语“演示图”发明于20世纪50年代，用来形容一种与米开朗基罗有特殊关联的图像。这些素描图的完成度很高，通常当作独立的艺术作品送给朋友或赞助人以表敬意。米开朗基罗将这幅用黑色粉笔描绘克莉奥佩特拉（Cleopatra）的底稿送给了托马索·卡瓦列里（Tommaso Cavalieri），他于1532年遇到了这位英俊的年轻贵族，对他怀有很深的（也可能是纯洁的）感情，还曾写诗寄给他。

《克莉奥佩特拉》（*Cleopatra*），1534年

他的人物形象还别具一种全新而恢弘的气势、优雅和灵性。

它们对当时艺术家的影响深远，并且对后代产生了持久的影响力，无论这种影响是好还是坏。伟大的艺术家们以此来激发想象力［例如，米开朗基罗那肌肉丰满的人物形象影响了一个世纪之后的彼得·保罗·鲁本斯（Peter Paul Rubens）的一些最伟大的作品］，而次要的画家和雕塑家往往被束缚在初期的模仿阶段。

赞助不断

尤里乌斯二世的继任者是教皇利奥十世（Leo X），他是洛伦佐·德·美第奇之子。米开朗基罗继续在佛罗伦萨接受美第奇的委托任务，特别是圣洛伦索教堂的美第奇礼拜堂（始于1519年），以及该教堂的回廊中一座用于存放家族书籍和手稿等著名收藏品的图书馆（始于1525年）。1527年，美第奇家族被逐出佛罗伦萨，后于1530年重新夺取这座城市。米开朗基罗一直负责被困城市的防御工事，担心自己会性命难保，但教皇克莱门特七世（Pope Clement VII，又一位美第奇家族成员，伟大的洛伦佐的侄子）下令不应让他受到伤害。

1534年，米开朗基罗回到罗马，克莱门特委托他在罗马西斯廷礼拜堂的内坛墙壁上绘制关于基督复活的壁画。克莱门特在米开朗基罗抵达后数天就去世了，而他的继任者教皇保罗三世（Paul III）则将主题改为最后的审判。这幅画的高度超过13米，是当时世界上尺寸最大的画作，它耗费了米开朗基罗大部分的精力，直到1541年才完成。这件充满戏剧性的作品展现了人类灵魂的审判者基督将被祝福之人与被诅咒之人分开。据说教皇在看到该作品时曾双膝下跪，瓦萨里写道：“整个罗马，乃至整个世界”都对这件作品投以“惊奇与震惊的目光”。

米开朗基罗还为保罗三世的梵蒂冈礼拜堂另绘制过两幅壁画：《圣保罗的皈依》（*The Conversion of St Paul*，1542—1545年）和《圣彼得的受难》（*The Crucifixion of St Peter*，1546—1550年）。和《最后的审判》一样，这些作品也与西斯廷天花板壁画的风格截然不同，它们表达了内心的体验，而不是外在的美感。它们是米开朗基罗最后的画作，用瓦萨里的话来说，这件作品让他“耗尽心力，疲惫不堪”。

圣彼得大教堂的建筑师

晚年的米开朗基罗主要以建筑师身份开展工作，于1546年接管了罗马的新圣彼得大教堂的设计工作。这是基督教世界最重要的建筑项目，于1506年由尤里乌斯二世开始。瓦萨里声称，米开朗基罗一直坚称自己的首要身份是一名雕塑家，他接下圣彼得大教堂的建筑师工作，“完全是迫不得已”。

尽管最初心怀抵触，且年事已高，米开朗基罗却以特有的精力完成了这项作品，使这一此前进展颇为缓慢的项目加快了进程。他以一种大胆而充满活力的方案取代了其前任建筑师的一些十分花哨的设计。当米开朗基罗于1564年去世时，这座建筑还远未完成，不过他对这座建筑的功劳要远大

▷**洛伦佐·德·美第奇之墓，1520—1534年**
米开朗基罗为佛罗伦萨圣洛伦索教堂的美第奇礼拜堂雕刻了这座陵墓。它展现了一个沉思中的洛伦佐，坐在《暮》与《晨》两个斜倚的人物形象之上。

▷《最后的审判》，1536—1541年
这件作品中满是天使、魔鬼和巨大的可怖人物，传达了人体的力量，以及情感上的巨大孤寂感。

于其他任何一位建筑师。

1564年2月18日，在他去世前的几天，米开朗基罗仍在加工他最后的、未完成的雕塑——一座与《圣母哀悼基督》构成大理石群像的质朴而富有灵性的作品。他留下遗嘱，希望佛罗伦萨成为他最后的安息之所。3月10日，他被葬在圣十字教堂（Santa Croce），紧接着是4个月之后的一场追悼会，重要的公民和80位艺术家出席了该仪式。其陵墓上的纪念碑由瓦萨里设计，并用代表绘画、雕塑和建筑的人物进行了适当装饰，以此哀悼这位伟大艺术家的离世。

△圣彼得大教堂的模型，约1560年
米开朗基罗为大教堂的圆顶制作了多幅草图，并由此制作了一个木制比例模型。这座圆顶被誉为世界建筑的最高成就之一。

“各代画家依次通过研究米开朗基罗来提升与超越自我。”

——欧仁·德拉克洛瓦，《艺术日志》（*Journal*），1850年

提香

约1485—1576年，意大利人

提香作品丰富、博学多才，且极具影响力，他是威尼斯艺术最辉煌时期的领军人物，以其富有表现力的笔触革新了油画技法。

提香的同代人将他视为一名伟大的画家，其世界艺术巨匠的声誉持续至今。他生前的国际声誉主要得益于他的肖像画，但他作为一名神话和宗教题材画家同样耀眼——在这类题材中，他以同样的信念，从满足于感官的情欲辗转至悲剧的恸哭。他的影响深远而广泛，其崇拜者包括鲁本斯、普桑（Poussin）、凡·戴克（van Dyck）、委拉斯凯兹（Velázquez）和伦勃朗等形形色色的艺术家。

◁《田园奏鸣曲》(*The Pastoral Concert*)，约1509年

这是引起提香和乔尔乔涅谁是作者之争的画作之一（学者们现认为作者为提香），该作品可能是一则诗歌寓言。

早年

在英语世界以“提香”这个名字闻名的提奇亚诺·韦切利奥（Tiziano Vecellio）出生在威尼斯以北约110千米处的皮耶韦·迪·卡多雷（Pieve di Cadore）。他的早年岁月鲜为人知，关于他的出生日期尚不确凿，可能是1485年左右，但也可能晚至1490年。他的家庭似乎很富有，在当地备受尊敬，他的父亲拥有各种民事职位。我们对提香童年所受的教育一无所知，但可以确定的是，他不懂拉丁文，而拉丁文是当时一切严肃学科的基础。不过，提香晚年却与当时的一些知名作家[尤其是诗人兼著名讽刺作家皮埃德罗·阿莱迪罗（Pietro Aretino）]成了朋友，由此推测，他可能很是聪明，且在文化圈中如鱼得水。

◁《自画像》，约1560—1562年

在这幅神色庄重的自画像中，提香佩戴着查理五世授予的象征骑士精神的金链。

韦切利奥家族缺少艺术传统，但提香及其兄弟弗朗切斯科（Francesco）在年少时就被送往威尼斯学习绘画。据称，提香最初跟随一位名叫塞巴斯提阿诺·祖卡托（Sebastiano Zuccato）的二流艺术家学习，随后是詹蒂莱·贝利尼（见第30—33页），最后跟从詹蒂莱的兄弟乔凡尼学习。没有确切的证据可证明这一点，但也没有理由怀疑这一传统观点，即提香是乔凡尼·贝利尼的学生。贝利尼不仅是当时最伟大的威尼斯画家，还是一位名师。很可能就是在这个时候，提香遇到了贝利尼的另一位追随者乔治·达·卡斯泰尔弗兰科（Giorgio da Castelfranco，后被称为乔尔乔涅），二人成为挚友。

与乔尔乔涅合作

1508年，提香因为一幅久负盛名的委托作品而开始与略微年长的乔尔乔涅合作。该作品是提香职业生涯中的第一个里程碑。这次合作涉及为威尼斯的德国商人总部芳达科大厦（Fondacodei Tedeschi）的外部绘制壁

> **相关技术**
>
> 素描
>
> 提香的素描作品相当罕见，那些据说出自他手的素描说明他是一位出色的绘图员。他使用炭笔[如下图对圣贝纳迪诺（San Bernardino）的研究]、粉笔、钢笔以及墨水等各种各样的媒介，每一种都彰显了勃勃生机。有些素描是油画的预备研究，虽然他通常在画布上直接作画，不做这样的前期准备。归于他名下的素描中，有一些是风景素描，这些作品比人物素描的完成度更高，其本身即可作为独立的艺术作品。
>
> 
>
> 圣贝纳迪诺衣料的研究，约1525年

“他有一种参议员式的威严。”

——乔舒亚·雷诺兹爵士（Sir Joshua Reynolds），《第四讲》(*Discourse Four*)，1771年

◁**《圣母升天》（*Assumption of the Virgin*），1516—1518年**
提香的这幅巨作是为威尼斯的弗拉里荣耀圣母堂（Santa Maria Gloriosa）而绘制，充满动感，呈现出一种爆发式的戏剧张力。

画。不幸的是，这些绘有宏大的古典人物形象的画作极不适应威尼斯的潮湿环境，仅有残片保留至今。

乔尔乔涅在30岁出头便死于瘟疫，但他那梦幻般的神秘风格对提香产生了强烈的影响，据说他完成了乔尔乔涅的几幅未竟之作。事实上，这两人的风格曾一度如此相似，以致一些画作的原作者仍然存在争议。

声名鹊起

1511年，提香绘制了保存下来的第一批标有日期的作品：3幅为帕多瓦的基督学校（Scuola del Santo）所作的描绘圣安东尼（St Antony）生平的壁画。这些作品规模宏大、大胆、庄严且充满生机，令人难忘，但它们并非典型的提香风格，因为他几乎没再利用过湿壁画这种媒介。

另一件对提香的职业生涯意义重大的事件发生在1511年。威尼斯唯一一位可以被视为是其真正对手的年轻画家塞巴斯蒂亚诺·德尔·皮翁博离

△**皇帝查理五世**
提香是查理五世的首席宫廷画家。这枚由阿尔布雷希特·丢勒于1521年设计铸造的钱币正面刻有皇帝的头像，背面则是神圣罗马帝国之鹰。

“我认为，正是这种**强烈的个人特质**，使得提香的肖像画**超越了其他人**的作品。”

——威廉·哈兹里特（William Hazlitt），《直言集》（*The Plain Speaker*），1826年

开了这座城市，在罗马永久定居。随着乔尔乔涅的去世和塞巴斯蒂亚诺的离开，只有（步入晚年但依然实力不减的）乔凡尼·贝利尼阻碍了提香独霸画坛，而当贝利尼1516年去世时，提香在威尼斯的超群地位得到了保障。事实上，直至60年后他去世时，他的地位仍然毫无争议。

提香以一幅（当时在威尼斯绘制的最大的）巨型祭坛画《圣母升天》有力地宣布了自己的艺术权威身份。这幅画的动态构图和光鲜色彩表明此时的提香已完全脱离了乔尔乔涅那怡人的田园风格。

16世纪20年代，他的另一些伟大的祭坛画陆续完成，此外，他还完成了若干件重要的世俗委托作品，包括为费拉拉公爵阿方索·德埃斯特（Alfonso d'Este）而作一系列神话题材画作[其中包括著名的《巴库斯和阿里阿德涅》（*Bacchus and Ariadne*）]。此外，提香还为阿方索绘制了一幅肖像画，随着知名赞助人圈子的扩大，贵族肖像画成为其主要的工作内容。

皇室肖像

提香成为当时一流的肖像画家，不仅因为其作品的质量和模特的显赫地位，还因为他在扩大绘制肖像画范围上所发挥的作用——在16世纪初以前，只画出头部与肩部一直是肖像画的主流（见右侧方框）。

提香的模特中最为著名的当属神圣罗马皇帝查理五世。他们于1530年初次见面，当时查理正在造访意大利；1533年，他授予提香巴拉丁伯爵爵位和“金刺骑士”（Golden Spur）的称号。这对一位艺术家而言是空前的荣誉。根据卡罗·里多尔菲（Carlo Ridolfi）在《艺术奇迹》（*The Marvels of Art*，1648年）中所述，提香在为查理作画时曾将笔刷掉落在地，后者帮他捡了起来。也许这看似是一桩微不足道的小事，但在当时，统治者一度被视若神明，因而这件轶事是为了说明提香所受到的敬重。

相关技术

发展肖像画

提香并不是第一个画半身像、四分之三像或全身像的艺术家，但比其他任何人，他让这种类型更加普及。他往往利用装饰附件，如古典立柱、乐器或狗（他画动物同样技艺精湛），其描绘对象的姿势看起来十分自然，比如，一只手随便搁在椅子或剑柄上，或是拿着一本书或手套。这些道具使他的肖像焕发了生命力，有时也暗示模特的兴趣所在——这在他的同代人和继任者中产生了巨大影响。

《一位女士的肖像》（*Portrait of a Lady*），提香，约1510—1512年

◁**《巴库斯和阿里阿德涅》，1521—1523年**
阿里阿德涅迎面遇到坠入爱河的巴库斯，他从战车上一跃而起。画面中的所有人物看似都处于运动之中。

人物小传
菲利普二世

菲利普二世（Philip II，1527—1598年）于1556年成为西班牙国王，当时其父查理一世（查理五世皇帝）退位。菲利普开始执政，直到去世。他是一位充满激情的艺术爱好者，在当时的所有画家中，他最崇拜提香；在早期艺术家中，他最喜爱希罗尼穆斯·博斯。在其他方面，他生活简朴、笃信宗教，痴迷于国家文书工作。西班牙庞大的帝国版图在其统治时期得到了最大程度的扩张，而到他去世之时，国土却急剧萎缩。

《菲利普二世》，提香，约1559年

画中诗意

兼任西班牙国王的查理曾邀请提香来西班牙为王室家族画像。提香拒绝了，除了威尼斯及其周边的地区，他拒绝任何长途旅行。不过最终，他开始踏上更远的旅途：应教皇保罗三世之邀到访罗马，前往德国的奥格斯堡（Augsburg）为查理的宫廷效力，并来到米兰为查理的儿子菲利普（见左侧方框）绘制了一幅肖像——菲利普在1556年继承了父亲的王位，成为西班牙国王。菲利普也接替了父亲，成为提香最重要的赞助人。菲利普是一位虔诚的天主教徒，提香为他绘制了大量的宗教画与宫廷肖像画。

菲利普也非常喜欢世俗题材，提香为他创作的最为精美的作品——可跻身于艺术家的最高成就——就是受古罗马作家奥维德诗作的启发而创作的，该系列由7幅大型神话题材画作组成。

提香将这些神话题材的画作称为“如诗的画卷”，它们确实在精神上极具诗意，巧妙地营造出女神和仙女们的迷人幻影。

提香从1550年左右至1562年的大部分时间都用来创作这7幅画。该系列的最后一件作品《阿克泰翁之死》（*The Death of Actaeon*）可能并没有想要送到西班牙，或许是因为艺术家去世时也没有对之完全满意。

▷《阿克泰翁之死》，约1565年
提香松弛的笔触在这幅图像中营造出梦幻般的氛围。画中描绘的阿克泰翁，在看到赤身裸体的戴安娜以后受到惩罚，被戴安娜变成了一只雄鹿，然后被自己的猎狗和女神猎杀。

> “**提香的艺术**可以说是达到了**感官美**的最高境界。”
>
> ——赫伯特·库克爵士（Sir Herbert Cook），出自《布莱恩的画家与版画家辞典》（*Bryan's Dictionary of Painters and Engravers*），第5卷，1905年

革新的笔触

神话题材的画作体现了提香后期作品所特有的那种前所未有的自由笔触。他是诠释油画颜料多变特性的首位艺术家，塑造出生动形象的表面，其中的每一抹色彩都彰显了艺术家的个性，即他的"笔迹"。

这是绘画史上最具影响力的发展成果之一。在此之前，大多数画家都满足于作品毫无个性的表面光泽，提香却摆脱了这种束缚，使颜料变得可粗糙可光滑、可细致可简略，使之适应艺术家的需求。

布面作画

在早期的职业生涯中，提香经常在木板上作画，而后开始偏爱帆布，帆布的编织纹理很适合他那充满力量的处理方式。晚年，他使用相当粗糙的画布，其突出的编织式样由于笔触而彰显出来，构成表面纹理的一部分。据称，在一幅画的收尾阶段，提香会"更多地用手指来作画，而不是笔刷"。

视力的衰退和手掌力度的丧失可能是导致他后期作品粗糙的原因，不过阿亚蒙特（Ayamonte）侯爵（米兰总督）在1575年评论："甚至连提香画上的污点都比其他艺术家的任何作品还要好。"

提香坚持作画，直至其漫长一生的终结。他于1576年8月27日逝世，可能是死于当时威尼斯肆虐的瘟疫，但也许仅仅是因为年迈体衰。他被安葬在弗拉里荣耀圣母堂，这座教堂收藏了他的2幅极为壮观的作品：《圣母升天》和《佩萨罗祭坛画》（*Pesaro Altarpiece*，1519—1526年）。他留下了一幅未完成的、令人惊叹的《圣母哀悼基督》（*Pietà*），他想把它放在自己的陵墓上方，但并未实现。据说，画中右侧的跪立人物（很有可能是圣杰罗姆）是提香的自画像，该人物在自己弥留之际凝望死去基督的脸。

△《圣母哀悼基督》，约1570—1576年

提香这幅庄重的画作展现了基督与圣母、抹大拉的玛利亚，可能还有圣杰罗姆（跪立者）。这些人物被古典时期的摩西（Moses，左侧）和先知西比尔（Sybil，右侧）的雕像所包围。

简要年表

1508年
和好友乔尔乔涅一同绘制了威尼斯芳达科大厦的湿壁画。

1511年
在帕多瓦的基督学校绘制了保留下来的第一幅有资料记载的作品。

1518年
完成《圣母升天》，这是他为威尼斯的众多教堂所作的第一幅大型祭坛画。

1522—1523年
绘制《巴库斯与阿里阿德涅》，该作品是为阿方索一世绘制的神话系列画作中的一幅。

1537—1538年
为威尼斯总督府（Doge's Palace）绘制《卡多雷之战》（*The Battle of Cadore*）。该画作后来毁于1577年的大火。

1548年
绘制《马背上的查理五世》（*Charles V on Horseback*），该作品是他规模很大的肖像画之一。

约1556—1559年
绘制《戴安娜与阿克泰翁》，该画是为西班牙国王菲利普二世所作的神话系列场景中的一幅。

1576年
他去世时，专为自己的陵墓而绘制的《圣母哀悼基督》尚未完成。

拉斐尔

1483—1520年，意大利人

作为文艺复兴时期的巨匠之一，拉斐尔在其短暂的一生中取得了非凡的成就，数百年来一直被其他艺术家尊为灵感之源。

从传统上来讲，拉斐尔和年长于他的同代艺术家达·芬奇、米开朗基罗并列为“文艺复兴三杰”。文艺复兴盛期指16世纪初意大利艺术达到宏伟、和谐之巅峰的短暂时期。人们将达·芬奇和米开朗基罗视为这一时期的改革者，而一般将拉斐尔则视为集大成者，即将他人的思想融会贯通为一个高度优雅的整体。

他既没有列奥纳多那般学识渊博，也没有米开朗基罗的超凡力量，然而他作品中的和谐与人性的尊严，使得他成为后代艺术家中最为平易近人的典范。

▷《拉斐尔在乌尔比诺》(*Raphael in Urbino*)

15世纪，乌尔比诺成为艺术和人文主义哲学的中心。19世纪的雕塑家路易·贝利（Luigi Belli）在一座献给拉斐尔的纪念碑中歌颂了艺术家早年与该市镇的联系。

修养良好

拉斐罗·桑齐（Raffaello Sanzio），在英语世界中被称为拉斐尔，于1483年春天出生在意大利翁布里亚（Umbria）地区的山顶小镇乌尔比诺。在过去很长一段时间里，乌尔比诺只是当地的一座小镇，但在拉斐尔出生时，这里作为文艺复兴的文化重镇之一，正处于短暂的黄金时期。拉斐尔的父亲乔万尼·桑蒂（Giovanni Santi）是名画家，任职于乌尔比诺公爵的宫廷。他是一位平凡的艺术家，却聪慧文雅。毫无疑问，拉斐尔通过父亲早早熟悉了宫廷生活，这为他在久经世故的赞助人中发展事业打下了良好的基础。

据推测，乔万尼为儿子提供了最初的艺术指导，然而在他1494年去世时，这个男孩年仅11岁。此后，拉斐尔的早期画作主要受到当时意大利的重要画家之一彼得罗·佩鲁吉诺（Pietro Perugino）那甜美、优雅而精炼的风格的影响。

佩鲁吉诺生活在距乌尔比诺约80千米以外的佩鲁贾市（Perugia），拉斐尔很可能与佩鲁吉诺存在某种合作关系，但我们尚不清楚他是否曾正式收拉斐尔为徒。

创作大师

拉斐尔是一个早熟的年轻人。17岁时，他便被称为大师。1504年，当他为卡斯特罗城堡（Cittàdi Castello）的一座教堂绘制祭坛画《神圣婚约》(*The Marriage of the Virgin*)时，其技艺已超越了佩鲁吉诺所传授给他的一切。该祭坛画以佩鲁吉诺的一幅画为参照，却比其原作更为明朗、优雅和流畅。拉斐尔在这幅作品中实现了绝佳的平衡与和谐，尤为体现在背景中的庙宇（完美与对称的最高象征）与前景中的优雅人物之间。人群安排方面的杰出技巧则成为他后期作品的一个显著特征。

21岁时，拉斐尔搬到了佛罗伦萨，这里极大地激发了雄心勃勃的年轻画家的斗志，尤其受到当时的两位最具魅力的艺术家达·芬奇和米开朗基罗的作品的影响。在他们的影响下，拉斐尔的作品形式更加宏大，情感也更加丰富。在1508年以前，他一直以佛罗

△《神圣婚约》，1504年

拉斐尔根据数学关系比例安排了这幅作品的构图。他的目标是要“让事物不像人工雕琢那般，而是呈现自然原本的模样”。

◁《自画像》，1504—1506年

这幅油画展现了年轻拉斐尔的羞怯样子。还有一幅类似的自画像出现在《雅典学院》中，画中的拉斐尔装扮成了古希腊画家阿佩莱斯（Apelles）。

> “教皇利奥和所有罗马人都把他视为从天而降的神灵，将永恒之城恢复至之前那般庄严。”
>
> ——塞利奥·卡尔卡格尼尼（Celio Calcagnini），约1519年

▷《雅典学院》，1510—1511年
凭借对线性透视的精心运用，拉斐尔创造了一个逼真的三维空间，以容纳哲学家和数学家（其中包括亚里士多德和苏格拉底）。他假借古代思想家的名义，使同时代的艺术家齐聚一堂。

相关背景

乡村生活

拉斐尔深谙在社会上出人头地所必备的礼仪和技巧。他那优雅的风度帮他赢得了有权势的赞助人和朋友，包括一位被乌尔比诺公爵派到利奥十世宫廷的大使巴尔达萨雷·卡斯蒂廖内（1478—1529年）。卡斯蒂廖内因其著作《廷臣论》（*The Courtier*，1528年）而家喻户晓，这本书讲述了完美绅士所必备的品质。它是16世纪的畅销书之一，并被翻译成多种语言，多年以来一直是欧洲各地宫廷生活以及社会成功论的标准指南。

《卡斯蒂廖内》，拉斐尔，约1514—1515年

伦萨为大本营，同时在意大利中部地区边旅行边工作。

大型委托作品

拉斐尔事业的重大转折点出现在1508年。当时，他定居罗马，并开始为杰出的艺术赞助人教皇尤里乌斯二世效力。尤里乌斯将其梵蒂冈公寓的房间加以改造，拉斐尔受委托在签字厅（Stanza della Segnatura）绘制壁画，该处很可能被用作尤里乌斯的私人图书馆。拉斐尔以前从未接受过如此宏大且享有盛名的任务，并且极少绘制湿壁画，但他自信满满地接受了挑战，在这个房间里创造了文艺复兴艺术最著名的杰作《雅典学院》（*The School of Athens*）。该画展现的是古代先哲们的集会，他们的高贵形象被和谐地安置在雄伟的建筑环境中。这幅壁画是一场关于人类知识的盛宴，描绘了或热烈辩论或孤独沉思的伟大思想家，他们外在的魅力和优雅反映了内在的智慧。拉斐尔将画面中景留白，预示了两位主要人物的登场：柏拉图（左）和亚里士多德（右）。

继《雅典学院》之后，拉斐尔主要为尤里乌斯效劳，随后是为其继任者列奥十世效力，并成为罗马的首席艺术家。在视觉艺术方面（不仅局限于绘画），他是多项教皇计划的核心力量：例如，1514年，他负责重建圣彼得大教堂；1517年，他成为罗马的古物主管，搜集这座城市的古迹。他巨大的工作量意味着他必须雇佣高效管理的助手。这不仅反映了他的艺术技巧，还体现了其宽厚的个性：他因自己的魅力和才华而备受称赞，却极少引起同行的嫉妒。

设计师兼建筑师

除了两位教皇，拉斐尔最重要的赞助人当属欧洲极为富有的银行家阿格斯蒂诺·基吉（Agostino Chigi）。拉斐尔为基吉绘制的作品包括在罗马城墙外不远处的别墅绘制神话主题壁画，以及在人民圣母教堂（Santa Maria del

“拉斐尔总是在**他人渴望**做的事上获得**成功**。”

——约翰·沃尔夫冈·凡·歌德（Johann Wolfgang Von Goethe），《意大利之旅：*1786—1788*年》（*Italian Journey: 1786—1788*），1816—1817年

Popolo）设计葬礼礼拜堂。礼拜堂（始建于1512年）是拉斐尔最具创意的设想之一，集建筑、绘画、雕塑、灰泥粉饰和镶嵌画于一体，创造出奢华的装饰性组合——这一方式预示了17世纪巴洛克风格的出现。

当拉斐尔和基吉在1520年4月的同一周内相继去世时，礼拜堂尚未完成。根据与他几乎属于同一时期的传记作家瓦萨里的说法，拉斐尔的死是由于发烧而导致的。艺术家深受罗马教廷的悼念，并（依照他的愿望）被安葬在万神殿中。万神殿是唯一一座近乎完好无损地保留下来的罗马时期的重要建筑。对于一位作品可与古代艺术之辉煌相媲美的艺术家，这是一处合适的安息场所。

声誉与影响

拉斐尔短暂的一生中取得了引人瞩目的财富、名誉和地位，其作品在他去世时已颇具影响力。拉斐尔之所以影响深远，主要是因为他与一位杰出的版画家马肯托尼欧·莱蒙蒂（Marcantonio Raimondi）合作，莱蒙蒂将他的绘画和其他设计做成了版画，这样的复制方式是个新奇的想法，不过许多其他的艺术家也采取了这种做法。拉斐尔去世后影响持续扩大，在接下来的3个世纪，他被普遍视为有史以来最伟大的画家。后世的艺术家们反对这种偶像崇拜，1851年，德拉克洛瓦大胆提出了“不敬”的预言，即人们对伦勃朗的评价总有一天会超过拉斐尔。

在20世纪，人们对拉斐尔的尊重取代了欣喜若狂式的崇拜，部分原因是由于拿他与列奥纳多和米开朗基罗作比较后，发现后两者的生活和个性更加符合现代世界对艺术英雄的期待。尽管如此，拉斐尔仍是西方艺术中极受敬仰的人物之一。“列奥纳多·达·芬奇将天堂许诺给我们”，巴勃罗·毕加索（Pablo Picasso）评论道，但“拉斐尔把天堂赐予了我们”。

简要年表

1500—1501年
创作了有记载的第一件作品：托伦蒂诺（Tolentino）的圣尼古拉斯教堂（St Nicholas of Tolentino）祭坛画；现在，仅有部分保存下来。

1504年
绘制其最早的杰作之一《神圣婚约》，在这幅作品中，他超越了佩鲁吉诺的原作。

约1510—1511年
绘制《雅典学院》，该作品标志着其职业生涯的巅峰。

1512年
开始一项委托任务，为罗马的阿格斯蒂诺·基吉设计葬礼礼拜堂。

1520年
拉斐尔的最后一幅大型祭坛画《基督易容》（*Transfiguration*）在其去世时尚未完成。

△**基吉礼拜堂，1512—1520年**
拉斐尔为阿格斯蒂诺·基吉的葬礼礼拜堂所作设计的部分灵感来自罗马的万神殿。其长方体外形的上方有一个支撑着穹顶的带窗圆筒，饰以根据拉斐尔的草图创作的马赛克图案。

相关技术
挂毯草图

术语“草图”来自意大利语“cartone”，意为一张大纸，形容用不同的媒介为一件作品创作的全尺寸素描。1515年至1516年，拉斐尔设计了一组挂在西斯廷礼拜堂的10幅巨型挂毯，其主题是关于圣彼得和圣保罗生平的场景。他的草图被送到布鲁塞尔，在那里，它们被用作编织挂毯的模板。易损坏的草图用一种水彩颜料在多张纸上绘制出来。需要注意的是，其中共有7幅草图保留了下来，虽然损坏严重，但仍令人惊叹。

《捕鱼的神迹》（*The Miraculous Draught of Fishes*），草图，1515—1516年

汉斯·霍尔拜因

约1497—1543年，德国人

从绘制壁画和微型画，到设计版画和装饰作品，霍尔拜因在这些领域都表现出众。然而，他却主要因肖像画而被人铭记，特别是描绘亨利八世（Henry VIII）及其宫廷的肖像画。

小汉斯·霍尔拜因（Hans Holbein the Younger）最著名的是以艺术创作记录了英国国王亨利八世的宫廷生活。他的肖像画以生动而精致的细节体现其中的危险气息与魅力。然而，这些图像仅代表他多变的职业生涯中的一个方面。即便他还未踏入英国的领土，已经跻身于德国文艺复兴时期的一线艺术家之列。

作品多样

霍尔拜因画过一些著名的宗教画，装饰过公共建筑和私人住宅，还是一位杰出的书籍插画家，并为各种各样的物品（从纽扣到建筑特色等）画过设计图。要欣赏其肖像画以外的成就更加困难，因为他在其他领域的作品几乎无一幸存。例如，他的壁画只剩下一些残片；而像壮观场面的设计图这样一些作品，本来就是临时之用。

出身及早年

霍尔拜因于1497年左右出生在德国南部的奥格斯堡。艺术存在于他的血脉之中：父亲（老汉斯·霍尔拜因）、叔叔[西格蒙德（Sigmund）]和哥哥[安布罗修斯（Ambrosius）]都是画家，小汉斯和哥哥极有可能是跟随父亲学画。到了1515年，兄弟俩搬到了瑞士的巴塞尔，他们遵循了德国的传统，即雄心勃勃的年轻艺术家在完成学徒生涯之后，便启程去探索外面的世界。

△《艺术家一家》，约1528年

霍尔拜因对纹理和表面质感的一丝不苟给他的一些肖像画平添了一种超凡脱俗的气息，而他对妻子和孩子们的刻画极具人性化与个人风格。

据悉，安布罗修斯英年早逝，而霍尔拜因很快获得了成功。1516年，还处于少年时期的他为巴塞尔市市长雅各布·梅耶（Jacob Meyer）及其妻子绘制肖像。这些作品已经展现了他成熟作品所特有的某些敏锐观察和精确处理。从1517年到1519年，霍尔拜因帮助父亲为首席裁判官在卢塞恩（Lucerne）的别墅绘制壁画。据称，他到访过意大利，并研究了意大利大师如安德烈亚·曼特尼亚（Andrea Mantegna）等的湿壁画。

从巴塞尔到英国

霍尔拜因在巴塞尔定居下来。1520年成为该市公民，加入画家行会，并与埃尔斯贝特·施密德（Elsbeth Schmid）结婚。他们育有4个孩子，第一个孩子出生在1521年。他于1524年到访法国，除此之外，接下来几年里他一直在巴塞尔生活工作，并确立了自己作为该市领军艺术家的地位。他的作品包括肖像画、壁画、祭坛画、彩色玻璃设计和书籍插图。

新教改革（天主教会的分裂）在巴塞尔引起的冲突，导致对宗教画的需求量下降。1526年，这些事件迫使霍尔拜因离开此地，前往英国。对他而言，英国是一个富有吸引力的目的地，因为那里经济繁荣但缺少优秀

△设计杯子，约1536年

霍尔拜因为多件装饰品制作了设计图，包括亨利八世要送给简·斯莫尔（Jane Seymour）的这只精巧的金杯。这件作品由查理一世制作，后在荷兰出售。

“如果我和你站在一起，就无法更好地看到你。”

——伊拉斯谟，致托马斯·摩尔爵士的信（观看霍尔拜因为摩尔一家所作的素描），1529年

▷《自画像》，约1542年

这幅用钢笔和彩色粉笔、而非油画颜料绘制而成的精细图像是一幅自画像，其金色背景是由另一位艺术家后来添加上去的。

IOANNES HOLPENIVS BA- SILEENSIS
SVI IPSIVS EFFIGIATOR Æ: XLV.

△《梅耶圣母》(*The Meyer Madonna*)，约1526—1528年

这幅画是霍尔拜因最后的宗教题材作品，展现了赞助人雅各布·梅耶（左）及其家庭成员（无论生死）与圣母子。这幅作品将神性——由扇贝（一种神圣女性气质的象征）包围着的加冕圣母——与强烈的人性（孩子脚下的昂贵地毯）结合起来。

◁《托马斯·莫尔爵士》，1527年

霍尔拜因给他在英国的第一位著名赞助人绘制了这幅肖像。莫尔（1478—1535年）是一名律师、学者兼政治家，在拒绝宣誓反对教皇的权威之后，他因为伪证被判以叛国罪，并遭到处决。

的画家。他准备了荷兰学者伊拉斯谟（Erasmus）的介绍信——他曾为后者画过肖像。伊拉斯谟曾在英国教书，在那里拥有权势之友，其中包括政治家（后来的英国大法官）托马斯·莫尔爵士（Sir Thomas Moor），他为霍尔拜因提供了在这个国家的第一处住所。

肖像画改革

霍尔拜因很快就大受欢迎。他为包括坎特伯雷大主教在内的显赫人物绘制肖像，并且既为托马斯·莫尔单独画像，也绘制全家的画像，这是欧洲艺术中首次出现非正式的群体肖像画。“您的画家是一位出色的艺术家”，莫尔在信中给伊拉斯谟写道，英国人习惯了本土画家扁平化的刻板肖像，而霍尔拜因的画面的确具有惊人的逼真效果、强烈的人物特征、令人信服的立体感以及大量精致细节，这在模特的面部和服饰上体现得尤为明显。

霍尔拜因的技艺纯熟在《淑女和松鼠及欧椋鸟》(*Lady with a Squirrel and a Starling*，约1527年）中清晰可见，他用湿画法来表现松鼠太妃糖般的毛皮；他的肖像画以其客观性——通过外观来反映模特的情绪——而闻名。

1528年，霍尔拜因回到巴塞尔，极有可能是因为长期待在国外使他险些丧失公民权利。他很快就在此地买下一幢新房（这是其在英国事业辉煌的写照），并重新开始了繁忙的职业生涯，其中最引人注目的就是为市政厅绘制壁画这一使他声名斐然的委托任务。

回到英国

1532年，巴塞尔的宗教冲突迫使霍尔拜因再次前往英国，将家人留在身后，就像他第一次到访英国时那样。然而，这一次的搬迁是永久性的，他可能回几次巴塞尔，但伦敦成了他的家，他显然在那里组建了第二个家庭，因为在遗嘱里提到了自己的两个婴孩。

霍尔拜因很快就在伦敦的德国商人群体中找到了客户，而他的英国赞助人则包括亨利八世的首席部长托马斯·克伦威尔（Thomas Cromwell）——他曾于1533年左右为其画过肖像。也许正是克伦威尔把霍尔拜因介绍给宫廷圈与亨利本人。到了1538年，他开始领取宫廷的薪水。

他为国王画了几幅肖像，其中最

▷《死亡的双臂》，1538年

这幅木刻版画出自霍尔拜因的《死亡之舞》(*The Dance of Death*）一书，其中包括他在1523年至1526年创作的41幅木刻版画，但直到1538年才以书的形式出版。插图讽刺了宗教、世俗人物以及人类骄傲贪婪的愚蠢行为。

> “我曾模仿过霍尔拜因的风格，并且是我所掌握的最好的一种。”
>
> ——尼古拉斯·希利亚德

相关技术

微型肖像画

微型画在16世纪20年代以一种独特的艺术形式出现。霍尔拜因并不是第一个在英国创作这类作品的艺术家，但远远超越了他的前辈们：考虑到画像的微小尺寸和微观细节，为其赋予了非凡的力量和活力。微型画通常用水彩绘制在非常纤细的牛皮纸上（由小牛皮或其他年幼动物的皮制成），再粘贴在一张纸牌上。人们往往把它们当作珠宝来佩戴。这幅范例中的模特是一位富有商人的妻子简·西摩尔。

简·西摩尔的微型肖像画，约1536年

精美的一幅绘于君主的府邸之一怀特霍尔宫（Whitehall Palace）的一幅壁画上，画面中还描绘了国王的父母及其第三任妻子简·斯莫尔（Jane Small）。这幅画在1698年被大火焚毁，霍尔拜因的部分草图却保留了下来，画中亨利的姿态显得极为自信。

在简·斯莫尔于1537年去世后，霍尔拜因被派往国外为亨利未来的新娘画像，于是便有了丹麦的克里斯蒂娜（Christina）和克里夫斯的安妮（Anne of Cleves）的肖像画。1540年，安妮成为亨利的第四任妻子，不过同年又取消了婚约。民间流传的说法是，霍尔拜因画的肖像比真人更漂亮，从而误导了亨利。但是，比起安妮的容貌，国王可能对她的性格更为不满。

此时的霍尔拜因更专注于在肖像画中构建出清晰的轮廓，而不是精确地描绘出立体空间，以致他后期的肖像比之前更加平面化，也更具装饰性。

霍尔拜因有不少素描肖像画都保留至今，有些作为独立作品而绘制，有些则是画作的准备工作，以便在模特不在场时完成。出自霍尔拜因本人之手的草稿证明了这一点，其中一项记作“wisfelbet”（白色天鹅绒）——以书面形式提醒艺术家关于模特服饰布料的信息。

辞世与遗产

霍尔拜因于1543年10月或11月去世，可能是死于伦敦当年盛行的瘟疫。有不少根据其肖像画制作的复制品在他所处时代或不久之后完成，但他的风格太过复杂，作品技艺太过高超，以至于无法让英国的艺术家模仿。尽管如此，他却是英国第一位著名的微型肖像大师，并在这一领域影响深远，开创了该国杰出的艺术传统，尤其是影响了该领域最伟大的代表人物尼古拉斯·希利亚德（Nicholas Hilliard）。

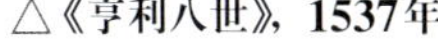

△**《亨利八世》，1537年**

这幅亨利八世唯一存世的肖像画出自霍尔拜因本人之手。这位发福的君主摆着帝王式的姿态，而艺术家则使他那小而冷酷的嘴唇流露出一丝威慑感。

简要年表

1516年
为雅各布·梅耶及其妻子绘制肖像，这些是霍尔拜因第一批可确定日期的作品。

1521—1522年
绘制《墓中基督》（*Christ inthe Tomb*）——这或许是他最著名的一幅宗教画，作品中有一股鼓舞人心的力量。

约1526—1528年
为曾经的巴塞尔市市长雅各布·梅绘制《梅耶圣母》，堪称霍尔拜因最美祭坛画。

1533年
绘制《大使》（*The Ambassadors*）：作品在复杂的内景中展现了两个全身人像，是霍尔拜因保留下来的规模最大的肖像画。

1536—1537年
在怀特霍尔宫为亨利八世及其妻子、父母绘制壁画肖像：这是一幅展现了绝对权威的图像。

老彼得·布鲁盖尔

约1525—1569年，尼德兰人

布鲁盖尔是16世纪优秀的北欧艺术家之一，作为画家、绘图师和版画设计师均十分出色，并因对早期风景画的贡献而备受赞誉。

老彼得·布鲁盖尔（Pieter Bruegel the Elder）如今声名显赫，生平却鲜为人知。不过可以肯定的是，他在1551年底或1552年初加入了安特卫普画家行会，于1563年结婚并搬到布鲁塞尔，于1569年去世。他没有保存下来的日志或信件，也没有关于其教育经历或信仰的一手资料。

滑稽名声

关于布鲁盖尔的信息，最接近其时代的出自卡勒尔·凡·曼德尔的《画家之书》中的简短传记。凡·曼德尔收录了一些关于这位艺术家的趣闻轶事，同时称布鲁盖尔为“滑稽的彼得”（Pieter the Droll），这给人一种可悲的印象，认为他不过是个画农夫滑稽场景的画家。这是可以理解的，因为凡·曼德尔看不到布鲁盖尔那些作品被私人所收藏的重要作品，可能只是通过版画来了解他的作品。事实上，布鲁盖尔是一个受过良好教育的人，其不少画作都充满了严肃的道德内容。

凡·曼德尔声称，布鲁盖尔的名字取自其家乡布雷达（Breda）附近的一个村庄，不过这个地点还有待确认。他还声称，布鲁盖尔在加入行会之前，曾是彼得·库克·范·阿尔斯特（Pieter Coecke van Aelst，1502—1550年）的学徒。不论这一点是否属实，后者的意大利风格都未曾在他的作品中留下痕迹。不过，布鲁盖尔最终的确娶了库克的女儿迈肯（Mayken），因而这种师徒关系是有可能存在的。

Het Schilder-Boeck

Door Karel van Mander Schilder

Anno 1616

△《画家之书》

卡雷尔·凡·曼德尔的《画家之书》是16世纪低地国家艺术最重要的信息参考来源之一。

布鲁盖尔在完成培训之后，就开启了漫长的意大利之旅，这是所有胸怀大志的年轻艺术家的标准惯例。在1553年抵达罗马之前，他曾到访雷焦·卡拉布里亚（Reggio Calabria），可能还去过那不勒斯和墨西拿（Messina）。在罗马，他接触到一位杰出的微型画艺术家朱利奥·克洛维奥（Giulio Clovio），克洛维奥购买了他的4幅画作。

意大利之行似乎没给布鲁盖尔留下什么深刻印象，但他穿越阿尔卑斯山之行让我们难忘。事实上，山景可能对布鲁盖尔最具吸引力，因为他选择了经由里昂和东部前往因斯布鲁克（Innsbruck）地区的迂回路线。在山中，他绘制了多幅精细的素描。这在当时并不常见，因为纯风景画几乎没有市场，它们往往是作为历史或宗教主题画的背景。

版画的初始阶段

1555年，布鲁盖尔回到安特卫普，为版画制造商杰罗姆·科克（Jerome Cock）效力。布鲁盖尔必定已在自己的领域小有名气，因为他立即被雇来为《12幅大型风景画》（*Twelve Large Landscapes*，约1555—1558年）系列制作设计图。值得注意的是，布鲁盖尔在风景画中加入了人物和建筑物，以扩大销路。

科克是个精明的企业家，他很快就让布鲁盖尔转向其他更为商业化的领域。他充分利用了公众对希罗尼穆

相关技术

灰色模拟浮雕画法

灰色模拟浮雕画法是一种用不同程度的灰色调来完成的绘画。这项技术从中世纪的镶嵌彩色玻璃演变而来，当时被用来遵从西多会法令（Cistercian Order）：禁止在装饰物中使用色彩。尼德兰艺术经常使用灰色模拟浮雕画法来模仿石雕，特别是祭坛画两翼处的雕像。它们还被用作油画作品或手抄本的底色，从而增加了精细而敏感的氛围。

在大部分私人绘画（为了个人冥想和敬拜而设计的纤小图像）中，布鲁盖尔均使用了这种技巧。他曾给密友亚伯拉罕·奥特柳斯（Abraham Ortelius）画过了这样一幅画作《圣母之死》（*The Death of the Virgin*），并自留了一幅《基督与犯罪的女人》（*Christ and the Woman Taken in Adultery*），此画最终遗赠给了儿子扬（Jon）。

《基督与犯罪的女人》，1565年

“他是16世纪最完美的画家。”

——亚伯拉罕·奥特柳斯，《好友集》（*Album Amicorum*），1573年

▷《画家与买家》（***The Painter and the Buyer***），**1565年**

这幅棕色墨水作品被认作是布鲁盖尔的自画像，画面以略带讽刺手法表现了蓬头垢面的艺术家和神气十足的买家。

△《死亡的胜利》(*The Triumph of Death*),约1562年
布鲁盖尔的绘画描绘一处正在燃烧的贫瘠景观,充满个体死亡与毁灭的场景。无论人类意志或是社会地位如何,该作品都是关于死亡的一本视觉教科书。

斯·博斯那怪诞幻想的难以满足的好奇心(见第38—41页)。事实证明,布鲁盖尔完胜该项任务,他很快就创造出充斥着妖魔鬼怪的幻想场景。他的画面十分接近老一辈大师作品之精神,以至于科克想要用它们来冒充原作。可疑的是,博斯的名字竟然作为设计师出现在布鲁盖尔最著名的版画之一《大鱼吃小鱼》(*Big Fish Eat Little Fish*)中。

安特卫普时期的画作

布鲁盖尔创作了凡·曼德尔所提到的描绘农夫的诙谐场景,但这些版画的创作初衷并非完全出于其喜剧价值,而是旨在作为道德教科书,展示人类的愚蠢和罪恶。社会最底层的农夫被当成了最可能做出愚蠢行为的笑柄。这些情节本身建立在塞巴斯蒂安·布兰特(Sebastian Brant)的《愚人船》(*Ship of Fools*,1494年)以及荷兰学者伊拉斯谟的《谚语》(*Adages*,1500年在巴黎出版)等书中收集的俗语和谚语的基础之上。

布鲁盖尔的版画不仅在荷兰大为畅销,还在法国、意大利和德国销路甚广,这显然有助于艺术家名声的传播并巩固。可惜对布鲁盖尔来说,出售版画所带来的收益必须与版画雕刻师和出版商分成。因此,他开始创作更多的油画,这些作品的观众较少,却让他的事业更上一层楼。

布鲁盖尔在安特卫普完成的大部分画作就如同其版画的特大号版本。有些借鉴了说教式的农夫场景[如《狂欢与被借之间的斗争》(*The Fight between Carnival and Lent*)、《尼德兰寓言》(*Netherlandish Proverbs*)],有些则让人回想起他那如博斯般的构思[《死亡的胜利》《疯狂的梅格》(*Mad Meg*)]。

迁居布鲁塞尔

布鲁盖尔的职业生涯在1563年发生了天翻地覆的变化,当时他与科克的女儿结婚并搬到了布鲁塞尔。有趣的是,凡·曼德尔曾暗示,布鲁盖尔的岳母为了将艺术家与另一个女子拆散,所以坚持要搬家,但也可能仅仅是布鲁盖尔为了寻求更丰厚的报酬。布鲁塞尔是政府的所在地,的确可以提供这样的委托任务。

随即,布鲁盖尔的风格开始发生变化。他放弃了过度拥挤的场面景,转而选择更为简单、自然的构图。他的人物形象也有所不同,其比例更为宏大,显得坚实而不朽,这也反映了那些地位更加显赫的赞助人的品味。

史诗与农民

在生命的最后几年里,布鲁盖尔为他钟爱的一些主题创作了最终版本。例如,他对风景画的热爱在《月》(*Months*)中得到了充分的体现,该系列画作是受一位富有的安特卫普商人尼古拉斯·琼格林克(Nicolaes Jonghelinck)委托而作。从根本上讲,这些作品起源于时令书(带插图的祈祷文)中的日历微型画场景,却在规模上有所扩大。该系列中最优秀的作品《雪中猎人》(*Hunters in the Snow*)很可能代表了1月。这一点可从去除鬃毛

"据说他……**吞下了所有的山脉和岩石**,并再次将之吐出……**放到自己的油画上**。"

——卡勒尔·凡·曼德尔,《画家之书》,1604年

简要年表

1556年
按照博斯的风格构思了《大鱼吃小鱼》，他的钢笔素描被彼得·范·德·埃登制成版画。

1559年
创作《尼德兰寓言》，这是一幅图解道德俗语和谚语集的大型画作。

1564年
继前一年迁居布鲁塞尔之后，开始在构图中采用比例更大的人物形象。

1565年
接受委托绘制每月一幅的系列绘画。这些作品开辟了风景画中一项引以为傲的传统。

1568年
鉴于家乡政治形势的恶化，以《盲人的寓言》传递了悲观主义的讯息。

背景简介

荷兰起义

布鲁盖尔的一些最伟大画作创作于家乡的动荡时期。加尔文主义（Calvinism）在尼德兰兴起，当时的尼德兰处于信仰罗马天主教的西班牙统治之下。1566年的大饥荒使得低地国家开始公开起义。西班牙军队于1567年抵达布鲁塞尔，镇压叛乱。叛乱头目在争端理事会（Council of Troubles）的法庭中遭到处罚。

争端理事会，由阿尔巴公爵（The Duke of Alba）主持

的烧猪毛工艺中推断而来，这是1月当中的典型活动。

布鲁盖尔用白色灰泥和胶水的垩白底漆使橡木板变得整整齐齐，然后粗略勾出树木和人物的轮廓。随后，他用颜料一层层缓缓涂在画面上，每一层都改变着后面涂层的色调。例如，因为在最初的某层颜料中使用了明亮的柠檬黄色，使得这幅画面绝妙再现了寒冬。

家庭冲突

布鲁盖尔为自己的农民题材赋予了史诗般的庄严。他在《尼德兰寓言》中截取了《伊卡洛斯的坠落》（*The Fall of Icarus*）和《盲人的寓言》（*The Parableof the Blind*）中的两段情节，进行了全面重塑。盲人把盲人带到沟中的画面可能是他所有作品中最为尖锐的，该主题无疑反映了正在将尼德兰推向分裂的暴力行径（见右侧方框）。历史学家们试图评价布鲁盖尔对这一危机的看法，但他却谨慎地保留了自己的意见。

布鲁盖尔在1569年去世时完成了大量画作，但只有45幅保存了下来。他的遗产先是由两个画家儿子小彼得（Pieter the Younger，1564—1638年）和扬（1568—1625年）继承，但影响了近乎所有后来的佛兰芒风景画家。

◁**《雪中猎人》，1565年**

在这幅堪称其最著名的画作中，布鲁盖尔将阿尔卑斯山峰嫁接到了地势平坦的尼德兰乡村之中。画面中熙熙攘攘，村民们在滑冰，玩冰壶，滑平底雪橇，还有人在远处忙着给着火的房子灭火

埃尔·格列柯

约1541—1610年，希腊人/西班牙人

作为西班牙绘画史上的首位伟大人物，埃尔·格列柯创造了一种极富个性的狂迷风格。

埃尔·格列柯（El Greco）的画作有着细长的火焰般的形态、闪烁的布光和异常鲜明的色彩，是艺术史上非常独特的作品之一。的确，他的作品是如此个性化，以至于人们有时会提出一些异想天开的理由来对之进行解读，比如，他的视力有缺陷，甚至还有人说他精神失常。

可能有不少与埃尔·格列柯同时代的艺术家认为他的作品有点不合常规，但肯定不会视之为稀奇古怪（事实证明，人们对他的作品需求不断）。事实上，他对宗教场景的演绎恰恰符合西班牙（特别是在他定居的托莱多）当时的信仰。在风格上，埃尔·格列柯扭曲的人物形象与同时期其他画家作品中的相类似，他的绘画中那细长的形态、扭曲的姿势和夸张的手势与16世纪蓬勃发展的矫饰主义风格相一致。埃尔·格列柯的作品与其同代人作品的区别在于其中强烈的情感力量和仁爱精神。

▷**法尼榭宫**

在红衣主教亚历山德罗·法尔内塞[Alessandro Farnese，后成为教皇保罗三世（Pope Paul III）]的管理下，法尼榭宫（Farnese Palace）成为罗马文化与学术活动的中心。今天，这座建筑是法国大使馆的所在地。

威尼斯式教育

以绰号“埃尔·格列柯”而闻名的多米尼科斯·西奥特科波洛斯（Domenikos Theotókopoulos）于1541年左右出生在希腊群岛中最大的克里特岛首府甘地亚[Candia，如今的伊拉克利翁（Iraklion）]，他的父亲是一名税收官员。几个世纪以来，克里特岛一直处于威尼斯的统治之下，在接受了圣像画家的培训之后，埃尔·格列柯于1567年或1568年搬到了威尼斯。这座城市处于其艺术辉煌的鼎盛期，提香、丁托列托（Tintoretto）和委罗内塞（Veronese）都在此享有盛名。

△**《基督清洗圣殿》（*Christ Cleansing the Temple*），约1570年**

埃尔·格列柯在绘制这一场景时可能还身在威尼斯。他对透视的运用体现了他早已摈弃克里特岛当地所盛行的拜占庭风格。

1570年，埃尔·格列柯被称为提香的“弟子”（disciple），这一称呼可以指“学生”，也可以仅仅意味着试图效仿大师的人。在威尼斯艺术家中，他可能从丁托列托身上学到了最多的知识，并在作品中反映出他的戏剧感和动感。在抵达威尼斯后，他全

人物小传

朱利奥·克洛维奥

埃尔·格列柯于16世纪70年代居住在罗马时，曾与当时意大利一流的手抄本插画师、老一辈艺术家朱利奥·克洛维奥（约1498—1578年）成了朋友。传记作者乔尔乔·瓦萨里将克洛维奥形容为“画小尺寸作品的米开朗基罗”。尽管印刷书籍在当时已出现了1个多世纪，克洛维奥制作的奢华手抄本在收藏家中仍然广受欢迎。埃尔·格列柯为好友克洛维奥画的肖像是他定居西班牙以前创作的佳作之一。

《耶稣被钉上十字架》，
朱利奥·克洛维奥，约1572年

▷**《一位老人的画像》（*Portrait of an Old Man*），1595—1600年**

这幅被认为是格列柯自画像的画作，采用了一种简单直接的构图，将观者的注意力吸引至模特的眼睛上，其双眼传达了一种心照不宣的忧郁情感。

> “史上最柔软的画笔为画板赋予了灵魂，为画布赋予了生命。”
>
> ——路易·德·贡戈拉（Luis de Gongora），《在葬礼上悼念埃尔·格列柯》，1614年

“他所做的一切都如其绘画中那般独特。”

——弗朗西斯科·帕切科（Francisco Pacheco），《绘画的艺术》（*Art of Painting*），1649年

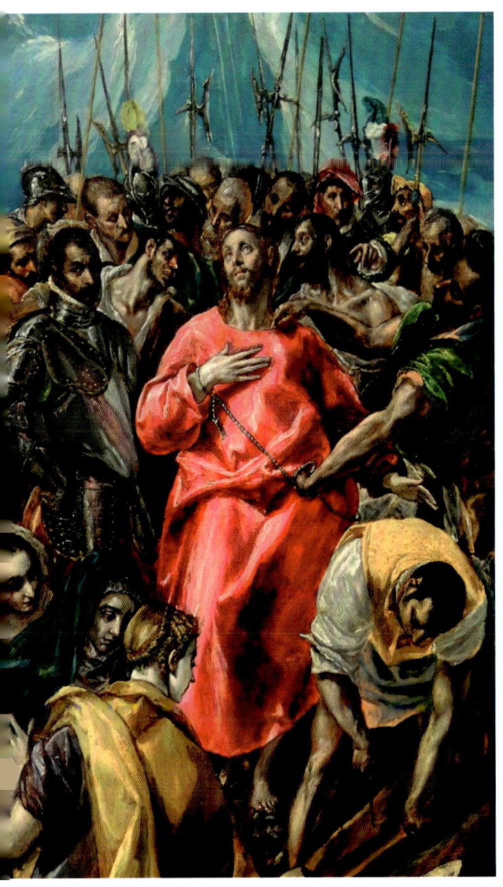

◁《为基督脱衣》（***El Espolio***），**1577—1579年**

这幅为托莱多大教堂（Toledo Cathedral）绘制的图像展现了基督被钉上十字架前，被剥去衣服的情形。基督平静的表情、向上凝视的目光与周围人的丑陋面孔和暴力活动形成鲜明的对比。

面反思了自己的风格，开始接纳一种与其在克里特岛上所熟知的中世纪风格相去甚远的自然主义传统。

寻求成功

1570年11月，埃尔·格列柯迁居罗马，在那里，他与朱利奥·克洛维奥（见第84页方框）成为好友，克洛维奥在其主要赞助人红衣主教亚历山德罗·法尔内塞的家族宫殿中为自己的新朋友谋求住处，并将他介绍给潜在的客户。尽管有如此优质的人脉，埃尔·格列柯却几乎没有对罗马竞争激烈的艺术市场产生任何影响，而他的失败必定促使他思考如何重新开始。

1576年，他搬到西班牙，次年定居托莱多，并在那里度过余生。选择这一曾是神圣罗马皇帝所在地的城市可能反映了埃尔·格列柯在罗马时与路易斯·德·卡斯蒂拉（Luis de Castilla）间的友谊。卡斯蒂拉是一位西班牙的青年牧师，他的父亲是托莱多大教堂的教长（后来他曾帮埃尔·格列柯弄到了各种各样的委托任务）。

至此，托莱多是西班牙最大、最繁荣的城市之一，约有6万人口，熙熙攘攘，商业发达。这里是西班牙的属灵之都（托莱多大主教是西班牙的高级教士），拥有100多个宗教机构（教堂、医院、修道院等）。事实证明，这样的环境是埃尔·格列柯艺术的理想温床。

恢弘巨作

迁居西班牙以后，埃尔·格列柯作品发生了惊人的变化。在意大利，他从未接受公共委托任务，并且作品规模一直较小。但到了托莱多，他一开始就为重要的建筑物创作威严的巨型祭坛画。其中的第一幅画作完成于1577年，是为老圣多明各修道院（Santo Domingoel Antiguo）而作的《圣母升天》（*The Assumption of the Virgin*）；同年，他开始为托莱多大教堂绘制极富盛名的杰作之一《为基督脱衣》（*The Disrobing of Christ*，1577—1579年）。

艺术家的画室

埃尔·格列柯很快就在托莱多定居，与赫罗尼玛·德·拉斯·奎瓦斯（Jerónima de Las Cuevas）组成家庭，1578年他们的儿子豪尔赫·曼努埃尔（Jorge Manuel）出生。他虽然与赫罗尼玛共度了余生，但他们从未结婚。豪尔赫·曼努埃尔后来成为父亲的首席助手，并在父亲去世后接管了他的画室。格列柯的画室似乎非常忙碌，制作着大师作品的复制品与自己不同版本的画作。他的一些画作的复制品如此之多，从而说明这些作品一定很受欢迎。例如，至少有两小幅《为基督脱衣》被认定为由埃尔·格列柯本人所作，另外十几幅则被认定为其画室出品。

除了宗教作品，埃尔·格列柯还画过一些杰出的肖像画，偶尔也处理其他主题，如风景画。他还为精美的祭坛画的框架结构制作过一些雕塑和设计图。

职业自豪感

埃尔·格列柯的作品为其带来了不错的收入，从1585年他就住在宽敞的住所中，那是一处从比列纳侯爵（Marquis of Villena）租来的豪宅。

我们对他的个性知之甚少，但他一定聪慧而博学（他的财产清单列出了希腊语、拉丁语、意大利语和西班牙语的书籍）。他的职业自豪感很强，并经常因委托作品的支付问题卷入到法律纠纷中。1607年解决的这类争端使他处于不利地位，并给他带来了财务问题：直到1611年，他拖欠了2年的房租。

▷《托莱多风景》（***View of Toledo***），**约1600年**

埃尔·格列柯描绘其所在城市的这幅阴郁而黑暗的的画作时，在色彩的运用和光线的处理方面接近印象派。这幅极富戏剧性的风景画被形容为一首“献给大自然力量的赞美诗”。

后期作品

埃尔·格列柯于1614年4月7日逝世，被安葬在老圣多明戈修道院，那里是他在托莱多职业生涯的开启之地。他为自己的陵墓绘制了《牧羊人的崇拜》（*The Adoration of the Shepherds*），将自画像融合到那个敬畏地跪在贞女和圣婴面前的牧羊人中。这是他所有画作中最超凡脱俗的一幅，展现了其后期作品从传统写实进一步向幻想世界转变的倾向：格外修长的人物失去了正常的物质实体感，熠熠生辉。

声誉恢复

埃尔·格列柯的作品过于古怪，以至于他死后难以激发人们效仿的冲动，声誉也随之下降。安东尼奥·帕洛米诺（Antonio Palomino）在《西班牙画家的生活》（*Lives of the Spanish Painters*，1724年）中写道，埃尔·格列柯早期是名不错的画家，但后期作品却“显得可鄙而荒谬，既是因为他那怪异的素描，也是由于那不协调的色彩”。

当西班牙的普拉多国家艺术博物馆于1819年在马德里开幕时，埃尔·格列柯的作品没有一幅被展出。尽管如此，他的声誉却在19世纪的艺术家和评论家中得以恢复（德拉克洛瓦是他早期的崇拜者）。他在20世纪初开始走红，其作品现代艺术的非自然主义潮流十分契合，并受到表现主义者们的拥戴。

◁《牧羊人的崇拜》，约1612—1614年

在这件作品中，埃尔·格列柯开始转而表现灵性的世界。画中人物所占据的空间似乎超越了任何几何实体，而该场景显然被基督婴孩身上散发的光芒照亮。

背景简介

埃斯科里亚尔修道院

埃斯科里亚尔修道院（El Escorial）是马德里附近的一座修道院，为西班牙国王菲利普二世建于1563年至1584年。它的规模如此宏大，装饰得如此繁复，因而在长达数十年的时间里一直雇佣着一小群艺术家和工匠。来自意大利的不少画家都在那里找到了工作，埃尔·格列柯搬到西班牙时可能也在此工作过。1580年至1882年，他受委托为该建筑物绘制一幅大型祭坛画，却遭到菲利普的拒绝。菲利普认为它没有充分“激发虔敬之情”，埃尔·格列柯此后没有再为菲利普效劳。

埃斯科里亚尔修道院上空景致

简要年表

- **约1571年** 为好友朱利奥·克洛维奥绘制肖像画，克洛维奥试图帮他在罗马推进事业。
- **1577—1579年** 绘制他最伟大的画作之一《为基督脱衣》，该作品在他抵达托莱多不久后便开始创作。
- **1580年** 受菲利普二世委托，为马德里附近的王宫圣埃斯科里亚尔修道院绘制祭坛画《圣毛里斯的殉难》（*The Martyrdom of St Maurice*）。
- **1586—1588年** 绘制《奥尔加斯伯爵的葬礼》（*The Burial of the Count of Orgaz*），该作品大概是他的巅峰之作。人们争相要在圣托梅教堂（Santo Tomé）观赏这幅画。
- **1608年** 接到最后一项重要的委托任务：为托莱多的圣施洗约翰医院创作祭坛画。

其他艺术家名录

△《自画像》，卢卡斯·克拉纳赫，1550年

卢卡斯·克拉纳赫

1472—1553年，德国人

卢卡斯·克拉纳赫（Lucas Cranach）是他所处时代多才多艺的德国画家之一，在众多不同的领域取得了成功。他在职业生涯早期创作了一些宏伟的宗教作品，其中几幅以美丽的风景为背景，同时他还是一名出色的肖像画家。其晚期作品包括神话主题的画作和狩猎场景。作为宗教改革的支持者，他为好友马丁·路德画过几幅肖像，并为之设计过宣传版画。不过，作为一个精明的商人，他还会毫不犹豫地为天主教赞助人效力。克拉纳赫主要在维滕贝格（Wittenberg）工作，在那里他成为富贵之人。他的大型画室在其去世后由儿子小卢卡斯·克拉纳赫（Lucas Cranach the Younger，1515—1586年）经营。

主要作品：《逃亡埃及的途中》（*The Rest on the Flightinto Egypt*），1504年；《维纳斯与丘比特》（*Venus and Cupid*），1509年；《阿波罗与戴安娜》（*Apollo and Diana*），1530年

玛蒂斯·格吕内瓦尔德

约1475 / 1480—1528年，德国人

玛蒂斯·格吕内瓦尔德（Mathis Grünewald）是与丢勒同时期的德国人中极伟大的一位，但与丢勒不同，他本质上属于中世纪而非文艺复兴时期。他坚持以中世纪晚期的风格作画，专注于宗教主题，特别是基督受难，并以非凡的情感张力进行处理。

他的职业生涯相当成功，曾为接连两任的美因茨（Mainz）大主教担任宫廷画家，但他去世后迅速被人遗忘，直到20世纪初，声誉才得以真正恢复。他作品中富有表现力的扭曲形象得到了现代艺术的青睐。他的名作是为阿尔萨斯（Alsace）的伊森海姆修道院（Isenheim Abbey）的医院教堂绘制的一幅大型祭坛画，作品的核心特征是对基督受难进行了有史以来极有力的描绘之一。

主要作品：《嘲笑基督》（*The Mocking of Christ*），约1503年；《伊森海姆祭坛画》，约1510—1515年；《圣母子（斯丢潘圣母）》[*Virgin and Child (Stuppach Madonna)*]，约1515—1520年

乔尔乔涅

约1477—1510年，意大利人

我们对乔尔乔涅的生平细节所知甚少。他的出生日期和他离开家乡卡斯特尔弗兰科（Castelfranco）前往威尼斯的年份均不为人知。虽然他年纪轻轻就死于瘟疫，作品也不多，但乔尔乔涅是当时极具影响力的艺术家之一。他是最早一批专注于为私人收藏家创作私密型作品的画家之一，也是最早的重视氛围的营造胜过画面表现主题的画家之一。他很可能在乔凡尼·贝利尼的指导下接受训练，并发扬了自己的老师对氛围和景观的兴趣及其对油画颜料的微妙处理。反过来，他还影响了年轻的提香（与之曾是密切的工作伙伴）以及这一时期处于威尼斯及其他地方的其他许多画家。华托（Watteau）是后来受其影响的画家之一，他的作品体现了乔尔乔涅作品中那梦幻般的浪漫主义。

主要作品：《卡斯特尔弗兰科祭坛画》，约1500—1505年；《暴风雨》（*The Tempest*），约1505—1510年；《沉睡的维纳斯》（*Sleeping Venus*），约1510年

科雷乔

约1490—1534年，意大利人

科雷乔（Correggio）是意大利北部的一个小镇，采用该镇名的画家安东尼奥·阿莱格里（Antonio Allegri）出生于此，并在此逝世。他的活动范围在主要的艺术中心以外[主要在家乡及附近的帕尔马市（Parma）]，却被列入文艺复兴时期极富创造力和经验的艺术家之一。我们对他的教育经历所知甚少，但据称，他曾师从自己的叔叔洛伦佐·阿莱格里（Lorenzo Allegri）。

他的作品类型从大型圆顶湿壁画——他在其中通过描绘高耸入云的人物形象展示了短缩透视法的高超技艺，到为私人收藏家创作的小型私密画。他的作品大多与宗教题材有关，然而他也画过一些出色的神话题材画作。他的名声享誉17世纪，在18世纪如日中天，他那流畅、甜美的感官风格与当时洛可可艺术的精神相吻合。

主要作品：《圣方济各的圣母》（*Virgin of St Francis*），1514—1515年；《圣母升天》（*Assumption of the Virgin*，帕尔马大教堂穹顶），1526—1530年；《朱庇特与少女伊娥》（*Jupiter and Io*），约1530—1532年

本韦努托·切利尼

1500—1571年，意大利人

本韦努托·切利尼因因其自传及作品的精湛工艺而闻名，他的身份依次是版画家、雕塑家、音乐家和士兵。不少同辈人认为他暴力、傲慢且冷酷无情，他犯过数起谋杀罪。他原本是米开朗基罗的学生，曾在意大利四处游历，到过锡耶纳、博洛尼亚、比萨和罗马。在罗马，他担任过金属工人，在教皇的教廷上演奏过长笛，还曾于1527年在该城市的劫掠中作战。在法国枫丹白露待了几年之后，他回到佛罗伦萨，在科西莫·德·美第奇的赞助下，在此度过了余生。

主要作品：《珀尔修斯与美杜莎的头颅》（*Perseus with the Head of Medusa*），1545—1553年；《科西莫·德·美第奇半身像》，1545年；为弗朗西斯一世（Francis I）制作盐罐，1539—1543年

杰曼·皮隆

约1525—1590年，法国人

作为16世纪最伟大的法国雕塑家，杰曼·皮隆（Germain Pilon）的事业多姿多彩、成就显著，虽然其生前本国艺术命运多舛，其成熟期又伴随着灾难性的内战时期（1562—1598年）。

他用大理石、青铜和赤陶进行创作，其作品包括陵墓雕塑、宗教人物、半身肖像以及硬币和奖章的设计方案（1572年，他被任命为巴黎皇室造币总管）。他繁忙的工作室还生产花园雕塑和如烟囱这类的建筑部件。他的风格大体上属于宫廷式矫饰主义传统的一部分，其人物特点是优雅修长。不过，他的作品还具备一种通过观察自然获得的特有元素，有时也是强有力的情感载体。

主要作品：亨利二世与凯瑟琳·德·美第奇之墓，约1561—1570年；《查理九世》（*Charles IX*），约1574年；瓦伦丁·巴尔比亚尼之墓，约1580年

主要作品：《参孙杀死腓力斯人》（*Samson Slaying a Philistine*），约1561—1562年；《墨丘利》（*Mercury*），约1565年；科西莫·德·美第奇大公骑马像，1587—1595年

尼古拉斯·希利亚德

约1547—1619年，英国人

希利亚德是微型肖像画最杰出的代表人物，在推动微型肖像画成为英国专属的一种艺术形式上起到了主要作用。他受过金匠（其父亲的职业）方面的训练，除了绘画，他一生都在从事金匠的工作。我们还不确定他是如何掌握的微型画，但他已知最早的例作却是在孩童时期创作的，因而人们认为他主要靠自学成才。希利亚德成为女王的画家，并在1572年为伊丽莎白一世绘制了第一幅微型肖像画。其他模特则包括当时一些最有名望的人物，如弗朗西斯·德雷克爵士（Sir Francis Drake）、沃尔特·罗利爵士（Sir Walter Raleigh）和苏格兰女王玛丽。

他的风格极为纤巧，对人物性格的刻画却颇为生动。据悉，希利亚德曾画过大型肖像画，但没有具体的例作保存下来。

主要作品：《自画像》，1577年；《玫瑰丛中的年轻人》（*Young Man among Roses*），约1588年；《乔治·克利福德，第三任坎伯兰伯爵》（*George Clifford, 3rd Earl of Cumberland*），约1590年

雅各布·丁托列托

约1518—1594年，意大利人

雅各布·丁托列托（Jacopo Tintoretto）的逝世标志着威尼斯16世纪绘画黄金时代的结束。他是一位出色的肖像画家，创作过各种世俗画（关于神话、历史和寓言题材），但其首要身份是一名宗教画家。他因精力和速度而闻名，曾为威尼斯各大教堂和其他建筑物创作了大量作品，其中大部分作品仍保留在原位。他的作品生机勃勃，富有情绪张力，通常以宽阔的笔触和昏暗的明暗效果为特征，不过他在为贵族赞助人作画时，一般会偏爱更明亮、更昂贵的色彩以及更平滑的画面。

主要作品：《圣马可拯救奴隶》（*St Mark Rescuing the Slave*），1548年；《耶稣被钉上十字架》，1565年；《最后的晚餐》，1594年

詹波隆纳

1529—1608年，尼德兰人

出生在尼德兰的詹波隆纳（Giambologna）却在意大利度过了职业生涯的大部分时间，被公认为是在米开朗基罗和贝尼尼之间最伟大的意大利雕塑家。

他于1550年前往罗马深造，2年后定居佛罗伦萨，在那里连任三届托斯卡纳的美第奇大公的宫廷雕塑家。他的作品优雅圆润，展现出对细长扭曲形态的精通。这种形式代表了矫饰主义风格在雕塑领域的绝佳诠释。

詹波隆纳的作品，无论用大理石还是青铜创作，无论规模大小，都同样成功。他的一些小型雕像（特别是那尊飞行的墨丘利那极其优雅的形象）被一再复制，这有助于其名声传遍整个欧洲。

◁《自画像》，尼古拉斯·希利亚德，1577年

17世纪

第三章

卡拉瓦乔

1571—1610年，意大利人

在短暂而激烈的职业生涯中，卡拉瓦乔凭借自己艺术的力量与原创性征服了同代人，却也因其狂暴的性格激怒了他们。

△《美杜莎》(*Medusa*)，1597年
这幅画装在一块木制盾牌上，表现了神话中的蛇发女怪戈尔贡（Gorgon）的头刚刚被砍下的那一刻。卡拉瓦乔的高超技巧为她的恐惧与可怖赋予了人类般的真实感。

卡拉瓦乔死于1610年，他是当时整个欧洲最具影响力的艺术家，后来者对其作品的普遍模仿延续了数十年。他坚决脱离主导16世纪末意大利绘画的优雅而做作的矫饰主义风格，以大胆、迷人的自然主义取而代之，从而获得了巨大成就。

米开朗基罗·梅里西（Michelangelo Merisi）——后以“卡拉瓦乔”而著称——于1571年9月30日在米兰受洗，可能是在前一天大天使米迦勒（Archangel Michael）的节日里出生，他的名字即来源于此。父亲费尔莫·梅里西（Fermo Merisi）是一名建筑大师，受命于年轻贵族弗朗切斯科·斯福尔扎（Francesco Sforza），后者在米兰和卡拉瓦乔（米兰以东约40千米处的小镇）均有房产。米开朗基罗·梅里西在卡拉瓦乔长大，日后广为人知的艺名正是取自这个地方。

罗马冒险

1584年，卡拉瓦乔在米兰画家西蒙内·彼得扎诺（Simone Peterzano）门下开始了为期4年的学徒生涯，而之后几年的经历没有留下相关记录。到了1590年，卡拉瓦乔的双亲都已去世，1592年兄妹三人平分了父母留下的财产。有了足够供自己从容生活数年的钱之后，他便出发开启了新生活，目的地是当时的世界艺术之都罗马。卡拉瓦乔可能于1592年抵达罗马，虽然有关他在这座城市的记载在两三年后才出现。

卡拉瓦乔早年在罗马的生活十分艰苦，靠为其他艺术家担任助手维持生计，后来便开始为自己的画作寻找买家。约1595年，他遇见了第一位重要的赞助人红衣主教弗朗西斯科·德尔蒙特（Cardinal Francesco del Monte）——他是教皇教庭的托斯卡纳大使公爵，在自己的宅邸中为艺术家提供了数年食宿。德尔蒙特有同性恋倾向，卡拉瓦乔的几幅早期作品清晰地反映了这一点，其画面展现了形形色色的身着轻薄诱人服饰的男孩。画家本人可能是双性恋。

可能是在德尔蒙特的推荐下，卡拉瓦乔得到了第一份委托任务：为罗马的法国教堂圣王路易堂（San Luigi dei Francesi）的康塔列里礼拜堂（Contarelli Chapel）侧墙绘制两幅巨型油画：《圣马太蒙召》（*The Calling of St Matthew*）和《圣马太殉教》（*The Martyrdom of St Matthew*）。这两幅画于1599年至1600年完工，它们是卡拉瓦乔第一批被确切记录的作品。

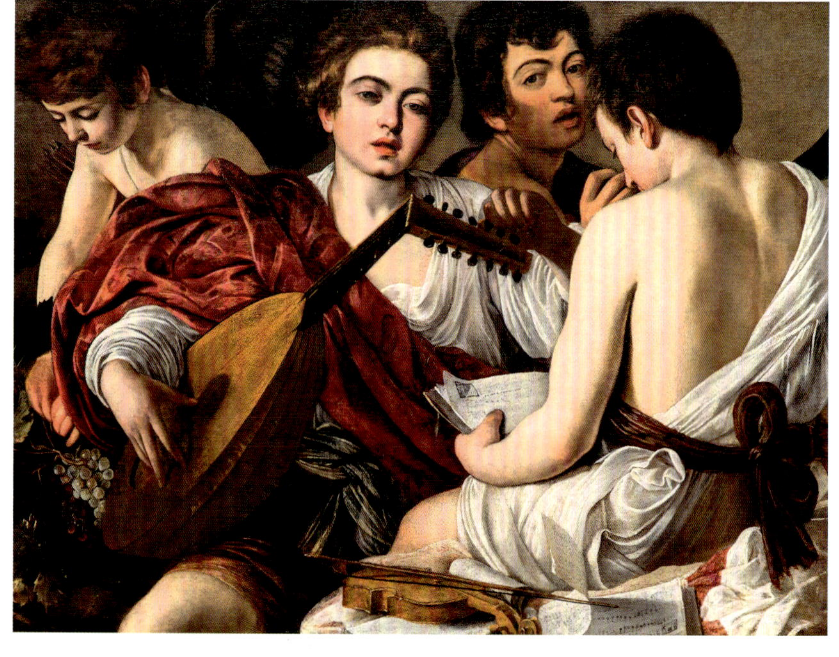

▷《音乐家》(*The Musicians*)，1595年
这一生动的世俗场景描绘了4位正在排练的年轻音乐家（其中一个形似丘比特）。这幅画当初悬挂在卡拉瓦乔的赞助人红衣主教德尔蒙特的私人房间内。

“在他看来，**不被现有规则所束缚**是艺术的**最高成就**。”

——乔凡尼·皮埃特罗·贝洛里（Giovanni Pietro Bellori），《画家的生活》（*Lives of the Painters*），1672年

▷《卡拉瓦乔画像》，约1621年
卡拉瓦乔在不少作品中画入了自己的形象，而唯一一幅正面肖像却是出自接近同时代的奥塔维奥·莱奥尼（Ottavio Leoni）之手的这幅素描。

△《圣马太殉教》，1599—1600年
卡拉瓦乔按照当时的时代背景（左侧的旁观者身着16世纪的服装），以真人为模特绘制这件作品，并借此巩固了自己的声誉。

风格发展

这些作品的成功标志着卡拉瓦乔艺术方向的巨变，具体体现在主题、尺寸、人物和风格方面。自此，他将主要精力投入到为公共场所创作大型、严肃的宗教题材画上，而不是只为鉴赏家们绘制室内作品。卡拉瓦乔摒弃了早期作品中的清晰布光，开始使用深色背景和强烈的明暗对比法(chiaroscuro)，以营造强烈的情感氛围，这也正是其成熟作品的特征所在。除了对光作戏剧性处理，卡拉瓦乔作品最具革命性的一点在于重新构想了圣经中的场景，并以有血有肉的凡人作为画面主角。他笔下的人物不再是传统宗教艺术中的理想化造物，而是看似从罗马的街道上径直走来的普通人。卡拉瓦乔将他们——连同他们的缺陷——拉近至画面空间的前端，他们在黑暗的背景下大胆而显眼，进而形成一种实体存在感。

卡拉瓦乔作画迅速，并且不打草稿，而是直接在帆布上动笔构图，为作品增添了瞬时性。

△《圣母之死》，1606年
深红色帷帐强调了肉体的死亡及其旁观者的影响。卡拉瓦乔避开了所有表现玛利亚的神圣感的传统符号，引发了极大争议。

声誉之变

卡拉瓦乔那富有戏剧性的新视野吸引并俘获了诸多观众。画家们（包括不少来罗马参观的外国人）都开始模仿他，将这种全新的风格带回各自的国家。至1604年，卡拉瓦乔的名声已经远及荷兰。《画家之书》的作者在书

“他笔下的人物居于**地牢**之中，仅被来自头顶上方的一束**忧郁之光照亮**。”

——路易吉·兰齐（Luigi Lanzi），《意大利绘画史》（*History of Paintingin Italy*），1792年

简要年表

约1959年
完成《音乐家》，该画作是受赞助人红衣主教德尔蒙特委托所作的早期作品之一。

1599—1600年
在罗马的圣王路易堂创作的两幅描述圣马太生平的画作，是其收到的第一份公共委托任务。

1600—1601年
完成其罗马人民圣母教堂（Santa Mariadel Popolo）的两幅最杰出的作品：《圣彼得被钉上十字架》（*The Crucifixion of St Peter*）和《圣保罗的皈依》（*The Conversion of St Paul*）。

1606年
《圣母之死》因受到亵渎神圣主题的指控而被教会当局所拒收。

1608年
完成规模最大的一幅画作《被斩首的圣施洗者约翰》，该作品是卡拉瓦乔唯一签名的画作。

中这样评价道："卡拉瓦乔的米开朗基罗，正在罗马做着了不起的事情"。

不过，也有同代人认为卡拉瓦乔将宗教主题世俗化是种无礼的行为。1602年至1606年，他的3幅重要祭坛画遭到相应的委托教堂的拒收。为罗马的斯卡拉圣母玛利亚教堂（Santa Maria della Scala）所画的《圣母之死》（*The Death of the Virgin*）引起了最大争议。卡拉瓦乔的早期传记作者之一，画家兼艺术史家乔瓦尼·巴廖内（Giovanni Baglione）如此写道，这幅画之所以被拒是因为画家笔下的"圣母玛利亚身体浮肿，还光着腿"；更有甚者声称圣母的形象实际上是以一位普通妓女为原型。

暴躁的性情

除了凭借作品招来的极端崇拜和批评，卡拉瓦乔也因暴躁的性格而声名狼藉。从1600年11月至1605年10月，他共有11起违反法律行为记录在案，包括袭击、伤人以及在未经许可的情况下携带剑和匕首。1606年5月29日，卡拉瓦乔因赌博和别人起了争执，并在接下来的扭打中杀死了对方。他成了逃犯，逃到罗马，10月又逃到那不勒斯，远离罗马的管辖。接着他先后来到马耳他（1607—1608年）和西西里（1608—1609年），之后又回到那不勒斯（1609—1610年）。他为所到之处分别创作了若干幅大型作品，对当地的艺术家产生了深远影响。

卡拉瓦乔延续着危险的生活方式：1608年8月，他因伤害一位马耳他骑士（Knights of Malta，见右侧方框）而被捕入狱；成功逃走后，却于1609年10月在那不勒斯的一家酒馆外面被袭击而严重负伤。直到1610年夏天，他才坐船前往罗马附近的埃尔克莱港（Porto Ercole），坚信自己那些位高权重的支持者将会为自己争取到教皇的赦免。刚一上岸，卡拉瓦乔就被误认为其他罪犯而遭逮捕，他被释放时，船已开走。想到自己的东西还在船上（实际上他的行李已被保存起来），他便试图沿着海滩追船。烈日下的奔跑和焦急让卡拉瓦乔发了烧，从此导致他于1610年7月18日离开人世。

光的遗产

卡拉瓦乔的风格于17世纪20年代开始在罗马过气，却在意大利其他地区以及欧洲其他国家被发扬光大，在西西里、荷兰共和国的乌德勒支（Utrecht）以及法国东北部的洛林（Lorraine）盛行的时间最长（直到17世纪50年代），其中法国的乔治·德·拉·图尔（Georges de La Tour）或许是卡拉瓦乔的众多追随者最杰出的一位。大部分模仿者或将大师的风格粗俗化，或使之甜腻化，而丧失了其中无限的崇高与情感的深度，而拉·图尔的精美绘画却散发着高贵的气息，极其敏锐地捕捉到了夜间光线效果。

◁《在伊默斯的晚餐》（*The Supper at Emmaus*），1601年
卡拉瓦乔在这幅画中描绘了复活后的基督与其门徒一起分食面包的场景。真人大小的人物和对食物的强调赋予画面以人性，几乎是在邀请观者共进餐食。

背景简介
马耳他骑士团

骑士团是一个古老的军事宗教组织，于11世纪成立，从1530年开始统治马耳他。卡拉瓦乔想加入其中，以便为自己之前犯下的谋杀取得教皇的赦免令。在给骑士团画完《被斩首的圣施洗者约翰》（*The Beheading of St John the Baptist*）后，他被任以圣职，却在伤害另一位骑士之后被捕入狱并遭驱逐。在岛上时，卡拉瓦乔曾为骑士团团长阿洛夫·德·维尼亚古（Alof de Wignacourt）画过一幅肖像，是他创作的为数不多的肖像画之一。

饰有马耳他骑士团纹章的罐子，16世纪

彼得·保罗·鲁本斯

1557—1640年，佛兰芒人

鲁本斯是其所生活时代最著名的画家，他生前作品极为多产，活跃在国际舞台上，云游四方，身兼外交家与艺术家两种身份。

鲁本斯是位全能、多产的艺术家。他的绘画作品数量庞大，几乎涉及了其生前所了解到的所有风格。此外，他的设计成果也十分丰富，尤其在书籍插画、盛典仪式和挂毯等方面。此般超乎寻常的多产，部分是由于鲁本斯旺盛的生命力以及对生活强烈的爱，而这些特质亦存在于他所做的一切之中。

早年经历

彼得·保罗·鲁本斯于1577年6月28日出生在威斯特法利亚（Westphalia，现属德国）的西根（Siegen）。他出生后第二天就是圣彼得和圣保罗的节日，这也正是父母给他所取名字的来源。鲁本斯的父亲扬（Jan）是一名律师，因其新教信仰而不得不离开故乡安特卫普，远离宗教迫害。1587年扬去世后，其遗孀玛利亚（Maria）带着10岁的彼得·保罗和另外2个孩子回到了安特卫普。3年后，鲁本斯开始给一位贵妇当侍者，但很快便辞去工作，开始接受绘画训练。

1591年至1598年，鲁本斯先后在托比亚斯·维尔哈希特（Tobias Verhaecht）、亚当·凡·诺尔特（Adam van Noort），以及奥托·凡·维恩（Otto van Veen）门下学习，均表现出色。这三位老师如今知名度并不高，不过凡·维恩在当时曾饱受好评，可能对于自己学生的艺术风格塑造起到了至关重要的作用。凡·维恩受过良好的教育，曾在罗马待过几年，其关于古代与文艺复兴艺术的渊博学识无疑激发了年轻的鲁本斯，他盼望着亲眼见到这些作品。1598年，继获得安特卫普画家行会中的专家资质后，鲁本斯在凡·维恩的画室工作了2年。1600年5月，22岁的鲁本斯离开此地，前往意大利。

▷**奥托·凡·维恩**
鲁本斯的老师之一奥托·凡·维恩是安特卫普画家行会的元老。他在这座城市卓有成就，以肖像画、插画和祭坛画而闻名。

接下来的8年，鲁本斯以意大利为根据地，全身心沉浸在这个国家的文化里，以至于后来他放弃了佛兰德语，转而使用意大利语写作，还经常署名为“Pietro Paolo Rubens”。抵达意大利不久后，鲁本斯就幸运地得到了艺术爱好者曼图亚公爵文森佐·贡扎加（Vincenzo Gonzaga）的委托。他的职责包括前往佛罗伦萨和威尼斯等艺术中心，临摹著名作品以丰富文森佐的收藏。鲁本斯还在1603年至1604年造访过西班牙，作为外交使团的一员，将文森佐的礼物献给菲利普三世（Philip III）。

罗马岁月

鲁本斯在意大利最鼎盛的时期，当属他1601年至1602年以及1605年至1608年在罗马度过的岁月。他在这座城市学习古代雕塑、文艺复兴时期的伟大创作（如米开朗基罗和拉斐尔的梵蒂冈壁画）以及当时最为杰出的画作——尤其是卡拉瓦乔和安尼巴莱·卡

△**文森佐·贡扎加银币**
这枚银币上刻有鲁本斯的曼图亚赞助人的肖像。据称，正是公爵在艺术品上的恣意挥霍，将这座城市推向了深渊。

背景简介
安特卫普

安特卫普是16世纪中期欧洲北部的重要港口。1576年，驻扎在那里的西班牙军队因薪水不足而发生暴乱，造成巨大破坏，血流成河。于是，这座城市奋力反抗西班牙的统治，但经过长时间围困后，于1585年被西班牙再次夺回。2年后，鲁本斯第一次见到这座城市时，许多建筑已遭废弃。在鲁本斯的职业生涯中，安特卫普逐渐复苏，成为主要的文化中心之一，但失去了通往阿姆斯特丹的口岸的优势。

1576年西班牙入侵安特卫普的场景

> “我的天赋给予我承接任何艰巨任务的勇气，无论规模多么庞大、主题如何丰富。”
>
> ——彼得·保罗·鲁本斯，写给威廉·特朗布尔（William Trumbull）的信件，1621年

▷**《自画像》，约1638年**
在这幅庄重的肖像画中，鲁本斯将自己描绘成查理一世的一名骑士，而非艺术家。他笔下精准的细节特征将他的年迈疲惫彰显无遗。

△鲁本斯住宅，安特卫普

1610年，鲁本斯在安特卫普购置了一所大房子，并按照自己的设想对之进行了改装。他在这里度过了余生。如今，这里成了一座博物馆。

人物小传

大公夫人伊莎贝拉

伊莎贝拉（1566—1633年）是西班牙的菲利普二世之女，曾向鲁本斯委托过若干件艺术作品。1599年，她与表兄奥地利（Austria）的阿尔伯特大公成婚，二人被任命为西属尼德兰的统治者。继阿尔伯特于1621年去世后，伊莎贝拉开始独自掌权。她委托鲁本斯创作的规模最大的作品，便是为马德里的一座女修道院所作的名为《凯旋的圣餐》（*The Triumph of the Eucharist*）的20幅系列挂毯。伊莎贝拉与这座修道院关联颇深。这些挂毯仍能在修道院中看到，鲁本斯的油画草稿也大多保存至今。

《伊莎贝拉画像》，鲁本斯，1609年

拉齐（Annibale Carracci）的作品。这些灵感源头无疑点燃了鲁本斯作品中显而易见的活力以及英雄史诗般的庄严，却也融入了其自身所独有的温暖，以此成为巴洛克风格杰出的代表人物之一。随后，巴洛克风格成了17世纪艺术的主导力量。

回到安特卫普

1608年10月，鲁本斯得知母亲病重，他赶回安特卫普，却没能见她最后一面。虽然鲁本斯有意返回自己所钟爱的意大利，但他在安特卫普大获成功，于是便留了下来。1609年9月，他被任命为阿尔伯特（Albert）大公和其妻子伊莎贝拉（Isabella，见左侧方框）的宫廷画师，此两人代表西班牙统治着尼德兰。同年10月，鲁本斯迎娶了17岁的伊莎贝拉·布兰特（Isabella Brant），她是一名律师的女儿。他们组建了幸福的家庭，生养了3个孩子。

1610年，鲁本斯在安特卫普购置了一所大宅，就此定居。受到热那亚（Genoa）的宫殿的启发，他以意大利风格将房子扩建、改装，增加了一间宽敞的画室和一座内部庭院。此次返乡的时机正合时宜，彼时安特卫普的政治氛围为艺术和建筑的繁荣创造了条件。这座城市属于尼德兰南部或西属尼德兰（有时也泛称佛兰德斯，大致相当于现代的比利时）的一部分，与北部尼德兰（大致相当于现代荷兰）长期处于战争状态。然而，双方却在1609年至1621年休战，在此期间，在战争中被毁的大量建筑——特别是教堂——得以重建，并被装饰一新。

从意大利回来后的10年，鲁本斯为这些教堂绘制了许多作品，其中就有其第一幅大获成功的巨型画作《上十字架》（*Raising of the Cross*，1610—1611年），它是为圣沃尔布加教堂[St Walburga，现为安特卫普大教堂（Antwerp Cathedral）]而作。画中庄严的人物形象展示了他在意大利所学的东西，但在某些方面，这幅祭坛画展现了佛兰芒的传统：这是一幅带有折翼的三联画（这种类型在意大利已不再流行），而且是画在木板上的，当时在意大利艺术家中则更流行用帆布作画。鲁本斯会在条件允许时使用帆布，但他更偏爱木板，因其更适合自己流动的笔触。大多数杰出的意大利艺术家都画过湿壁画，但鲁本斯却从

▷《金银花下》（***The Honeysuckle Bower***），约1609年

在这幅全身肖像画中，鲁本斯描绘了自己和第一任妻子伊莎贝拉·布兰特。其中的金银花和花园均为爱情的象征。

未涉足这一门类，因为欧洲北部的潮湿气候不适合绘制壁画。

作画方法

除了宗教题材，鲁本斯还创作了其他种类绘画。他的作品很快就供不应求，以至于他曾在1611年跟一位友人讲道，自己不得不把准弟子拒之门外，因为实在是应付不过来。鲁本斯之所以能承受如此繁重的工作量，是因为他极善于高效管理训练有素的助手。在操作大型委托作品时，鲁本斯会根据自己设想的构图绘制出油画草图，随后的大部分实际操作由众助手完成，最后再由大师进行润色。他对这种作画方法开诚布公，依据自己的参与程度向客户收取费用。他也和成熟的艺术家合作，包括他的朋友动物画家弗朗斯·斯奈德斯（Frans Snyders）；他还雇用过出色的雕刻师为自己的作品制作版画。

国际上的成功

鲁本斯的声名远扬至弗兰德斯之外的地方，他的外国客户要远胜过同时代的其他艺术家，其赞助人包括英国、法国和西班牙的皇室家族，以及诸多贵

△《上十字架》，1610—1611年
鲁本斯的巨型三联画中间的那幅描绘了众人竭力把被钉在十字架上的基督扶正的情景。角线构图颇具动感，这幅戏剧性的画作旨在激起天主教徒的敬畏之情。虽然这一努力付诸东流，但他的确在调解弗兰德斯的霸主西班牙与荷兰的盟友英国之间的和平问题上迈出了第一步。

“他发明的绘画方式，他构图的奢华丰满，他用色的华美和谐与鲜明……令人眼花缭乱。”

——乔舒亚·雷诺兹爵士，《第五讲》（*Discourse Five*），1772年

相关技术

油画草图

定居意大利期间，鲁本斯采用了为重要作品绘制预备油画草图的做法，这些草图成为其创作过程的一大特点。有的油画草图完成得十分迅速，用于勾勒出最初的想法；有些草图则更需深思熟虑，对成品画面的外观有着清晰的把握。鲁本斯草图中的笔触灵活有力，十分符合现代品位，且明显出自其本人之手，而正式画作往往由助手根据草图代为完成。

《费迪南亲王的到来》(*Arrival of Prince Ferdinand*)，油画草图，1634年

族和高级教士。鲁本斯还有另一种方式与皇室接触——大公夫人伊莎贝拉（丈夫死后她便独自掌权）任命他为外交官兼画师。1621年，当弗兰德斯与荷兰之间的12年休战期结束时，鲁本斯曾试图维护两个国家之间的和平。

杰出天赋

鲁本斯具备诸多外交官所必备的特质。他智商极高，善于接人待物，且熟悉宫廷生活。此外，他还是一位出色的语言学家：除了佛兰芒语和意大利语，他还懂法语、德语、拉丁语和西班牙语。

在外交生涯中，鲁本斯曾造访西班牙和英国，并因其外交技能在这两地深受敬重。他分别于1630年和1631年被英国国王查理一世和西班牙的菲利普四世授予爵位。这两位国王都是艺术爱好者，都曾向鲁本斯订制重要的委托作品。

鲁本斯主要以赞颂其父亲詹姆斯一世（James I）统治的油画来装饰查理一世的宴会厅[Banqueting House，属于怀特豪尔宫（Whitehall Palace）的一部分]天花板。他的画室班底则为菲利普位于马德里附近的狩猎行宫帕拉达（Torre de la Parada，一处皇家狩猎小屋）绘制了上百幅神话与动物主题的画作。

继妻子于1626年去世以后，鲁本斯靠外交工作分散注意力。然而在西班牙和英国度过近2年后（将孩子托付给亲戚照顾），他决定要“一辈子留在家里”。1630年，鲁本斯再婚，新娘海伦娜·弗尔蒙（Hélène Fourment）是原配的侄女，年仅16岁。第二次婚姻同样幸福美满，二人育有5个孩子。海伦娜成了鲁本斯最爱的模特，她那美丽丰满的形象时常出现在他的宗教和神话题材画作以及温和的肖像画中。

1635年，鲁本斯家庭幸福感显著提升，当时他在安特卫普附近购置了

▷**宴会厅天花板，伦敦**

宴会厅由建筑师伊尼戈·琼斯（Inigo Jones）以意大利风格设计而成。鲁本斯的天顶画在其安特卫普的画室中完成，之后被运往伦敦。

简要年表

- 1603年 在首次造访西班牙期间，绘制了一幅出色的骑马像《马背上的勒尔马公爵》(*The Duke of Lerma on Horseback*)。
- 1610—1611年 从意大利回到安特卫普之后，创作了第一幅伟大的公共作品《上十字架》。
- 1620—1621年 为安特卫普的耶稣会教堂（Jesuit Church）绘制了39幅天顶画，这也是他在佛兰德斯规模最大的委托作品。
- 1622—1625年 绘制了24幅描绘玛丽·德·美第奇（Marie de Médicis，路易十三的母亲）生平的画作。
- 约1625—1626年 为大公夫人伊莎贝拉创作了一系列挂毯设计图《凯旋的圣餐》。
- 约1630—1634年 为伦敦怀特豪尔宫的宴会厅创作天顶画，这些画作于1635年完成。
- 1634—1635年 为西属尼德兰的新任总督枢机主教费迪南（Cardinal-Infante Ferdinand）进入安特卫普设计盛大仪式。
- 约1636年 绘制其最出色的风景画之一《斯腾城堡的秋色》(*Autumn Landscape with a View of Het Steen*)。

“荣耀归于那画家中的荷马，温暖与热情之父。”

——欧仁·德拉克洛瓦，《艺术日志》，1853年10月20日

一所乡间别墅斯腾城堡（Châteaude Steen）。他每年都要在那里住上好几个月，乡间绅士的生活激发他创作出若干幅风景画——这些出于自身娱乐目的而完成的壮丽又成熟的作品，展现出他后期作品风格所特有开阔柔和。这些画作如今是鲁本斯最受欢迎的作品，因为它们直接表达了画家在自然中感受到的喜悦，而没有浮夸的人物组合中那种令某些人厌烦的故作聪明。

▽《斯腾城堡与猎人》（***Chateaude Steen with Hunter***），约1636年

鲁本斯在这幅秋景中纳入了斯腾城堡（石头屋）的景致，那里是他晚年的避暑之处。他创作这幅画是出于自己的兴趣，而不是为了委托任务。

艺术遗产

1640年5月30日，时年62岁的鲁本斯去世，整个安特卫普都在为这名最杰出的公民哀悼。他对17世纪佛兰德斯的影响无处不在，几乎影响了所有重要的艺术家。他的知名度和影响力经久不衰。

鲁本斯的作品包罗万象，因而影响了各式各样的艺术家。例如，18世纪最出色的洛可可画家华托就继承了其抒情的一面；而19世纪富有激情的浪漫主义者欧仁·德拉克洛瓦则称赞其生动的用色和巨大的能量。“伟大的鲁本斯！简直就是魔术师！”德拉克洛瓦于1860年写道，并将鲁本斯最伟大的特质总结为“惊人的生命力”。

▷《安特卫普人》

在其故乡安特卫普，一尊鲁本斯的铜像使之永垂不朽。该雕像出自威廉·纪夫斯（William Geefs）之手，矗立于安特卫普圣母大教堂（Cathedral of Our Lady）前，教堂中存有鲁本斯的一些作品，其中就包括《上十字架》。

阿尔特米西亚·真蒂莱斯基

1593—约1653年，意大利人

巴洛克艺术家真蒂莱斯基克服了个人创伤与丑闻，成为一名成功的职业画家。她以描绘强壮而性感的女性历史题材画作而闻名。

生于1593年的阿尔特米西亚·真蒂莱斯基（Artemisia Gentileschi）在罗马长大，父亲奥拉齐奥（Orazio）是一位卡拉瓦乔派的著名画家。她在父亲的画室里学习绘画，并接受阿戈斯蒂诺·塔西（Agostino Tassi）的指导。真蒂莱斯基第一幅作品《苏珊娜与长老》（*Susanna and the Elders*，1610年）相当成熟，因此最初被归为其父名下。

1611年，真蒂莱斯基遭塔西强奸。随后他承诺娶她为妻，以恢复真蒂莱斯基的声誉，不过这只是虚伪的承诺，因为塔西当时是已婚之人。奥拉齐奥将塔西告上法庭，其间真蒂莱斯基被用手指夹板上刑，以测试其证词的真实性。最终，塔西被定罪，却从未服刑。奥拉齐奥后来将女儿嫁给了另一位年长的托斯卡纳画家皮埃特罗·斯提阿特西（Pietro Stiattesi）。

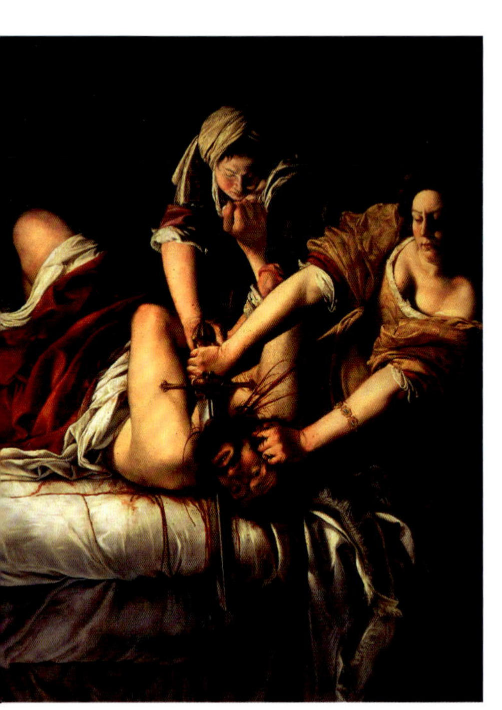

◁《朱迪斯斩首荷罗孚尼》，1612—1613年
强烈的明暗对比突出了场景的恐怖之感，采用几乎令人震惊的自然主义加以描绘：苍白的皮肉、血液的丰富色彩以及奢华的布料在黑暗中格外显眼。

逆境之后的成功

对真蒂莱斯基作品的解读向来避不开强奸一事。的确，她笔下最震撼人心的画作之一《朱迪斯斩首荷罗孚尼》（*Judith Slaying Holofernes*，1612—1613年）就创作于那个时期。有不少人认为这幅画是艺术家愤怒的载体，但也有人觉得这种解读过于狭隘。不论如何，真蒂莱斯基都被这则圣经故事所深深吸引，并于1620年再次描绘了这一场景。

婚后，真蒂莱斯基从罗马搬到佛罗伦萨，在那里生了4个孩子，只有女儿普鲁登西亚（Prudentia）一人活过了童年。她的职业生涯在这座城市里如日中天。1616年，真蒂莱斯基成为佛罗伦萨设计学院（Florence's Academy of Design）招收的第一位女性，并接到了来自美第奇宫廷和米开朗基罗·博那罗蒂（Michelangelo Buonarrot，米开朗基罗的侄孙）的数项委托任务。

真蒂莱斯基与一般的女画家不同，她并不专注于肖像或静物画，而是全身心投入历史题材的画作，专门描绘强大的女性形象，如朱迪斯、苏珊娜（Susanna）、拔示巴（Bathsheba）和抹大拉的玛丽亚（Mary Magdalene）等曾遭到误解却拒绝屈从于压力或习俗的女性。

晚年的旅行

身为艺术家的真蒂莱斯基在佛罗伦萨备受尊敬，她的丈夫却债台高垒。于是，真蒂莱斯基于1621年只身一人回到罗马。她还在威尼斯停留，以寻求委托任务，并在当地以肖像画家而闻名。1630年，她又搬到艺术氛围浓郁的那不勒斯定居，以寻觅新的赞助人。

除了曾为英国查理一世的宫廷（她的父亲曾任这里的宫廷画师）效劳过一段时间，真蒂莱斯基余生都在那不勒斯度过。人们对她的晚年岁月所知甚少，但可以确定的是，她于1653年左右离世。

“至高无上的主，我将让您见识到一个女人能做些什么。”

——阿尔特米西亚·真蒂莱斯基

背景简介
女性艺术家

文艺复兴时期的艺术是由男性绝对主导的。女人很早出嫁并开始生育，还被禁止学习解剖和人体写生。因此，成功的女性艺术家通常不是修女——如普拉提拉·涅利（Plautilla Nelli，1524—1588年，瓦萨里提到的少数女性之一），就是男性艺术家的女儿或妻子——她们可以从自己的父亲或丈夫那里习得绘画技巧。例如著名的意大利文艺复兴画家索福尼斯巴·安圭索拉（Sofonisba Anguissola，约1532—1625年）就得益于富裕的家庭背景和来自父母的支持。她主攻肖像画，她的成功为日后的女性艺术家铺平了道路。

《自画像》，索福尼斯巴·安圭索拉，1556年

▷《自画像》，1615—1617年
真蒂莱斯基想在男性主导的世界中获取成功的决心在这幅自画像的神情中清晰可见，这要归功于意大利画家卡拉瓦乔的心理现实主义和强烈的明暗对比效果。

EFFIGIES NICOLAI POVSSINI ANDE
YENSIS PICTORIS. ANNO ÆTATIS
ROMÆ ANNO IVBILEI
1650.

尼古拉斯·普桑

1594年—1665年，法国人

作为17世纪最著名的法国画家，普桑开创了庄严和谐的古典风格，对大卫（David）、安格尔（Ingres）和塞尚（Cézanne）等艺术家影响深远。

虽然尼古拉斯·普桑（Nicolas Poussin）的整个创作生涯几乎都是在罗马度过的，但是他为法国的数代艺术家提供了灵感源泉。他的艺术风格更多源自于古罗马而非现代罗马，他在古典文化中找到了引领其作品的道德准则以及风格典范。皇家学院的创始人之一、英国艺术家乔舒亚·雷诺兹爵士总结道：普桑拥有“一颗2000年前的头脑，他完全就是个古代人”。

早期生涯

普桑于1594年6月出生在法国北部诺曼底（Normandy）的小镇雷安德利斯（Les Andelys）或附近。他的父母出身当地的名门望族，虽然儿子出生时他们正在经历难关，但孩子还是接受了良好的教育。1612年，画家昆汀·瓦兰（Quentin Varin）造访雷安德利斯，为巴黎圣母院绘制3幅祭坛画，这一契机点燃了普桑对艺术的兴趣。

◁《自画像》，1650年

普桑为其赞助人之一、收藏家保罗·福莱尔·德·尚特罗（Paul Fréart de Chantelou）绘制了这幅肖像。他将自己描绘成至臻完美的艺术家，黑色的宽袍象征其古典主义的灵感来源。

瓦兰如今被认为是一位平庸的艺术家，却激励了年轻的普桑，促使他前往巴黎，一心一意要成为艺术家。

罗马之路

我们对普桑接下来12年的生活知之甚少，这一时期流传下来的画作数量也不多。他住在巴黎，在里昂待过一段时间，2次试图行至罗马，却都以失败告终。当时，罗马是许多野心勃勃的艺术家的目的地。1624年3月，还差几个月就年满30岁的普桑终于来到罗马，除了1640年至1642年在巴黎短暂停留，他余生都以罗马为家。

普桑在初到罗马时生活艰难，却在1627年急剧转运，当时的他赢得了红衣主教弗朗西斯科·巴贝里尼（Cardinal Francesco Barberini，见右侧方框）的一项重要委托任务，为其绘制《罗马将军之死》（*The Death of Germanicus*）。

这幅画描绘了罗马将军日耳曼尼库斯（Germanicus）的临终场景，它是普桑第一幅展现自己独特艺术个性

◁《罗马将军之死》，1627年

普桑这幅伟大的历史画清晰地表明了他的道德准则。日耳曼尼库斯面对死亡坚忍不拔，身边的人群则表现出同情与悲愤。

人物小传

巴贝里尼家族

普桑在罗马的首位重要的赞助人是马费奥·巴贝里尼（Maffeo Barberini，1568—1644年）的侄子红衣主教弗朗西斯科·巴贝里尼（1597—1679年），后者于1623年成为教皇乌尔班八世（Pope Urban VIII）。这个家族来自托斯卡纳地区，经营牧羊场和羊毛产业致富。巴贝里尼家族位于罗马及别处的辉煌宫殿，均雇用当时一流的艺术家前来创作（如今位于罗马的宫殿内存放着意大利国家美术馆的部分馆藏）。乌尔班八世最青睐的艺术家是吉安·洛伦索·贝尼尼。

红衣主教弗朗西斯科·巴贝里尼胸像，贝尼尼画派

“他是**成就**最高、最完美的**现代**画家。”

——罗兰·福莱尔（Roland Freart），《关于绘画的完美理念》（*Idea of the Perfection of Painting*），1662年

背景简介
斯多葛主义

普桑作品中显著的平衡与宁静体现了他对斯多葛主义（Stoicism）的热衷。斯多葛主义是一个道德哲学体系，与一些古希腊、古罗马的杰出思想家关系密切，如小塞内卡（Seneca the Younger）等。斯多葛主义者声称，头脑的平静能使智者无惧厄运甚至死亡，并能够“在疯狂、未知的命运前坚定不移”，普桑在给赞助人保罗·福莱尔·德·尚特罗的信中这样写道。

小塞内卡雕像

的作品。他亲自选定了这一之前未曾有人涉足的画作内容，以此开创了英雄临终的主题。

这幅画的绘制方法也是种创新：普桑将人物安排在浅层的位置上——类似装饰罗马石棺的古典浅浮雕，以此赋予历史悲剧以崇高之感，传达场景中静默的英雄主义气息。

命运转折

1628年，巴贝里尼推荐普桑承接了一项更有声望的委托任务——为圣彼得大教堂绘制祭坛画《圣伊拉斯谟殉教》（*The Martyrdom of St Erasmus*），画作揭幕后却反响平平。此外，在竞标罗马的法国教堂圣王路易堂的壁画创作机会时，普桑也未获成功。

在确认自己的天赋不适于创作大型公共作品后，普桑专注于为私人收藏家绘制尺寸较小的画作，画风由《圣伊拉斯谟殉教》中夸张的巴洛克手法，转向了更为克制的古典风格，有意让人回想起古罗马雕塑的形态。

此时的普桑不仅遇到了创作危机，身体也出现了严重问题（据普桑的一名早期传记作家称，他患了性病），不过在法国甜点师雅克·迪盖（Jacques Dughet）一家的照料下恢复了健康。痊愈之后，他于1630年迎娶了迪盖的女儿安-玛丽（Anne-Marie）。妻子的兄弟加斯帕德·迪盖（Gaspard Dughet）拜普桑为师，后来成为一名成功的风景画家。

被召回法国

17世纪30年代，普桑的事业开始有所起色。他的成功很大程度归功于他与红衣主教巴贝里尼的秘书卡西亚诺·德尔·波佐（Cassiano dal Pozzo）的交情，后者有着广泛的学术兴趣。卡西亚诺不仅亲自向普桑委托过多幅画作，还把他介绍给其他趣味相投的赞助人，并让他有机会接触到自己收藏的大量素描和版画。这些作品构成了一部古代世界的视觉百科，卡西亚诺将其称为自己的“纸上博物馆”。

到了17世纪30年代中期，普桑的

▷《圣伊拉斯谟殉教》，1628—1629年
一名刽子手正在将濒死的伊拉斯谟的肠子掏出。伊拉斯谟因拒绝敬拜偶像（位于画中右上方）而遭此刑罚。丘比特携殉难的传统标志物：王冠和棕榈叶降临。

简要年表

- **1627年** 绘制《罗马将军之死》，该作品一般被认为是普桑的第一幅杰作。
- **1629年** 完成为罗马圣彼得大教堂所作的大型祭坛画《圣伊拉斯谟殉教》。
- **1648年** 普桑在古典庄严风格的巅峰时期，绘制了以福基翁之死为主题的2幅画作。
- **1664年** 疾病和虚弱使普桑停下了画笔，没能完成最后一幅画作《阿波罗和达芙妮》（*Apollo and Daphne*）。

◁《福基翁的骨灰与风景》(*Landscape with the Ashes of Phocion*)，1648年

在这幅画中，普桑通过置于和谐风景中的比例平衡的建筑物，来描绘理想的古典世界。画面中的人物讲述了福基翁的故事。福基翁是一位以美德而闻名的雅典将军，错受叛国罪的指控，在城墙外屈辱地被处死、火化。前景中间是他的遗孀，正在弯腰捡拾丈夫的骨灰。

名声传到了故乡。17世纪30年代末，路易十三的首席部长红衣主教黎塞留(Cardinal Richelieu)决心将画家带回法国为国王效力。普桑不想离开罗马，但黎塞留不断催促他承接国王的委任。1640年12月，普桑抵达巴黎，在那里度过了将近2年闷闷不乐的时光。最终，他借口想去接妻子，于1642年9月离开巴黎。不久，黎塞留和国王都去世了，因而没人强迫普桑再回去。

普桑在巴黎的日子也不是完全毫无成果。他遇见了有鉴赏力的倾慕者，并且从此以后，他的大型画作都是为法国而非意大利赞助人所作。

风格和主题

普桑的绘画节奏很慢，不同于当时的很多画家，他从不聘用助手，而是更喜欢独自完成作品。他的所有步骤都经过系统且仔细的规划。除了草图，他还会制作小型蜡像，摆放在一种微型舞台上，他会来回移动蜡像，以便研究构图和光影效果。

在职业生涯早期，普桑画过浪漫主义文学主题的作品，但后期的素材却一贯严肃，取自《圣经》、古代历史或神话。大约从1640年起，他有时会把风景当作背景，遵循与人物的构图规则相同的秩序感，将自然元素转化为几近清晰的几何形式。其中最杰出的作品包括描绘福基翁（Phocion）的2幅画（1648年）。福基翁是古代雅典的一位忠诚又勇敢的政治家，但最终遭到不公正地处决。画作中阴沉庄严的风景完美地契合了这个自我牺牲的残酷故事。

后期作品

在普桑生命的最后10年，他的风格发生了转变，借由荒凉崎岖的风景和虚无缥缈的银色调，使画面散发出近乎神秘主义的气息。晚年，普桑受颤抖的双手困扰，有时不得不中止工作。他成了名副其实的隐士，只会见最亲密的朋友。

普桑过着避世的生活，作品产量很小，而且主要为中产阶级赞助人而非贵族效劳。然而，在他于1665年9月19日享年71岁过世时，仍然跻身于当时伟大的艺术家之列。

普桑死后被奉为法国艺术的引领者。在皇家绘画与雕塑学院（Royal Academy of Painting and Sculpture，成立于1648年）看来，他是艺术应表现道德上的崇高并理性运用技巧之信条的化身。虽然在19世纪浪漫主义（强调饱满的情绪和自我表达）兴起后，普桑的名声有所下滑，但他仍然启迪了塞尚、毕加索等各类有思想的艺术家。

▽巴黎法兰西学会（Institutde France）的普桑雕塑

普桑作品中富有条例的分解特质对学院派绘画传统影响颇深，他本人也被法国众多学院机构所纪念

“他对研习古人如此着迷，以至于养成了以古人的思维进行思考的习惯。”

——乔舒亚·雷诺兹爵士，《第五讲》，1772年

吉安·洛伦索·贝尼尼

1598—1680年，意大利人

身为意大利巴洛克艺术巨匠的贝尼尼对罗马外观的影响，比任何在其之前或之后的艺术家都更加深远且持久。

贝尼尼的同时代人称他为米开朗基罗第二，意为无论是其作品的种类、力度还是影响，都足以与之媲美。他是17世纪最杰出的雕塑家，还是当时建筑师中的佼佼者。对于贝尼尼，绘画只是消遣，但他天赋极高，其画作有时被误认为出自普桑和委拉斯凯兹级别的艺术家之手。

和米开朗基罗一样，贝尼尼脾气暴躁，笃信宗教、精力超群，对艺术满怀激情，甚至也同样长寿（二人去世时都已80多岁）。不过，他们之间也有明显的不同之处。米开朗基罗生性孤僻，通常独自工作；贝尼尼则性格外向，画室经营得有声有色。米开朗基罗生活简朴，不把钱财视作目的；但贝尼尼则享受财富的积累，离世时已非常富有。

大理石专家

吉安·洛伦索·贝尼尼于1598年12月7日出生在那不勒斯，父亲皮埃特罗·贝尼尼（Pietro Bernini）是一名雕塑家。不久后一家人移居罗马，除了1665年曾造访巴黎，贝尼尼在罗马度过了余生。

父亲的雕刻技法非常纯熟，贝尼尼很快追上了父亲的脚步，孩童时期就创作出了第一批雕塑。虽然其在漫长的职业生涯中使用过诸多材料，但大理石一直是他的最爱，甚至在年满70岁后，还会连续工作数小时。据看过贝尼尼工作的人称，他似乎进入了忘我的状态，当助手试图让他停下累人的劳作休息一下时，他会说："别管我，我热爱我的工作。"

人物小传

贝尼尼的情人

康斯坦萨·博纳雷利（Costanza Bonarelli）胸像是贝尼尼最伟大的半身像作品之一，二人之间曾有过一段热恋。女方是画家助手马泰奥·博纳雷利（Matteo Bonarelli）的妻子。1638年，贝尼尼发现自己的兄弟路易吉·贝尼尼（Luigi Bernini）也和康斯坦萨有染，便对路易吉大打出手，并派一名仆人用刀片划伤情人的脸（这是当时常见的报复方式）。路易吉逃跑，仆人被流放，身负罚金的贝尼尼也一走了之（他一直拖欠着这笔罚金）。康斯坦萨的婚姻得以维持，贝尼尼也于1639年组建了自己的家庭。

博纳雷利的半身像，约1636—1638年

波尔盖兹大理石

贝尼尼的神童名声引起了巴贝里尼和波尔盖兹（Borghese）家族的注意，这两个家族都是当时罗马顶尖的艺术赞助者，对贝尼尼的职业生涯提供了极大帮助。1618年至1625年，他为红衣主教希皮欧内·波尔盖兹（Cardinal Scipione Borghese）制作了壮观的、大于真人尺寸的4尊雕像，奠定了他身为当时最杰出、最具创新力的雕塑家的坚实地位。

《大卫》便是这4件雕塑作品之一，可与15世纪和16世纪最伟大的雕塑家多纳太罗与米开朗基罗的同主题作品相媲美。他们手下的人物都处于静止状态，但贝尼尼的雕塑则富有强烈的动感，仿佛马上就要从手中抛出石块。这件雕塑是巴洛克风格之动态的典范，而贝尼尼正是该风格的杰出代表人物之一。

△《大卫》，1623—1624年

贝尼尼的这尊大卫大理石雕塑，刻画了人物正要向巨人歌利亚发射弹弓的一瞬间。借由扭曲的身体和腿部以及坚定的表情，艺术家成功捕获了这一刻的紧张感。

◁《自画像》，约1635年

贝尼尼创作了大量以纯色为背景的自画像，这些画作都以沉郁的色调和明暗对比法为特征。

"我们期待这个男孩有朝一日能成为这个时代的米开朗基罗。"

——教皇保罗五世（Pope Paul V），约1615年，引自菲利波·巴尔蒂努奇，《贝尼尼传》（*Life of Bernini*），1682年

无与伦比的表现力

大卫紧绷变形的肌肉和极为专注的表情，展现出贝尼尼作为雕塑家的精湛技巧。他能够在大理石上再现诸多表面、肌理和表情。贝尼尼的传记作家菲利波·巴尔蒂努奇（Filippo Baldinucci）写道，他手中的凿子就像在“切割蜡而不是石头”。

另外3件波尔盖兹雕塑也运用了类似的高超技巧：在《埃涅阿斯、安喀塞斯和阿斯卡尼斯》（*Aeneas, Anchises, and Ascanius*）中，贝尼尼刻画了一位青年、一名儿童和一位老人对比强烈的肌肉系统；《普鲁托和普洛塞尔皮娜》（*Pluto and Proserpina*）表现了被劫走的普洛塞尔皮娜无力地反抗着野蛮的普鲁托，她脸上带着眼泪，柔软的肉体屈服在对方有力的抓握之下；在《阿波罗和达芙妮》（*Apollo and Daphne*）中，贝尼尼捕捉到了女神为躲避穷追不舍的阿波罗而变成一棵树时的恐惧神情。

▷**《阿波罗和达芙妮》，1622—1625年**
贝尼尼抓住了达芙妮变成树时因恐惧而哭泣的那一刻。他的独到之处是赋予大理石人物以动感，将雕塑化为叙事。

圣彼得大教堂建筑师

1623年，马费奥·巴贝里尼当选教皇乌尔班八世，贝尼尼很快成了教廷以及整个罗马的领头艺术家。1629年，他被任命为圣彼得大教堂的建筑师，不过在这之前，他就已经开始为这座宏大的教堂创作一系列伟大的作品。

第一件作品是教堂的华盖（Baldacchino，1624—1633年）——一件高高悬在祭坛之上的巨大青铜遮篷，这也是贝尼尼极具独创性的作品之一。随后，艺术家创作了极具张力的圣朗基努斯（St Longinus）大理石雕像（1629—1638年）和乌尔班墓（1628—1647年）。

除了这些教皇指派的项目，贝尼尼还创作了许多其他作品，包括半身像以及为罗马圣比比亚娜教堂（Santa Bibiana，1624—1626年）设计外立面——这也是他接到的第一个建筑方面的委托任务。贝尼尼的作品不限于视觉艺术，热爱戏剧的他不仅写过多部喜剧，还曾为舞台演出谱曲。

△**乌尔班八世之墓，1628—1647年**
在这一和谐的金字塔状纪念碑中，教皇用青铜铸成，两侧是“慈善”和“正义”两尊大理石像。骷髅（死神）在卷轴上写着教皇的名字。

包办婚姻

一些评论家曾指出贝尼尼在性方面放荡不羁，过着风流的单身生活。其中最大的丑闻便是1638年与康斯坦萨的风波情事（见第109页的方框），不过很快就因次年5月的婚事而平息——40岁的艺术家与22岁的卡特里娜·特齐奥（Caterina Tezio）成婚，女方来自一个备受尊敬的罗马家庭。虽然这是场包办婚姻，但这对夫妇养育了11个孩子。至1673年卡特里娜去世，二人的婚姻共持续了34年。

教皇的赞助

继乌尔班八世1644年逝世后，贝尼尼在教廷中的地位下降。部分原因在

> “贝尼尼为罗马而生，罗马为贝尼尼而存。”
>
> ——教皇乌尔班八世，约1640年

于新教皇英诺森提十世（Innocent X）的艺术品位比前任更加保守。此外，一个罕见而尴尬的失误也是其中缘由：贝尼尼在圣彼得大教堂的外立面增设了一对钟楼，但其中一座结构不牢固，1646年不得不将两座钟楼拆除。嫉妒贝尼尼的对手们拍手称快，尽管如此，他还是保住了教堂建筑师的职务。

圣特雷莎

教皇赞助的减少使得贝尼尼能够更加自由地承接私人委托，他由此完成了或许是其最为著名的杰作大理石群雕《圣特雷莎的狂喜》（*The Ecstasy of St Teresa*，1647—1652年），该雕像是位于罗马胜利圣母教堂（Santa Maria della Vittoria）科纳罗礼拜堂（Cornaro Chapel）的装饰品。极为富有的红衣主教费德里科·科纳罗（Cardinal Federico Cornaro）以自己家族和近来被封为圣徒的阿维拉的（Avila）圣特雷莎之名义发起了该项委托任务，礼拜堂虽小但极尽奢华。巴洛克艺术巅峰时期的特点之一，便是融合各种艺术形式创造势不可挡的情感震荡。在这件作品

相关技术

讽刺漫画

一般认为，我们今天通常理解的讽刺漫画由意大利画家安尼巴莱·卡拉奇（1560—1609年）发明。据说，他曾见过年幼的贝尼尼，并预言这孩子将来必成大事。贝尼尼也是一位出色的讽刺漫画家。他的儿子多米尼克（Domenico）描述过父亲如何“夸张某人的外貌缺陷，同时保持高度相似”。贝尼尼作画很快，只用几条线就勾勒完毕，他常常描绘“重要人物，因为他们享受被自己和其他人认出的感觉”。

教皇英诺森提十世的讽刺漫画

◁**《圣特雷莎的狂喜》，1647—1652年**

在回忆录中，加尔默罗修会（Carmelite）修女和神秘的阿维拉的圣特雷莎描述了与一名天使激烈的精神相撞，这位天使手持“顶端带火的黄金长矛”。贝尼尼对这一幕的刻画，抓住了其兴奋的神情。

▷**圣彼得广场的柱廊，1656—1657年**
两列贝尼尼的柱廊环抱着圣彼得大教堂前的椭圆形广场。

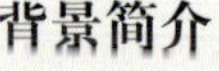

背景简介

罗马的喷泉

据说罗马是全世界喷泉最多的城市，其中令人印象最深的作品便出自贝尼尼之手。喷泉不仅是一道吸引人眼球的城市风景线，其维持高质量的水源供应（部分通过保养古罗马输水渠）还是对大众健康的首要保障。此外，喷泉也是教皇们沾沾自喜、炫耀自己善行的标志。

《四河喷泉》局部，1648—1651年

中，建筑、雕塑、绘画、大理石装饰、鎏金以及从隐蔽窗口透过的自然光，共同打造了处于狂喜的眩晕中的圣徒，他正在体验与上帝神秘的结合。

尽管英诺森提十世对贝尼尼的艺术不是很认同，但他意识到艺术家的巨大才华不应被浪费，于是便雇佣他来创作某些作品，其中最著名的是纳沃纳广场（Piazza Navona）的《四河喷泉》（*Fountain of the Four Rivers*，1648—1651年），这是他在罗马设计的极为壮观的几座喷泉中的一座。

1655年，亚历山大七世继任教皇后，贝尼尼的教廷地位得以恢复，很快便开启了大型建筑项目——环绕圣彼得教堂广场的宏伟柱廊（1656—1667年）。柱廊壮观连绵的建筑形式与教堂环抱的两翼相互呼应。

效忠国王

1665年，贝尼尼受法国君主路易十四委托前往巴黎。路易的“邀请”更像是命令：他是当时欧洲最有权势的人物，连教皇都不敢冒险违抗他。这次造访并不顺利，主要是因为法国艺术家对贝尼尼的观点持有敌意。贝尼尼的主要任务是为当时仍是皇宫的卢浮宫设计东门，但种种方案都被法国当地的计划取而代之。不过，他还是完成了一尊绝佳的路易十四胸像（过程有些艰难，因为他发现法国的大理石比意大利的更加易碎）。

贝尼尼生命最后几年里的主要委托作品，包括用于装饰跨越台伯河（River Tiber）的主要桥梁圣天使桥（Ponte

▷**路易十四半身像，1665年**
贝尼尼谄媚般地在雕像中突出了法国专制主义者“太阳王”的权威和英雄主义。

“他不仅是其同代人中最优秀的**雕塑家**和**建筑师**，简而言之，他还是**最伟大的人**。”

——红衣主教皮埃特罗·斯福尔扎·帕拉维奇诺（Cardinal Pietro Sforza Pallavicino），引自菲利波·巴尔蒂努奇，《贝尼尼传》，1682年

简要年表

- 约1610—1635年 创作第一座流传至今的雕塑《母羊阿玛尔忒亚为朱庇特哺乳》（*The Goat Amalthea Nursing the Infant Jupiter*）。
- 1623—1624年 为红衣主教希皮欧内·波尔盖兹创作的一系列雕塑之一《大卫》，帮助贝尼尼建立了名声。
- 1624—1633年 建造华盖，即罗马圣彼得大教堂祭坛上方巨大的青铜遮篷。
- 约1636—1638年 为情妇雕刻私人胸像，预示了18世纪肖像艺术的非正式性。
- 1647—1652年 创作最为著名的巴洛克雕塑与建筑作品《圣特雷莎的狂喜》。
- 1648—1651年 建造其最为壮观的喷泉——位于罗马纳沃纳广场的《四河喷泉》。
- 1656—1657年 设计环绕圣彼得大教堂广场的柱廊，堪称其最伟大的建筑作品。
- 1671—1678年 创作最后一件大型公共作品，即圣彼得大教堂中的教皇亚历山大七世墓。

Sant'Angelo）的10个带有耶稣受难标记的天使雕塑，其尺寸比真人还大。这组雕像受教皇克莱门特九世（Pope Clement IX）委托，他的文化水平极高，后成为贝尼尼的密友。

△《天使与题词》（*Angel with the Superscription*），1667—1669年

这尊天使出自贝尼尼之手，持有受难十字架的标志，上面刻着字母“INRI”，意指“拿撒勒的耶稣，犹太人之王”。

其中两位天使出自艺术家本人之手，其他则由合作者根据他的设计完成。这些雕塑显示了贝尼尼后期作品中愈发明显的精神性：对自然主义（修长的表现形式）的运用减少，旋涡状的褶皱布料反映了天使崇高的内在状态。贝尼尼最后的大型项目是在圣彼得大教堂中为教皇亚历山大七世（Pope Alexander VII）设计陵墓。

艺术领袖

1680年11月28日，贝尼尼在罗马死于中风，距他82岁生日仅有1周左右。葬礼十分简单，他被葬在圣母大殿（Basilica di Santa Maria Maggiore）朴素的家族墓穴之中。直到1898年，一座献给贝尼尼的小型胸像和牌匾才出镶在其位于梅赛德大街（Via della Mercede）的故居前，以向其生平与作品公开致敬：“吉安·洛伦索·贝尼尼生于这里、死于这里，他是一名艺术领袖，教皇、王公贵族及许多人都向他鞠躬致敬。”

贝尼尼的作品对当时的意大利雕塑影响极大，并对意大利及其他许多天主教国家的高度影响力持续至18世纪。不过，他的名声却随着新古典主义运动的展开而下滑。新古典主义运动推崇理性和规范，而非力量与情感。他的作品在19世纪失宠（和巴洛克艺术大致相同），因为对维多利亚时代的人来说，它们看上去既庸俗又虚假。直到20世纪后半叶，贝尼尼才再次回归艺术巨匠之列。

▽**亚历山大七世墓，1671—1678年**

贝尼尼的这件作品包含一具代表死神的青铜骷髅，其手持沙漏，象征人类生命易逝的本质。

安东尼·凡·戴克

1599—1641年，佛兰芒人

凡·戴克被誉为世界上伟大的肖像画家之一，其作品具有无与伦比的优雅和贵族式的精致，数百年来为诸多艺术家提供了灵感。

安东尼·凡·戴克（Anthony van Dyck）是17世纪仅次于鲁本斯的佛兰芒画家。青少年时期的凡·戴克就已成为鲁本斯的首席助手，协同大师完成教堂和宫殿的大型装饰方案。在其整个职业生涯中，凡·戴克也在相同的领域寻找机会锻炼自己。然而，他的肖像画供不应求，占据了他近乎全部的创作生涯。凡·戴克以英国查理一世画师的职务结束了绘画生涯，为国王及其家族和朝臣创作了极其迷人的图像，这些作品决定了后世对于这一时期的看法。

△**《耶稣会教堂，安特卫普》（*The Jesuit Church, Antwerp*），塞巴斯蒂安·乌兰克斯（Sebastian Vrancx），1630年**

这幅画描绘了安特卫普的圣卡洛·鲍荣茂堂（St Carolus Borromeus）的内部，其天顶画毁于1718年的大火。

早期职业生涯

凡·戴克于1599年3月22日出生在安特卫普，他是富有的纺织商之子。父母双方家庭都流淌着艺术血液，母亲是一位技术娴熟的刺绣工，祖父在从商之前是画家。1609年，10岁的凡·戴克开始师从安特卫普的领头画家亨德里克·凡·巴伦（Hendrick van Balen），并于1618年2月注册为当地画家行会的艺术家，当时他还有1个月年满19岁。此时的他可能已经开始为鲁本斯工作，很快便成为他的得力助手。1620年，鲁本斯接到委托任务，为安特卫普的耶稣会教堂提供39幅天顶画。合同中详细说明：虽然设计由鲁本斯本人负责，但项目的执行则主要由“凡·戴克及其他某些弟子”（未提到其他助手的名字）来完成。

◁**《自画像》，1640年**

这幅私密且迷人的图像绘于凡·戴克生命中的最后一年，展现了工作中的艺术家，它是其已知的7幅自画像中的最后一幅。

模仿大师

凡·戴克十分精于模仿鲁本斯的风格，甚至专家都很难分辨出某些画作或是画作的某些部分出自谁手。在这一时期的独立作品中（以宗教画为主），凡·戴克同样完全采用了鲁本斯的画法（而没有受到其老师凡·巴伦的显著影响）。不过从职业生涯初期开始，

人物小传

查理一世

查理一世庄严忧郁的面孔在凡·戴克多幅精致的肖像画中得以永存。查理于1625年继任国王，他是所有英国君主中最伟大的艺术收藏家和鉴赏家。他有很多美好的品质，却非常专横，坚信自己是君权神授，且听从上帝的旨意。他和议会之间的矛盾导致了1642年的英国内战。4年后，查理投降，并于1649年被处决。他是敌人眼中的叛徒，支持者心中的烈士。

《查理一世肖像》，凡·戴克，1638年

“凡·戴克依然师从鲁本斯先生，他的绘画却几乎与这位大师之作不相上下。”

——弗朗切斯科·维切利尼（Francesco Vercellini），写给老师阿伦德尔伯爵（the Earl of Arundel）的一封信，1621年

▷**《参孙和大利拉》(*Samson and Delilah*)，约1618—1620年**

在这幅画中，《圣经》里的英雄参孙靠在情人大利拉身上睡着，正要被剪去头发。凡·戴克的构图显然参考了鲁本斯于1609年至1610年对同一场景的描绘。

背景简介

意大利速写本

在意大利生活期间（1621—1627年），凡·戴克总是随身携带速写本，主要使用棕墨水快速描摹自己感兴趣的艺术作品。（该速写本如今藏于伦敦的大英博物馆。）有时他还会加上技法批注或溢美之词。其中提香的作品出现的频率最高。1624年，凡·戴克在西西里的巴勒莫（Palermo）遇见了当时已90岁左右的画家索福尼斯巴·安圭索拉，并为她绘制了下方的肖像。

索福尼斯巴·安圭索拉，出自凡·戴克的意大利速写本，1624年

凡·戴克的作品就常常展现出一种狂热的状态。这反映了他那极度火爆的脾气，这种特性使其作品区别于其导师鲁本斯那更具活力且更加粗野的风格。

除了极尽所能吸收鲁本斯的风格，凡·戴克似乎也故意模仿导师的贵族举止。虽然他魅力十足，但有时会因高傲的装腔作势激怒他人：其早期的传记作者之一乔凡尼·皮埃特罗·贝洛里形容他"天性高傲，渴望成名。他身披精致布料，戴着饰有羽毛和绸带的帽子，胸前横挂着金链，身边跟着一群仆人"。此般浮夸在其无数自画像中表现得尤为明显，他在画中炫耀自己的美貌和财富。

独当一面

1620年10月，凡·戴克独自前往英国，在此一直待到1621年3月。期间，他为两位贵族——阿伦德尔公爵（Duke of Arundel）和白金汉公爵（Duke of Buckingham）——以及詹姆斯一世效劳。回到安特卫普6个月后，凡·戴克于1621年10月出发前往意大利，并在那里生活了6年。该阶段之初，他认为自己主要是一名擅长大型人物组画的画家，而在返回北方之时，他的大部分创作都集中在肖像绘画之上。

凡·戴克在意大利四处游历，但主要根据地在热那亚，这也许是遵循了鲁本斯的建议。鲁本斯曾在这座因银行业而闻名的城市工作，他知道那里有很多潜在的有钱客户。鲁本斯为热那亚贵族画过一些出色的全身肖像，凡·戴克则接手了这项工作。他的热那亚肖像画如鲁本斯的一样令人印象深刻，还额外赋予其贵族般的优雅气息——这种特质如今已与凡·戴克的名字密不可分。

提香的影响

对凡·戴克肖像画影响更大的当属提香。在意大利期间，凡·戴克曾仔细研究提香的作品，学习其中人物多样的姿势、大胆的用色以及活力四射的笔触。和提香一样，凡·戴克几乎一直在帆布上作画，只有偶尔创作小型作品时才使用木板，而鲁本斯则更倾向于板上作画。与鲁本斯在光滑木板上流淌的圆润笔触不同，凡·戴克的画面通常更为干燥粗糙，更像是提香的手法。

"我们都会上天堂，凡·戴克也不例外。"

——据称为托马斯·庚斯博罗（Thomas Gainsborough）临终之言，1788年

简要年表

1613年
创作其最早的作品《70岁男子的肖像》(*Portrait of a Man Aged 70*)，当时凡·戴克年仅14岁。

约1618—1620年
创作《参孙和大利拉》，这幅圣经题材的作品血肉饱满且华美壮观，最为充分地展示了凡·戴克的鲁本斯风格。

1623年
绘制《埃莱娜·格丽玛迪公爵夫人》，这是他在热那亚创作的伟大的贵族肖像之一。

1628年
为安特卫普的一家教堂绘制他的第一幅重要祭坛画《圣奥古斯丁的狂喜》(*Ecstasy of St Augustine*)。

1635—1636年
肖像画《三种姿势的查理一世》(*Charles I in Three Positions*)被送往罗马的吉安·洛伦索·贝尼尼手中，以帮助后者制作国王的半身雕像。

精神生活

1627年秋，凡·戴克返回安特卫普，可能是因为得知了妹妹科妮莉亚(Cornelia)病重的消息。但凡·戴克还是没来得及见她最后一面，她的死似乎促使他思考灵魂方面的问题。凡·戴克来自于一个虔诚的天主教家庭(兄弟姐妹中有一位神父和一位修女)，在接下来的两三年中，他创作出了一些令人印象深刻的宗教题材作品。在这段时期，凡·戴克是佛兰德斯最出色的艺术家，因为1628年到1630年，鲁本斯因外交任务出使西班牙和英国。鲁本斯归来后，凡·戴克再次处于其阴影之下(虽然他们的私人关系看起来总是很和谐)，于是便开始在其他地方寻找机会。

1631年至1632年的冬天，凡·戴克在海牙为奥兰治的弗雷德里克·亨德里克亲王(Prince Frederick Henry of Orange)的宫廷效力，1632年3月搬到伦敦，担任查理一世的“首席画师”。虽然凡·戴克迎娶了王后的一位侍女，但从未在英国定居。查理极其热爱艺术，也十分欣赏凡·戴克的作品，还在1632年封其为骑士，却总是拖欠酬金，画家只得继续在欧洲大陆寻求机会。1634年至1635年，凡·戴克在佛兰德斯地区逗留了近乎一整年。1640年5月鲁本斯去世，为其让出了领头艺术家的位置。

模范和灵感来源

1640年9月或10月，凡·戴克回到安特卫普，并于12月前往巴黎，期望赢得装饰卢浮宫大画廊(Grande Galerie)的委任(最终被尼古拉斯·普桑拿下)。1641年5月，凡·戴克返回伦敦，随后再次到访欧洲大陆，最终于11月回到英国。他的健康状况在旅途中不断恶化，抵达伦敦时已经病入膏肓。凡·戴克死于1641年12月9日，年仅41岁，被葬于圣保罗大教堂(St Paul's Cathedral)中。他的墓上刻有“安东尼·凡·戴克，生前创造了许多不朽的生命”，却在1666年毁于伦敦大火。

凡·戴克的肖像画有着轻松、自信的威望和浑然天成的优雅，成为无数艺术家的模范和灵感来源，特别是在不列颠。18世纪的托马斯·庚斯博罗和19世纪的托马斯·劳伦斯(Thomas Lawrence)都是极为推崇凡·戴克的杰出肖像画家，其最后一位伟大的弟子是约翰·辛格·萨金特(John Singer Sargent)，他将凡·戴克的传统延续至20世纪。

◁《埃莱娜·格丽玛迪公爵夫人》(***Marchesa Elena Grimaldi***)，**1623年**
这幅作品创作于凡·戴克的热那亚时期，画中傲慢的公爵夫人在其阳台上散步，由一名黑人奴隶服侍——指涉从北非到热那亚的奴隶贸易。

◁《皇室夫妇》(***Royal Couple***)，**1641年**
凡·戴克的这幅肖像画展现的是英国查理一世的女儿玛丽公主(1631—1660年)和奥兰治的威廉二世王子(1625—1650年)于1641年成婚时的一幕。

△**凡·戴克雕像**
这座白色大理石雕像由比利时雕刻家莱昂纳德·德·库佩尔(Léonard De Cuyper)于1856年创作，矗立在安东尼·凡·戴克的出生地安特卫普，以示敬意。

迭戈·委拉斯凯兹

1599—1660年，西班牙人

委拉斯凯兹是西班牙最伟大的画家，尤以肖像画最为世人推崇，这些作品在其意大利之行以及马德里的菲利普四世（Philip IV）的宫廷中备受赞誉。

迭戈·委拉斯凯兹（Diego Velázquez）的事业一帆风顺，从未经历过众多伟大艺术家职业生涯中所特有的挫折。青少年时期的委拉斯凯兹已创作出了有力的原创作品。24岁时，他成了国王最中意的画家，并在职业生涯结束时获封骑士。这对一名西班牙艺术家来说，是至高无上的荣誉。

委拉斯凯兹的绘画风格也以稳定、平缓的节奏发展，其间没有出现过显著变化。不过，他的早期作品和晚期作品截然不同，这反映出在40余年的创作生涯中，艺术家观察、描绘世界的手法愈发细致入微。

△《煎鸡蛋的老妇》（*An Old Woman Cooking Eggs*），1618年

该场景绘于委拉斯凯兹十八九岁之际，见证了他描绘肌理以及物体表面反光的技艺。

早年生活

委拉斯凯兹1599年6月生于塞维利亚（Seville），双亲较为富有。他在学校成绩很好，但其主要兴趣一直是艺术，12岁时他开始师从画家（也是诗人、学者）弗朗西斯科·帕切科。17岁的委拉斯凯兹被公认为大师，次年与帕切科15岁的女儿胡安娜（Juana）成婚。帕切科是传统派画家，却也是一位善解人意的老师，他鼓励自己的学生“探寻一切事物的本质”。从委拉斯凯兹传世的青少年时期早期画作可以看出，他显然接受了老师的建议。

委拉斯凯兹早年很少创作肖像作品，而是更多专注于宗教题材和“波德涅斯”（bodegones，酒馆或类似的简陋布景中的日常生活场景）。这些波德涅斯绘画通常有着突出的静物细节，其中展示了委拉斯凯兹以近乎可以触碰的真实感，描绘不同表面和材质的卓越能力。不过，这些画作不仅仅是精湛技巧的练习，对一位如此年轻的艺术家来说，画作中蕴含的严肃和自信引人瞩目。

◁《自画像》，1644—1652年

这幅自画像画出自委拉斯凯兹的画室，画家以四分之三侧视角度自信地看向观者，身穿黑衣并佩剑，戴着手套，腰间挂着一把钥匙。

从塞维利亚到马德里

塞维利亚是当时欧洲十分繁华的城市之一，文化生活极为丰富，能够为委拉斯凯兹这等大才提供相当成功的事业保障，但他还有更大的野心，想在首都马德里有所成就。1622年，委拉斯凯兹来到马德里，以自己高贵的举止和娴熟的技巧给诸位贵族留下了深刻印象，第二年便被请回首都，为菲利普四世画像。这幅肖像没能存世，但菲利普十分欣赏画作，于是将委拉斯凯兹纳入自己的皇家画师之列。

皇家肖像

委拉斯凯兹定居马德里，自此大部分画作都是为菲利普四世及其家人、宫廷成员而作。他几乎把全部精力用

人物小传

菲利普四世

菲利普四世的统治期（1621—1665年）正值西班牙的政治衰退期，却处于这个国家文化发展的黄金时期，尤其是视觉艺术领域。菲利普喜爱和艺术家、作家共度时光，甘愿把政府的苦差事交给大臣们处理。他笃信宗教，同时过着花天酒地的日子；忏悔的时候，他将自己的罪孽归咎为西班牙所遭受的饥荒和瘟疫等灾祸。

《菲利普四世》，委拉斯凯兹，约1656年

▽**委拉斯凯兹雕像**

一尊委拉斯凯兹的铜像守护着马德里普拉多博物馆的一处入口，艺术家的大部分画作就藏于这座博物馆中。

“这种坚实却柔和的厚涂法，让我寻觅已久。”

——欧仁·德拉克洛瓦，《艺术日志》，1824年4月11日

人物小传

胡安·德·帕雷哈

委拉斯凯兹最著名的肖像画之一，描绘的是他第二次前往意大利期间陪伴着他的黑白混血奴隶胡安·德·帕雷哈（Juan de Pareja）。1650年，委拉斯凯兹在罗马正式授予他自由，前提是他再为自己工作4年。委拉斯凯兹将这幅帕雷哈的画作作为处理教皇英诺森提十世肖像的习作。

《胡安·德·帕雷哈》，约1650年

“他是有史以来最伟大的画家。”

——爱德华·马奈，写给夏尔·波德莱尔（Charles Baudelaire）的一封信，1865年

于肖像画：他放弃了“波德格涅斯”，且只有偶尔才绘制宗教题材的作品或其他类型的人物组画。

菲利普禁止别的艺术家为自己画像，委拉斯凯兹对他来说更像是朋友而非仆人——这是令人窒息的西班牙宫廷中一份意料之外的殊荣。菲利普对委拉斯凯兹的赏识还体现在向他指派各种行政任务。这无疑为艺术家带来了威望，但事后想来，也可视为浪费了他本该用于作画的时间。

国王有着绝佳的艺术收藏，以提香（其祖父菲利普二世最喜爱的艺术家）的作品尤为丰富。在这些艺术家的影响下，委拉斯凯兹的风格和技法开始发生变化。他的早期作品用色深沉质朴，颜料厚实柔软。而此时的他则开始使用更为明亮的颜色，笔触也更加流畅。另一位在这个时期对委拉斯凯兹影响颇深的艺术家是彼得·保罗·鲁本斯，他曾于1628年到1629年在马德里执行外交任务。鲁本斯成了他的朋友，鼓励他亲眼看看意大利的艺术珍品。征得国王允许后，委拉斯凯兹前往意大利，从1629年待到了1631年。在观摩了提香及其他伟大的威尼斯大师的更多作品后，他的风格也愈发松散。

历史画

回到西班牙后，委拉斯凯兹依然是最受国王青睐的艺术家，并进入其最为多产的创作时期。除了绘制大量皇家肖像——包括若干幅壮观的大型骑马像，他还描绘宫中的其他成员，包括负责逗国王开心的“弄臣”。这些记录了往往身患残疾之人的具有同情心的肖像画，无疑跻身于委拉斯凯兹最深刻、最具原创性的作品之列。

他在其他领域的探索同样令人印象深刻，当以伟大的历史画杰作《布列达之降》（*The Surrender of Breda*，1634—1635年）最为瞩目。这幅画是描绘西班牙军事胜利的系列组画之一，由委拉斯凯兹和其他宫廷艺术家为马德里的布恩·丽池宫（Buen Retiro Palace）创作。

意大利之行

1648年11月至1651年6月，委拉斯凯兹再次前往意大利，此行任务包括为皇室收藏购置艺术品。在罗马，委拉斯凯兹完成了他非常著名的作品之一——一幅教皇英诺森提十世的肖像。这幅画在万神殿（Pantheon）展出，因人物的栩栩如生而受到意大利艺术家的赞许。据说教皇本人曾承认这幅肖像入木三分，称其“太过真实”，并授予委拉斯凯兹一枚金牌和一条金链以表彰他的天赋。

在生命的最后10年，委拉斯凯兹的产量有所下降。他向来是一位慢工出细活的艺术家，但他的时间还被监督皇家宫殿的装饰工程占据着。不过，他的作品仍在变得愈发深刻、细腻。他保留了令人信服的真实感，却越来越重视整体效果而非细节。委拉斯凯兹最后画作中的笔触极为自由。他的早期传记作者安东尼奥·帕洛米诺（1724年）总结道：“如果离得太近，就会看不懂；但拉远一定距离之后，映入眼中的就是奇迹。”委拉斯凯兹十分看重社会地位，虽然他备受尊敬且十分富有，却仍渴求

◁**圣地亚哥十字架**

圣詹姆斯骑士团（Order of St James）成立于12世纪，目的是保护基督教朝圣者免受摩尔人袭击。团中的骑士都会佩戴这个由一把剑和鸢尾花组成的徽章。

◁**《布列达之降》，1634—1635年**

委拉斯凯兹的这幅画描绘了1625年荷兰布列达城向西班牙势力投降时的场景。西班牙将军斯皮诺拉（Spinola）将手搭在一名战败敌人的肩上以示安慰，而背后的城市正浓烟四起。

△《教皇英诺森提十世》，1650年
委拉斯凯兹笔下的教皇英诺森提十世或许是所有教皇肖像中最著名的作品，画中之人脾气暴躁、诡计多端，在位期间充斥着丑闻。

骑士称号的无上荣光。然而，菲利普很难授予他这一称号，因为评选标准极为严苛。起初，委拉斯凯兹的提名遭到拒绝，但菲利普从教皇亚历山大七世处取得特批，于1659年11月28日封委拉斯凯兹为圣地亚哥骑士（Knight of Santiago）。画家笔下的自己就戴着骑士团的红色十字架徽章（见右图）。

遗产和声誉

委拉斯凯兹享有这一新称号的日子不长，次年8月6日他在马德里去世。其作品没有立即产生巨大影响，因为大多数画作都收藏在皇宫中，大众根本看不到。但随着西班牙国家艺术博物馆普拉多博物馆在1819年开放，委拉斯凯兹的作品展现在公众面前，他凭借自由的笔触成为进步艺术家的英雄和灵感之源。例如，爱德华·马奈（Édouard Manet）认为委拉斯凯兹是有史以来最伟大的画家。

△《宫娥》（*Las meninas*），1656年
表面看来，这是一幅皇室家族及其仆人的画像。但其中人物的精心布局、各种符号和镜子——连同委拉斯凯兹画出了正在画画的自己（见左侧），画作中的现实、错视和象征等问题引来了大量的学术讨论。

简要年表

1618年
完成《煎鸡蛋的老妇》，是其描绘日常生活场景的最令印象深刻的一幅早期作品。

约1631—1632年
完成《着棕色和银色的菲利普四世》（*Philip IV in Brown and Silver*），是他描绘国王陛下的最为精美的肖像画之一。

1635年
完成《布列达之降》。这是一幅描绘当时历史的杰作，展现了尼德兰一座小镇的沦陷。

1650年
完成《教皇英诺森提十世》。这幅肖像画是其17世纪及18世纪闻名西班牙之外的为数不多的作品之一。

1656年
完成《宫娥》这幅最为著名也最为复杂的作品，画中，他本人正在绘制皇家肖像。

狩野探幽

1602—1674年，日本人

狩野家族连续数代统领着日本艺术。狩野探幽是狩野派画家的一员，以其大量动物画和风景画中的精湛技艺，以及微妙的单色墨水作品而闻名。

狩野派由狩野正信（1434—1530年）创立，他是一位武士画家的儿子。这一画派盛行了300余年，以中国画为根基，不断发展变化。在幕府的资助下，狩野派成为官方艺术的源泉，反映了当时贵族的文化和精神哲学。

狩野探幽命中注定要继承家族传统（其他流派的艺术家也会在狩野派的工作坊中接受训练）。他的祖父狩野永德是当时极为著名的画家之一，父亲狩野高野也是一位狩野派主力画家，其作品在宫廷中颇具人气。狩野探幽10岁时曾与首位德川幕府首领德川家康（Tokugawa Ieyasu）会面，5年后他被任命为幕府的官方画家。

△《泡桐树旁的凤凰》（*Phoenixes by Paulownia Trees*），约1640—1650年
一丝不苟的细节、和谐的线条和大面积镀金是狩野探幽屏风画的三大特点。

城堡和寺庙

1621年，狩野守信从京都搬到日本的政治首府江户（现东京），并在那里开创了自己的狩野派分支，强调临摹过往大师之作的中国方法。他不仅开始为江户城堡和京都的皇家宫殿作画，还为二条城和名古屋等其他城堡以及寺庙服务。这些作品大多运用桃山风格（Momoyama style，见右侧方框），包含大型钱嵌板和屏风，绘有树木、老虎和鸟类等题材，背景使用大量金叶装饰。

1636年，幕府下令让守信剃度，以表远离尘世、一心投身艺术的决心。在这之后，守信取了艺名探幽，并创作出了自己非常著名的画作之一——描绘德川家康生平的手卷。这件作品的风格完全不同于那些城堡画：技巧克制，使用单色水墨，吸收了京都土佐派的影响。

身为画家，狩野探幽余生极受人尊敬，并于1665年被授予“法印”（艺术家的最高荣誉）的称号。临终前，他与狩野永德、狩野正信被并称为狩野派“三大画家”。

“画技之巅，伟大的信徒。”

——后水尾天皇送给狩野探幽的印章题词

背景简介

桃山风格

桃山（Peach Hill）是封建领主丰臣秀吉（Toyotomi Hideyoshi）在京都修建伏见城（Fushimi Castle）的地方。经过长年战争，秀吉统一了日本。德川幕府建立后，由幕府赞助的艺术风格，喜在镀金背景上描绘自然主题，于16世纪末到17世纪初十分流行。镀金的华丽与反光特质（使城堡中的房间看上去更加明亮）深深吸引着赞助者们。

位于原址附近的秀吉城堡复制品

◁《孔子》，17世纪中期
狩野探幽的水墨画十分有名。据称，其笔下粗线条传神地表现了儒家最高的道德品质。这幅描绘孔夫子的画作于绢上，属于一组三个嵌板画中的一部分。

▷《狩野探幽画像》
这幅画的作者是桃田柳荣（1647—1698年），展现了年迈时的狩野探幽，当时他已是备受尊敬的日本艺术代言人，仍手握画笔，投身创作。

伦勃朗

1606—1669年，荷兰人

作为荷兰最伟大的艺术家，伦勃朗以其作品的广度和深度闻名，是一位顶级蚀刻师、绘图师兼画家。

伦勃朗的事业正赶上荷兰画派的黄金时期，这片原本属于文化荒漠的地区在这短暂的时间内硕果累累。经过长久的血腥反抗，荷兰终于在1609年从西班牙手中夺回了独立，而这一创造力的爆发表达了荷兰人对自己新国家的骄傲和乐观之情。很快，荷兰便发展成为欧洲最富裕的国家。

黄金时期的大部分画家都擅长描绘周身事物，如风景、日常生活场景、静物等。伦勃朗是个例外。他是个多面手，既精于想象主题，又擅长自然主义题材，而肖像画才是他绘画生涯的基石。

△**伦勃朗住宅**
这栋豪宅位于阿姆斯特丹市中心，伦勃朗曾在其中生活了20多年。如今这里成为伦勃朗博物馆。

早年生活

伦勃朗·哈尔曼松·凡·莱因（Rembrandt Harmensz van Rijn）1606年7月15日出生在莱顿（Leiden），父亲是一位富裕的磨坊主（“van Rijn”意指“莱茵河的一条支流”，那里也正是其家族磨坊的所在之处）。

他是10个孩子中倒数第二小的，想必也是最聪明的那个，因为只有他一人就读于莱顿的拉丁语学校。约13岁，伦勃朗师从一位资质平庸的当地画家雅各布·凡·斯万宁堡（Jacob van Swanenburgh），但其中最重要的时期是1624年左右他在彼得·拉斯特曼（Pieter Lastman）位于阿姆斯特丹的画室受训的6个来月。拉斯特曼曾在意大利生活数年，擅长历史、神话和宗教题材的小型人物组画。伦勃朗受其启发，也开始聚焦于这些这些与大多数荷兰艺术家所青睐的截然不同的主题，他的早期作品深受拉斯特曼风格的影响。伦勃朗模仿老师那充满戏剧性的布光、光伴感十足的画面，以及活力四射甚至夸张的人物姿势和表情。

从莱顿到阿姆斯特丹

伦勃朗19岁时返回莱顿，在接下来的几年，他成为人们口中天赋异禀的年轻艺术家。伦勃朗一度和另一位比自己小一岁的前途无量的当地画家扬·利文斯（Jan Lievens）密切合作。他们共享模特，可能也共用一间画室，二人在友好竞争的氛围中绘制相似的题材。当时的人们有时很难分清作品出自谁手，甚至现代的学者对有些画作的作者仍存在不同意见。

◁**荷兰东印度公司纹章**
17世纪初荷兰的经济繁荣很大程度上依赖于海上贸易，1602年成立的荷兰东印度公司便是其中的领头羊。

相关技术
素描

伦勃朗有时会创作素描以当作油画的预备研习草稿，但大部分都是出于兴趣完成的独立作品，其中描绘了其周边世界里一切吸引他的事物，包括动物、乞丐、家庭场景等。在其早期素描中，伦勃朗经常使用红色和黑色粉笔，有时也使用银尖笔，但他最钟爱的媒介是墨水。他通常使用羽毛笔，有时还用蘸有墨水的笔刷，其最喜欢的工具是芦苇笔（由一种类似竹子的草本植物制成），这种笔能画出柔软的宽线条，非常适合他那大胆的风格。

《睡觉的女子》（*Girl Sleeping*），伦勃朗，约1654年

▷**《穿戴贝雷帽和立领衣的自画像》（*Self-Portraitwith Beretand Turned-up Collar*），1659年**
这幅自画像创作于伦勃朗破产之后，画中的他清醒且有尊严。这一形象参考了拉斐尔著名的肖像画《巴尔达萨雷·卡斯蒂廖内》。

“他说人不该受除自然以外的规则指引。”

——约阿希姆·凡·桑德拉特（Joachim von Sandrart），《德国贵族艺术学院》（*German Academy of the Noble Arts*），1675年

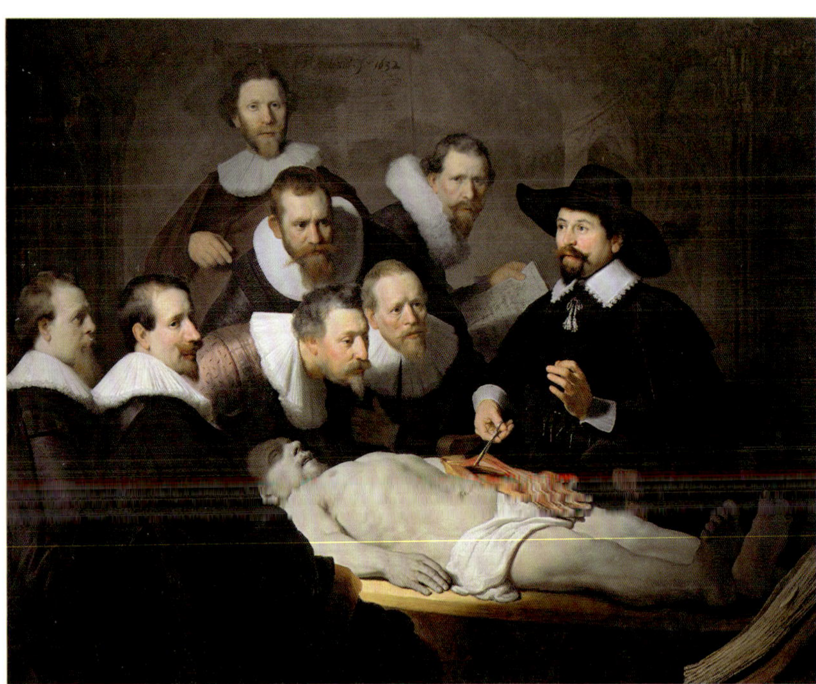

△《尼古拉斯·杜尔医生的解剖学课》，1632年

这幅群像（一种在荷兰共和国十分流行的绘画）是应阿姆斯特丹的外科医生行会邀请而作。大部分类似的画作都遵循静止原则，而伦勃朗为这一公开解剖的场景注入了动感和戏剧性。

莱顿是当时荷兰共和国的第二大城镇，但与阿姆斯特丹相比，无疑是穷乡僻壤。阿姆斯特丹正跻身于世界主要的商业中心之一，能为一名野心勃勃的年轻艺术家提供更好的发展前景。伦勃朗于1631年或1632年搬到那里，当时他已开始创作他人委托订制的肖像画，这一尝试很快为他带来了成功。他凭借生动的人物刻画描绘其富有模特们昂贵服饰的细节和质地，把一众竞争者远远甩在身后。最能表现其精湛技艺的便是群像作品《尼古拉斯·杜尔医生的解剖学课》(*The Anatomy Lesson of Dr Nicolaes Tulp*，1632年)。不同于这类画中常见的拘谨，伦勃朗创造了一种震撼人心的流畅构图，画面中的每个人物都极具个性。

▷《与莎斯基亚的自画像》(*Self-portrait with Saskia*)，1636年

在这幅充满爱意的私密蚀刻版画中，伦勃朗和夫人身着历史装束，画家手中还握着素描工具。莎斯基亚形象的蚀刻比伦勃朗轻一些，以此表示二人之间的距离。

婚姻和财富

伦勃朗的私人生活也在阿姆斯特丹有所进展。1634年，他迎娶了莎斯基亚·凡·优伦堡（Saskia van Uylenburgh)。莎斯基亚年幼时父母就去世了，留给她一大笔遗产，但从伦勃朗为她创作的充满温情的肖像画可以看出，他与妻子的结合无疑出于爱，而非金钱。在多处临时住所之间辗转后，伦勃朗于1639年买下了一所豪宅，显示着自己的成功。他还不惜重金收藏艺术品和古董，包括文艺复兴时期的画作、武器和盔甲、版画、素描以及东方工艺品。

1635年至1640年，莎斯基亚诞下3个孩子，但都只活了几个星期。1641年，第4个也是最后一个孩子提图斯(Titus)出生。儿子终于顺利存活下来，但莎斯基亚却于第二年去世（可能是因为肺结核)，年仅29岁。

对伦勃朗来说，无论在职业生涯还是个人生活层面，1642年都是关键时期，因为正是在这一年，他完成了自己规模最大、最著名的作品《夜巡》(*The Night Watch*)。画中描绘了一群民兵正在做行军的准备。据传，民兵们不喜欢这幅画，他们的反对导致了伦勃朗的事业一蹶不振。实际上，当时流传下来的证据表明，这幅作品大受好评，但很巧的是，伦勃朗的世俗影响力的确是从这时开始下滑。

> “他病态地痴迷于丑陋的平民面孔，并为其配上肮脏破烂的衣服。”
>
> ——菲利波·巴尔蒂努奇，《铜版画艺术的开始与进步》(*Commencement and Progress of the Art of Copper Engraving*)，1686年

◁《夜巡》，1642年

这一巨幅油画上的人物几乎与真人尺寸无异，描绘了正在保卫阿姆斯特丹免受侵袭，或镇压民间暴乱的一队民兵。民兵队正在准备行动，其躁动不安彰显于伦勃朗的精心构图中，画家以极端的光影对比和颜料质地的变化让场景栩栩如生。

命运多舛

或许正是爱妻之死（再加上2年前的丧母之痛）让伦勃朗在宗教之中寻找慰藉。17世纪40年代，他开始减少利润丰厚的肖像创作，转而将精力更多投入于《圣经》场景（同时还有风景题材的油画、蚀刻版画和素描），这也正是他最初的兴趣所在。与此同时，伦勃朗的风格开始变得更加内敛，技巧也愈发多样。

伦勃朗的早期作品往往有着强烈的光影对比和引人注意的视觉效果，但他对明暗的处理变得更加细腻，用色更加温暖柔和，整体氛围也愈发沉静。在他年轻时的自画像中，画家本人总是身着华服；而在后期的作品中，他则身穿绘画时的工作服，强调着自己的职业尊严。

伦勃朗雇用寡妇吉尔蒂·迪克斯（Geertge Dircx）给儿子提图斯当奶妈，二人曾有过一段恋情，但讽刺的是，

背景简介

伦勃朗的弟子

伦勃朗是当时最负盛名的艺术老师。1628年2月，年仅21岁的他收了第一个学徒格里特·德奥（Gerard Dou）；艾尔特·德·戈德尔（Aert de Gelder）是其最后的学生，于17世纪60年代跟随伦勃朗学习，并一心一意将老师的风格延续至18世纪。其他学生还包括天才却短命的卡雷尔·法布里蒂乌斯（Carel Fabritius），死于代尔夫特的一场火药爆炸；伟大的风景画家菲利普·德·科尼克（Phillips de Koninck），以及杰出的风俗画、肖像画家尼古拉斯·梅斯（Nicolaes Maes）。

《自画像》，卡雷尔·法布里蒂乌斯，约1645年

▷《理事》，1662年

伦勃朗不同寻常的视角为这件集体肖像画赋予了强烈的水平动态，引起人们对行会成员脸上那一览无遗之表情的注意。

相关技术

蚀刻版画

伦勃朗是公认的所有蚀刻专家中最出色的一位。蚀刻是一种16世纪早期问世的版画技术，艺术家用一根铁制蚀刻“针”在一张附有一薄层蜡的金属板上作画。随后，这张金属板被浸入酸中，腐蚀掉由“针”画出的部分（蜡可以保护其他部分不受影响）。然后再将蜡去除，给金属板上墨，就可以制作版画。伦勃朗运用蚀刻技术创作出了无比丰富、细腻的版画，可见下图。

《风车》（*The Windmill*）局部，1641年

这段关系因后来的年轻仆人亨德里克耶·斯托菲尔斯（Hendrickje Stoffels）而破裂——画家移情别恋了。因为莎斯基亚的遗嘱禁止他再婚，亨德里克耶最终成为伦勃朗没有名分的妻子。这对新结合的夫妇育有2个孩子，其中的科妮莉亚是艺术家6个孩子中唯一一个比他活得久的。

17世纪50年代，伦勃朗的财务开始出现问题。部分原因在于他远离高利润的肖像创作后仍不改铺张的生活方式，同时也因为荷兰共和国与英国之间的战争（1652—1654年）影响了国家的整体经济，尤其是艺术市场。

到了1656年，伦勃朗再也无法拖欠债权人，被宣布濒临破产。他勉强躲过“破产”而导致入狱。虽然画家变卖了自己的财产，但他至1660年左右以后便无法再维持豪宅里的生活。之后，他搬到了阿姆斯特丹较小的住处。

成熟的作品

通常认为，伦勃朗濒临破产后变得贫穷、卑微，但事实远非如此。尽管财务问题缠身，他仍是那个备受尊敬、作品抢手的艺术家。1661年至1662年，他绘制了自己规模极大、极富盛名的两幅作品：为新建的阿姆斯特丹市政厅创作的震撼人心的《巴达维亚人之誓》（*The Conspiracy of the Batavians under Claudius Civilis*，一幅出自尼德兰古代史的场景）以及为纺织工人行会绘制的伟大群像《理事》（*The Syndics*）。为了防止债权人霸占伦勃朗的收入，亨德里克耶和已然是青年的提图斯想出了绝妙之计：二人于1660年和艺术家确立艺术买卖伙伴关系，这意味着收入全归这对母子合法所有。

《圣经》场景

伦勃朗的晚年，处于1663年亨德里克耶和1668年提图斯相继去世的阴影笼罩下。但他仍以丝毫不曾减退的

“哪怕是世界上**权力最大的君主**，也得不到观看他**创作**的许可。”

——菲利波·巴尔蒂努奇，《铜版画艺术的开始与进步》，1686年

简要年表

1625年 受卡拉瓦乔的影响，创作了第一幅已知标有日期的作品《被处以石刑的圣史蒂芬》(*The Stoning of St Stephen*)。

1632年 绘制《尼古拉斯·杜尔医生的解剖学课》这一在阿姆斯特丹建立声誉的重要作品。

1636年 绘制完成《达娜厄》(*Danaë*)，它是一幅伟大的神话场景画，也是17世纪艺术中描绘裸体女性的绝佳作品之一。

1642年 完成荷兰传统民兵群像中的巅峰之作《夜巡》。

约1645—1650年 绘制其最著名的风景画《风车》。

约1655年 完成浪漫画作《波兰骑士》(*Polish Rider*)，描绘了一名马背上的精力十足的年轻战士。

1661—1662年 创作《巴达维亚人之誓》，这是一幅荷兰反抗西班牙的寓意画。

约1669年 绘制其极为深刻的宗教题材作品之一《浪子回头》。

力量作画，直到生命的最后一刻。伦勃朗最后的画作包括两幅自画像，画中的他忧心忡忡却不失尊严；此外，还有《浪子回头》(*The Return of the Prodigal Son*)，它描绘了关于悔改与原谅的著名《圣经》故事，其中的辛酸令人难忘。伦勃朗于1669年10月4日逝世，享年63岁，4天后安葬在了当地的西教堂（Westerkerk）。艺术家死后名声经久不衰，关于其作品的简述以德语、意大利语和法语的形式出版。在这之后，一部荷兰语写就的详尽传记[收录在阿诺德·休布莱恩（Arnold Houbraken）的《荷兰画家纵览》(*Great Theatre of Netherlandish Painters*，1718—1721年）中]问世。

遗产和影响

伦勃朗生前十分多产，因此其画作和蚀刻版画经常在艺术市场上出现，他的名字也从未自淡出公众视野。伦勃朗以光影大师著称，然而一些批评家认为其作品过于粗糙，这种源自真实生活的粗糙与学院艺术的标准相去甚远。艺术家后来抛却早期的光滑笔触，转而使用更为自发性的粗糙画法，这一点也令批评家们尤为失望。例如，荷兰的一线艺术评论家杰拉德·德·莱雷西（Gérard de Lairesse）于1707年写道：伦勃朗的画作就像"顺着帆布滴下的烂泥"。

然而，在19世纪，类似的论调被推翻：在浪漫主义的觉醒下，之前不利于伦勃朗的特质——直白的情感、对传统的无视、技法的大胆和随性——转而成了重新欣赏其作品的基础。20世纪初，世人对他的重视已达到顶峰，认为他或许是有史以来最伟大的画家，并常常将其与莎士比亚并列，因为二者的作品都是对人类情感广度与深度的孜孜探索。

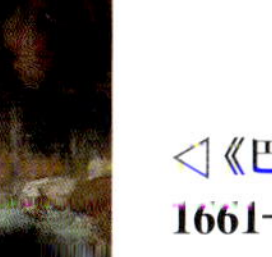

◁**《巴达维亚人之誓》，1661—1662年**
这幅巨型油画描绘了巴达维亚人（古代荷兰人）对罗马侵占的反抗。罗马人的领导克劳迪亚斯在画面构图中占据主导位置。

▷**伦勃朗广场**
阿姆斯特丹的一座广场以伦勃朗的名字命名，以纪念这位艺术家。1852年制作的一尊铁质雕塑矗立于广场中央。

扬·维米尔

1632—1675年，荷兰人

维米尔被誉为荷兰黄金时代伟大的画家之一，他以对日常生活细致入微的描绘及神秘的现实主义构图中的平静光辉而闻名于世。

△代尔夫特陶器

维米尔生活的时代出现了全新的烧制和上釉技术，使得代尔夫特的陶器产业得到了长足发展。代尔夫特设计图案用于盘子、厨房设施，特别是瓷砖。比如，可以在维米尔《倒牛奶的女仆》(*The Milkmaid*) 的墙面下方看到这种瓷砖。

扬·维米尔(Jan Vermeer)的早年生活和艺术之路被不稳定因素包裹。他的名字出现在家乡代尔夫特的许多法律文件中，但这些无法提供与其性格、信仰和作画方式相关的信息。维米尔生前并不为众人熟知，部分原因在于他只为一小圈子的赞助人工作。维米尔的作品于19世纪被重新发掘，在此之前，他已然被世人遗忘了200年之久。

家庭和教育

扬（或约翰内斯）·维米尔于1632年10月31日出生在代尔夫特，并在当地受洗。他是雷尼尔·扬茨·沃斯(Reynier Jansz Vos)和迪格娜·巴尔滕(Digna Baltens)的第二个孩子。雷尼尔在1640年前后开始使用维米尔这个名字，他起初是名丝绸纺织工，后成为旅店老板，并兼职买卖画作。雷尼尔的事业取得了一定的成功，有记录表明，他于1641年购入了代尔夫特主广场上的大型旅馆梅赫伦(Mechelen)。

父亲的画作生意也许在某些方面对维米尔产生了影响，但关于其所受培训的细节仍有待查明。维米尔可能跟随卡雷尔·法布里蒂乌斯学习（或至少受其影响），后者是一名天才画家，曾师从伦勃朗；莱昂纳特·布拉默(Leonaert Bramer)也可能是维米尔的老师，布拉默是个多产的艺术家兼设计师，也是维米尔一家的好友。如果第二个推测属实，那么这位老师的风格没有在这位年轻人的作品中留下任何痕迹。

艺术家兼商人

雷尼尔死于1652年，维米尔便继承了父亲的生意。他还住在梅赫伦，但其究竟如何谋生却不为我们所知。身为艺术家，维米尔的产量极低：只有36幅画作流传了下来，而且有很多证据表明，他实际完成的作品量并不比这个数字高多少。

看似维米尔工作节奏非常缓慢，其画中的极致细节可以佐证。而且除了作画，他可能还另有一份职业，以养活自己那庞大且不断扩大的家庭（他共有15个孩子）。由不少可信的证据表明，维米尔接手了父亲的画作买卖生意。例如，有记载称，曾有人咨询他油

背景简介

代尔夫特

17世纪时，小城代尔夫特是活跃的商业、文化和手工业中心。品类繁杂的挂毯、银器和饰品，以及著名的蓝白瓷器都在此地生产。代尔夫特还是一个松散画家联盟的根据地，其中成员包括维米尔、彼得·德·霍赫(Pieter de Hooch)、卡雷尔·法布里蒂乌斯和尼古拉斯·梅斯，他们也属于同一个画家行会，相互知晓对方，并可能相互之间产生了艺术上的影响。这四人以及其他所谓代尔夫特派的艺术家主要以其家庭场景、城市景观和自然风景画闻名。

《代尔夫特风景（局部）》[*View of Delft (detail)*]，维米尔，约1660—1661年

◁《画家工作室》(*The Artist's Studio*)，1666年

这是维米尔最爱的一幅作品，是一则关于绘画的寓意画，其中出现了希腊神话的九缪斯之一克里欧(Clio)。有不少历史学家猜测画家的形象就是维米尔本人。

> “他是新时代的谜，前无古人，后无解。”
>
> ——马塞尔·普鲁斯特(Marcel Proust)，1923年

相关技术

暗箱

维米尔的作画方法我们不得而知，但有人推测他使用了暗箱。这个装置可以帮助画家把图像投射在画布上，以便描画出轮廓。其中的科学原理自古代就已知晓，但配有镜片的可携带样例到了16世纪末才出现。

帐篷式暗箱

画的价格；1672年，他还曾前往海牙，给拉斐尔、霍尔拜因、提香和乔尔乔涅的作品进行估价。

1653年4月，维米尔迎娶了卡特琳娜·博尔内斯（Catharina Bolnes）。女方的母亲玛利亚·廷斯（Maria Thins）是一位离了婚的富有天主教徒，维米尔似乎正是在这一时期改信天主教。1653年12月，他登记为职业画家时，居然连6荷兰盾的入会费都交不上来。糟糕的经济状况令玛利亚对这桩婚事忧心忡忡，无论如何，维米尔和岳母之间的矛盾还是得到了缓和。之后，只要这对夫妇出现了财务问题，玛利亚都会出手相助。

黄金时代

维米尔画作的确切年代是个谜，只有其中3幅标注了日期。但几乎可以肯定的是，他的圣经题材作品《基督在玛莎及玛丽家》（*Christ in the House of Mary and Martha*）和出自希腊神话的场景《戴安娜及其同伴》（*Diana and her Companions*）均属于早期之作，因其固定的主题以及意大利风格不同于他更为人所知的那些画作。无论如何，维米尔凭借最早的一幅标注日期的作品《老鸨》（*The Procuress*，1656年），找到了自己的真正方向。除了个别例，这之后他的画作通常都与日常生活场景（通常是室内布景）相关。

在其他的欧洲国家，这种作品常被称为风俗画，是二流的艺术形式，不值得大加赞赏。但荷兰的艺术市场则完全不同。这个新成立的共和国刚刚从西班牙手中夺回独立权，以荷兰东印度公司（1602年成立）为首的诸多贸易公司，为荷兰带来了大笔财富，整个国家由此迈入"黄金时代"。在这般环境下，挂在宫殿或教堂内的大型严肃绘画并不是市场的主流需求。大多数客户都来自富裕的商人阶级，想购买小型作品装饰自己的住宅。一般来说，他们倾心的不是精心构图的历史或神话场景，而是自己亲眼所见的朴素景象：风景、静物、花卉以及日常生活场景。

△**《老鸨》，1656年**

在这个场景中，一位年轻的妓女从客人手中接过钱币，旁边的老鸨正看着这一幕。维米尔捕捉细节（尤其是布料）和描绘人物转瞬即逝的动作的高超能力，为画面注入了优雅气息。

风俗画

荷兰风俗画中的场景有时显得拥挤繁忙，但维米尔的画显得平静祥和。他通常只画一到两个人物，沐浴在从近旁窗户透过的温和光线之中。有些人物正做着简单的活计，如缝蕾丝或演奏乐器；有的人则陷入思绪，如那位从书中抬起头的地理学家，还有正在读信的姑娘。画中的房间杂物较少，但每一样物品都以惊人的技艺加以刻画。法国批评家、历史学家龚古尔（Goncourt）兄弟在1861年写道，维米尔是"唯一一位能将活物变成银版摄影（一种早期的摄影类别）的大师"。

隐藏的符号

维米尔画中的现实主义有时会起到误导作用。低地国家有个传统，习

"你知道维米尔吗？这个**奇怪的画家的调色板**由蓝色、**柠檬黄**、珠光灰以及黑色和白色组成。"

——文森特·凡·高，致埃米尔·伯纳德（Emile Bernard）的信，1888年

惯使用隐藏的象征符号，因此即便是一幅日常场景中也可能包含一个象征物，为画作赋予深层次的意义。例如，在《倒牛奶的女仆》中，有一个奇怪的木头盒子不合时宜地放置在地板上。其实这个暖足箱是象征爱人坚贞不渝的传统符号。在盒子的左边是一块绘有着丘比特形象的瓷砖。当时的人们能够立刻由此得知，这位沉思的女仆正在思虑着爱情。

荷兰的现实

维米尔的绘画技巧一直是个谜，因为没有一幅素描留存下来。《画家工作室》或许透露了很重要的一点：画中的画家直接在帆布上作画。X光检测显示，维米尔曾多次修改作品。

维米尔真正的过人之处在于对光线的描绘，及其影响不同质地、材料之外观的方式。不同于当时的一些画家，他笔下的物体并非细致入微，而是通过色调的微妙变化来获得真实的错觉。维米尔还用小滴状浅色颜料来表现物体表面的反光，一位评论家曾将其笔触比作“被碾碎的珍珠融化为一体”。

维米尔生前就以画作的细腻质感被普遍认可。他曾4次出任画家行会的首领，前来代尔夫特参观的游客都乐意出高价购买其作品。尽管如此，逐渐恶化的经济环境——尤其是1672年法国入侵后——却使维米尔陷入经济困难，这也可能是导致他早逝的导火索。维米尔离世仅仅几个月后，其遗孀便被宣布破产，他的名声也很快被人淡忘。

简要年表

约1654年
完成他唯一一幅已知的《圣经》主题作品《基督在玛莎及玛丽家》，并与卡特琳娜·博尔内斯成婚。

约1660—1661年
为家乡代尔夫特绘制一幅气象画。2年后，他首次被任命为画家行会的领袖。

约1666年
完成《画家工作室》，这幅画可能计划被挂在代尔夫特画家行会的总部。

1669年
完成《地理学家》(*The Geographer*)，这是一组两幅单人像研究中的一幅，也是他标记日期的三幅存世作品之一。

约1670—1675年
1672年法国入侵荷兰后，画作销路受阻，维米尔在不可逆转的经济困难中黯然离世。

▷**《倒牛奶的女仆》，约1658—1660年**
维米尔以优雅的室内场景而闻名，但他也同样擅长描绘穷人的家庭。在这幅画中，他画出了剥落的墙皮、破旧的窗框和落满灰尘的瓷砖。

▷《王翚像》，1800年
这幅作品由中国画家翁雒完成，他用墨水在纸上描绘了年迈的王翚，此时的艺术家离世已久。

王翚

1623—1717年，中国人

王翚以精美的山水画而闻名，他是中国明末清初伟大的艺术家之一。他研习前辈大师的作品，并由此发展出了自己独特的风格。

“以元人笔墨，运宋人丘壑……”

——王翚

△《柳溪垂钓图》，1706年

这幅山水画手卷为绢上水墨，属于王翚成熟时期的作品，展现了画家精湛的笔触，以及在狭长画布上平衡布局的技巧。

王翚生于1632年，江苏（中国东部）常熟人，家族之中有多位艺术家，曾祖父、祖父、父亲和几位叔叔都是画家。王翚自小学习绘画，15岁时开始跟随著名画家王时敏学艺。17世纪60年代至70年代，他一直住在位于太仓的王时敏家中，不仅研究、临摹师父收藏的大量古代大师画作，还特意前往临摹老师友人家中的藏品，以此寻找灵感来源（见右侧方框）。

17世纪80年代，王翚开始运用自己的独特技巧创作野心更大的作品。他在长卷轴上绘制风景，将表现力十足的笔触与用墨技巧结合，捕捉雾气效果，营造独特丰盈的氛围场景。他大量使用点墨来营造色调变化，增加肌理与图案，柔化山的轮廓。精心刻画的建筑和人物，为王翚的雾景带来了活力。

皇室画卷

1684年，王翚完成了一件惊人的大型作品：长达18.3米的风景卷轴。这一卷轴是为人脉广通的杰出官员吴正治而作。这件作品广受好评，并最终为画家带来了皇室宫廷委托任务：一幅纪念皇帝1689年南巡的卷轴画。

在几位助手的协助下，王翚完成了康熙皇帝南巡图，共含12个丝绸长卷轴。整件作品包括30,000多个人物，总长达225.5米，直到1698年才完工。这些卷轴描绘了全景视角下富有情调的风景：山川、谷地、林木、水流，并穿插美丽的城镇和寺庙，还展示了皇帝及其随行人员行走的蜿蜒道路。身着亮色服装（主要是蓝色和红色）的人物，在整体呈绿色和棕色的山水背景中很是吸引观者的注意，还为这些巨幅画作提供了变化的焦点。

这类作品使王翚跻身于中国伟大的艺术家之列，他也与王时敏、王鉴和王原祁并称明末清初艺术家中著名的“四王”。

相关技术

临摹大师的作品

中国艺术家通过临摹过去大师的作品来接受训练，因此年轻的艺术家需要接触优质的私人藏品才可能获得成功。王翚尤其钟爱元朝（1271—1368年）的山水画家，模仿他们极具表现力的笔触（由书法的启发而来），并以此为山水注入活力。他也欣赏宋朝（10—13世纪）初期艺术家的作品，同样吸取其对山水的处理方法，却将其风格和构图加以调整，由此形成自己的风格。

水墨画，收录于《仿唐宋元诸家山水》(*Album after Old Masters*)，王翚，1650—1717年

◁《康熙南巡图》，约1689年

这幅画选自王翚的史诗性卷轴，描绘了康熙皇帝视察黄河水坝的场景。画家不可能亲临现场，他依据地图和其他相关印刷品，以及自己的想象力完成了画作。

其他艺术家名录

安尼巴莱·卡拉奇

1560—1609年，意大利人

安尼巴莱是博洛尼亚一个著名艺术家族的杰出成员，早年间在意大利北部发展事业。他自1595年开始在罗马生活，是最为出色的卡拉瓦乔的同代人。如后者一样，他坚决与矫饰主义的造作分道扬镳，具体操作方法却截然不同。安尼巴莱的画作复活了文艺复兴鼎盛时期的辉煌庄严，而其中包含的勃勃生机令这些作品跻身巴洛克艺术的先驱之列。他主攻英雄人物组画，也精于其他领域。最值得注意的是，安尼巴莱还被视为讽刺肖像画和理想风景画（克劳德和普桑的作品使这一题材成为17世纪艺术的主流）的创始人。

主要作品：《基督复活》（*Resurrection of Christ*），1593年；法尼榭宫（Farnese Gallery）天顶画，约1597—1600年；《逃亡埃及途中的风景》（*Landscape with the Flight into Egypt*），约1604年

胡安·马丁内斯·蒙塔内斯

1568—1649年，西班牙人

胡安·马丁内斯·蒙塔内斯（Juan Martínez Montañés）是17世纪最著名的西班牙雕塑家，被同代人誉为"木头之神"。如这一称号所示，他主要以木材作为创作材料。木头正是最受西班牙雕塑青睐的原材料，而石头和青铜在欧洲其他地区普遍更受欢迎。木头通常被涂上自然色系的颜料，有时还通过玻璃眼睛和象牙制成的牙齿来强调真实感。几乎所有蒙塔内斯的雕塑都属宗教题材，情感充沛，又不失无上尊严。他的大半个艺术生涯都在塞维利亚度过，这里是与美洲殖民地通商的主要港口，而其作品则多自此向美洲出口。

主要作品：《仁慈的基督》（*Christ of Clemency*），1603—1606年；《圣母无染原罪》（*Virgin of the immaculate Conception*），1620年；《圣布鲁诺》（*St Bruno*），1634年

圭多·雷尼

1575—1642年，意大利人

圭多·雷尼（Guido Reni）是其所处时代最受推崇的意大利画家，其职业生涯初期曾一度待在罗马，但主要还是在家乡博洛尼亚发展，并被纳进入当地的画家行会。这座城市是一派与众不同的意大利绘画传统（博洛尼亚画派）的发源地，这一流派以古典尊严和优雅，以及对理想构图的强调来缓和巴洛克风格的虚华与多情。

雷尼经营着一间极为成功的画室（主要创作宗教和神话题材的作品），拥有一批著名的国际客户。在他过世后的近200年间，一直被视为有史以来极其伟大的画家之一，被赞誉为"神圣圭多"。然而，其名声在19世纪期间跌入谷底，当时他被贬为庸俗和多愁善感，直到20世纪末才重获认可。

主要作品：《无辜者的大屠杀》（*The Massacreof the Innocents*），1611年；《奥罗拉》（*Aurora*），1614年；《诱拐海伦》（*The Abduction of Helen*），1627—1630年

△《自画像》（副本），圭多·雷尼，约1630年

亚当·埃尔斯海默

1578—1610年，德国人

亚当·埃尔斯海默（Adam Elsheimer）是德国17世纪最重要的画家，然而其短暂的艺术生涯都是在意大利度过的——起初在威尼斯，后来于1600年定居在罗马。虽然他英年早逝（32岁时在穷困潦倒中死去），生前事业也不见起色，如今却被认为是风景画发展中极为重要的人物之一。他尤其以创新性的、高度渲染气氛的用光手法而著称（特别是夜景）。

埃尔斯海默只有约已知40幅画作传世，而且大多尺寸极小。产量如此之少的部分原因可能在于他是个完美主义者，但其懒惰也是缘由所在。无论如何，埃尔斯海默的画作以版画的形式传播，鲁本斯（埃尔斯海默的朋友）、伦勃朗、克劳德·洛兰（Claude Lorrain）等重要艺术家以及一批非知名度不高的画家，均受到他的影响。

主要作品：《圣施洗约翰布道》（*Landscape with St John the Baptist Preaching*），约1599年；《圣保罗在马耳他遭遇海难》（*St Paul Shipwrecked on Malta*），约1604年；《逃亡埃及》（*The Fligh tinto Egypt*），1609年

弗兰斯·哈尔斯

1582/1583—1666年，荷兰人

弗兰斯·哈尔斯（Frans Hals）是17世纪荷兰画派的首位伟大人物。他出生在佛兰德斯，但其父母在他小时候就离开了饱受战争蹂躏的安特卫普，一家人定居哈勒姆，正是在这里，他度过了整个职业生涯。虽然哈尔斯显然是这座城里首屈一指的肖像画家，委托源源不断，但他仍很难养活自己庞大的家庭，常常债务累累。他的肖像作品以手法松弛有力，人物造型和表情自然生动而闻名。18世纪期间，哈尔斯的画作被普遍视为未完成的粗糙之作，但自1860年起，他被重新发掘，其自由洒脱的笔触在印象派的时代显得魅力十足。

主要作品：《圣乔治民团军官宴会图》（*Banquet of the Officers of the St George Militia Company*），1616年；《微笑的骑士》（*The Laughing Cavalier*），1624年；《老人救济院的董事们》（*Regents of the Old Men's Almshouse*），约1664年

西蒙·乌埃

1590—1649年，法国人

法国内战爆发后，西蒙·乌埃（Simon Vouet）在复兴自己国家的艺术中扮演了核心角色。他生于巴黎，于1613年至1627年生活在意大利，随后被路易十三召回家乡担任宫廷画师。

乌埃十分勤奋且多才多艺，所涉领域颇广。在意大利期间，他们广泛学习当时的一流艺术家，将他们的影响融入一种流畅风格之中，既有巴洛克式的能量，也有如今被视为法国特有的细腻优雅。乌埃的画室业务不断，他也借此培养了很多下一代的重要画家，夏尔·勒·布伦（Charles Le Brun）便是其中一员。

主要作品：《预言家》（*The Fortune Teller*），约1620年；《神庙中的献礼》（*The Presentation in the Temple*），1641年；《和平寓言》（*Allegory of Peace*），约1648年

△《自画像》，西蒙·乌埃，约1615年

胡塞佩·德·里贝拉

1591—1652年，西班牙人

胡塞佩·德·里贝拉（José de Ribera）生于西班牙，但其整个职业生涯在意大利度过，继在帕尔玛和罗马工作一段时间后，于1616年搬至那不勒斯（当时属于西班牙）定居。在那里，他被称为“小西班牙人”（Lo Spagnoletto）。里贝拉的创作主要集中在宗教画，但他也画过世俗题材的作品。起初，他沿袭了卡拉瓦乔的强有力的风格，后期风格则变得更为轻柔多彩。他的很多画作都出口到西班牙。里贝拉生前的盛誉一直延续至他过世之后。18世纪时，西班牙在欧洲处于边缘地位，只有里贝拉和穆里洛（Murillo）等少数几位艺术家的作品蜚声国外。

主要作品：《醉酒的西勒努斯》（*Drunken Silenus*），1626年；《圣菲利普的殉教》（*Martyrdom of St Philip*），1639年；《牧羊人的敬拜》（*Adoration of the Shepherds*），1650年

雅各布·乔登斯

1593—1678年，佛兰芒人

继鲁本斯和凡·戴克之后，雅各布·乔登斯（Jacob Jordaens）成为17世纪佛兰芒大型人物组画的首席画家。鲁本斯和凡·戴克分别于1640年和1641年过世，随后，乔登斯成为该领域的主导艺术家，在接下来的20多年里，他一直是欧洲北部最炙手可热的画家之一。他很少离开家乡安特卫普，但这并不影响他接受来自英国、瑞典和荷兰共和国等其他国家的委托订单。

乔登斯生动有力的风格受鲁本斯的影响，却更加接地气，他有时会作为助手协助鲁本斯完成大型画作。他绘制宗教、神话、寓言和训诫场景，并以大型谚语主题风俗画而闻名。此外，他还设计挂毯，同时也是一名出色（但作品不多）的肖像画家。

主要作品：《丰收的寓言》（*Allegory of Fruitfulness*），约1623年；《阿波罗尼亚殉难》（*Martyrdom of Apollonia*），1628年；《第欧根尼寻找诚实的人》（*Diogenes in Search of a man*），约1642年

弗朗索瓦·杜克思诺

1597—1643年，佛兰芒人

除了难以超越的贝尼尼，弗朗索瓦·杜克思诺（François Duquesnoy）或许可以称得上是当时欧洲最受赞誉的雕塑家。他出生在佛兰德斯，于1618年定居罗马，并在那里度过余生的大部分时光。他被任命为巴黎的宫廷雕刻师，却在前往巴黎的路上逝世。

杜克思诺曾担任贝尼尼的助手，但其风格更加克制、古典。他只创作过少数几件大型公共雕塑，名声来自于小型作品，包括宗教和神话题材的小雕像。这些作品被一再复制，成为了全欧洲艺术家工作室的标准配置的一部分——被视为古代艺术精神的创意典范。

主要作品：《酒神巴库斯》（*Bacchus*），约1626—1627年；《圣苏珊娜》（*St Susanna*），1629—1633年；《圣安德鲁》（*St Andrew*），1629—1640年

弗朗西斯柯·德·苏巴朗

1598—1664年，西班牙人

17世纪是西班牙艺术的黄金时代，弗朗西斯柯·德·苏巴朗（Francisco de Zurbarán）是当时杰出、有影响力的画家之一。他职业生涯的大部分时光都在塞维利亚度过，也曾在马德里工作，其业务繁忙的画室出品的画作被送往西班牙其他地区以及南美殖民地。

他的作品包含一些肖像画和静物画，也有为菲利普四世创作的神话场景，但其主要身份还是一位宗教题材画家。苏巴朗尤其以描绘朴素的修道士和圣人形象而闻名，这些高精神强度的作品与西班牙的宗教热潮完美契合。不过，至艺术生涯末期，他的品位则转向了更为柔和甜美的穆里洛风格。

主要作品：《十字架上的基督》（*Christ on the Cross*），1627年；《赫拉克勒斯与安泰俄斯》（*Hercules and Antaeus*），1634—1635年；《圣方济各》（*St Francis*），1639年

菲利普·德·尚帕涅

1602—1674年，法国人

菲利普·德·尚帕涅（Philippe de Champaigne）是佛兰芒人，于1621年定居巴黎，并在那里度过了整个艺术生涯。他曾在布鲁塞尔接受风景画的专业训练，却成了法国17世纪出色的宗教画家和最伟大的肖像画家。他的模特包括当时法国的一些最为杰出的人物，以红衣主教黎塞留（路易十三的首席部长）最为出名。尚帕涅曾多次为这位主教绘制肖像，创造了后世眼中知名的代表性图像。

他的风格结合了巴洛克式的恢弘与古典式的庄严和精确的笔法。自17世纪40年代起，尚帕涅的作品变得更加朴素，这与他信奉的詹森主义（Jansenism）——一个教义极为严格的天主教分支——不无关联，而他的女儿正是一家詹森主义修道院的修女。

主要作品：《红衣主教黎塞留三面像》（*Triple Portrait of Cardinal Richelieu*），1642年；《十字架上的基督》（*Christ on the Cross*），1647年；《还愿（皇家港口的两名修女）》[*Ex-Voto de (Two Nuns of Port-Royal)*]，1662年

克劳德·洛兰

约1605—1682年，法国人

克劳德·洛兰是非常重要的风景画画家之一，也无疑是理想风景画最具影响力的代表

△菲利普·德·尚帕涅自画像的临摹作品，让·巴蒂斯特·德·尚帕涅（Jean Baptiste de Champaigne）

人物。艺术家借由理想风景画这一风格，创作宁静和谐的自然景象，往往还在其中加入源自神话或宗教故事的小型人物形象。

这一类型的风景画自1600年后问世，直到19世纪都十分流行。克劳德出生于洛林（Lorraine，当时是独立公国，现为法国北部的一个地区），其职业生涯大都在罗马度过。17世纪30年代期间，他作为欧洲重要风景画家的地位逐渐确立，为教皇乌尔班八世、西班牙的菲利普四世等地位显赫的客户效劳。直到1850年前后（一些批评家开始认为其画作过于重复），他一直被誉为最伟大的风景画家。

主要作品：《风车》（*The Mill*），1631年；《魔法城堡》（*The Enchanted Castle*），1664年；《阿斯卡尼俄斯与雄鹿》（*Ascanius and the Stag*），1682年

巴托洛梅·埃斯特班·穆里洛

1617/1618—1682年，西班牙人

巴托洛梅·埃斯特班·穆里洛（Bartolomé Esteban Murillo）几乎一生在塞维利亚度过，是当时最著名的西班牙画家。他的作品包括描绘街头流浪儿的感伤场景，也有一些出色的肖像画（风格更加沉郁），不过他的主要身份是一名宗教画艺术家，其成熟作品的风格轻盈、多彩而柔和。

他最钟爱的主题是圣灵感孕（Immaculate Conception）。根据这一天主教信条，童贞女玛利亚受圣灵感孕，所怀之子没有其他所有人类身上的“原罪”。通常，这一主题会完整展现出玛利亚的全身肖像，连同周围的小天使及各种象征细节。18世纪和19世纪初，穆里洛被视为伟大的画家之一，但随后又被斥为过度感性，名声骤然下滑。

主要作品：《帕多瓦的圣安东尼的幻象》（*The Vision of St Anthony of Padua*），1656年；《浪子回头》（*The Return of the Prodigal Son*），约1667—1670年；《自画像》，约1670年

△《自画像》，扬·斯特恩，约1670年

夏尔·勒·布伦

1619—1690年，法国人

夏尔·勒·布伦是路易十四漫长统治期间的主导艺术家，这不仅是因为他的作品，还因为他在监管各大皇家机构的视觉艺术中所扮演的重要角色。路易十四重视艺术的宣传价值，而勒·布伦则天生适合这一职责，通过巴洛克式华丽辉煌的装饰规划和绘画作品，打造国王富有而强大的公众形象。

勒·布伦在卢浮宫和凡尔赛宫（Versailles）工作，还兼任哥白林（Gobelins）挂毯厂（为皇家宫殿提供挂毯）的主管，以及皇家绘画与雕塑学院（Académie Royale de Peinture et de Sculpture，训练艺术家以适合赞颂国王的风格进行创作）院长。

主要作品：《赫拉克勒斯与狄俄墨德斯的马》（*Hercules and the Horses of Diomedes*），约1640年；《亚历山大大帝凯旋进入巴比伦》（*Alexander the Great's Triumphal Entry into Babylon*），约1662—1668年；《牧羊人的崇拜》（*The Adoration of the Shepherds*），约1689年

扬·斯特恩

1626—1679年，荷兰人

扬·斯特恩（Jan Steen）英年早逝，却留下了大量作品，涉猎包含宗教（他是天主教徒）在内的多种主题，却以细致生动且活力十足的日常生活场景最为着名，也正是这些画作使他跻身于荷兰艺术黄金时期人气极旺的人物之列。一些画作写有题词，强调着关于人类的弱点或愚昧的道德寓意，不过斯特恩通常扮演一名幽默讽刺的观察者，而非严厉的说教者。他在家乡莱顿工作，也曾在代尔夫特和哈勒姆逗留。虽然他技艺高超、多才多艺且十分高产，却总是很难靠绘画谋生，他曾先后开过啤酒厂和旅店。

主要作品：《在旅店外玩九柱游戏的人》（*Skittle Players outside an Inn*），约1660—1662年；《放荡的家庭》（*The Dissolute Household*），约1663—1665年；《酒馆里的狂欢》（*Merrymaking in a Tavern*），约1670—1675年

雅各布·凡·勒伊斯达尔

约1629—1682年，荷兰人

雅各布·凡·勒伊斯达尔（Jacob van Ruisdael）是荷兰风景画家中极其伟大的一位，其作品的多样性和力量感无人能及。他笔下的风景主题多种多样，包括河流、森林、乡间道路、冬景以及全景等。而他画作中所蕴含的情感力量则更加突出，传达出自然的伟大与神秘。

勒伊斯达尔的职业生涯始于家乡哈勒姆，在1656年前后定居阿姆斯特丹。他只有一位记录在案的学生梅因德特·霍贝玛（Meindert Hobbema），却影响了其他许多荷兰艺术家，且在英国和法国均备受赞誉。托马斯·庚斯博罗和约翰·康斯太勃尔（John Constable）就是其公开崇拜者中的两位。

主要作品：《本特海姆城堡》（*Bentheim Castle*），1653年；《犹太人公墓》（*The Jewish Cemetery*），约1660年；《迪尔斯泰德附近韦克的风车》（*Windmill at Wijk bij Duurstede*），约1670年

18世纪

第四章

▷《读后小憩》，创作时间未知

据传，这幅画是郑敾的一幅自画像，画中的艺术家读完书之后正在小憩。他在休息时也不忘思考自然（观看两件盆栽）。

郑敾

1676—1759年，韩国人

郑敾完善了山水画的写实风格。他对韩国风景的描绘使得韩国艺术得以摆脱中国画风的影响。

“即使你亲临山中……又怎能把自己的喜悦与观看这幅画面时的感受相提并论……？”

——《金刚山》题词，郑鄯

郑鄯出生于青云洞区（现属于韩国首都首尔）一个没落的贵族家庭。其家乡被壮丽的景色环绕，其中包括诸如仁王山和北岳山这样的高峰，这使他早年便开始欣赏家乡的秀丽景色。

郑鄯很早就展露了在书法和绘画方面的天赋，因而当他宣布自己要投身艺术时，得到了家人的支持。除了家乡地区的山川之美，他还受到文学的启发，尤其是诗人兼儒学家金昌和的作品。金昌和与他生活在同一地区，其对韩国风景的描述颇为动人。

游历韩国

从18世纪起，郑鄯花大量时间游历韩国，四处写生。1712年，他看望他的朋友伊炳贤时，欣赏了韩国最美的名胜之一金刚山，后者被任命为附近的地方官。郑鄯画了一系列研习山川的画作，虽然最终的风景画集失传，但当时的一些名门望族有幸欣赏，郑鄯的名声也由此传播开来。

郑鄯描绘了真实的韩国风景，而不是前几个世纪所流行的理想化或想象中的场景。通过描绘家乡的知名景点，郑鄯及其追随者创造了一种韩国原创的独特绘画风格。

自18世纪20年代起，郑鄯在清河、忠清两省的地方政府担任过若干公职，这给他带来了旅行和精研风格的机会。在首尔江边地区生活的一段日子使他得以顺利描绘出一系列水域场景。

◁《仁谷幽居图》，约1742年

这幅风景画展现了一座以山脉和树木为背景的房屋，诠释了郑鄯通过混合清晰的线稿以突显建筑物，并通过松散的笔触和墨点，来塑造树木和远山植被的印象。

郑鄯的职业生涯漫长，74岁时创作了其著名的作品之一《司空图二十四诗品辑》，他在其中用绘画诠释了中国唐代诗人司空图所表达的诗歌的24种典雅特征。

不断演变的风格

在早期作品中，郑鄯往往将浅色水墨层与深色线条组合在一起，以频繁重复的细小笔触突出细节或强调阴影。后来，他的笔法变得更加大胆，用宽大而精妙的墨笔渲染，并用时而粗略的急促线条为人物或建筑物添置细节。

郑鄯终其一生都能够将对自然细节的准确描绘与使其作品直接诉诸情感的宏大特征结合起来。这些特质确保了他作为韩国伟大、有创意且极具影响力的画家之一的地位。

相关技术

实景山水画

山水画在远东地区普遍流行，它是15—17世纪最受韩国艺术家们青睐的主题。这些画作大部分遵循中国范式，描绘中国的理想化景观或者表现想象中的山水。与此相反，实景山水画则刻画真实的场所。该类型画在18世纪日益流行起来，主要得益于郑鄯的作品，他经常在户外直接面对大自然作画。他的实景画作品中最常见的主题就是金刚山，以令人惊叹的自然美景而闻名。

金刚山（大部分山脉位于朝鲜境内）

让-安东尼·华托

1684—1721年，法国人

华托是18世纪极伟大的艺术家之一，他也是在洛可可风格发展中的一位开创性人物。虽然他的职业生涯悲剧性地戛然而止，但他开创了一个全新的流派：雅宴画。

让-安东尼·华托（Jean-Antoine Watteau）的艺术气质似乎直接来自浪漫主义小说。他焦虑、易怒、好争吵，利用好心朋友们的热情款待，几乎不在任何地方久留，他同时也在忍受这一切。华托在与致命的结核病抗争时画出了最伟大的杰作。

华托于1684年10月出生在法国东北部的瓦朗谢讷（Valenciennes），这是一个从西属尼德兰重新夺回的边境小镇。虽然华托现在被视为一名法国艺术家，但他的同代人一直视他为佛兰芒人，这一看法无疑被鲁本斯对其作品的影响所强化。

早期教育

华托是一名屋顶工的儿子，在很小的时候就开始当学徒。他最早的两位师傅的身份仍存在争议，可能是雅克-阿尔伯特·热朗（Jacques-Albert Gérin）和一位名叫梅塔耶（Métayer）的绘景师。后者将华托带到巴黎，但很快就抛下了他。无依无靠且缺乏资金的年轻艺术家被迫接受了抄写员的工作，之后才有幸遇见克劳德·吉洛特（Claude Gillot）。由于受过让-巴普蒂斯特·柯奈（Jean-Baptiste Corneille）的训练，吉洛特以历史画家的身份被学院接受，但其主要身份是装饰艺术家兼插画师。吉洛特是一名出色的绘图师，且影响了华托的素描风格，不过他的油画有点僵硬笨拙。他参与过各种各样的戏剧作品，绘制戏剧和布景中的场景，甚至可能还经营过一家木偶剧院，华托可能曾帮他绘制过一些场景，其作品的确切性质尚不明确。不过，吉洛特真正的重要价值在于让华托接触了剧场，尤其是激发了华托对即兴喜剧（commedia dell'arte，见右侧方框）的深深迷恋。华托后来采用这种闹剧作品中的原材料，将其转化为雅宴画中如梦般的幻想。

◁**色粉肖像画，1721年**
这幅对处于生命最后一年的华托的精妙刻画，由意大利肖像画家罗萨尔巴·卡列拉（Rosalba Carriera）完成。她用在18世纪十分流行的用色粉笔作。

△**奥德兰的盘子，约1720年**
华托在克劳德·奥德兰（1658—1734年）的指导下发展了自己的风格。奥德兰以设计镶嵌彩窗、地毯和装饰盘子而闻名。

洛可可风格的影响

在此期间，华托与吉洛特发生了争执，并转到一位新师傅克劳德·奥德

“……他用自己想象中的迷人幻象创建了一个理想中的世界。”

——龚古尔兄弟，《18世纪的法国画家》，1859—1875年

背景简介

即兴喜剧

即兴喜剧起源于意大利，这种戏剧形式在17世纪和18世纪的欧洲，特别是在法国十分盛行。演出形式涵盖了从闹剧到前卫的街头戏剧等形式，并利用戴面具、穿戏服的常设角色—如丑角哈勒昆（Harlequin）、哑剧男丑角皮埃罗（Pierrot）和布利埃拉（Brighella）—进行程式化的即兴表演。喜剧往往包括对时事的讽刺。在华托的时代，这些演员被官方下了禁令，不过他们在全巴黎的集市上进行着非正式演出。这些演出的秘密性质无疑为其自身增加了吸引力。

布利埃拉，来自即兴喜剧的常设角色

△《舟发西苔岛》(*Pilgrimage to the Isle of Cythera*)，1717年

在希腊的西苔岛——神话中女神维纳斯的诞生地，求爱的恋人们准备启程回家。一位女士正依依不舍着回望唯一一对无视离别将至的爱侣。

兰三世（Claude Audran III）的门下。他们的合作开始于1707年。奥德兰是一位装饰艺术家，曾受雇为贵族的住宅添加奇异纹饰、阿拉伯花纹、中国风格装饰图案以及其他花饰。他用全新的新洛可可风格创作，这种风格轻盈细腻，继路易十四统治时期所流行的宏大的古典主义之后，似乎会让人耳目一新。

华托吸收了这股灵巧精致的气息，将之融入自己的风格，不过他与奥德兰间的合作还有另一大好处。彼时的奥德兰是卢森堡宫的馆长，那里包括著名的佛兰芒画家彼得·保罗·鲁本斯所作的关于《玛丽·德·美第奇生平》(*Life of Marie de' Medici*，法国的亨利四世之妻）的24幅宏大的系列画作。在这一时期，几乎所有艺术品收藏都掌握在富人的手中，对一位年轻艺术家的教育来说，能够接触到如此丰富的资源是一笔巨大的财富。华托能够悠闲地研究这些画作，并为鲁本斯对色彩的掌握而惊叹不已。

◁**卢森堡宫**

这座宫殿除了供华托在此研究大师作品，还是与儿子路易十三同治的摄政王玛丽的住所。

向大师们学习

华托提交了罗马大奖（Prix de Rome）的申请，获得该项奖学金的人可获准在罗马的法国学院学习数年。他于1709年参加比赛，却只得了第二。他并没有气馁，而是继续努力争取意大利之行的资金，不过野心受挫了。约1712年，他受委托为银行家兼艺术收藏家皮埃尔·克洛扎特（Pierre Crozat）的住宅绘制一套《四季》(*Four Seasons*）组画。华托以一贯的泰然自若成功诱使克洛扎特让他待在其乡间别墅，在那里他能够研习到展出的大量素描、绘画和雕塑作品（后来这些收藏品被出售给了圣彼得堡的艾尔米塔什博物馆）。

至此，华托的作品市场需求不断。有些作品是在他走访家乡瓦朗谢讷时

“何等运动！何等神韵！何等色彩！”

——奥诺雷·德·巴尔扎克（Honore de Balzac），《邦斯舅舅》(*Cousin Pons*)，1846—1847年

绘制的军事场景，不过还是他那极富特色的戏剧画最能引起艺术收藏家们的兴趣。

华托如此受人景仰，以至于当他申请并获准成为学院成员时，委员会特意允许他为呈交作品选择任意主题。这幅作品耗时5年，经过4次催稿，但当真正递交上去时，所有的等待都是值得的。《舟发西苔岛》成了他最优秀的作品，它展现了现代世界与古典神话相撞时的苦乐参半的幻想。

一种全新的流派

学院认识到其作品的独有特质，另设立一种崭新的分类，以示尊敬——与现有的肖像画、静物画和历史画（被视为绘画的最高等级）等类别平起平坐的全新的绘画“类型”。这一新的类别就是雅宴画，被形容为“求爱派对”，画中，着装优雅的人们享受着理想化的户外环境，漫步、跳舞、听着音乐。《舟发西苔岛》取材于弗洛朗·丹库尔（Florent Dancourt）的一篇名为《三表亲》（*The Three Cousins*）短剧中的一幕，华托将之转变为梦幻般的画面。异国情调的服装增添了梦幻之感，即以喜剧演员和身穿历史服装中的人物混在一起——也许是从华托见过的一幅鲁本斯的画作中借鉴而来——同时还伴有其他身穿晚礼服的同代人。

美丽的忧郁

与华托的众多戏剧画一样，《舟发西苔岛》带着忧郁的气息，好像人物们意识到这个世界的快乐无法长久存在；比起对生命的庆祝，这更像是对失去的一种哀悼。华托的众多模仿者中无一曾成功复制这种微妙的情绪。一些评论家认为，该作品的悲伤源自艺术家致命的疾病，而这种疾病正在逐渐恶化。不过，这种效果同样有可能是由他那不寻常的构图方式所导致的：华托没有将他的雅宴画当作一件作品画出来，相反，他通常选择从自己创作的无关联的单幅素描中将这些作品组合。这也许可以解释为什么这些场景中的人物有时显得孤立、飘渺，如同被包裹在自己的世界中。

到了18世纪20年代末，华托的健康状况想必已逐渐恶化。1719年，他前往伦敦咨询英国著名的医师理查德·米德博士（Dr Richard Mead），但这并没有改善他的状况。他于第二年返回巴黎，和一位朋友画商埃德米·热尔桑（Edmé Gersaint）待在一起。对热尔桑而言，华托创作了最后一件伟大之作：一幅壮观的商店招牌，描绘了挤满了顾客的热尔桑店内的空间。这幅作品展现了更为强烈的自然主义色彩，暗示了其艺术生涯可能采取的新方向，明确表明了其艺术力量不灭，直到生命终点。华托于1721年7月18日逝世，年仅37岁。

简要年表

约1708年
为诺伊尔酒店（Hôtel de Nointel）绘制了8幅装饰木板油画。画作由小巧优美的人物构成，包含在阿拉伯式花纹边框内。

1709年
在罗马大奖赛中获得第二名，却未被送往意大利深造；于1712年被学院录取。

1717年
将《舟发西苔岛》作为他的提交画作，呈交给学院。

1720年
在伦敦为他的医生米德博士绘制《意大利演员》（*The Italian Players*）。画中人物非常写实。

1721年
完成最后的杰作《热尔桑的商店招牌》（*Gersaint´s Shop Sign*）。这幅画在展出后2周内售出。

相关技术

三色蜡笔

在整个职业生涯中，华托不知疲倦地画着草图，临摹老一辈大师们的作品以及写生。他热衷于观察人群及其变化的表情，并且为演员、舞者、店主和贵族绘制逼真的即兴速写，却几乎总是使人物从其周围的环境中孤立出来。

华托采用三色蜡笔技术，使用红色、白色和黑色粉笔来产生绘画的效果。为了营造肤色的色调，他润湿了手指尖，用这种方式来使粉笔与下方纸张的色彩融合在一起。

华托不喜欢为画作打草稿，而是在速写本上深挖个体人物形象，然后将之融入大型作品中。有些人像草图会出现在好几幅大型作品中。

头部研究，约1715年

詹巴蒂斯塔·提埃波罗

1696—1770年，意大利人

提埃波罗是18世纪伟大的意大利艺术家，也是洛可可风格杰出的代表人物之一。同时，他还是最后一位湿壁画大师，继承了这一源自乔托时代的传统。

△《以撒的牺牲》(局部)，1716年

提埃波罗的第一件公共作品略显沉郁地描绘了上帝要求亚伯拉罕献祭自己的儿子以撒这一圣经事件。

乔瓦尼·巴蒂斯塔·提埃波罗（Giovanni Battista Tiepolo）于1696年3月5日出生在威尼斯。他最早的名字——施洗约翰的意大利语形式——很可能是为了纪念他的教父，一位名叫乔瓦尼·巴蒂斯塔·多纳（Giovanni Battista Donà）的贵族，所以一般简称詹巴蒂斯塔（Giambattista）。其教父的崇高地位证实了提埃波罗出身名门望族。遗憾的是，他的生父（一位富有的航运商）在他出生一年后就去世了。

早年的影响

提埃波罗曾于1710年左右成为格雷戈里奥·拉扎里尼（Gregorio Lazzarini）的学徒。除此，我们对其早年岁月几乎一无所知。拉扎里尼是一位历史画家，在当时很受重视，如今几乎被人遗忘。他是一位煞费苦心的老师，但其作品并未在这位年轻学生的风格上留下明显印记。

相反，提埃波罗受到另一位威尼斯艺术家乔凡尼·皮亚泽塔（Giovanni Piazzetta，1683—1754年）的影响，皮亚泽塔以宗教画和神秘流派的画作而闻名。在提埃波罗的早期作品之一《以撒的牺牲》（*The Sacrifice of Isaac*）中可以看到皮亚泽塔些许戏剧化的手法。

1717年，提埃波罗获得威尼斯画家行会成员的资质。他以独立艺术家的身份工作已经有段时间了。正如拉扎里尼的传记作者所认同的那样，提埃波罗"充满激情"，是个早熟的天才，这便得他有点好高骛远，以致不甘愿长期待在老师的阴影中。

他于1715年获得了第一件记录在案的委托作品，并于次年在圣罗克节（St Roch's day，当时威尼斯的主要公众展览）的庆典上展出《穿越红海》（*Crossing of the Red Sea*），并引起了轰动。

到了1719年，提埃波罗对自己的成就非常满意，于是迎娶了著名画家弗朗切斯科·瓜尔迪（Francesco Guardi）的妹妹塞西莉亚·瓜尔迪（Cecilia Guardi）。他们在提埃波罗家乡的教堂圣塔特尼塔（Santa Ternita）结婚，后

人物小传

画家的儿子们

提埃波罗的3个儿子中有2个成为艺术家：詹多梅尼科[Giandomenic，简称多梅尼科（Domenico），1727—1804年]和洛伦佐（1736—1776年）。他们都是父亲的壁画方案的助手，得益于他们的技巧，壁画融合得如此完美，以至于几乎无法被察觉出自他人之手。这两位兄弟的身份也是独立艺术家。多梅尼科天赋较高，曾在威尼斯绘制狂欢节的热闹场景，同时还是一位优秀的蚀刻版画家，后成为该市美术学院的院长（1780—1783年）。

《长鼻玩偶和杂技演员》（*Pulcinella and Acrobats*），詹多梅尼科·提埃波罗，1797年

◁《亚历山大和坎巴斯帕在阿佩莱斯的画室》（*Alexander and Campaspe in the Studio of Apelles*），约1724年

提埃波罗把自己描绘成古代著名画家阿佩莱斯，正在为亚历山大大帝的情妇坎巴斯帕绘制肖像。

"（提埃波罗）精力充沛……有着不可思议的激情、震撼人心的色彩和惊人的作画速度。"

——特辛伯爵（Count Tessin），献给瑞典国王的报告

简要年表

1716年
以画作《穿越红海》赢得一场比赛，次年入选威尼斯画家行会成员。

1727年
为乌迪内大主教宫殿的湿壁画系列绘制《撒拉和天使》中这一《旧约》场景。

1740年
绘制令人难忘的宗教题材作品之一《苦难之路》（*The Roadto Calvary*），该作品是描绘基督受难的3件巨幅油画中的一幅。

1750—1753年
首次离开意大利，接手其最雄心勃勃的项目——装饰维尔茨堡（Würzburg）宫。

1762年
抵达西班牙，开始最后一项重大任务：装饰马德里皇宫。

来育有10个孩子，其中两个成为艺术家，并在大型项目中协助父亲。

富有的赞助人

提埃波罗的事业在18世纪20年代如日中天。他早期的作品大多是油画，1725年却以天顶湿壁画这一件知名委托作品惊艳问世，这个艺术领域日后成为他的专长。

几乎在同一时间，他引起了威尼斯最富有家庭之一多尔芬（Dolfin）家族的注意。提埃波罗为之完成了几件委托作品。其中最宏伟的位于威尼斯东北部约95千米处的乌迪内（Udine）。在那里，他用《旧约》中的一系列故事情节来装饰大主教宫殿的楼梯、长廊和红色会议室（Sala Rossa）。这些壁画获得了空前的赞誉，使得提埃波罗声名远扬，他很快就因众多委托作品而应接不暇。这些委托任务起初来自意大利的米兰、贝加莫（Bergamo）和维琴察（Vicenza）等其他城市，但到了18世纪30年代中期，其作品的委托人已遍及欧洲皇室。提埃波罗几乎无法跟上进度，曾在信中给一位不耐烦的赞助人这样写道，自己"日夜不停地工作……几乎没有喘息的功夫"。

壁画大师

提埃波罗的壁画风格与其早期的油画截然不同。他放弃了皮亚泽塔的较暗着色法，转而选用较浅的柔和色调，其作品中的阴影几乎完全消失。有人曾评论这一飘忽不定的效果将精美设计的构图中浮现的优雅人物联系起来。提埃波罗通过"在一些明亮的笔触旁使用昏暗的色彩"而实现了这一点，这使其作品充满"活力……阳光——这一点似乎无可比拟。"

视错觉

提埃波罗成功的关键在于笔触的速度和稳健，这一点有着巨大的优势，因为快干型石膏上的错误不易更正。他不仅是一名出色的绘图员，还体现了对透视的精准把握：这一点至关重要，因为他的众多壁画都需要从下方进行观赏。

提埃波罗接受了媒介本身的挑战。他喜欢添加技艺精湛的画面，这些细节让观众反复观察，不确定自己是在观看真实还是想象中的事物。例如，在他维尔茨堡的装饰画中，人物不是双腿悬挂在扶栏上方，就是看似将要从（涂色的）壁架上摔下来。

精心准备

提埃波罗在展开壁画创作之前会绘制多幅素描。最初的研习通常是用钢笔和棕色墨水绘制的素描，并涂上一层棕色。之后，随着构图的成形，开始创作油画草稿。为了在开工之前获得认可，他会将最详尽的样式——所谓的"小型复制品模型"（modello）——展示给赞助人。如今，他保存下来的模型被视为杰作。

提埃波罗的风格在某些方面更为直观。他天赋异禀，可以将画中的模拟光线与周围建筑的真实光线混合起来。他的人物似乎摆脱了墙壁和天花板，飘浮在空中，却看似仍占据着真正意义上的空间。提埃波罗还有很强的创作才能，这一点在委托作品中帮了他的大忙。这些作品希望他能够描绘出家族历史中一些不起眼的角落，或者将祖先的

▽《克莉奥佩特拉和安东尼的宴会》（*The Banquet of Cleopatra and Antony*），约1748年

当克莉奥佩特拉招待安东尼时，将一只珍贵的珍珠耳环溶解在一杯酒中，然后喝了下去，以此炫耀自己的财富。提埃波罗多次绘制这一让那些以财富为荣的赞助人最青睐的主题。

◁《阿波罗与四大陆》(*Apollo and the Continents*)，1750—1753年

维尔茨堡宫的宏伟楼梯上方的天顶壁画旨在美化新上任的采邑主教，四大洲的拟人化身都在向他致敬。

相关技术

错视主义手法

提埃波罗的壁画因其令人信服的错视效果而闻名。在大多数情况下，这一概念是为了让一座宫殿式宅邸看起来更加宏大。天花板被画成高耸的塔楼和天空，而在地面上，一座涂色的墙壁可能第一眼看上去就像是一座开放式的凉廊或另一个房间。这项技术需要团队合作。与大多数其他壁画家一样，提埃波罗与一位错视天顶画家（quadraturista）——绘制错视主义建筑元素的专家——进行合作。其职业生涯的大部分时间都在与该项工艺的杰作代表之一杰罗拉莫·门戈齐·科隆纳（Gerolamo Mengozzi Colonna，约1688—1766年）互相合作。

瓦尔马拉纳别墅（Villa Valmarana ai Nani）的湿壁画细节，提埃波罗，1757年

功绩与古典神话中的情节结合起来。

为了迎接这些挑战，提埃波罗从多处获取灵感源泉。他与威尼斯绘画黄金时代的著名前辈保罗·委罗内塞（Paolo Veronese）同样热衷于华丽的场景，甚至还为自己的众多人物画上了16世纪的异域服装，以增强这种华丽的效果。

提埃波罗最宏大的作品构图同样呈现出剧场感。作为一门艺术形式，歌剧在15世纪的意大利得以发展。第一座商业歌剧院于1637年在威尼斯开业，到了15世纪末，该城市已拥有不少于16家剧院。提埃波罗的天国景象必然反映了剧院里的观众所格外喜爱的迷人舞台与灯光效果。

奢华的方案

提埃波罗最伟大的意大利壁画当属为威尼斯的拉比亚府绘制的装饰画（约1745—1750年），其中包括以描绘安东尼和克莉奥佩特拉之间的浪漫故事而闻名的宴会厅。

拉比亚是个好炫富的家族。据传，他们曾模仿克莉奥佩特拉展示自己奢华财富（据说她曾溶解并喝下一颗珍贵的珍珠）的一段历史插曲，宴会后将金餐具扔进运河。这个笑话是他们的客人讲的，因为他们后来从隐形的网上找回了自己的盘子。

拉比亚的壁画一度非常壮观，却在提埃波罗设计的杰出的方案——德国维尔茨堡市采邑主教宫的装饰画——面前黯然失色。在这里，艺术家的任务是美化赞助人的家族。这是他在楼梯间上方的巨幅壁画中所取得的一项惊人成就，壁画中的阿波罗和各位泰斗齐聚一堂，向亲王致敬。

晚年，提埃波罗被查理三世传唤到西班牙装饰马德里皇宫（1762—1766年）。作品完成后，他留在了西班牙，继续接受委托任务，但他的风格面临着失宠，逐渐被新古典主义的新趣味所取代。他于1770年3月27日在马德里去世，安葬在圣马丁教堂（San Martin）。

“提埃波罗是完美的艺术健将，对他来说，没有哪个表演场地因为太过庞大而让他望而却步。”

迈克尔·列维（Micheal Levey），《观察家》（*The Observer*），1986年

ANTONIO
CIVIS VENETUS

卡纳莱托

1697—1768年，意大利人

没有哪位艺术家比卡纳莱托更能有效地捕捉到威尼斯那壮丽的景色和迷人的精神。他的作品在当时大受欢迎，且从未失宠。

乔万尼·安东尼奥·卡纳尔（Giovanni Antonio Canal）于1697年10月28日出生在威尼斯，其父贝尔纳多（Bernardo）是一位备受推崇的剧场布景画家，安东尼奥在自家的画室中接受了培训。他之所以在这一时期决定采用卡纳莱托（Canaletto，小卡纳尔）的绰号，仅仅是为了避免与父亲相混淆。

布景

起初，卡纳莱托曾担任贝尔纳多的若干年助手。1716年至1718年，他为威尼斯作曲家安东尼奥·维瓦尔第（Antonio Vivaldi）的歌剧布景；随后前往罗马，为亚历桑德罗·斯卡拉蒂（Alessandro Scarlatti）的2部歌剧准备布景。这些剧场作品为卡纳莱托的职业生涯奠定了良好的基础：帮助他掌握了空间透视，并教会他如何安排构图，将大量不同的细节汇集成一个令人信服的整体。这些作品也在其风格上留下了鲜明的印记：无论卡纳莱托的场景变得多么拥挤，仿佛都是从远处看到一样。一般来说，他的画面最突出的特点就是前景叙事相对较少。当然，在剧场中，这类前景活动都将由舞台上的演员来实现。

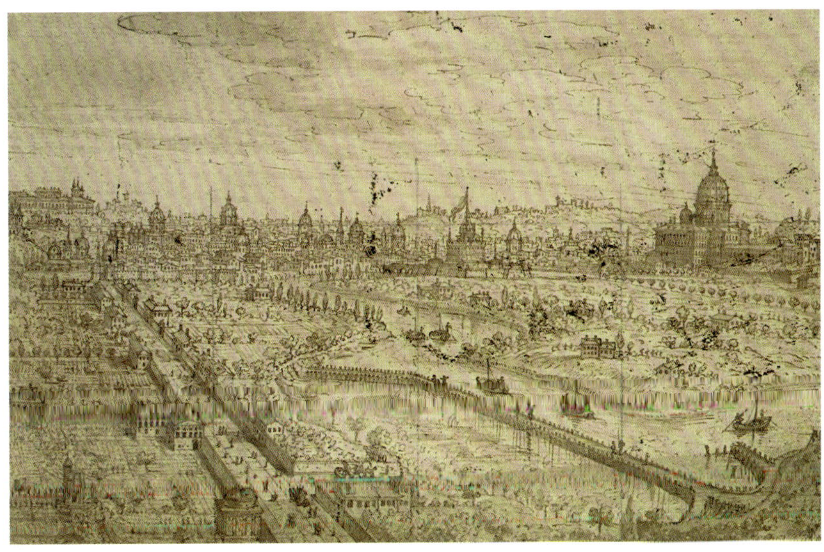

△**早期城市景观**

1719年，卡纳莱托在罗马工作期间，创作了一系列钢笔画素描，其中包括台伯河全景以及从弗拉米尼亚大道（Via Flaminia）的圣瓦伦西诺大教堂（the Basilica of San Valentino）看到的城市景观。

在罗马，卡纳莱托制作了一些城市地标的图样，可能已经暗示了其职业生涯的变化。一项早期资料表明，他觉得与剧场人员合作太麻烦，不过并没有详细解释。无论如何，他的名字都在1720年被记入威尼斯画家行会名单，他的新方向或许可以追溯至这一时间。

城市景观

作为一个独立的运营者，卡纳莱托广泛撒网，扩大市场。他绘制真实和虚构两类风景画，并且其第一件可以确定年代的委托作品（1722年）是与人合作给英国诸多知名人士的陵墓绘制一系列寓言画。卡纳莱托通过中间人、前戏剧演员欧文·麦克史威尼（Owen Macswiney）获得了这一委托任务，并在后来以这种方式——通过

相关技术

随想画

"随想画"（Capriccio）这个名词取自意大利语中的"随想"一词，它是一种带有想象主题的绘画，通常是（往往来自不同场所的）建筑元素与真实或虚构景观的组合。此类画作在18世纪十分流行，卡纳莱托是其中杰出的代表人物之一。随想画对意大利本地人的吸引力大于游客，从而为卡纳莱托的作品带来了额外的市场。凭借异想天开的主题和创意性的构图，这些作品为他提供了一个更加自由的舞台来展现艺术才华。卡纳莱托可能选择了一幅题为《宫殿门廊》（*Portico of a Palace*）的随想画作为威尼斯学院的展览画作，这一点尤为关键。相较其他画作，他的某些随想画更加不真实，比如下图这幅虚构的风景画

该作品受一位富有的英国贵族委托绘制。

《带有宫殿的英国风景随想》，约1754年

◁**艺术家肖像**

这幅画展现了卡纳莱托正在伦敦为圣保罗大教堂绘制一幅场景，该作品曾被归为艺术家本人的作品，但很可能由一位英国画家完成，并在后面的背景中仿制了卡纳莱托的画板。

"他的优秀在于画出了自己眼皮底下的事物。"

欧文·麦克史威尼写给里士满公爵的一封信，1727年

简要年表

约1720年
绘制《大运河：从坎波圣维奥往东看》（*The GrandCanal: Looking Eastfrom the Campo San Vio*），该作品是他较早的威尼斯风景画之一。

约1725年
在其职业生涯的早期，比起人人皆知的旅游景点，更喜欢画这座城市中较为简陋的一面。

1729—1732年
在事业巅峰期，他绘制了《圣母升天节礼舟回港》（*The Bucintoro Returning to the Molo on Ascension Day*），该作品描绘的是年度最盛大的庆典之一。

1747年
在英国绘制《里士满宅邸的伦敦一景》（*A View of London from Richmond House*）；他被泰晤士河的深深吸引，那里让他想起了家乡。

1763年
最终当选为威尼斯学院成员。

个人介绍，而不是在画廊或展览中展出作品——获得了大部分委托作品。

卡纳莱托逐渐缩小了自己的关注范围，专注于本地城市的城市景观图或风景画。一些历史学家表示，他曾在当时领头的威尼斯风景画家卢卡·卡莱瓦里斯（Luca Carlevaris，1663—1730年）的画室里受到过这方面相当专业化的培训。卡纳莱托必然知道卡莱瓦里斯的作品，并从中借鉴了一些创意，但二者的风格和方法截然不同。卡莱瓦里斯相对固定的场景全部在画室完成，而卡纳莱托一直是位多产的绘图师，他在户外创作草图，并在后期重新构图时，将这些草图用作参考素材。因此，他的风景画具有年长老师的作品中所缺乏的新鲜感和活力。卡纳莱托对于细节的独到眼光在他早期的风景画中表现得尤其明显，例如他的著名画作《石匠的院子》（*The Stonemason's Yard*）。在这幅画中，艺术家描绘了房屋上剥落的灰泥墙、晾着床单的凌乱的阳台和摇摇晃晃的木棚，在木棚中，工人们正在切割、加工石块。

这幅画作可以断定是为一位意大利客户创作的，然而不久之后，卡纳莱托便将目光瞄准了一个庞大而有利可图的市场——从事大陆游学的富有的英国贵族（见对页方框）。

欧洲旅游胜地

前往欧洲大陆的这股游客潮始于17世纪50年代，但在接下来的一个世纪里就从涓涓细流演变为势不可当的洪流，而意大利一直是巡游中最精彩的部分。旅行者们去罗马参观古迹，来威尼斯却是玩乐。这座城市以假面舞会、节日庆典和咖啡馆而闻名。它的化装舞会或赌场吸引着所有人，从富有的贵族到高级妓女，同时还是非法幽会的完美场所——威尼斯的“欧洲妓院”之称名至实归。

这座城市在狂欢节期间最为繁忙，届时，当地人和游客都“安于享乐和自由，荒唐事和混乱行为比比皆是”。伪装在狂欢节面具背后的狂欢者们将会参加由贡多拉船夫们所举办的庆祝活动，这些船夫正是声名狼藉的“阴谋主”。

游客需求

作家兼旅行家玛丽·蒙塔古夫人（Lady Mary Montagu）形容威尼斯的英国游客是“世界上最笨的人”。不过，他们是富有的笨蛋，在冒险中搜寻昂贵的纪念品。其中较有文化的人选择了风景画——这是卡纳莱托很乐于满足的一个要求。唯一的困难是语言障碍，因为大部分游客都保留着“对奶奶所教语言的不可侵犯的忠诚”。卡纳莱托通过经纪人克服了这种困难。他的经济人中最位高权重的当属英国驻威尼斯的领事约瑟夫·史密斯（Joseph Smith），他将艺术家介绍给了一些最优质的客户，并亲自购买了卡纳莱托的多件杰出作品，后来出售给英国国王乔治三世（George III）。

▽**《石匠的院子》，1727年**
卡纳莱托善于观察细节，他在此画中捕捉到威尼斯日常生活中的一个场景，避开了城市里游客们蜂拥而至的景点和节日庆典。

◁《大运河上的赛舟会》(*A Regatta on the Grand Canal*)，约1740年

这幅画描绘了一年一度的狂欢节赛舟会期间的一场贡多拉比赛。观众大多穿戴着传统的狂欢节服饰：黑色的斗篷和白色的面具。

纪念品市场

卡纳莱托调整自己的风格，以适应英国市场。他选择绘制这座城市最受欢迎的旅游景点及其盛大的庆典场合。他选用更为明亮的色彩，使画面看起来很温暖且阳光充足（甚至包括绘于冬季的活动）。他还努力使自己的作品具有现场感。例如，在他的一幅画作中，工匠的水桶突兀地悬在半空中，创造出一种“快照”式的效果，使场景更为个性化，同时让观者身临其境。

卡纳莱托运用视觉技巧来实现对现实的错视幻想，从而使画作销路更广。他有时会改变个别建筑物的形状和比例、改变运河的走向或添加并不存在的布局。他们以这种方式增加作品的亮点从而大增盈利。

卡纳莱托的人气飙升，其作品的价格翻了4番。他承担的工作如此之多，作品如此丰富，以至于有人质疑他的作画方法，认为他利用暗箱或雇佣了一支助手团队。然而，这一根据并无定论。

迁居英国

卡纳莱托在17世纪20年代和30年代取得了巨大成功，然而在奥地利王位继承战争（Austrian Succession，1740—1748年）爆发后，他的财运陡然直下。大陆旅行变得十分困难，他的委托任务来源中断。不过，他并没有灰心，并于1746年移居英格兰，除了一两次回访威尼斯，他在那里一待就是10年。起初，他为里士满（Richmond）公爵创作了质量上乘的一些油画，但其作品质量逐渐下降，甚至引发了“在英国，这人是冒名顶替者”的传言。卡纳莱托于1756年返回威尼斯，继续作画并加入威尼斯学院，却从未彻底恢复其鼎盛时期的声誉。他于1768年去世。

◁绘图辅助工具

卡纳莱托被认为利用暗箱——一种将图像投影到绘图表面，以便追踪其轮廓的仪器。

背景简介

大陆游学

卡纳莱托依靠盛行于整个18世纪的大陆游学来维持生计。大陆游学，即富有的贵族让儿子在导游或导师的陪同下前往欧洲大陆学习。环游欧洲大陆之旅往往需要一年的时间才能完成，行程一般包括法国、低地国家以及途经阿尔卑斯山的一段水路，但重点始终是意大利。对有些人来说，这次旅行可能只不过是一段漫长的消遣时光，但态度较为认真的旅行者则可能带着众多昂贵的纪念品打道回府，包括古代雕塑、本人被绘制在古典地标旁的肖像画，或是由卡纳莱托绘制的美丽画卷。

《罗马的英国鉴赏家》（*British Connoisseurs in Rome*），凯瑟琳·里德（Katherine Read），约1750年

“他超越了之前的所有人，他的风格明快、欢乐、生动，其透视细节令人惊叹。”

——查尔斯·德·布罗塞（Charles de Brosses），致德·匡依（Lw Neuilly）的一封信，1739年

LINE of

威廉·霍加斯

1697—1764年，英国人

作为一种全新绘画类型——“现代道德题材画”——的发明人，霍加斯不仅是当时社会上一位眼光犀利的观察者和批评家，还积极提高了英国艺术的地位。

威廉·霍加斯（William Hogarth）出生于伦敦，其父是一位拉丁语学者和校长，曾拥有一间破产的咖啡馆，因负债而锒铛进入弗利特（Fleet）监狱。父亲的经历对这位年轻艺术家而言至关重要，因为他既能够近距离观察伦敦咖啡馆的生活和形形色色的人物，也因为父亲的命运而坚信需要确保财政独立。

初获好评

霍加斯通过雕刻银盘上的盾形纹章开始了职业生涯，并利用业余时间学习绘画。他的第一幅画作是一幅出自热门话剧《乞丐歌剧院》（*The Beggar's Opera*，1728年开幕）中的场景，为之后的大部分作品定下了基调。该作品描绘了剧中发生的戏剧性事件，充满自然主义的细节，甚至还展现坐在舞台上的观众，如同当时的习俗。事实证明，这幅画大受欢迎，因此霍加斯为其制作了若干个版本。他对人物性格和外貌的敏锐观察带来了众多肖像委托作品，包括“人物风俗画”，即对谈话或其他活动中的家庭及朋友团体进行日常描绘。

约1731年，霍加斯创作出第一组标志性的系列组画——像小说一样用若干个片段讲述一个故事的油画。虽然这些画作充满了幽默的小插曲，强调了人类的愚蠢行为，其背后的意图却是严肃的：霍加斯想要推进社会改革，改善不公和城市贫困。

他的第一组系列作品是《妓女生涯》（1731年），讲述了一位天真的乡村女孩来到伦敦，被妓院老鸨引诱去

◁《我眼中的自己》（*As I See Myself*），1745年

霍加斯建立了英国画派。他的[illegible]作使他脱离了欧洲的传统，这幅自画像中还画了他的哈巴狗特朗普（Trump）。

△《妓女生涯》（*A Harlot's Progress*）：插图一，1732年

霍加斯道德系列的主人公莫尔·哈克鲍特（Moll Hackabout）在接受妓院老板尼达姆老鸨（Mother Needham）的检查。

背景简介

育婴堂

因为震惊于伦敦为非法婴儿和弃婴制度的法律条款如此匮乏，乐善好施的海军上尉托马斯·柯拉姆（Thomas Coram）于1739年建立了育婴堂（The Foundling Hospital），为弃婴们提供住所。霍加斯担任董事，为孩子们设计制服，并和妻子简（Jane）一同养育这些被遗弃的孩子们。他还在新的建筑物中设立了永久性艺术展览，捐赠艺术作品，并鼓励其他艺术家也这样做，实质上创建了英国的第一家艺术画廊。霍加斯为柯拉姆上尉所绘的肖像画是一幅宏大而庄严的画像。

《柯拉姆上尉》，威廉·霍加斯，1740年

“我一直尽力像剧作家那样处理我的主题：我的画作就是我的舞台，画中的男男女女就是我的演员。”

威廉·霍加斯

▷《浪子历程》，插图二，1734年

霍加斯系列作品的第二个场景的版画描绘了被各门艺术圈阿谀奉承的同伴和被老师们包围着的新贵汤姆。在步伐轻盈的意大利舞蹈老师、法国击剑教练和墙上的老一辈大师的画作的滑稽形象中，暗含着一种排外心理。

相关技术

讽刺画与角色

霍加斯往往夸大自己所绘的人物特征，却热衷于反驳那些控诉自己讽刺画的评论家们。为了回应他们的指责，他创造了一幅版画（下图），打算以此来说明人物角色和讽刺画之间的差异。左下角是取自拉斐尔作品（角色）的三个头像，右下角则是根据包括达·芬奇在内的其他艺术家作品绘制的头像，体现了讽刺画的扭曲特征。在上方的空间里，霍加斯绘制了一系列自创"角色"侧面像。

《人物角色与讽刺画》，威廉·霍加斯，1743年

淫，最终死于性病的故事。这些油画在1755年被大火烧毁，但我们通过版画得知它们的样子，霍加斯将它们制成版画，因为这项投机举动盈利颇丰。此番成功激励着他进一步展开油画系列的创作，这些油画后来都被制成了版画。考虑到要保护自己的生活免受廉价盗版版画的干扰，霍加斯发起了一项向版画家授予版权的运动。

非常英式的艺术家

霍加斯的下一部"道德史"系列作品《浪子历程》（*A Rake's Progress*，1732—1733年）由8幅油画组成，记录了汤姆·瑞克维尔（Tom Rakewell）的起起伏伏：这个城里的年轻人继承了一笔财产，然后将其挥霍在奢侈品、赌博和妓女身上，之后进入负债者的监狱，最终陷入疯狂。这些画作以及随后制作的版画充满智慧和讽刺性细节，为当时的社会习俗提供了尖刻的注脚，批判了势利、自私的行径，讽刺了来自国外的时尚潮流。该系列作品大获成功。霍加斯有颗炽热的爱国心，十分厌恶外国的艺术品味，尽管他经常在自己的作品中借用欧洲老一辈大师们的主题和作品。对他而言，英国收藏家在本土艺术家尚难谋生之时购买这样的作品着实可悲。为了支持英国艺术，他决定在1735年成立伦敦绘画学院，该学院将秉持民主的理念经营。

阶级评论

在霍加斯的下一组大型系列《时髦的婚姻》（*Marriage A-la-Mode*）中，他以讽刺贵族社会的习惯为目标。这6幅油画描绘了一对极不相配的夫妇因一场无爱的包办婚姻而结合。一贫如洗的伯爵之子与一个富有的城市商人的女儿结婚，这一结合却不可避免地以悲剧收场。其后来的生活包括不忠、梅毒、决斗和自杀。第一幅画作［《婚姻财产契约》（*The Marriage Settlement*）］为其余的几幅奠定了基调：年迈的伯爵展示自己的家谱，通过窗户可看到他那正在建造的新房。商人手持婚约，而他身后的女儿在倾听一位年轻律师希尔维堂（Silvertongue）讲话。比起他未来的新娘在镜中的倒影，伯爵的儿子更为欣赏自己。左下角的两只用链条拴在一起的狗象征着婚姻，而墙上的绘画则评论着这一行为。后墙上法国式样的一幅宏大肖像画，正对着侧墙上暗示着恐怖的美杜莎头颅。

霍加斯的风趣并不总是针对上层阶级，他的版画系列《工业与闲暇》（*Industry and Idleness*，1747年）和《啤酒街与金酒街》（*Beer Street and*

▷《时髦的婚姻：婚姻财产契约》，1745年

霍加斯作品中的色调和构图有意令人回想起法国洛可可艺术，增强了作品的讽刺意味。

"任何时代所能产生的极具价值的讽刺家之一。"

——亨利·费尔丁（Henry Fielding），1740年

Gin Lane，1751年）对工人阶级的恶习同样投以批判性的眼光。他还在后期的讽刺系列作品《选举》（*An Election*，约1755年）中添加了政治机构。4幅油画描绘了竞选活动中频繁出现的贿赂、腐败和暴民暴力事件，灵感可能源自霍加斯在报纸报道中读到的真实事件“牛津大选”。

历史画

1757年，霍加斯成为国王的军士画家（sergeant-painter），这一职位让他通过监管装饰性作品而获得不错的收入。他一定很高兴被任命为自己已故的岳父詹姆斯·索恩希尔（James Thornhill）生前所担任的官职。索恩希尔曾是一位历史画家，霍加斯长期以来一直希望追随他的脚步，以宏大的画风进行创作，但他所做的努力远不如私密作品和肖像画那般成功。他的《西格蒙达悼主斯卡尔多的心脏》（*Sigismunda Mourning over the Heart of Guiscardo*，1759年）描绘了《十日谈》（意大利乔万尼·薄伽丘的中世纪100个故事）故事中的一个场景，试图表明英国画家可以和文艺复兴盛期的意大利大师们一样，令人信服地参与英雄主题的创作。然而，这幅画遭到了委托人的拒绝，并受到公众严厉的批判，以致霍加斯在生命的最后几年里几乎完全放弃了绘画。

简要年表

- 1721年 绘制第一组“现代道德”主题《妓女生涯》。
- 1729年 与曾经的导师詹姆斯·索恩希尔的女儿简·索恩希尔（Jane Thornhill）结婚。
- 1735年 在伦敦重建一所之前由岳父经营的绘画学校。
- 1740年 为育婴堂捐赠120英镑和柯拉姆上尉肖像。
- 1748年 因在法国加莱（Calais）写生时从事情报工作而被捕。为报复而绘制《老英格兰的O烤牛肉》（*O The Roast Beef of Old England*）。
- 1753年 出版了一本艺术论著《美的分析》（*The Analysis of Beauty*）。

晚期作品

现代观众可能会觉得霍加斯的天赋更清楚地体现在他描绘仆人的小型非正式草图中，或是体现在他对在比林斯盖特市场（Billingsgate Market）上见到的一位头顶篮子、出售贝类的卖虾女孩的研究上。这类习作画得十分自由，并非为出售而创作，但其中的清新、自然却体现了霍加斯捕捉人物独有特质的天赋。

△共济会徽章

据称，霍加斯为伦敦的共济会设计了这枚银色徽章。在霍加斯成为共济会成员后，进入了新的社会阶层，并将共济会的主题融入自己的多件作品之中。

◁《卖虾姑娘》（*The Shrimp Girl*），约1740—1745年

这件晚期的未竟之作体现出霍加斯轻松利用松弛的笔触创造出一件刺激感官、充满活力的肖像画。

让-西麦昂·夏尔丹

1699—1779年，法国人

夏尔丹主要靠自学成才，他创作的安静的静物画和私密的风俗画为他在法国皇家学院的精英圈里赢得了一席之地。他的天赋在于捕捉日常生活的片段之美。

让-西麦昂·夏尔丹（Jean-Siméon Chardin）于1699年11月2日出生在巴黎，他是家中最年长的孩子，父亲让是一位成功的橱柜制造商，其客户包括路易十四。他在一个精湛工艺、备受推崇的氛围中长大，但没有选择继承父业。18岁时，夏尔丹成为一名宫廷画家的学徒，不过作为名艺术家，很大程度上他是自学成才。

◁**《晚餐前的优雅》，约1740年**
夏尔丹展现了日常生活的一部分：一位母亲正在把汤分给其中一个女儿，而另一个女儿则朝母亲看去，紧握双手在祷告。装满木炭的锅（右下方）本身就是一组迷人的静物。

在学院取得成功

20多岁时，夏尔丹已经确立了自己作为一名静物画家的身份时却陷入财政危机，往往要靠给其他艺术家的画作添加细节勉强度日。1728年，他的运气有所好转，他的画作吸引了当时著名画家尼古拉斯·德·拉吉利埃（Nicolas de Largillière）的注意，他鼓励夏尔丹在皇家艺术学院展示作品，并申请成为会员。

◁**《戴眼镜的自画像》，1771年**
这幅色粉笔自画像在1771年的沙龙上展出，当时的夏尔丹身体状况堪忧。

鉴于夏尔丹没有在学院接受过训练，又专攻静物这一最不起眼的绘画分支，他被学院选为“花果画家”，这是对其技艺的最佳礼赞。也许寄希望于增加收入，到了18世纪30年代，夏尔丹开始从静物画转向人物画。他的画作通常只出现一两位或三位人物，通常描绘日常生活中的片段：厨师或洗衣女工的日常职责或中产阶级家庭主妇“室内”活动。这些是安静的杰作，画面中没有冲突破坏平衡，色彩和色调十分协调地搭配在一起。

人物画大获成功后，夏尔丹的事业蒸蒸日上。1755年，他被同事们选为学院的财务主管，并获得了多件皇室委托订单，包括1764年为皇家住所舒瓦西宫（Châteaude de Choisy）装饰客厅。

夏尔丹晚年回归静物画，随着视力的衰退，他开始用色粉笔作画。他专注于完善描绘自己眼前所见的这门艺术，传达光线、气氛和质地的乐趣。夏尔丹于1779年在巴黎逝世，享年80岁。

△**赞美平凡**
夏尔丹的小幅油画展示了所有家庭中的最常见物品——铜锅、锡盘或配料——与学院“精心布景”的静物画形成了鲜明对比。

背景简介

皇家住所

法国国王路易十五（Louis XV，1710—1774年）是夏尔丹作品的支持者，帮他推进了事业的发展。1740年，二人见面时，艺术家向路易十五呈递了自己的画作《餐前祈祷》（*Saying Grace*），而在1752年，国王授予夏尔丹每年500法郎的津贴，以示仰慕。1757年，国王在卢浮宫为他提供住所，当时，那里还是皇宫，而不是博物馆。

卢浮宫的柱廊，18世纪蚀刻版画

“我必须格外努力地去模仿……一般的块面、色调与色彩、圆润度以及光影效果。”

——让-西麦昂·夏尔丹

▷**《36位不朽的诗人》（局部），1798年**
在这组屏风帘中，伊藤若冲以幽默和大胆来处理传统主题（最受人尊敬的日本诗人），描绘了玩耍中的诗人们。

伊藤若冲

1716—1800年，日本人

画家伊藤若冲因对鸟类（特别是公鸡）和花朵精工细致而绚丽多彩的描绘而闻名。他将前人的精美细节与全新、大胆的装饰效果结合在一起。

“画家……只满足于技术……却没人能超越技术……我却不同。”

——伊藤若冲

伊藤若冲是一位成功商人的长子，其父在京都经营食品批发。他很幸运地出生在日本历史上和平的江户时代，当时像京都这样的大城市，其文化生活正蓬勃发展。伊藤若冲年轻时曾参与家族企业，一直在里面工作到近40岁，同时一直追求着艺术。

我们对他所受的艺术训练知之甚少。有人说他是著名的花鸟画家大冈春卜的弟子，不过他很可能是自学成才。大概在离开家族企业后，伊藤若冲建立了自己的画室，结识了一名僧人大典显常，从而得以在显常担任住持的相国寺里研习大量中国画和日本画。在佛教寺庙中临摹绘画可能就是伊藤若冲自学绘画的方法。

生动性

1757年，伊藤若冲开始创作一组使他声名远扬的画作。该系列作品《动植彩绘》由30幅卷轴画组成，生动地画在染色的绢上，以自然界为绘画对象，特别是植物、昆虫、鸟类、爬行动物和鱼类。艺术家直到1765年才完成所有的画作，不过彼时作品中的鲜艳色彩、精湛技法、精美细节和均衡构图令所有人对之印象深刻。这种绘制植物和动物的生动方式是使伊藤若冲著名的两种风格之一。

禅宗的影响

凭借与大典显常的友谊以及京都市内的其他关系，伊藤若冲结识了这座城市的众多知识分子，并偶尔结伴旅行。旅行激发他进一步创作自然风景画，友人则激励着他在这方面的艺术创作。

伊藤若冲是一位宗教人士，他发展出另一种作画方式——一种松散而不那么细致的水墨画风格，这种方式受到禅宗（见右侧方框）的影响。他还尝试过版画，特别是木版画。

精神生活

晚年的伊藤若冲退出了京都的知识分子生活，退隐到一座佛教寺庙，全身心投入宗教事务。不过，他并没有放弃艺术，在生命的最后一年里仍坚持作画。他给自己取名“斗米庵”，据说他曾用作品来换取米。

他因两种绘画风格而被人铭记，尤以他对植物和鸟类的生动描绘。他是所有日本艺术家中最具吸引力的一位。

背景简介

禅宗

禅宗虽然起源于中国，但流行于日本。它强调自律和冥想，并鼓励一种构图简洁而美观的美学，如禅宗花园的和谐与宁静、日本茶道等仪式以及如俳句这种浓缩诗。当伊藤若冲退休并以佛教僧侣的身份生活时，他以简洁却精心构图的单色画捕捉着动物或场景的精髓，反映了他受到这一哲学的影响。

日本茶道中使用的茶壶，18世纪

▷《13只公鸡》，约1757—1766年

作为艺术家倾注10年心血的《动植彩绘》系列的一部分，这幅令人眼花缭乱的画卷体现了伊藤若冲在近距离观察、细节和色彩运用（据悉，他已开始尝试新的色料）方面的才能。

◁《寒山与拾得》，约1763年

伊藤若冲描绘了中国神圣的天台山上一座寺庙中的僧侣：寒山与拾得。他的水墨画体现了他对禅宗的热爱，并且，他擅长将开放的空间与大胆而戏剧化的形式结合起来。

托马斯·庚斯博罗

1727—1788年，英国人

庚斯博罗是英国有史以来最伟大的肖像画家之一。虽然他真正的雄心壮志是成为一名成功的风景画家，却在巴斯和伦敦开创了辉煌的事业。

托马斯·庚斯博罗（Thomas Gainsborough）于1727年春天出生在萨德伯里镇（Sudbury），该镇位于英格兰东南部的萨福克郡（Suffolk），是一个长期从事羊毛贸易的地区。庚斯博罗家族的几代人都投身这个行业，他的父亲在18世纪30年代生意陷入瓶颈之前一直是一名布商。托马斯家中共有9个孩子，作为男孩，他大部分时间都在附近的乡村写生。他确实颇有天赋，13岁时，父母允许他前往伦敦，去追寻自己的艺术梦想。

◁《安德鲁斯夫妇》，1748年

庚斯博罗的这幅委托作品极有可能是为了纪念这对富有夫妇的婚姻，该画遵循了人物风俗画的惯例。

在首都的影响力

在伦敦时，庚斯博罗进入了以洛可可风格作画的法国画家兼雕刻师休伯特·格弗路（Hubert Gravelot，1699—1773年）的画室。格弗路的主要身份是插图师，托马斯很可能在这方面协助过他。通过导师，他接触了另外2位颇有影响力的人物：弗朗西斯·海曼（Francis Hayman）和威廉·霍加斯。海曼是人物风俗画的早期代表人物，这是一种集体肖像的形式，强调一种日常的气氛；画家兼社会评论家霍加斯（见第157—159页）则为这个年轻人提供了最早的委托订单之一［一幅小画《卡尔特修道院》（*The Charterhouse*）］。

◁《自画像》，1758—1759年

庚斯博罗住在萨福克时绘制了这幅画像。画中人物泰然自若的神态暗示着他同更为浮夸的欧洲风格的分道扬镳，背景中的橡木叶则强调了人物的英国特色。

庚斯博罗于1745年在格弗路离开伦敦后成立了自己的画室，并试图以风景画家的身份谋生。很快，因为这类画作的需求不足，他不得不承接修复工作。幸运的是，庚斯博罗没有食不果腹，因为在1746年7月，他在梅费尔（Mayfair）的一座不起眼的私人教堂里开始了一段隐秘的婚姻。他的新娘是博福特（Beaufort）公爵的私生女玛格丽特·伯尔（Margaret Burr）。她的不合法身份想必是婚姻保密的原因（托马斯的父母是敬畏上帝的卫理公会教徒），但她的巨额收入缓解了他对金钱上的顾虑。

乡间别墅

1748年，父亲去世后不久，庚斯博罗回到了萨德伯里。紧接着，他收到了他最受欢迎的画作之一《安德鲁斯夫妇》（*Mr and Mrs Andrews*）的委托订单。他为这幅油画所采用的大胆

背景简介

巴斯

庚斯博罗于1759年定居巴斯是一个精明的商业决定。18世纪60年代，这里是全英国最时髦的度假胜地。这座城市的崛起始于1702年安妮王后（Queen Anne）的莅临，然后因为巴斯的典礼官“花花公子”纳什（Nash）的才能得以巩固下来，他改造了当地的娱乐设施。游客们在名义上是为医用水来到这座城市，实际上是为舞会、戏剧和音乐会而来。庚斯博罗在巴斯的成功可通过他搬进该城市最富盛名的建筑物圆形广场这一事实来判断。

圆形广场，巴斯

“他的头颅里塞满了各种各样的天才想法，因此有可能爆裂，就像蒸汽机过度充电一样。”

——大卫·加里克（David Garrick），演员

简要年表

- 1748年 在萨福克期间，着手创作《安德鲁斯夫妇》，这是他第一幅真正的杰作。
- 约1756年 在自己孩子们的肖像中尝试不同类型的构图，例如《画家的女儿们在追蝴蝶》(*The Painter's Daughters Chasing a Butterfly*)。
- 1767年 在巴斯生活期间画了《收割马车》(*The Harvest Wagon*)，次年成为皇家艺术学院的创始成员。
- 1775—1777年 创作一幅在皇家艺术学院展出的一幅娇美的肖像画，广受好评。不幸的是，这位模特后来英年早逝。
- 1785年 继与皇家艺术学院产生争执后，在自己的画室中举办一年一度的展览。

形式与他的才华完美契合：一半的画布留给这对幸福的夫妇，另一半则展现了艺草繁茂的萨福克乡间美景。这样的设置是合乎逻辑的。风景呈现了这对夫妇的大量地产，还包含了他们近期结婚所在教堂的远景。遗憾的是，这种方案并没有吸引其他客户，他们想要更符合传统的肖像画。

在萨德伯里，庚斯博罗再没有碰到如此的委托作品，因此于1752年搬到了萨福克郡的首府伊普斯维奇(Ipswich)。虽然这个城镇更大，也更繁荣，收入却依然微薄。艺术家在伊普斯维奇出售的风景画主要是挂在壁炉上方的装饰画（从技术上讲，更像是家庭配置，而不是纯粹的风景画），而他的大部分肖像画客户都是神职人员或职业男性，他们在自己的画作中更偏爱一种朴素的“质朴”方法。庚斯博罗很羡慕他在伦敦的竞争对手们，他们的收费可以是他的2倍。没有别的选择，他必须再次搬家。

◁**萨德伯里的庚斯博罗雕像**

澳大利亚的雕塑家伯特兰姆·麦肯纳爵士(Sir Bertram Mackennal)于1913年为艺术家制作的一尊铜像矗立在庚斯博罗出生的小镇萨德伯里的市集山(Market Hill)。

名声渐长

庚斯博罗没有信心在伦敦参与最高水平的竞争，所以转而前往巴斯。他于1759年抵达，几乎在一夜之间就取得了巨大的成功。主要原因有两个：首先，几乎没有竞争，唯一的另一位肖像画家威廉·霍尔(William Hoare)是一位能力非常有限的艺术家；其次，大量富有游客的到来使他的作品种类更为繁多。

突然，庚斯博罗不再将大部分时间花在廉价的半身肖像画上，而是越来越多地创作真人大小的全身画。他的作品价格也迅速上涨：一幅头像从8基尼涨到了20基尼；一幅半身像从15基尼增加到40基尼；一幅全身像则可以收取60基尼。他并不会因为凭借自己擅长的艺术类型收取高价而良心不安。他的信中满是半开玩笑地提到“被诅咒的商业面孔”和“画肖像的扒手”。

▷**《理查德·宾斯利·谢尔丹夫人》(*Mrs Richard Brinsley Sheridan*)，1785—1787年**

在歌手兼社交名媛伊丽莎白·谢尔丹的这幅肖像画中，庚斯博罗运用宽松的笔法来传达一种随风舞动的浪漫之感。

◁《清晨散步》，1785年

这幅画描绘了一对穿着优雅的年轻夫妇威廉·哈勒特（William Hallett）和伊丽莎白·史蒂芬（Elizabeth Stephen）正漫步在一片枝繁叶茂的风景中。这些肖像画由有钱人委托绘制，作为地位的象征或为了庆祝婚礼。

在伦敦大获成功

新的参展机会让庚斯博罗得以在伦敦市场站稳脚跟。艺术家协会于1760年成立，庚斯博罗于次年开始在那里展出作品。随后，庚斯博罗受邀成为皇家艺术学院的创始成员。他是唯一一位生活在伦敦以外受此荣誉的肖像画家，这也是衡量其高声望的一项明确标准。

自然的风格

庚斯博罗的风格在巴斯的几年里趋近成熟，这要归功于他研习的私人艺术收藏品。其中最重要的当属威尔顿庄园（Wilton House）里的收藏品，那里属于彭布罗克（Pembroke）的伯爵，里面收藏了安东尼·凡·戴克（见第115—117页）的肖像画；庚斯博罗热衷于将其中的一些元素注入自己的作品，甚至描绘的一些模特还穿着凡·戴克时期的服装，特别是在他著名的肖像画《蓝衣少年》（*The Blue Boy*）和《粉衣少年》（*The Pink Boy*）中。

不过，他成功的关键还在于其大部分作品中自然的日常色调。不同于他的竞争对手乔舒亚·雷诺兹，庚斯博罗避免了古典主题或文学主题。他在放弃雇用布料画师上同样与众不同：当时的大部分肖像画家都会聘请专家完成模特的全套服装，而庚斯博罗则更偏向于将自己的构图当作一个有机整体来处理。

绘画技巧

庚斯博罗在全盛时期发明了一种非常独特的作画方式。他喜欢在柔和的光线下作画，特别是一开始在构图中确定色调关系时。他也喜欢在烛光下作画，这有助于解释其大部分画作中的闪烁效果。另外，庚斯博罗倾向于保持画布和模特之间的距离。为了做到这一点，他把画架放在与描绘对象垂直的地方，并在画笔上粘上长棒。随后，用由松脂稀释过的颜料，以短小而轻柔的笔触来完成画作。雷诺兹曾惊讶地注视着其油画的粗糙表面上“那些奇怪的划痕和印迹”。对他来说，它们看起来很混乱，但“由于某种魔力”，令他不得不承认其效果。

庚斯博罗肖像画的光鲜外观在他生命的最后几年中仍在进一步增加。在诸如《理查德·宾斯利·谢尔丹夫人》和《清晨漫步》（*The Morning Walk*）之类的晚期杰作中，人物似乎与虚无缥缈、随风飞舞的背景密不可分，融为一缕轻柔、浪漫的薄雾。

晚年

直至去世，庚斯博罗不断在作品中进行试验：尝试全新的主题、新的艺术手段和新技术。1788年4月，他的脖子开始发生癌变，并最终因此丧命。

就在他去世的前几天，庚斯博罗把雷诺兹召到床边，两个老对手终于和好了。雷诺兹是庚斯博罗的葬礼上担任抬棺者的6位艺术家中的一位，在他给学生们的《画论》中，将庚斯博罗列为原创的英国画家。

相关技术

幻想画

18世纪80年代初，庚斯博罗开辟了一种全新的绘画类型（即幻想画），通常描绘的是浪漫的田园环境中衣衫褴褛的[illegible]起来过于伤感，但这个主题在当时很受欢迎。庚斯博罗通过观赏穆里洛的画作《孩童时的圣施洗约翰》（*St John the Baptistas a Child*）汲取了最早的灵感。他对这样的结果必然十分欣慰，因为他对自己的幻想画索要高价，而这些画在艺术家去世后仍大受欢迎，并在1814年的庚斯博罗回顾展上占有一席之地。

《女孩与猪》，庚斯博罗，1782年

“这种混乱、粗陋而无形的外观，通过一种魔法，在一定距离上可以呈现出形态。”

——乔舒亚·雷诺兹，《画论》，1769—1790年

让-奥诺雷·弗拉戈纳尔

1732—1806年，法国人

弗拉戈纳尔是法国洛可可风格的最后一位大师，他那轻松愉快且往往带有轻佻意味的画作集中体现了一个即将倒台的政权那骄奢淫逸的生活方式。

让-奥诺雷·弗拉戈纳尔（Jean-Honoré Fragonard）于1732年出生在法国东南部的格拉斯（Grasse）。如今，这里是一个香水之都，在弗拉戈纳尔的时代却以制革厂而闻名，因而弥漫在空气中不是茉莉花香，而是兽皮的臭气。

1738年，弗拉戈纳尔和家人一起搬到了巴黎。在他父母让他接受培训成为艺术家之前，我们对他早年岁月一无所知，仅知道他曾在律师事务所短暂工作。他的第一个老师是专注于朴素的静物画和风俗画的让-西麦昂·夏尔丹（见第161页）。然而，弗拉戈纳尔很快就明白，自己不适合如此严肃的主题，于是在弗朗索瓦·布歇（François Boucher）的门下继续学习。事实证明，这是个绝佳的选择。

◁回到格拉斯

在罗马法兰西学院深造的前一年，弗拉戈纳尔画了《基督为使徒洗脚》（*Christ Washing the Feet of the Apostles*），现悬挂在艺术家家乡的大教堂里。

装饰的艺术

布歇是当时重要的洛可可画家，且与许多地位显要的赞助人产生密切，其中最重要的当属路易十五的情妇蓬巴杜夫人（Madame de Pompadour）。布歇告诉他的学生如何判断纯装饰的价值，他的神话场景巧借美丽的裸体形成诱人的构图。弗拉戈纳尔学得很快，1752年，已经足够优秀，于是报名参加著名的罗马大奖赛（Prix de Rome，见右侧方框）。从技术上讲，他还不够格，但布歇坚称："没关系，你是我的学生"。弗拉戈纳尔正式提出申请，以他对既定主题《耶罗波安为圣像祭祀》（*Jeroboam Sacrificing to theIdols*）的描绘赢得了比赛。获胜者有权在罗马的法兰西学院学习一段时间，但在他前往意大利之前，弗拉戈纳尔先进入皇家学院（EcoleRoyale des Elèves Protégés）学习了4年（1753—1756年）。该机构实际上是为获奖者们深造而设的学院。

权贵友人

弗拉戈纳尔最初被罗马的所见所闻震惊，认为自己永远不可能掌握与老一辈大师相匹敌的技能。他并没有专注于古代艺术，而是花了大量时间临摹晚近的意大利绘画，比如彼得罗·达·科尔托纳（Pietro da Cortona）和詹巴蒂斯塔·提埃波罗的作品。尽管如此，罗马学院的院长查尔斯-约瑟夫·纳多尔（Charles-Joseph Natoire）还是意识到了他的天赋和"天生的激情"，同时也注意到了他的

背景简介

罗马大奖赛

自1666年起，法国顶级的艺术机构皇家绘画与雕塑学院向最有前途的学生提供了一笔奖学金，即罗马大奖。获奖者可以在罗马的法兰西学院［最初坐落于曼奇尼宫（Palazzo Mancini），并于1803年迁至美第奇别墅］最多可获得5年的食宿安排。在此期间，他们将获得古典和文艺复兴时期艺术的全方位基础训练，为成功的学院生涯做准备。这个奖项的声望极高。

罗马大奖的首位赞助者路易十四的雕像

◁《自画像》，约1770年

弗拉戈纳尔是18世纪多产的画家之一。他的大量作品包括肖像画、风景画，甚至宗教场景。

"甚是愉悦！它是18世纪的真正精髓；感受它的秘密、魅力与灵魂。"

——龚古尔兄弟，《18世纪的妇女》（*La Femme Au Dix-Huitième Siècle*），1887年

▷《为情人戴上花冠》(*The Lover Crowned*)，1772年

这幅画是一组4幅作品中的一幅，被列入弗拉戈纳尔最佳之作，这组画作描述了一对年轻夫妇情窦初开的浪漫故事。

相关技术
"梦幻"肖像画

弗拉戈纳尔的风格变化多样，他一般画得很快，用笔法营造出一种即时性的忽隐忽现的效果。这在他的"梦幻肖像画"中体现得特别明显——这是一系列穿着异国情调的舞会服装的半身人像。在其友人圣诺尔神父（Abbéde Saint-Non）画像的背面，贴有一个旧标签，证明它仅在1个小时之内就画好了。这无疑是一门绝技，用宽阔的笔触生动有力地涂上油彩。

《理查德·德·圣诺尔神父肖像》，1769年

焦躁和粗心大意。

在罗马时，弗拉戈纳尔遇到2位贵人。他与法国学院的同学风景画家休伯特·罗伯特（Hubert Robert，1733—1808年）成了朋友。两人一起外出写生，互相影响，我们有时很难将二者的画作区分开来。更重要的是，弗拉戈纳尔可能还见到了让-克洛德·理查德，此人是收藏家兼业余版画家，以德·圣诺尔神父的名义为人所知。圣诺尔成为二者的主要赞助人，在他们的职业生涯中起到了帮助。

在圣诺尔的资助下，3位艺术家在蒂沃利（Tivoli）的埃斯特别墅（Villa d'Este）度过了1760年的夏天，他们为庄园中华丽的花园写生。这段经历给弗拉戈纳尔留下了不可磨灭的印象，关于别墅的繁茂树叶的记忆可以在他后来的许多绘画作品中看到。第二年，三人前往意大利。弗拉戈纳尔到访威尼斯和那不勒斯，随后在1761年秋天和圣诺尔回到巴黎。当时，年近30岁的弗拉戈纳尔似乎是在学院开启成功职业生涯的完美人选。继他在沙龙展上举办首次重大展览引起轰动之后，这看似更有可能实现。

《高尔索斯牺牲自己拯救卡丽荷耶》（*Coresus Sacrificing Himself to save Callirhoe*）是一幅大型画作，长达4米——或许是有点夸张的历史画，它讲述了一个古希腊的无名传说。尽管如此，该作品还是获得了批评家们的一致好评，他们把弗拉戈纳尔称为法国画派的新星。这张画作确保了他成为学院成员，不久之后被皇室收购。甚至要以这件作品为蓝本设计大型挂毯，并且将由著名的哥白林挂毯厂来编织。

不过，令人扫兴的是，皇室赞助存在着隐患：付款可能会十分缓慢。花了8年的时间才结算《高尔索斯牺牲自己拯救卡丽荷耶》，而挂毯的允诺从未兑现。

浪漫和轻佻

与此同时，私人主顾利润丰厚的委托作品诱使弗拉戈纳尔放弃了历史画。恋爱主题的伤风败俗之作风靡一时，它们通常挂在富有人家的闺房或更衣室里。

《秋千》（*The Swing*）是弗拉戈纳尔这类画作中的代表作。一位年迈的丈夫推着秋千上的妻子，而她的情人躲在灌木丛中，借机窥见她的裙下春光。在大部分时期，这类主题都会以一种说教式的语调传达出来，但在洛可可的鼎盛时期，这样的批评是不存在的。诱惑、不忠和欲望可以从纯装饰角度加以描绘。这完全符合弗拉戈纳尔生动、随性的风格，因为他擅长描绘飘忽不定的光线和运动。在《秋千》中，你几乎可以听到衬裙的嗦嗦作响声和树叶的沙沙声。

婚姻和家庭

弗拉戈纳尔还在他的画作中描绘过其他主题。1769年，与玛丽-安妮·热拉尔（Marie-Anne Gérard）结婚之后，他创作了迷人的家庭场景和儿童画。他还画过迷人的肖像画和以奢华的意大利式风景为代表的愉快的

"他满足于在闺房和壁橱里闪耀。"

——小路易斯·巴克蒙特（Louis Petit de Bachaumont），《回忆的秘密》（*Memories Secrets*），约1780年

▷《秋千》，1767年

在弗拉戈纳尔最令人愉快的著名画作中，一个女孩调皮地将一只拖鞋踢到空中；而在右手边的角落里，一只小狗正试图警告它的主人。连丘比特的雕像似乎也被卷入这场私通之中，将一根手指举到嘴唇上。

田园场景。然而，从其作品的大量复制品中可以清楚地看到，他主要因恋爱主题而为公众所知：恋人们藏在橱柜里或彼此追逐，丘比特偷取年轻女子的衣服或帮助她们写情书。在弗拉戈纳尔的画中，这些主题的基调是俏皮活泼的，有时有点色情，却绝不粗糙，亦没有传达出一丝道德谴责的迹象。

革命的进展

艺术界的上层人士对弗拉戈纳尔选择的道路颇感惊讶，认为他背叛了在学院所受的训练。更重要的是，舆论浪潮正在发生变化。对许多人来说，洛可可艺术的轻浮及其对装饰性的过度强调都与国王和贵族统治下的旧制度密不可分，这种制度当时正趋近没落。到了18世纪70年代，艺术的品味发生了变化，人们开始偏爱新古典主义的严肃性、英雄主义和道德约束。虽然弗拉戈纳尔改变了风格，使人物更加优美、立体，同时也保留了自己的主题，但他的作品不再受欢迎。

他的众多友人和赞助人都在法国大革命期间被流放或处决。在发现自己被孤立之后，弗朗戈纳尔不得不依靠与雅克-路易·大卫（Jacques-Louis David，见第180—183页）的友谊帮助自己度过大叛乱的动荡时期。

大卫设法在卢浮宫新成立的博物馆委员会为弗拉戈纳尔保住了一个行政职位。弗拉戈纳尔在那里一直待到1800年，于1806年8月在巴黎默默无闻地死去。《秋千》的命运则更为戏剧化。它的主人被送上了断头台，而国家没收了这幅画。

简要年表

约1761年
在从意大利回来后画了《小公园》（*The Little Park*），其中茂盛的树叶以在埃斯特别墅所作的草图为基础。

1765年
在沙龙展上展出《高尔索斯牺牲自己拯救卡丽荷耶》，古代传奇的场景为他赢得了学院成员的资格。

1767年
完成《秋千》，它是对不忠的轻松隐喻。关于秋千的画作在当时非常流行。

1771—1772年
开始创作一组雄心勃勃的画作，题为《爱的进程》（*The Progress of Love*），由路易十五的情妇杜巴里夫人（Madame du Barry）委托绘制。

约1780年
以一种更为雄健、高度精美的风格回应新古典主义的崛起。

▷《自画像》，1780—1784年
科普利在英国大获成功后完成了这幅肖像画。在英国，他既画肖像画，也画历史场景。

约翰·辛格尔顿·科普利

1738—1815年，美国人

科普利是18世纪最出色的美国画家，也是第一个在欧洲成名的美国画家。在欧洲，他突破了传统的历史画。

约翰·辛格尔顿·科普利（John Singleton Copley）出生于波士顿，他是爱尔兰移民的儿子。父亲是名烟草商，于1748年去世，母亲改嫁一位著名的网丝铜版雕刻师彼得·佩勒姆（Peter Pelham，约1695—1751年）。佩勒姆向科普利传授自己的手艺，还把科普利介绍给约翰·斯迈博特（John Smibert，1688—1751年），斯迈博特拥有在欧洲临摹的老一辈大师的海量作品集。这是一条极其重要的纽带，因为这个时期很少有美国艺术家有机会学习欧洲艺术。

肖像画

佩勒姆和斯迈博特均于1751年去世，因此科普利在很大程度上靠自学成才。他的志向是成为一名历史画家，然而在殖民地没有这类作品的市场，所以他转而专攻肖像画，并很快在该领域获得了良好的声誉。科普利通过临摹黑白版画的风格和人物姿态来学习肖像画，而他在色彩方面的经验不足致使他运用强烈的色调对比。科普利的美国客户格外欣赏其中令人耳目一新且、直截了当的现实主义。

移居英国

1766年，在伦敦展出了科普利的同母异父兄弟的一幅肖像画，并大受好评。著名的艺术家乔舒亚·雷诺兹（日后英国皇家艺术学院的第一任院长）和科普利的同胞本杰明·韦斯特[Benjamin West，曾以1759年的杰作《沃尔夫之死》（*The Death of Wolfe*）出名]敦促他来英国接受难得的艺术培训。他们声称，如果未经培训，他可能永远无法发挥自己全部的潜力。科普利知道他们是对的，但还是犹豫不决，因为他在波士顿的地位无与伦比，且收入极高。不过最终，事态迫使他付诸行动，英国与美国殖民地之间的战争将至（见右侧方框），尽管忠心备受煎熬，科普利最终还是于1774年前往欧洲，且此后再未回国。

历史画

在伦敦定居之前，科普利曾花费数月时间在罗马学习。和以前一样，他很快掌握了新技能。尽管肖像画失去了一些独创性，科普利却终于得以掌握历史画必不可少的构图技巧。

《华生和鲨鱼》（*Watson and the Shark*，1778年）让科普利一举成名，甚至赢得了皇家艺术学院的会员资格。尽管如此，他真正的杰作却是《佩尔森少校之死》（*The Death of Major Peirson*，1783年）。通过选择当时的流行主题并结合真实的肖像，他凭借这件作品改革了整个历史画流派。该主题的时事性满足了公众对爱国主义者成功形象的急切渴求。

科普利还创作过更为宏大、复杂的历史画：如《直布罗陀围战》（*Siege of Gibraltar*，1782年），其规模如此之大，以至于不得不专门建造大帐篷以供展出。他晚年仍坚持作画，作品却不再受青睐，并陷入债务危机。他于1815年患中风去世。

◁**《佩尔森少校之死》，1783年**
科普利的这幅画作是英国民族主义的一首赞歌，其中一位年轻的少校为保卫泽西岛在抵抗法国侵略者时英勇牺牲。

背景简介

美国独立战争

1775—1783年，英国与其在美国的13个殖民地展开战争，战争最终以英国承认美利坚合众国的独立而结束。关于殖民地的扩张和英国税收要求的争论升级为反英叛军和亲英分子之间的暴力冲突，由提倡与英国决裂的保罗·里维尔（Paul Revere）和塞缪尔·亚当斯（Samuel Adams）等宣传者提供重要的意识形态推动力。

引发战争的一个关键事件就是所谓的波士顿倾茶事件（Boston Tea Party，1773年），当时的英国东印度公司的一船茶叶被反抗者们捣毁。科普利的岳父是东印度公司的主要代理人，这件事让他离开美国，不过他在信念上采取了折中主义，甚至还为一些反叛分子画过肖像，包括里维尔和亚当斯。

伟大联盟旗帜，美利坚联邦共和国的第一面国旗

弗朗西斯科·德·戈雅

1746—1828年，西班牙人

戈雅在其所处时代是西班牙的领军艺术家，他创作的肖像画具有深刻的心理洞察力，作品极为黑暗且富有想象，反映了他处的动荡生活。

弗朗西斯科·何塞·德·戈雅-卢西恩特斯（Francisco José de Goya-Lucientes）于1746年3月30日出生在西班牙东北部干旱的乡村地区丰德托多斯（Fuendetodos）村。父亲何塞是一名技艺娴熟的镀金工人，在弗朗西斯科出生后不久，全家搬到了萨拉戈萨（Zaragoza）市，这极有可能是为了改善何塞的工作状况。约13岁，弗朗西斯科在当地的一位画家何塞·卢赞（José Luzán）那里当学徒；在跟随他3年左右的时间里，为了磨炼自己的素描技巧，弗朗西斯科的大部分时间都用来临摹版画。

◁《西班牙国王查理三世》，约1787年

戈雅给查理三世画过两幅肖像。这幅展现国王身穿狩猎服装的画作，受到其偶像委拉斯凯兹肖像画的影响。

旅行和委托任务

1763年，戈雅搬到了马德里，在那里，他曾2次参与西班牙顶尖艺术学院圣费尔南多学院（Academy of San Fernando）的奖学金评选。在遭到拒绝之后，他开始跟画家弗朗西斯科·贝耶（Francisco Bayeu）学习。贝耶在萨拉戈萨时曾是戈雅上一位老师卢赞的学生。1769年，他延续了所有志存高远的艺术家的必经之路——意大利之旅，在此期间，他见到了拉斐尔和米开朗基罗、提埃波罗和科雷乔（Correggio）的作品。

1771年7月，戈雅回到西班牙，其风格发生了变化，志向也更加高远。1772年，他为萨拉戈萨的埃尔皮拉尔大教堂（Basilica of El Pilar）创作了天顶画——这是他的第一件大型作品；次年，他受委托为萨拉戈萨城外的卡尔特修道院大厅（the Charterhouse of Aula Dei）绘制一系列关于圣母生平的场景。短短的几年内，他在家乡城市由无名小卒成为众人皆知的艺术家。

迁居马德里

1773年，戈雅与弗朗西斯科·贝耶的妹妹玛丽亚·约瑟法（Maria Josefa）结婚，他们育有多个孩子。除了哈维尔，其他的孩子都在婴儿时期夭折，后来哈维尔

▷**埃尔皮拉尔大教堂（Basilica of El Pilar），萨拉戈萨**

萨拉戈萨埃布罗（Ebro）河岸上的巴洛克式教堂里藏有戈雅的壁画《崇拜上帝之名》（*The Adoration of the Name of God*）。大教堂一直都是罗马天主教朝圣者们的主要目的地。

人物小传

阿尔巴公爵夫人

美丽而善变的阿尔巴（Alba）公爵夫人是戈雅的重要赞助人，甚至还可能曾将马德里宫殿的一间画室赐予给他。相传他们是恋人，并且她可能曾为戈雅的《裸体的玛哈》（*The Nude Maja*）担任模特。然而，他们的关系可能从未超越友谊，因为在严格等级社会中，一位地位如此显赫的女性不太可能与画家有染。这幅画的模特很可能是作品的委托人西班牙首相曼努埃尔·戈多伊（Manuel Godoy）的情妇。

《裸体的玛哈》，约1797年

◁**《自画像》，1815年**

戈雅一生中曾画过多幅自画像。在这幅画中，临近晚年的他显得疲惫不堪，穿戴十分整齐。他头上的假发滑落，露出下面的缕缕白发。

“我只看到被照亮的形态与不被照亮的形态。世间只有光影。”

——弗朗西斯科·德·戈雅

相关技术

烛光绘画

戈雅的作品数量十分惊人，据说约有700幅画作和300幅版画保存下来。据他的儿子哈维尔（Javier）称，戈雅在为朋友们画像时，有时一次会画上10个小时。他还声称，戈雅与大多数画家不同，经常在夜间工作。这一行为被描绘在一幅自画像中（下图），画中的艺术家戴着一顶帽顶上围有蜡烛的帽子。烛光能够帮他营造出戏剧性的光影效果。

《自画像》，1790—1795年

△《西班牙的查理四世及其家人》，1800年

作为国王的画师，戈雅被委托创作这幅巨大的油画。艺术家巧妙地利用光线和色调来体现王室成员的内部等级。

曾试图追随父亲的艺术家步伐，却反响平平。

戈雅搬到了马德里，在那里，贝耶（当时该市的顶尖艺术家之一）帮他找到了设计挂毯的工作，并装饰西班牙首都内部及周围的皇家宫殿。这些纺织品以有趣的洛可可风格描绘了马德里的娱乐活动和宗教节日，这份工作让戈雅成为敏锐而精准的社会观察者，这是他成为肖像画家所必备的关键技能。

整个18世纪80年代，戈雅在马德里的地位有所提高，开始出入王室与贵族圈子。他收到了来自西班牙国王查理三世及其兄弟唐·路易斯·德·波旁亲王（Infante Don Luis de Borbón）的委托订单。波旁亲王因沾花惹草而遭到马德里宫廷的驱逐，戈雅甚至在唐·路易斯及其家人被国内流放到马德里以外的小镇时，与之同住，并绘制肖像。

戈雅绘制的王室肖像极为坦率。他为模特们赋予了尊严，但一般不会奉承他们或表现任何缺陷。与同时代的许多肖像画家不同，他对捕捉一个人的内在生命比展现其世俗角色或地位更感兴趣。他大胆而充满想象力的技巧在当时的宫廷肖像画中极不寻常，并营造出跃动之感。

1786年，戈雅被任命为国王的御用画师之一，并于1789年获得“王室画家”这一更为尊贵的称号。为了庆祝新职位，他给自己的名字中间加上贵族专属的“德”（de），并购买了1辆两轮英式马车（相当于今天的1辆跑车）——这辆车在超速驾驶后当场撞毁。至18世纪90年代初，戈雅成就非凡。他是西班牙最受欢迎的画家，也是富人权贵们首选的肖像画家。然而，1792年至1793年冬，他的世界被彻底

“首先做一名伟大的艺术家，然后你就可以做任何事。但艺术必须排在第一位。”

——弗朗西斯科·德·戈雅

简要年表

- **1771年** 收到第一件重要的委托任务：一幅展现崇拜上帝之名的湿壁画。
- **1775年** 开始为圣巴巴拉皇家挂毯厂（Royal Tapestry Factory of Santa Barbara）生产设计图案，提供了约45种方案。
- **1798年** 在马德里的佛罗里达圣安东尼王家教堂（San Antonio de la Florida）绘制壁画，其完成的时间刷新了纪录。
- **1799年** 被提任为查理四世的首席宫廷画家，创作了第一组版画系列《狂想曲》。
- **1810年** 开始创作版画系列《战争的灾难》，反映了半岛战争的暴力事件。
- **1814年** 在油画中记录了一场起义以及占领马德里的法国军队对之进行的残忍镇压。
- **1820年** 开始用虚构的场景铺满家中的墙壁，如今被称为“黑暗油绘”。
- **1824年** 逃至法国的波尔多，余生以此处为大本营。

改变了。当时，他在加的斯（Cádiz）拜访一位收藏家朋友塞巴斯蒂安·马丁内斯（Sebastián Martínez）时患上了一种极其严重的隐秘疾病。这种疾病使得他数月无法正常工作，余生双耳彻底失聪。

在漫长的康复过程中，戈雅绘制了一组小画，用他自己的话来说，目的是“为了释放我的想象力，摆脱病苦的烦恼……因为在委托作品中，常常忽视了观察的重要性，使得古怪的念头和创意无法展开”。这些画面展现了斗牛、即兴喜剧演员（见第145页）和自然灾难的场景；其中一个场景描绘的是一群疯子，还有一个安排在监狱之中。戈雅描绘这些主题，可能为了证明他不仅仅是一名宫廷画家，而要针对当时的社会状况发表评论。无论他的动机是什么，这些画作都是其职业生涯的分水岭，从那时起，他探索的主题就日益偏向生活中更黑暗、邪恶的方面以及想象力怪诞或病态的表现方式。他的疾病似乎以某种神秘的方式解放了他的艺术，为之赋予了更大的空间和力量。

△《一场英雄的胜仗！还有死人！》，1810—1820年
这幅出自《战争的灾难》的令人震惊的蚀刻版画，画中被肢解的尸体悬挂在树上以作警示。戈雅的作品意在用图像来挑战对战争冲突的浪漫化呈现。

◁佛罗里达的圣安东尼王家教堂
戈雅用圣安东尼奇迹般的壁画装饰了马德里的这座新古典主义教堂的圆顶。艺术家的遗体（不包括他的头颅，其头颅被人从法国的原始坟墓中盗走）被重新埋在这座礼拜堂的祭坛前面。

世俗与宗教作品

疾病可能夺走了戈雅的听力，但其能力和雄心都没有减弱，事业也在蒸蒸日上。1799年，他被任命为王室首席宫廷画家。自他的伟大偶像委拉斯凯兹以来，他是首位拥有此头衔的画家，而戈雅无疑将自己视为委拉斯凯兹的艺术接班人。

他的肖像画和宗教作品的产量依旧惊人。1798年，他为马德里的佛罗里达圣安东尼王家教堂绘制了一系列湿壁画，仅用了3个月就绘满了圆顶及建筑物的其他部分。他还画过版画，于1799年出版了第一部重要的系列作品《狂想曲》(*Los Caprichos*)。该作品由80幅描绘社会弊病的插图组成，其中有些运用现实主义的手法，其他则以更为荒诞的手法加以处理。他以这种方式创作了版画系列《战争的灾难》(*The Disasters of War*)，其中的图像令人不安，且在政治上具有煽动性，因此它们在戈雅生前没能出版。

西班牙冲突

《战争的灾难》反映了戈雅生活在西班牙历史日益动荡的时期。查理四世(1788年至1808年在位)是一位软弱的国王，受到妻子玛丽亚·路易莎(María Luisa)及其心腹曼努埃尔·戈多伊(1792年成为首相)的控制。戈多伊执政不善，丧失民心。1808年，他在一场起义中被迫放弃政权，查理则在儿子费迪南七世(Ferdinand VII)的支持下退位。然而，费迪南仅仅在位数周，因为拿破仑·波拿巴把他诱骗到法国，囚禁起来，并以将西班牙从革命中拯救出来为借口将军队派往马德里。起初，有些西班牙人欢迎法国侵略者(王室暴政的解放者)，但也有暴力抵抗：1808年5月2日，在马德里发生的起义被法国士兵野蛮地镇压下去。

拿破仑于6月6日让自己的哥哥约瑟夫·波拿巴(Joseph Bonaparte)担任西班牙国王，法国人在西班牙一直掌权到1813年。经过5年的冲突(被

▽《1808年5月3日》(*The Third of May 1808*)，1814年
戈雅的这幅画由西班牙临时政府委托绘制，描绘了法国军队对西班牙反叛分子的残酷镇压。画作借鉴了基督教图像志来强调其中传递的信息，最明显处就是作品核心人物的姿势。

◁**聋人之家**
戈雅买下了这座乡村别墅，让自己远离马德里宫廷。他用后被称为“黑暗油绘”的壁画覆盖了家中墙壁。这些画作均无标题，也从未打算展出。这座别墅于1909年被毁。

称为半岛战争）后，他们被惠灵顿（Wellington）公爵领导下的英国、葡萄牙和西班牙盟军赶了出去。

经历这些动荡，戈雅明智地坚持了自己的政治倾向。在法国占领期间，他继续以宫廷画家的身份为约瑟夫·波拿巴效劳；战争期间，他画过约瑟夫的最后征服者惠灵顿公爵；随后在1814年，他画了2张纪念西班牙对抗拿破仑“光荣起义”的大型画作《1808年5月2日》和《1808年5月3日》。

从马德里退隐

此时的戈雅已年过花甲。在妻子于1812年去世后，一位年轻女性莱奥卡蒂娅·韦斯（Leocadia Weiss，她刚与丈夫分开不久）成为自己的伴侣兼管家。他们的关系引起了诸多流言蜚语，据传她最小的孩子罗萨里奥（Rosario）是戈雅的女儿。在继续担任宫廷职务期间，戈雅几乎退出了公众生活，并于1819年购买了一栋乡间别墅——位于马德里郊外的聋人之家（Quinta del Sordo）。同年，他重病复发；康复后，他用一系列现被称为“黑暗油绘”（Black Paintings）的可怖场景来装饰自家别墅的墙壁。

流亡法国

1823年，戈雅完成这些画作时，许多思想自由的西班牙人因费迪南七世的专政而离开祖国。1824年，戈雅获准前往法国，名义上是出于健康原因，实际上是自我放逐。他和莱奥卡蒂娅定居波尔多（Bordeaux），期间有2次回访西班牙。在1826年的第二次回访中，他辞去宫廷职务，并获得一笔丰厚的退休金。在一次中风后，他于1828年4月16日在波尔多去世，享年82岁。

遗产和影响

终其一生，戈雅几乎没有学生、合作者或模仿者，他的直接影响力相当有限。在其职业生涯趋近尾声之时，他那极为个人化的风格开始在大众中失去人气，人们转而支持更为精美的学院式作品。但到了19世纪中叶，来自其他各个国家，尤其是法国的画家开始重新发掘他的作品，其中包括法国艺术家德拉克洛瓦和马奈，他们从戈雅的绘画中汲取灵感。不过，随着各大艺术运动涌现，如侧重于极端情绪状态的表现主义，以及试图探究潜意识运作方式的超现实主义，戈雅的全部作品直至20世纪才引起人们的广泛重视。经过现代的重新评估，戈雅被公认为有史以来最伟大的艺术家之一。

相关技术
黑暗油绘

1820—1823年，戈雅用一系列画作来装饰马德里的家中的两间大屋，这些画作因其阴沉的色调和噩梦般的主题而被称为“黑暗油绘”。其中有些画作基于宗教或神话场景，但大部分似乎除了戈雅的想象，别无其他来源。其中有一幅两名男子在地上用棍棒打斗的场景，而在另一幅画面中，一只狗几乎完全被沙子淹没。这些场景及其他场景均以一种近乎野蛮式的胆力绘制而成，被解读为对死亡的反思。

《萨图恩吞噬自己的儿子》
（*Saturn Devouring His Son*），1819—1823年

“他并不指望我们当今出现任何一位艺术家——他预示了整个现代艺术。”
——安德烈·马尔罗（André Malraux），1957年

雅克-路易·大卫

1748—1825年，法国人

大卫模糊了生活与艺术之间的界限。他亲身参与了法国大革命和拿破仑时代这两个时期的动荡事件，同时充当了新古典主义运动的旗手。

雅克-路易·大卫于1748年8月出生在巴黎。他的父亲是一位富有的商人，在大卫仅9岁时死于一场决斗——或许这是大卫跌宕起伏的一生的先兆。他受到两位建筑师叔叔的监护，起初打算要追随他们的脚步。然而，到了1765年，大卫决心成为一名画家。他接触到一位远亲，伟大的洛可可艺术家弗朗索瓦·布歇，但布歇由于视力的衰退，不想再接受任何学生。于是，他推荐约瑟夫-马里·维恩（Joseph-Marie Vien）担任大卫的老师。

这是个不错的选择：维恩曾是罗马大奖赛的前任冠军，非常热衷于最新的新古典主义理论。这些理论从古典世界的艺术和文学中获得灵感，敦促艺术家恪守严肃的道德水准，拒绝洛可可风格式轻浮的色情幻想。

古典教育

在维恩的指导下，大卫决定摘取罗马大奖。他失败了4次，在第3次失望之后曾企图自杀，却在1774年以一幅惊人之作《厄拉斯特斯特拉图斯为安提阿库斯看病》（*Erasistratus Diagnoses the Illness of Antiochus*）赢得大奖。次年，他前往意大利，与刚刚被任命为罗马法国学院院长的维恩同行。

离开时，大卫的作品仍有不少洛可可元素。他自信地宣称“古典风格不会诱惑我”。他真是大错特错了。他被古典雕塑的力量所深深吸引，绘制了自己将在余生中不断使用的大量速写；他参观了最新挖掘出的庞贝和赫库兰尼姆（Herculaneum）考古遗址；并为老一辈大师（特别是拉斐尔、普桑和卡拉瓦乔）的作品惊叹不已。大卫于1780年回到巴黎。至此，他已清除掉自己风格中的洛可可元素，并将在政治日益动荡的背景之下进入事业的鼎盛时期。当时的法国负债累累，且因参与美国独立战争而日渐恶化。高赋税与粮食短缺逐渐加剧，人们对上层阶级财富与特权的

△**《厄拉斯特斯特拉图斯为安提阿库斯看病》，1774年**
大卫的画作描绘了传说中治愈叙利亚国王之子安提阿库斯的希腊医生与其继母堕入爱河。

背景简介

新古典主义和庞贝

在新古典主义时代，赫库兰尼姆和庞贝的发掘激发了人们对古代世界的兴趣。这两座毁于公元79年维苏威火山爆发的城市分别于1738年和1748年被发掘。它们在泥土和灰烬中保存得相当完好，堪称一座壁画、工艺品和建筑遗迹的宝库。这些新发现的奥秘被小心翼翼地保管着。未经特别许可，艺术家禁止在那里写生，维恩是为数不多的获此特权的幸运儿之一。大卫与一位考古学家友人卡特马赫·德·昆西（Quatremère de Quincy）一起参观了这些遗址，并给他留下了深刻的印象。

《背着葡萄酒袋的萨提》，庞贝

▷**《自画像》，1794年**
这幅肖像画由大卫在其政治盟友死后被囚禁期间绘制。艺术家的表情和紧握的手反映了他那焦虑不安的状态。

> “唯有灵魂中最崇高的激情能够吸引我。没人能说我是一名嗜血如命的画家。”
>
> ——雅克-路易·大卫

◁《贺拉斯兄弟的誓言》，1784年
大卫的构图设计犹如古典檐壁，真人大小的人物排列在前景当中。他们被光线照亮，背景则被挡在一排立柱的后方，陷入黑暗之中。

“拿破仑是我心目中的英雄。”

——雅克-路易·大卫，1797年

背景简介
艺术与革命

旧制度下法国严格的阶级秩序反映在学院潜在的阶级等级和僵化的实践中。革命将使二者均得以改善。大卫的新古典主义试图培养人民对政府的敬仰。艺术家绘制了若干幅关于革命的重要场景，如《网球场的宣誓》(*The Oath of the Tennis Court*)。

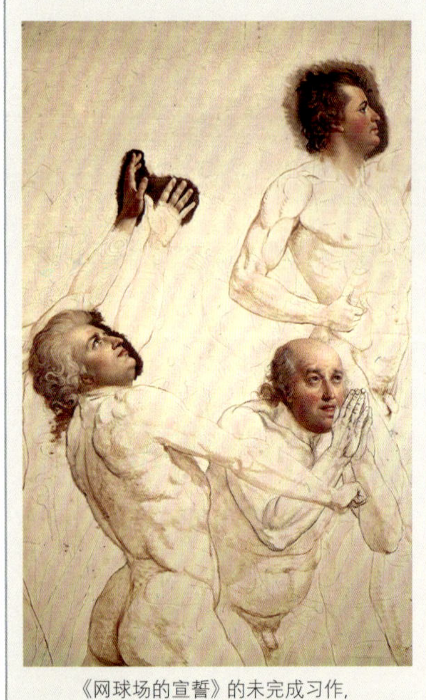

《网球场的宣誓》的未完成习作，1790—1794年

不满情绪一触即发。所有这一切都因质疑君主制、贵族和教会价值的启蒙运动知识分子的批判而加剧。

新道德

大卫的新风格与法国的不安情绪完美地融合起来。他当时的画作十分简练，将美观、装饰性细节一扫而空，取而代之的是严谨有序的质朴。这在他最著名的画作《贺拉斯兄弟的誓言》(*The Oath of the Horatii*)中十分明显，画中没有多余的细节分散观众的注意力，只有对画作中心主题（责任、爱国主义和自我牺牲）的关注。它描绘了三兄弟宣誓为罗马而战，即使这会让他们与连襟兄弟们为敌（他们的姐妹们在画面右侧痛不欲生）。洛可可艺术家往往倾向于选择来自古代的神话场景，用作绘制裸体的借口。相比之下，新古典主义画家倾向于描绘来自古代历史的题材，尤其是那些带有道德训诫的主题。艺术评论家兼启蒙哲学家德尼·狄德罗（Denis Diderot）便提倡这种方法，他对大卫影响深远。

大卫作品的另一个关键因素就是剧场性。他热爱剧场，许多作品都受到剧院场景的启发。以《贺拉斯兄弟的誓言》为例，故事情节来自皮埃尔·科内耶（Pierre Corneille）的古典戏剧《贺拉斯》(*Horace*，1640年)，而誓言的主题则可能取自伏尔泰的《凯撒之死》(*Death of Caesar*)中的表演，剧中的3名参议员在布鲁图斯（Brutus）的剑上宣誓。没有切实的理由可以假定大卫在画《誓言》时有任何政治动机，毕竟这幅画是受皇室委托而作，但继这幅画在1785年的沙龙上被展出后，就被如此解读了。在当时一触即发的氛围中，人们大多将其视为战斗的号令。

革命代言人

1789年大革命爆发后，大卫加入了政治联盟。凭着一贯的热情，他参

▽《马拉之死》(*The Death of Marat*)，1793年
就在马拉被贵族统治的支持者夏绿蒂·科黛（Charlotte Corday）谋杀之后，大卫在这幅描绘马拉的作品当中将自己的艺术献给了革命理想。

与这一动荡的局势。他成为国民公会（革命政府）的代表，并投票赞成处死国王，还组织并设计了庆祝大革命成果的节日和盛会。

大卫还在废除学院以及创建其替代品方面发挥了主导作用，他因自己在罗马大奖赛中的多次受挫而报复。在这些委任缠身的情况下，他的绘画退居次位，有好几个重大项目未完成。不过，他确实创造了一件杰作《马拉之死》（1793年）。其描绘对象让-保罗·马拉（Jean-Paul Marat）是最无情的革命活动家之一，然而在他遇刺后，大卫创作了一件感人肺腑的致敬之作，带有对宗教画的效仿。

参政

当大革命开始解体时，大卫发现自己处于危险之中：1794年，他锒铛入狱，险些被送上断头台。与他分居的保皇党妻子为他进行调解之后，他才得以获释。这对夫妇于1796年和解并再婚。大卫的下一件创作于1796年的重要作品《萨宾妇女的调停》（*The Intervention of the Sabine Women*）就是为了纪念妻子的及时相助。这似乎表明了大卫更为平和的心境，然而他并没有就此吸取教训。1797年，他遇到了拿破仑·波拿巴，再次燃起了政治热情。

大卫以在大革命中同样的热情支持拿破仑的统治。他为这位法国领袖绘制了几幅标志性的画像，最为著名的是一幅宏大的马上肖像《拿破仑穿越阿尔卑斯山》（*Napoleon Crossing the Alps*）。拿破仑要求把自己描绘成"镇定地骑在一匹骏马上"，而实际上，他在旅途中骑的是一匹骡子。他对这幅画作非常满意，继而又订制了若干件复制品。

拿破仑很清楚大卫画作的宣传效果，并委任他为自己的官方画家，尽管有证据表明他更喜欢安托万-让·格罗斯（Antoine-Jean Gros）的画作。大卫对帝国的事业坚定不移，然而，他极不明智地签署了《附加法案》（*Acte Additionnel*）这一效忠拿破仑的宣言，该宣言在拿破仑滑铁卢战败（1815年）后给大卫带来了不小的麻烦。

大卫遭到放逐，定居布鲁塞尔。他余生一直待在那里，继续作画，并与过往的学生保持着联系。他于1825年12月29日去世，然而当局并不批准将其遗体送回法国。

简要年表

1771年
《马尔斯与密涅瓦之战》（*The Combat of Mars and Minerva*）入围罗马大奖赛，然而这幅洛可可风格的画作只拿到了二等奖。

1784年
以《贺拉斯兄弟的誓言》在沙龙展上引起轰动，画中的自我牺牲预示着大革命的爆发。

1793年
绘制《马拉之死》，以向最臭名昭著的革命领袖之一表示致敬——马拉曾将数十名受害者送上断头台。

1800年
以在法国大革命期间展现出的同样热情，欣然接受拿破仑的事业。

1817年
绘制《丘比特与普叙克》（*Cupid and Psyche*），是他以感官方式描绘的数个神话场景中的一幅。

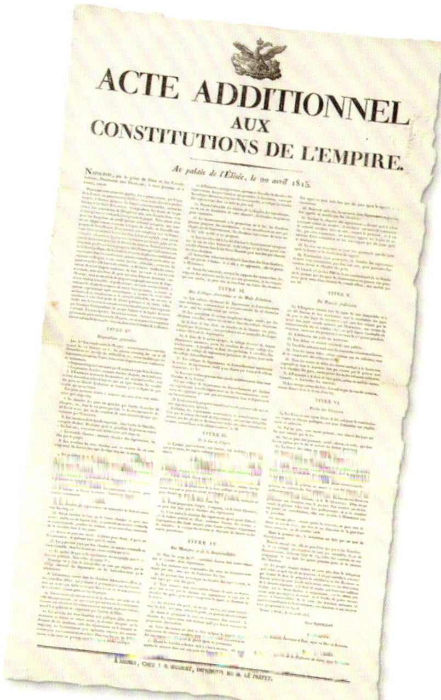
ACTE ADDITIONNEL
AUX
CONSTITUTIONS DE L'EMPIRE.

△《1815年宪章》
《附加法案》是一部经过重新制定的法国宪法，赋予民众新的权利，并简化了审查制度

◁《拿破仑穿越阿尔卑斯山》，1800—1801年
大卫为这幅极具煽动性的宣传画绘制过5个版本，画中的拿破仑被描绘成典型的古典英雄形象。

伊丽莎白·维杰-勒布伦

1755—1842年，法国人

伊丽莎白·维杰-勒布伦是法国最后一位伟大的皇室肖像画家。她杰出的才华使她能够同时捕捉到高贵的模特身上的优雅和私密的情绪。

伊丽莎白·维杰-勒布伦（Elisabeth Vigée-Lebrun）出生于巴黎，她是一位专攻粉彩肖像画的艺术家之女，在十几岁时就已开始了艺术生涯。和她那个时代的多数女性艺术家一样，她没有机会接触到正规的艺术教育，却接受过来自各方的一些训练和建议，其中包括著名艺术家约瑟夫·韦尔内（Joseph Vernet）。

20岁时，维杰-勒布伦与一位艺术商人成婚，她开始在家中展出自己的作品，并举办沙龙，借此与潜在的赞助人建立联系。她喜欢用自然的姿势来描绘放松状态下的模特，与他们交谈，甚至唱歌，这为她的肖像画平添了一种放松的氛围。

◁《娜塔莉·戈洛维纳公爵夫人的肖像》（*Portrait of the Countess Nathalie Golovine*），1797—1800年
维杰-勒布伦流亡俄国期间为她的朋友画了这幅私密肖像画。对角线布光和人物随意的姿态展现了艺术家笔触的轻盈感。

1781年的尼德兰和佛兰德斯之旅加深了她对彼得·保罗·鲁本斯一直以来的敬意，并开始模仿他的一些技巧，她使用更温暖的色系，叠加薄釉层，以增添光彩。她往往将模特置于朴素的背景下，这一做法加强调了人物的面部特质，又突出了其服装的鲜艳色彩，其中有些服装由她本人亲自设计。

学院和赞助

维杰-勒布伦于1783年被法国皇家艺术学院录取，得到了仅有的分给女性的4个名额中的1个。至此，她已在法国社会的最高阶层中得到了令人惊叹的客户名单。王后玛丽-安托瓦内特（Marie-Antoinette）的赞助还使她得以进入宫廷圈。

然而，在1789年导致皇室陷入落魄的法国大革命期间，维杰-勒布伦与皇室家族的关系为她带来了灾难性后果。艺术家带着女儿朱莉（Julie）逃离法国；她被剥夺法国国籍，财产被没收。在接下来的12年里，她开始了四处游历的生活，环游欧洲，在都灵、罗马、那不勒斯、维也纳、布拉格、德累斯顿、柏林、莫斯科和圣彼得堡都待过一段时间。她在各个地方都是权势之人首选的肖像画家，甚至还被请去为俄国女皇凯瑟琳大帝（Catherine the Great）画像。

◁**设定风格**
维杰-勒布伦鼓励她的模特让头发自然地散落在前额上，从而引领了巴黎的新风尚。玛丽-安托瓦内特（如图中所示）拒绝了这一要求，让头发高高竖起。

背景简介

玛丽-安托瓦内特

艺术家与法国王后玛丽-安托瓦内特间的关系始于1778年。在接下来的10年，她为这位劫数难逃的君主绘制了30多幅肖像画。维杰-勒布伦在回忆录中赞美王后的体态，却从未提及她的面庞，显然面部并非其最佳特征，不过艺术家将她描绘得极其用心。法国大革命期间，王后被政府软禁，1793年被判处死刑。

玛丽-安托瓦内特的签名，签于临刑前

▷**《戴草帽的自画像》，1782年**
维杰-勒布伦绘制过多幅自画像，以此向潜在的赞助人宣传自己的才能。这幅作品的创作参照了彼得·保罗·鲁本斯为妻子所画的肖像《草帽》（*Le Chapeau de Paille*，1622—1625年）。

“（艺术）一直是我与最为可爱且高贵的男男女女齐聚一堂的方式。”

——伊丽莎白·维杰-勒布伦

安东尼奥·卡诺瓦

意大利人，1757—1822年

卡诺瓦的一生堪称最为精彩的成功个例。他成为雕塑家中的佼佼者，他把全部精力都献给了艺术，其有权有势的赞助人遍布整个欧洲。

△**卡诺瓦的名片**

名片是上流社会礼仪中不可或缺的一部分。在卡诺瓦的名片中，一大块未加工的大理石的侧面写有他的名字，这表明他的名气已无需多加介绍。

安东尼奥·卡诺瓦（Antonio Canova）出生在波萨尼奥（Possagno）的一个石匠家庭，波萨尼奥在当时属于威尼斯共和国。他出生后不久父母双亡，被祖父抚养成人，并在其指导下工作。他在雕刻方面天赋异禀，之后便在当地的雕塑家门下担任学徒。卡诺瓦20岁之前便开始独立工作，22岁时在威尼斯成立了自己的工作室。

早期影响

卡诺瓦的早期雕塑在威尼斯大受推崇，其作品参照巴洛克风格和洛可可风格进行创作，方式各有不同，但都极具装饰性。然而，在参观罗马和仍半埋在地下的庞贝古城时，打开了卡诺瓦欣赏古代艺术珍品的双眼，并开始改变思路。1781年，他定居罗马，开始融入一群艺术家和学者之中，他们尊崇德国作家约翰·温克尔曼（见右侧方框）所倡导的艺术进步思想。他们反对巴洛克式的奢华装饰，倡导更为简洁、内敛的绘画和雕塑风格，并受到高贵的理想品质的启发。他们将这些品质视为希腊和罗马艺术的典范。这种新风格被称为新古典主义。卡诺瓦满怀热情地投身于这种风格，并很快成为最杰出的代表人物。

◁**《自画像》，1790年**

卡诺瓦以大理石雕刻家的身份而闻名，同时还是一位颇有天赋的画家，他用这两种媒介创作了多幅自画像。这一幅是手持笔刷、正值壮年的卡诺瓦。

◁**《忒修斯和牛头怪》，1782年**

在希腊神话中，雅典英雄忒修斯进入克里特迷宫，杀死了可怕的牛头怪。卡诺瓦忠于新古典主义的原则，画中的忒修斯没有在战斗，而是坐在倒下的敌人身上休息。

神话主题

古希腊、古罗马的历史和神话深受新古典主义艺术家们的青睐，卡诺瓦在罗马的首次伟大成功就是基于神话创作的《忒修斯和牛头怪》（*Theseus and the Minotaur*）。卡诺瓦接受了生活在罗马的新古典主义艺术家之一苏格兰画家加文·汉密尔顿（Gavin Hamilton）的建议，他没有描绘忒修斯与牛头怪激烈搏斗的场景，而是刻画了战斗之后的休憩。《忒修斯和牛头怪》引起了轰动。人们先是将它视为古代杰作的复制品，在得知这是当时年轻人的作品之时倍感震惊。在卡诺瓦获得成功之后，来自教皇的重要委托作品随之而来，他为2位前任教皇克莱门特十三世和克莱门特十四世建造陵墓纪念碑耗费了数年时间，这2件作品使卡诺瓦享誉国际。从此，他再没缺少过赞助人和委托订单。此

人物小传

约翰·约阿希姆·温克尔曼

年轻时的卡诺瓦深受罗马梵蒂冈的图书管理员、德国学者约翰·约阿希姆·温克尔曼（Johann Joachim Winckelmann，1717—1768年）的启发。温克尔曼对希腊和罗马艺术的重新解读对生活在罗马的艺术家群体产生了深远影响，卡诺瓦就是其中一员。温克尔曼以一句话概括了发展中新古典主义风格的标准，将古代作品的基本特点确立为“高贵的单纯和静穆的伟大”。

《温克尔曼肖像》，安吉利卡·考夫曼（Angelica Kauffmann），1764年

“他拥有意大利人特有的聪慧头脑，他微笑时散发出高贵之感。”

——本杰明·海顿（Benjamin Haydon），《日记》（*Journals*），1815年

外，加上他非凡的个人魅力，每当社交时都是大受欢迎的人物，不过其大半生几乎都投入到艺术创作当中。

多年以来，葬礼雕塑一直是卡诺瓦艺术的重要部分。新古典主义陵墓反映了人们对死亡态度的变化：过去的骸骨和尸体被死者的理想化形象所取代，强调了对逝者的哀悼，而非对死亡的恐惧。卡诺瓦作品中最杰出的范例当属维也纳的奥地利公爵夫人玛丽亚·克里斯蒂娜（Maria Christina）的陵墓：其外立面的稳重几何形状显示了庄严之感，所有符合年龄的哀悼者都要经由一张近乎透明的挂毯，进入陵墓的黑暗之中。

最后润色

卡诺瓦非常多产，他会在一些任务中聘请助手打磨粗糙的大理石以接近最终的设计方案。然而，他总是亲自参与最后的润色，为作品添加细节，突显其捕捉到的人体皮肤的细腻质地，从而为作品赋予独特的个性。根据希腊人和罗马人的范例，裸体在新古典主义艺术中占有特殊的地位，卡诺瓦最著名的作品大多是男性或女性裸体，如《阿波罗的加冕》（*Apollo Crowning Himself*，1781—1782年）和2个版本的《美惠三女神》（*The Three Graces*，1813—1817年）。

还有一件特别迎合现代人品味的作品《丘比特吻醒普叙克》（*Cupid and Psyche*），这件杰作如此呈现：它被安装在一个旋转的基座上，在灯光下供人观赏，使其各个侧面都可以成为变换的迷人场面中的一部分。

肖像画

卡诺瓦经历了拿破仑占领大半个欧洲的时期，他的大部分自愿作品都是为皇帝和波拿巴家族完成的半身像和全身雕像。卡诺瓦为拿破仑的妹妹宝莲·博盖塞公主（Pauline Borghese）创作的半裸雕像成为公众的最爱，但他为拿破仑所作的巨型雕像（最初订制于1802年）有着更为曲折的历史。拿破仑希望在作品中身穿制服，但卡诺瓦坚持认为，皇帝只有以古典主义中的裸体形象出现，才能表现出真正的崇高和英雄气概。最终题为《拿破仑扮作和平缔造者马尔斯》（*Napoleon as Mars the Peacemaker*）的雕像在1811年长期拖延后交付，未能使人到中年的皇帝感到满意。直到拿破仑倒台之后，这件作品才公之于众，并传到了拿破仑的伟大对手惠灵顿公爵的手中。

蜚声国际

卡诺瓦的名声如此显赫，以至于好几位皇室成员都邀请他到自己的地盘定居，拿破仑甚至坚称艺术家应当生活在“欧洲之都”巴黎。卡诺瓦却坚持留在了罗马，只有当需要到外国城市监督艺术作品的安置工作时才会离开。他安详而勤奋的生活在1815年拿破仑最终战败后戛然而止。教皇派卡诺瓦前往被胜利盟军占领的巴黎，重新找回法国人从梵蒂冈掠夺走的艺术珍品。这是一项艰巨的任务，因为盗窃行为已被教皇和法国人之间的条约合法化；自信非凡的卡诺瓦被授权代

△《美惠三女神》，1813—1817年
卡诺瓦刻画了优雅相拥的美惠二女神 女性魅力（快乐、优雅和美丽）——在神话中的拟人化形态，同时代的人评价这件作品“比美丽本身更美”。

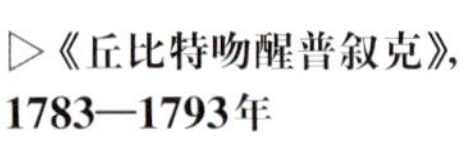

▷《丘比特吻醒普叙克》，1783—1793年
《丘比特吻醒普叙克》中的拥抱形式营造出了动人的效果。这件作品描绘了丘比特的一吻使他的人类情人普叙克起死回生的瞬间。

“30年来，就我所知，所有的欧洲人都认为他所向无敌。”

——托马斯·杰弗逊，《一封信》，1816年11月

△ 卡诺瓦设计的庙宇

卡诺瓦将一座献给圣三位一体的教堂当作庙宇的第一块基石。它在卡诺瓦去世8年后的1830年竣工。它的祭坛上方是一幅由卡诺瓦创作的画作，内容是关于耶稣下十字架。

表教皇签署具有约束力的协议。他展现了出人意料的外交技巧，但不顾法国人民的抗议，大部分珍宝都被巧妙地从卢浮宫移走——他们的愤怒令卡诺瓦担心自己性命不保。卡诺瓦从法国穿越海峡前往英格兰，在那里受到英国贵族的盛情款待，其中有很多人后来成为他的主顾。

返回罗马之后，卡诺瓦受到教皇的奖赏，被封为贵族。不久之后，来自大西洋彼岸的一件委托作品证明了他的声誉之高。美国政治家托马斯·杰弗逊（Thomas Jcffcrson）为北卡罗来纳州（North Carolina）的国会大厦推荐一位雕塑家为乔治·华盛顿创作雕像：他击退了所有的美国候选人，并坚持认为卡诺瓦是唯一能够胜任这项工作的人。该雕像完成后被运到美国，并于1821年完成装置工作，仅仅10年后就被大火烧毁。

最后的作品

在他生命的最后几年里，卡诺瓦经常参观当地的波萨尼奥（Possagno）。他设计了一座以罗马万神殿为参照的壮观的新古典主义教堂。1822年去世的时候，他被葬在这座教堂里，如今波萨尼奥还专门设有一座纪念其作品和名声的博物馆。

相关技术

半成品

在准备创作大理石雕塑时，卡诺瓦会用石膏等可塑材料制作一个全尺寸模型。为了制作一件精确的大理石模型复制品，他使用（并改进了）一个专门的定位设备。将该设备附着到模型之上，用针在表面（点组成的网）上扎出多个点来进行测量，以便在大理石块上精确地再现其尺寸。这种加工方式的优点之一就是可以让助手代为完成主要的工作，留给师傅来添加至关重要的最后润色。

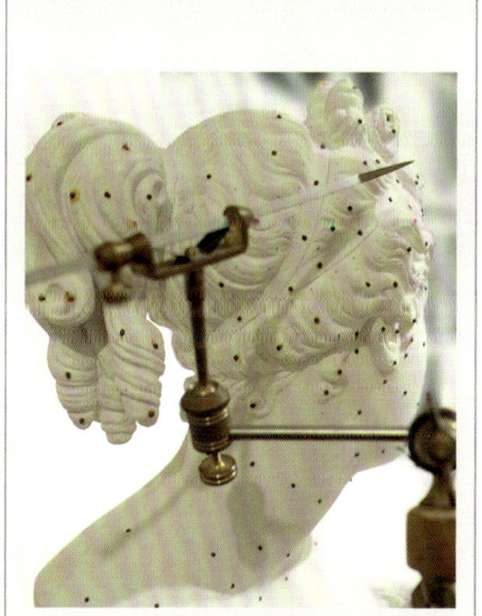

带有针头的美惠三女神之一的石膏头部

简要年表

- **1781年** 从威尼斯搬到罗马，受到新古典主义思想的影响。
- **1782年** 完成《忒修斯与牛头怪》，该作品成为他在罗马的首次伟大成功。
- **1783年** 开始建造教皇的陵墓，这将使他的名声响彻全欧洲。
- **1802年** 制作拿破仑半身像，这是波拿巴家族的第一件委托作品。
- **1805年** 完成墓葬雕塑杰作：玛丽亚·克里斯蒂娜的陵墓。
- **1815年** 继拿破仑垮台后，劝说巴黎当局将掠夺来的艺术品归还意大利。

其他艺术家名录

亚森特·里戈

1659—1743年，法国人

亚森特·里戈（Hyacinthe Rigaud）是其所处时代法国主要的宫廷肖像画家，经营着一个拥有众多助手的大型画室。他那宏大而极为正式的风格——[illegible]人物的地位，而非其个性——在18世纪的大部分时间为法国的官方肖像画树立了楷模，直到1789年法国大革命席卷了其笔下的王族特权的世界。他画中的许多男性模特都头戴假发，身上裹着大量披风织物。

里戈出生在佩皮尼昂（Perpignan），在蒙彼利埃（Montpellier）接受训练，并在里昂开始了职业生涯，却于1681年定居巴黎。除了正式的委托作品，他还乐于绘制较为私密的肖像画。这些画作反映了伦勃朗的影响力，因为他曾收藏过伦勃朗的作品。

主要作品：《艺术家的母亲》（*The Artist's Mother*），1695年；《路易十四》，1701年；《肉汤》（*Cardinal de Bouillon*），1708年

△《自画像》，亚森特·里戈，1701年

罗萨尔巴·卡列拉

1673—1757年，意大利人

罗萨尔巴·卡列拉（Rosalba Carriera）以绘制微缩肖像画开始职业生涯（其中有些是为鼻烟盒盖创作），却于1700年左右开始创作色粉画。色粉是她更偏爱的媒介，她在推广色粉肖像画——这类画作在18世纪风靡一时——中发挥了核心作用。她的大部分时间都在威尼斯度过，但其作品却风靡整个欧洲。她曾高调造访巴黎（1720年至1721年）和维也纳（1730年），在这2个地方均被当作名人予以款待。她对人物的刻画往往有些平淡无奇，其作品却因其轻盈的触感、优雅和微妙的色彩而大受推崇。18世纪40年代，卡列拉开始出现视力问题，终在1749年失明。失明加上1748年姐姐的去世，致使她陷入深度的精神抑郁。

主要作品：《女孩与鸽子》（*Girl with a Dove*），1705年；《孩童时期的路易十五》（*Louis XV as a Child*），约1720年；《自画像》，约1744年

路易-弗朗索瓦·卢比里亚克

1702—1762年，英国人

出生在法国里昂的路易-弗朗索瓦·卢比里亚克（Louis-François Roubiliac）极有可能在德国和法国接受过培训，之后于1730年在伦敦定居。他成了英国最重要的雕塑家，并且是圣马丁巷学院（St Martin's Lane Academy）的联合创始人之一。该学院是一个由志同道合的艺术家组成的互助会，它是著名的皇家艺术学院的先驱。

最初，他以肖像画家而闻名，自18世纪40年代中叶起，却以陵墓雕刻家的身份大获成功。他的肖像画在人物刻画方面展现了卓越的技艺，即使是在为去世已久的人们创作半身像或雕像时。他的陵墓也因其创造性和戏剧感而引人注目（尤其是他1752年访问罗马时，看到贝尼尼的作品而深受震动）。他主要用大理石来进行创作，同时也用赤陶来创作半身像以及大型作品的预备模型。尽管他事业成功，并与一位富有的女继承人联姻，去世时却负债累累。

主要作品：乔治·弗雷德里克·亨德尔（George Frederick Handel）的雕像，1738年；莎士比亚的雕像，1758年；伊丽莎白·南丁格尔夫人（Lady Elizabeth Nightingale）的陵墓，1758—1761年

弗朗索瓦·布歇

1703—1770年，法国人

弗朗索瓦·布歇是当时法国主要的艺术家，他在各个领域都极为多产且卓有成就。除了1728年至1731年在罗马待过一段时间，他的一生几乎都在巴黎度过。除了以绘画为主业，布歇在挂毯、舞台布景、瓷器人物像等领域皆有建树。他是一位多才多艺的设计师，获得多项荣誉，并于1765年被任命为皇家绘画与雕塑学院的院长和路易十五的首席画师。

在风格上，布歇是洛可可精神的主要代表人物之一，其极具特色的绘画是令人愉快的人造田园或神话场景，画中经常包括美丽的牧羊女或水中仙女。弗拉戈纳尔是他众多学生中最重要的一位。

主要作品：《出浴的戴安娜》（*Diana after the Bath*），1742年；《沙发上的少女》（*Reclining Girl*），1751年；《蓬巴杜夫人》（*Madam de Pompadour*），1756年

庞培奥·巴托尼

1708—1787年，意大利人

庞培奥·巴托尼（Pompeo Batoni）的整个职业生涯都在罗马度过，他被视为在这座城市占有一席之地的最后一位意大利画家。在他所在的时期，意大利开始失去其此前在艺术领域无可争议的领军地位。罗马虽是新古典主义风格蓬勃发展的中心，其中的多位代表人物却来自其他国家。

他最初因罗马古迹的素描大获成功，随后是宗教和神话题材的画作，然而，他以肖像画取得了最大的成就。来罗马参观的富有的外国游客（包括参加欧洲大陆游学的年轻英国贵族）成为其主要的客户。巴托尼以类似巴洛克肖像画般的庄重来刻画这些模特，然而他的作品同时还具有一种洛可可式的魅力和精致。

主要作品：《西蒙·马格斯的堕落》（*The Fall of Simon Magus*），1746—1755年；《威廉·戈登上校》（*Colonel William Gordon*），1766年；《希赛利亚·马奥尼·朱斯蒂尼亚尼》（*Princess Cecilia Mahony Giustiniani*），1785年

弗朗切斯科·瓜尔迪

1712—1793年，意大利人

如今，瓜尔迪创作的关于家乡城市威尼斯的风景画几乎与同时代的卡纳莱托的作品一样出名且大受欢迎。尽管如此，他的事业在世俗方面上却远不如卡纳莱托那般成功，直到他去世大约1个世纪以后，他的才华才开始广泛重视。

他的画作与卡纳莱托在主题上颇为相似，但二者在处理方法上却有着显著的不同：他的作品往往是朦胧的氛围和自由的手法，而非精确分明的轮廓。其早期职业生涯的作品大多被归入其家族画室的名下（该画室创作了多种不同类型的画作），而他显然是在1760年其兄弟安东尼奥（Antonio）去世后才开始专攻风景画。有些令人难忘的宗教画在两兄弟之间尚存在作者之争。

主要作品：《圣马可广场》（*The Piazza San Marco*），约1760年；《女乐手音乐会》（*Concert of Girl Musicians*），约1782年；《圣马库洛石油仓库起火》（*Fire in the Oil Depot at San Marcuolo*），1789年

理查德·威尔逊

1713—1782年，英国人

理查德·威尔逊（Richard Wilson）是英国风景画史上重要的人物之一，他赋予艺术以一种全新的严肃感和雄心壮志。此前，英国的风景画大多偏向装饰性或风土地貌，而威尔逊致力于探索思想和情绪。他出生于威尔士，在伦敦接受训练。起初，他的主要身份是肖像画家，却在意大利期间（1750—1757年）转攻风景画，当时，他受到克劳德及其写生常去的罗马周边乡村风景的启发。威尔逊既绘制意大利风景画（有时带有历史题材），也画带有平静庄严的古典风格的英国景观。他的作品极具影响力：他弟子众多、模仿者不断，其后来的崇拜者还包括康斯太勃尔和透纳（Turner）。

主要作品：《阿维尔诺湖》（*Lake Avernus*），约1752年；《摧毁尼俄伯的孩子们》（*Destruction of the Children of Niobe*），1760年；《从南拓丽湖望斯诺登山》（*Snowdon from Llyn Nantlle*），约1765年

艾蒂安-莫里斯·法尔孔奈

1716—1791年，法国人

艾蒂安-莫里斯·法尔孔奈（Etienne-Maurice Falconet）是18世纪法国著名的雕塑家之一，他可能是最能体现洛可可风格魅力与精巧的代表人物。他主要用大理石来创作，其雕塑的规模相当小，主题私密（其许多作品在著名的舍夫勒工厂以瓷器的形式复制）。他的代表作带有一种迥然不同的风格：由凯瑟琳大帝（法尔孔奈1766年至1778年住在俄国）订制的一尊位于圣彼得堡的彼得大帝巨型骑马铜像。1783年，法尔孔奈因为中风结束了其作为雕塑家的职业生涯；此后他便专注于修订自己艺术方面的论著。

主要作品：《洗浴者》（*Bather*），1757年；《皮格马利翁和伽拉缇》（*Pygmalion and Galatea*），1763年；《彼得大帝骑马像》，1770—1782年

△《理查德·威尔逊肖像》，安东·拉斐尔·门斯（Anton Raphael Mengs），1752年

乔瓦尼·巴蒂斯塔·皮拉内西

1720—1778年，意大利人

乔瓦尼·巴蒂斯塔·皮拉内西（Giovanni Battista Piranesi）出生在威尼斯附近，在此接受训练，却于1740年在罗马定居，在那里给朱塞佩·瓦西（Giuseppe Vasi）当了一段时间的学徒。他余生中的大部分时间都在这个城市度过，他担任过设计师、建筑师、考古学家兼作家。但他的首要身份是一名多产的蚀刻版画师，专攻古今罗马的风景。

他的铜版画作品中[illegible]父亲是一名石匠，叔叔是名工程师）的切身理解结合起来，通过戏剧与幻想刻画建筑物和其他古迹。作为纪念品，他的版画深受罗马游客欢迎，也影响了众多艺术家和建筑师。除了描绘风土地貌的版画，皮拉内西还制作假想监狱的蚀刻版画——其噩梦般阴暗的内部空间对哥特式文学的想象以及后来恐怖片场景的设计产生了深远影响。

主要作品：《广场上的圣彼得大教堂》（*St Peter's from the Piazza*），约1748年；《万神殿》（*The Pantheon*），1761年；《纳佛那广场》（*The Piazza Novona*），1773年

乔舒亚·雷诺兹爵士

1723—1792年，英国人

作为18世纪最伟大的肖像画家之一，雷诺兹的重要性不仅体现在其作品的质量上，还在于他提升了英国艺术的地位。[illegible]

1752年，他到访意大利，并受到启发，与古代雕塑和文艺复兴艺术相关的诗意与知识产生些许共鸣，于是，他创作出超越了传统"面部画"的肖像作品。当他成为于1768年成立的皇家艺术学院的第一任校长时，其地位得以确立。

雷诺兹的肖像画题材多样，他也精通男性、女性和儿童肖像，在表情、姿态和情绪上有着无穷的创造力。此外，他还是一位杰出的艺术作家。

主要作品：《海军准将奥古斯塔克·凯佩尔》（*Commodore Augustus Keppel*），1753—1754年；《装饰海曼像的三位贵妇人》（*Three Ladies Adorning a Term of Hymen*），1773年；《扮成悲剧女神的席登思夫人》（*Mrs Siddons as the Tragic Muse*），1784年

弗朗茨·安东·毛尔贝奇

1724—1796年，奥地利人

弗朗茨·安东·毛尔贝奇（Franz Anton Maulbertsch）是当时中欧最优秀的装饰画家，在神圣罗马帝国的大部分地区（如今的奥地利、捷克共和国、德国、匈牙利、罗马尼亚和斯洛伐克等现代国家）创作了大量作品。

他以天顶画而出名，也创作了多幅祭坛画。他的大部分重要作品仍安置在创作之初的教堂和宫殿中，但其预备油画草稿范例却散布在多个美术馆中。其丰富多彩且令人振奋的风格象征着巴洛克和洛可可传统最后的繁荣，当时的新古典主义风格已在欧洲大部分地区成为主流（还影响了毛尔贝奇的晚期作品）。

主要作品：《圣母升天》，1752年；《赞颂匈牙利圣人》（*Glorification of the Saints of Hungary*），1773年；《神圣智慧的彰显》（*Revelation of Divine Wisdom*），1794年

乔治·斯塔布斯

1724—1806年，英国人

乔治·斯塔布斯（George Stubbs）堪称最伟大的画马名家，其作画方式丰富多样，从激烈的动物战斗场景到田园诗以及赛马"肖像画"，不一而足。他出生在利物浦，在英国北部和中部地区度过了早期职业生涯，随后定居伦敦。他对主题的把握基于科学知识，曾花18个月的时间解剖马匹为自己的书《马的解剖》（*The Anatomy of the Horse*，1766年）做准备，并用自己的版画作插图说明。他还画过许多其他动物，包括数不清的狗和异国情调的野兽，如驼鹿和斑马。

主要作品：《响外套》（*Whistlejacket*），1762年；《豹子和牡鹿和两个印度人》（*Cheetah and Stag with Two Indians*），约1765年；《擦洗汉布尔顿马》（*Hambletonian, Rubbing Down*），1799年

△《自画像》，本杰明·韦斯特，1819年

本杰明·韦斯特

1738—1820年，美国人

本杰明·韦斯特的大半个职业生涯都在英国度过，却被称为"美国绘画之父"，因为对于到过欧洲的美国人，他能够鼓舞人心，并为同胞慷慨解囊、提供建议。

他出生在费城附近，曾在纽约短暂地工作过，然后在意大利学习了3年，于1763年在伦敦永久定居。在其所移居的国家里，他在事业和社会方面都卓有成就，于1772年成为乔治三世的官方历史画家，于1792年接替雷诺兹担任皇家艺术学院院长。起初，他的主要身份是一名肖像画家，却逐渐以历史、文学和宗教题材的多人物大型作品而闻名。

主要作品：《乌尔弗之死》（*The Death of Wolfe*），1770年；《索尔与恩多女巫》（*Saul and the Witch of Endor*），1777年；《浅色马背上的死亡》（*Death on the Pale Horse*），1817年

安吉利卡·考夫曼

1741—1807年，瑞士人

考夫曼是当时最著名的女性画家，蜚声国际，事业成功。她是瑞士的神童，后来在意大利生活——主要是在罗马，之后于1766年定居伦敦。2年后，她成为皇家艺术学院创始人之中仅有的两名女性之一。

考夫曼首先以肖像画家的身份获得认可，后来更多地关注历史、文学以及（偶尔的）宗教场景。她的风格融合了新古典主义的纯粹线条与洛可可的魅力。1781年，她回到意大利，次年在罗马定居。她在那里深受爱戴，去世时人们为她举行了一场女王级别的葬礼（由雕塑家卡诺瓦策划）。

主要作品：《赫克托和安德洛玛凯》（*Hector and Andromache*），1769年；《自画像》，1784年；《基督和撒玛利亚的女人》（*Christ and the Woman of Samaria*），1796年

让-安东·胡敦

1741—1828年，法国人

让-安东·胡敦（Jean-Antoine Houdon）一开始以寓言、神话和宗教题材的雕塑大获成功，后因当时最伟大的人像雕塑家而名留千古。

他的大半个职业生涯都在巴黎度过，不过在赢得罗马大奖后，从1764年至1768年

住在意大利。1785年，他的名声渐旺，以至于被邀请到美国为乔治·华盛顿的雕像做准备工作。原雕像用大理石制作（胡敦的首选材料），不过有几件复制品是由青铜制成。在拿破仑时代，他依旧努力工作，却在1814年左右患了一场中风，由此结束了职业生涯。

主要作品：《圣布鲁诺》（*St Bruno*），1767年；《伏尔泰坐像》（*Voltaire Seated*），1781年；《乔治·华盛顿》（*George Washington*），1785—1792年

威廉·布莱克

1757—1827，英国人

作为诗人兼神秘哲学家、版画家兼画家，威廉·布莱克（William Blake）个性极为独立，他专注于自创的幻想世界中的虚构主题。他的诸多视觉作品都致力于阐释自己的文学作品。其版画和油画往往运用独特的手法，规模通常较小，却十分崇高，形式上大胆而富有活力，色彩丰富绚丽。他在一些忠诚的仰慕者的支持下奋力谋生。直到他逝世大约一个世纪之后，才被认可为英国文化中引人瞩目的人物之一。

主要作品：《上帝创造亚当》（*Elohim Creating Adam*），1795年；《撒旦唤醒反叛的天使》（*Satan Arousing the Rebel Angels*），1808年；《亚当和夏娃发现亚伯的尸体》（*The Body of Abel Found by Adam and Eve*），约1826年

《自画像》，安吉利卡·考夫曼，约1770—1775年

19世纪

第五章

葛饰北斋

1760—1849年，日本人

葛饰北斋是一名杰出的画家兼绘图师，但其最重要的身份是木刻版画大师。他的作品跻身于最著名的日本艺术之列，影响了全世界的观众和艺术家。

葛饰北斋于1760年10月出生在江户市（今东京）东部的本庄。他的出身尚不明确，但曾被一名叫中岛的工匠收养，后者是为幕府将军（日本的军事统治者）效劳的镜子制造商。葛饰北斋有可能也是镜子制造商和小妾的亲生儿子。

与部分日本艺术家一样，北斋采用了多个不同的名字（共有30个左右），这些签名分别用于其职业生涯中的不同阶段。人们习惯上称他为北斋——这是他的笔名中最为人所知的一个，是他在年近40岁时才开始使用。

◁《吱嘎响的酸浆》，约1798年
北斋的这幅描绘两位女性的木刻版画，在胜川派的影响下创作而成。它出自一组恰如其名的作品集《无用风流七癖》。

胜川派

北斋十几岁时曾在书店和图书馆工作。他对艺术有着浓厚的兴趣，在15岁时成为一名木版雕刻师的学徒，并在3年后成为浮世绘画与版画领域的重要艺术家胜川春章的弟子（见右侧方框）。这种风格在江户大受欢迎，通常以美丽的女性和歌舞伎演员为特色（春章尤以这类肖像画而闻名）。

北斋首次出版的版画描绘的同样是歌舞伎剧院的演员。不过自他在18世纪80年代中叶步入婚姻，并且有1个儿子和2个女儿相继出生后，开始越来越多地创作其他主题，如儿童和风景。

日益个性化

1793年春章的去世是北斋艺术生涯的一个重要转折点。他开始探索其他的艺术风格（如欧洲版画），并向对手派的艺术家（春章的胜川派的竞争对手）偷偷学习。结果，胜川派声明与他脱离关系，这一事件似乎给予他完全的自由去探索自己的方法。从此，他从浮世绘艺术的传统主题转向了描绘日常生活。

“摺物”版画

18世纪90年代，北斋开始创作一组设计逼真的“摺物”——用木版画作插图的诗歌，他为赞助人制作小尺寸版本，以供其用作邀请函和问候卡。随着他的“摺物”越来越受欢迎，并开始吸引诸多模仿者，他决定成为一名独立的艺术家。他不再与任一画派有关系，并采用新的“笔名”北斋（为“北极星画室”的缩写形式），以纪念他所信奉的佛教之神灵。他很快就开始接受各种各样的委托订单，例如为历史小说绘制插图，这让他回归至更为传统的主题。

背景简介

浮世绘

“浮世绘”这个术语是指日本江户的妓院和剧院区，用以形容17世纪至19世纪江户商人阶层的享乐主义艺术。这个阶层喜好描绘艺伎和歌舞伎剧院的画作，特别是以女性美为特色的画作。到了19世纪，像北斋这样的艺术家使风景画也风靡一时。最早的浮世绘版画用的是黑色墨水，通常以手工上色，后来的艺术家们则使用若干块木板，以便能够混合出丰富的色彩。

艺伎生平是浮世绘的常见主题

◁《扮成渔人的自画像》，1835年
北斋谦逊地把自己描绘成一位普通的渔民。他晚年曾采用“画狂老人”这一笔名。

“自六岁起，我就渴望画出一切事物。”

葛饰北斋，1834年

> “我70岁以前画的**所有东西**都是糟粕。”
>
> ——葛饰北斋，1834年

商业需求

北斋的妻子英年早逝，之后北斋再婚。他的长子被富裕的中岛家族收作继承人，于是，他的孩子生来就与这个家族建立了联系。这对北斋来说是一种安慰，因为他的儿子不仅会一生事业无忧，而且作为孩子的父亲，也会得到一笔津贴。因此，儿子在1812年的离世对北斋来说是个双重打击。北斋被迫创作商业作品，以与他的奢华画作一并获利（为此支付给他的却是“礼物”，而不是酬金）。

这一时期他最著名的作品是他的画册，被称为“漫画”，是用来帮助艺术家练习绘画的辅助工具。画册中包括成千上万的热门主题素描，其中包括动物、人物和宗教题材，这些内容有助于吸引门徒，同时也会吸引广大的观众。

北斋通过公开示范自己的艺术技巧来宣传自己，例如用手指或画笔“错误”的端来创作幅画，或是画幅颠倒的风景画来引起人群的注意。有一次，他用大量的颜料和一把扫帚在一大群观众面前创作了一幅巨型画作。此举使得北斋声名鹊起，他甚至奉命在幕府前展示自己的精湛技艺。不幸的是，北斋的个人悲剧仍在继续：1828年，艺术家的第二任妻子去世。他最喜欢的女儿阿荣（也是一位艺术家兼北斋的弟子），回到家里照看他。

此时的北斋已是一位著名的艺术家，尤其以山水画以及花鸟等自然题材的版画而闻名。不久之后，他便开始创作其最著名的作品。1826年，他开始出版名为《富岳三十六景》的彩色木版画集，到了19世纪30年代，他做了些增补，使得图像总数达到46幅。这些版画的生动色彩，加之形象的巨大力量以及《神奈川巨浪》等场景的纯粹戏剧性，吸引了同时代的观众，并激发了年轻艺术家们的灵感，特别是安藤广重。

▽《北斋漫画》，约1816年

从1814年起，北斋出版了12卷素描（漫画）。这些是三色（黑色、灰色和淡肉色）系列的木版画，生动活泼、风趣幽默。事实证明，它们很受欢迎。

▷《神奈川巨浪》，约1830年

这幅彩色木刻版画是北斋的《富岳三十六景》系列中的第一幅。根据艺术家之前的2幅图像，这幅画展现了一艘几乎被巨浪吞没的小船，背景中有山。

△《茑屋河上的秋叶》，约1839年
幅版画是《百人一首》系列中的一张，它根据1235年由藤原定家编撰的一部广受欢迎的诗歌选集创作而来。

圣山

19世纪20年代晚期，继《富岳三十六景》之后，北斋的画作多是描绘鸟类、瀑布、花卉和桥梁的系列。事实证明，这些作品都很受欢迎。1834年至1835年，北斋的创作主题再次转向富士山，创作了单色画《富岳百景》。《富岳百景》包含了各种各样的主题，包括对门子和树木以及人、船和桥梁颇具戏剧性的组合研究，所有这些均置于富士山及其周边风景的背景之下。图像的力量部分源自北斋的精神风貌。他将山看作是不朽的源泉，并希望再三绘制这座山直至他活到自认为所应该活到的年纪，以发挥身为艺术家的最大潜能。

晚年作品

另一个开始于19世纪30年代的系列《百人一首》没有完成，只发行了27张版画，尽管当时已创作其他作品。这些图像回归了《富岳三十六景》中的丰富色彩，主题范围从赏樱花的人群（日本诗歌中反复出现的主题）到欣赏年轻女性潜水捞鲍鱼的老头儿。

1839年见证了北斋一生中最后的悲剧。他的画室被大火烧毁，里面所有的画作和素描都遭到毁坏。北斋当时已是79岁的耄耋老人，而这种挫折似乎恰恰激励了他。他按照计划持续工作，直到1849年生命结束，在临终前向上天呼吁再给他几年的时间，以便让自己成为一名“真正的艺术家”。

北斋去世后十年，日本几个世纪以来首次开放国际贸易，北斋的版画出口到欧洲和美国，为西方艺术家特别是印象派艺画家[仅克劳德·莫奈（Claude Monet）就拥有23幅北斋的版画]提供了灵感。作为日本最伟大且最多产的艺术家之一，他的声誉如日中天。

相关技术

新色彩

在刊行《富岳三十六景》作品集的第一个完整版时，出版商称这些版画是“用普鲁士蓝装饰而成的”。这种类型的蓝色颜料在北斋创作《富岳三十六景》时刚好可以从日本印刷商那里获取，其无与伦比的张力或许帮助北斋将风景和海景刻画得如此生动。早期取自植物的蓝色颜料（如靛蓝色）往往会褪色，而更鲜艳、更持久的普鲁士蓝鼓励了艺术家们更加不拘一格地使用这种色彩。

普鲁士蓝色料

简要年表

1779年 早期创作了一系列歌舞伎演员的版画，展现了强有力的图绘线条和委婉的色调。

1800年 为《绘本隅田川两岸一览》绘制插图，这是一套三卷本的书籍，展现了江户地区人类活动的繁华景象。

约1830—1833年 创作《造访各省的瀑布》，对各个地点进行不同的处理，以强调其独特的个性。

1834年 《小花卉》系列画作确立了其作为花卉画家的名声，该系列的画法清晰明了。

1835年 创作《鸡群》，将精美的细节与鸡头那错综复杂的图案结合起来。

卡斯帕尔·大卫·弗雷德里希

1774—1840年，德国人

作为德国浪漫主义运动的一个关键人物，弗雷德里希创造了一系列有着朦胧氛围且独具创意的风景画，为自己的故乡赋予了强烈的精神性。

卡斯帕尔·大卫·弗雷德里希（Caspar David Friedrich）出生于德国东北部的格赖夫斯瓦尔德（Greifswald）港口城镇，他是一位富有的煮皂工兼蜡烛制造商之子，其父是一位虔诚的新教徒。他童年时期的宗教氛围，加上母亲、2个姐妹和1个兄弟（在一桩溜冰事故中试图救弗雷德里希而不幸遇难）的相继离世都对这位年轻的艺术家造成了影响，致使他一生专注于宗教和死亡的主题。

△《生命阶段》，1835年

5艘船代表了前景中人物的5个生命阶段，画中人物由艺术家的家庭成员担任模特。船只的位置与人物构图相互呼应。

德累斯顿的浪漫派

在哥本哈根学习艺术的4年中，弗雷德里希展露了处理钢笔线条的天赋，之后他搬到德累斯顿继续学业。这座城市将是他余生的根据地，它是一群被称为“德累斯顿浪漫派”的画家的大本营。他们反对理性，试图探索人类存在的奇异、非理性且神秘的一面。

◁《自画像》，约1810年

弗雷德里希在鼎盛时期前后绘制了这幅自画像，当时的他入选著名的柏林学院。晚年时期，他那忧郁的浪漫主义风格不再受到公众的青睐。

弗雷德里希赞同他们的想法，并于1800年左右开始在画作中加入神秘性和戏剧性的主题。

在此阶段，弗雷德里希只用乌贼墨颜料作画，却在1807年接受委托绘制一幅祭坛画时转而使用油画颜料，由此创作的《山中十字架》（*The Cross in the Mountains*）引发了争议。该画不像传统作品中那般描绘圣人，而是描绘了带有十字架斜视图的风景。弗雷德里希坚信上帝在自然中表现自己，因此观察自然界并认为描绘自然是一种虔敬之举。

宗教象征

在画《山中十字架》时，弗雷德里希正接受一些有权势人物的赞助。普鲁士皇储购买了《林中修道院》（*Abbeyin the Oakwood*，1809年），该画展现了一座破败的修道院。这是一幅阴郁之作，可能象征着衰落的基督教会。他的一些最有影响力的作品可以追溯到19世纪20年代和30年代，其中包括《大围场》（*The Great Enclosure*）——该作品描绘的是德累斯顿附近河口的全景，传达出一种极端的忧郁之感；以及技艺精湛的《生命阶段》（*The Stages of Life*）——在这则关于稍纵即逝的寓言中，艺术家穿着一件长大衣出现在前景当中，他的形象与那艘快抵达海湾的船只相呼应。弗雷德里希在完成这幅画不久后就患了严重的中风，几乎被迫放弃了油画。

1840年弗雷德里希去世时，已名声渐衰，几乎到了被人遗忘的程度，直到19世纪末象征主义出现以后，他的艺术才再次受到重视。

△《山中十字架》，约1807年

弗雷德里希力图通过这幅画中的风景来揭示宗教，该画作被称为台岑祭坛画（Tetschen Altarpiece）。

相关技术

背面像

弗雷德里希最先被风景打动，他画中的人物常常背对观众，他们充当了中间人，邀请观者加入他们，而他们在面前的崇高景色中陷入沉思。弗雷德里希的风景画常常饰有宗教符号，例如在下方的画作中，上弦月可能代表着基督。

《望月的两个男人》（*Two Men Contemplating the Moon*），1819—1820年

“为了全力思考并感受自然，我必须独处。”

——卡斯帕尔·大卫·弗雷德里希

约瑟夫·马洛德·透纳

1775—1851年，英国人

透纳是英国极伟大的艺术家之一。他创作风景画和历史画，最为著名的却是海景画。在这些画中，他同时抓住了大自然的美与破坏力。

△**水彩颜料盒**

便携式"块状"水彩的发明使艺术家们的生活轻松了许多。1781年，里夫斯（Reeves）兄弟因这项发明而被艺术学会授予银奖。

约瑟夫·马洛德·威廉·透纳（Joseph Mallord William Turner）于1775年4月23日出生在伦敦的考文特花园（Covent Garden），他是一名理发师兼假发制造商的长子。在家中，他被叫作威廉或比尔，但在艺术界，其名字的首字母更为人所知，因为这是他留在画作上的签名方式。

透纳在很小的时候就显露了艺术天赋。年少时，他常常自豪地为父亲陈列在店中以待出售的版画上色。透纳与父亲总是亲密无间，而在后来的岁月里，这位老人成了他的画室助手。他与患有心理障碍的母亲的关系则更为紧张。1800年，她被送进了伯利恒皇家医院（Bethlem Royal Hospital）——一家声名狼藉的精神病院，4年后她便在这里与世长辞。

△《兰伯斯的主教宫一景》（*A View of the Archbishop's Palace, Lambeth*），1790年

透纳画于15岁的这幅水彩画是他被皇家艺术学院年度展览所接受的第一件作品。托马斯·马尔顿对之进行的培训体现在细节和准确性上。

主要影响

14岁时，透纳进入皇家艺术学院，在那里学业突飞猛进。他的第一件参展作品（一幅水彩画）于1790年出现在学院展上，并于1796年在那里展出了第一幅油画作品。3年后，他被选为皇家艺术学院的准会员，并于1802年成为正式成员——他是获得此项殊荣里面第二年轻的人。

◁《自画像》，约1799年

透纳在当选皇家学院准会员后绘制了这幅油画，该作品将年轻的艺术家表现为浪漫主义式的英雄形象。

透纳在别处参加了额外的课程，曾在地形与建筑画师托马斯·马尔顿（Thomas Malton）的门下工作，在素描和透视方面获得专业指导。乍一看，马尔顿缜密的街景画可能看似与其弟子的宏大风格毫无相似之处，但透纳日后对自己的老师大为赞赏，称其为"自己真正的导师"。当然，马尔顿能够为版画的前期准备工作提供宝贵建议，其风景画大多是作为腐蚀法凹版的印刷品出版（这些版画与水彩有些许同样的色调质感），而透纳同样热衷于开拓这一利润丰厚的市场。

透纳还参加了由国王的医生托马斯·蒙洛（Dr Thomas Monro）经营

人物小传

约翰·罗斯金

约翰·罗斯金（John Ruskin，1819—1900年）是19世纪最有影响力的英国艺术评论家。他在早期职业生涯中就开始支持透纳的作品，而当时的画家正在创作一些最富有争议的作品。罗斯金的雄辩言论发表在他的5卷本的鸿篇巨著《现代画家》（*Modern Painters*，1843—1860年）的开篇部分。他在1840年第一次遇到透纳，购买了他的几幅画作，后来成为他的遗嘱执行人。

约翰·罗斯金

"他似乎在用有色的蒸汽作画，如此转瞬即逝，如此轻盈通透。"

约翰·康斯太勃尔，引自《牛津艺术辞典》（*The Oxford Dictionary of Art*）

▷《被拖去解体的战舰无畏号》(*The Fighting Temeraire*)，1839年

在透纳的《被拖去解体的战舰无畏号》中，特拉法加尔战役中的一艘战舰在日落时分被拖向拆船厂，暗示着英国海军力量的衰落。

背景简介

特拉法加尔之战

特拉法加尔之战是拿破仑战争中至关重要的一仗，当时由纳尔逊勋爵（Lord Nelson）领导的英国海军击败了法国和西班牙的联合舰队。透纳对海洋的痴迷延伸至英国海军的战绩。他在“胜利号”（纳尔逊的船）返航后立刻进行视察，在船上绘制大量草图。这些草图被用于他在次年展出的《特拉法加尔之战》一画中。凯旋的回忆久久徘徊在英国爱国人士的心中，透纳关于该主题最佳画作创作于1838年，当时他记录了特拉法加尔的一艘老战舰“无畏号”的最后一次航行。

纳尔逊纪念柱，特拉法加尔广场，伦敦

的非正式学院，蒙洛医生还是一位业余艺术家兼收藏家。他在教学中让年轻人临摹其收藏品中的水彩画，透纳后来深情地回忆道：“画素描只需给好心的蒙洛医生2.5个先令和一顿晚餐”。医生的藏品包括约翰·柯岑思（John Cozens）、爱德华·戴斯（Edward Dayes）和托马斯·赫恩（Thomas Hearne）的典范之作。尤其是柯岑思，对透纳的影响深远，透纳从他的作品中学会了如何通过层层细小的笔触建构起色调和形态。

水彩的崛起

随着绘画技术的发展，水彩开始在英国流行起来。1804年，水彩画家协会在伦敦成立。不过，皇家艺术学院仍认为水彩画不过是“有色素描”而已，并且总是“挂得过高”（在展览中挂在高处）。透纳提高了水彩的名声，他创作的水彩画规模比同代人的作品更加宏大，在对光线与氛围的处理上取得了惊人的效果。

他的一个水彩颜料盒保存至今，证明他曾混合使用传统色料（包括威尼斯红、生赭色和赭石色）与现代色料（如钴蓝和铬黄）以及快速消失的易褪色（如藤黄、胭脂红和栎皮粉）。

写生之旅

透纳在其职业生涯初期的写生之旅的主题是水彩画。不同于康斯太勃尔以家乡景致为主要内容的风景画，特纳从旅行中得到了大量灵感。18世纪90年代，他环游至英国各地，包括巴斯和布里斯托尔（Bristol）地区、北威尔士、中部地区、湖区和苏格兰。

他专注于风土景色，其中就有若干位私人赞助者绘制的水彩画。透纳还创作了人们普遍关注的速写，他知道这些日后可以印成版画出版。在这些作品中，他往往迎合风景如画的创作潮流，专注于废墟修道院和城堡这些格外具有商业吸引力的主题。

1802年，他利用临时大陆战争的短暂间歇到访法国和瑞士。除了一贯的地形考察，他还参观了卢浮宫，那里塞满了拿破仑从欧洲其他地方抢来的宝物。这种向老一辈大师学习的方式极为宝贵，透纳的写生簿上满是参照提香、普桑、卡拉瓦乔、伦勃朗和鲁本斯等艺术家的油画而创作的笔记和草图。

> “毫无疑问，他是**迄今为止**讲英语的民族中所产生的**最伟大的画家**。”
>
> ——约翰·罗森斯坦爵士（Sir John Rothenstein），《透纳》，1963年

学院展览

透纳的重量级画作都在皇家艺术学院展出过。当时，历史画被视为最有声望的艺术类别，而风景画相对不受重视。透纳按照他的2个偶像（普桑和克劳德）的例子来解决这一难题。和他们一样，透纳通过在前景中添加少许令人信服的细节，从而将一些风景画装扮成历史画。例如，他的《汉尼拔和他的军队穿越阿尔卑斯山》(*Hannibal and his Army Crossing the Alps*，1812年）实际上是一场狂风暴雨的壮观写照。透纳对纳尔逊的战功（见左侧方框）这种现代题材更有把握，其关于这一类型最受欢迎的画作就是《被拖去解体的战舰无畏号》。

学院展带他给重要的委托任务，但这对于像透纳这样多产的艺术家是远远不够的。因此，他于1804年在伦敦哈雷街（Harley Street）自己的画室旁开设了属于自己的画廊。他在这里展出过自己的水彩画和一些不太完善的作品——这些作品在标题中往往包含着“草图”一词。

透纳极为庞大的作品规模可以通过其绘制的速写本数量加以推测，最后的数量达到了260多卷。

简要年表

1796年
在皇家艺术学院展出第一幅油画《海上渔民》(*Fisher-men at Sea*)。

1812年
绘制宏大的历史作品《雪风暴：汉尼拔和他的军队穿越阿尔卑斯山》，其灵感源自约克郡的一场暴风雪。

1823年
作品《拜亚湾与阿波罗和西比尔》(*The Bay of Baiae, with Apollo and the Sibyl*)参展，画作在他首次到访意大利期间创作完成，是一幅令人惊叹的油画风景画。

1838年
目睹无畏号战舰最后的航行，受启发而创作《被拖去解体的战舰无畏号》。这幅画被认为是巨大的成功。

1846年
在皇家学院展出《站在阳光下的天使》(*The Angel Standing in the Sun*)，评论褒贬不一：有人感叹这幅画缺乏固定的形式。

私生活

透纳为人谨慎，有时会借用假名来躲避公众的注意。1807年，他在伦敦附近的特威克纳姆（Twickenham）设计并建造了自己的别墅，这是他逃离城市中艺术家生活的庇护所——他曾在这里和父亲一起生活了20年。透纳从未结婚，但他确实有过几段长期关系，其中最著名的一段是同一个寡妇萨拉·丹比（Sarah Danby)，他们育有2个女儿。

晚年，他对表达光的效果和描绘大自然的原始力量日益着迷。在绘制《暴风雪：海港口的蒸汽船》(*Snow Storm:Steam-boat of a Harbour's Mouth*，1842年）之前，他曾要求水手在暴风雨来临时将他绑到桅杆上。在处理这类场景时，透纳采用了一种旋涡状的构图，其中，形态融入光线与色彩的漩涡中。

整个19世纪40年代，透纳日益离群索居，身体也每况愈下。1851年，他最终死于霍乱，遗体被葬在伦敦的圣保罗大教堂地下墓室。他将自己画室里的物品留给了国家，这笔巨大的遗产包含300幅油画以及1.9万幅素描和水彩。他的遗嘱多年来一直处在诉讼中，耗费了1个多世纪的时间来解决各种复杂因素，其大部分作品如此都安置在伦敦泰特美术馆的克洛尔画廊（Clore Gallery）。

△《暴风雪：海港口的蒸汽船》，1842年
透纳对暴风雨最为形象的刻画带有抽象主义绘画的味道。有些评论家因其缺乏形式而感到震惊，这也许不足为奇。一位评论家曾将这件作品比作“一大堆肥皂水和粉刷浆”。

◁伦敦隐居处
透纳设计并建造了自己的别墅：一个位于伦敦附近特威克纳姆的桑迪克姆小屋（Sandycombe Lodge)。他喜欢在泰晤士河边漫步，还喜欢在河里钓鱼。

约翰·康斯太勃尔

1776—1837年，英国人

康斯太勃尔是大器晚成的艺术家。艺术界很晚才认识到其作品所具有的开创性特质，如今他被公认为英国最伟大的风景画家。

△**颜料盒**

康斯太勃尔过去经常携带这个铰链便携式金属颜料盒，到野外进行油画写生。盒子里有17个小隔间。

1776年6月11日，约翰·康斯太勃尔出生于萨福克郡的东贝格尔特（East Bergholt）。英格兰东南部的这个偏僻地带是一个农业区，他的父亲戈尔丁（Golding）是一位富裕的玉米商兼磨坊主。在转行画画之前，约翰曾为父亲工作，享有“英俊磨坊主”之美誉。他与当地乡绅乔治·博蒙特爵士（Sir George Beaumont）的相遇激发了他早期的艺术创作动力，博蒙特向康斯太勃尔展示了自己的珍贵藏品——克劳德·洛兰的画作《夏甲和天使》（*Landscape with Hagar and the Angel*，1646年）。康斯太勃尔在这件作品的华丽布景前目瞪口呆，并决定跟随博蒙特和另一位当地画家上一些非正式的课程，后来他于1799年进入皇家艺术学院。

△**《萨福克郡卡佩尔的一座废墟小屋》（*A Ruined Cottage at Capel, Suffolk*），1796年**

从很小的时候起，康斯太勃尔就在本郡内写生，从而训练了自己的眼力。他在素描笔记上方的题词中指出，这间小屋是一则当地传说的主角，据说为女巫所有。

专攻风景画

在1802年完成训练之后，康斯太勃尔开始在学院参展，并通过不断临摹老一辈大师们的作品以及写生来磨练自己的技艺。1809年，当他与玛丽亚·比克内尔（Maria Bicknell，见右侧方框）开始恋爱时，仍依赖从父亲那里得到的津贴和肖像画委托任务（这使他深恶痛绝）得以度日。成功与他擦身而过，一方面是因为风景画被视为一种低级的绘画类型，另一方面是由于他自身的固执。一位叔叔为他的湖区巡游之旅出资，希望康斯太勃尔能够尝试一下“风景如画”（Picturesque）的流行风格，但艺术家对描绘精美的小屋或爬满常春藤的废墟不感兴趣。他最擅长的是描绘自己心爱的萨福克郡风景。

玛丽亚的家人对她所选择的求婚者——一个为了画家生涯而放弃了大好前途的男子——倍感惊愕，直到1816年父亲去世后，艺术家的财务似乎才足以维持婚姻。

人物小传

玛丽亚·比克内尔

康斯太勃尔爱上了教区牧师的女儿玛丽亚·比克内尔。她的家人不同意这桩婚事——她只有21岁，而他33岁，前途渺茫。二人于7年后终成眷属，然而她的家人从未参加婚礼。玛丽亚的健康状况不佳，并于1824年感染了肺结核。康斯太勃尔竭尽全力改善她的状况，甚至为此搬到了他讨厌的布莱顿（Brighton），但她还是于1828年去世，年仅40岁。康斯太勃尔对婚前3个月为玛丽亚绘制的肖像画一直珍视有加。

《玛丽亚·比克内尔》，1816年

“……从流逝的时光中抓住的一个短暂瞬间。”

——约翰·康斯太勃尔，自述绘画目标

◁**《康斯太勃尔》，拉姆齐·理查德·瑞奈戈（Ramsay Richard Reinagle）**

康斯太勃尔在学院的同学画的这幅肖像将他展现得如C·R·莱斯利（C R Leslie）的传记中所描述的那样：“身材高大、体态完好的英俊磨坊主，有着气色姣好的面容和一双漂亮的深色眼睛。”

▷《哈姆斯特德速写》(*Sketch at Hampstead*)，1820年
康斯太勃尔往往在油画写生中使用调色刀而非画笔，用刀片在画布上铺平厚厚的纯色料。比起其完成作品，一些现代评论家更喜欢这些无拘无束的草图。

油画素描

康斯太勃尔一直努力形成自己的开创性风格。一册1813年的速写本确证了他在短短3个月内在家乡萨福克郡创作了130多张素描。他甚至已开始尝试一种极为不同寻常的方法 户外油画写生。

康斯太勃尔的目标是捕捉“光线、雨露、微风、花朵绽放和新鲜的事物，而世界上任何一位画家都没能在画布上将其中任何一个完美地表现出来”。为了实现这个目标，他避免了当时所盛行的光滑表面，为颜料表面赋予粗糙易碎的外观，因为这看似更接近自然。他避开了公共展览中无处不在的暗褐色清漆，没有涂以大片色料，而是尝试使用小块的鲜艳互补色调，营造出更加明亮的效果。他还在树木、门柱和推车上用白色颜料涂以微小斑点，以模仿潮湿木材上阳光留下的光泽，虽然有些评论家并不认同这种方法，嘲弄地将之形容为“康斯太勃尔的雪”。

▽《公寓附近的平底船厂》(*Boat Building Near Flatford Mill*)，1815年
这一场景描绘了康斯太勃尔父亲的船坞正在建造一艘驳船。康斯太勃尔宣称自己在户外完成了整幅油画。

“6英尺长”画作

康斯太勃尔所面临的一个问题比他所受的批评更为严峻：他年复一年地被学院拒之门外。实际上，这意味着他的画作无法以最好的方式展现给公众，因此不太可能引起注意并出售。最后，为了解决这个问题，创作出规模极为宏大的风景画，从而使人们无法忽视它们的存在。

他的第一幅日后被称为“6英尺长”的巨型风景画是《白马》(*The White Horse*)。当该画于1819年展出时，得到了媒体和公众的一致好评。几个月后，康斯太勃尔终于当选为皇家艺术学院的准会员。在接下来的几年里，他重复着这种模式，并为年度展呈交了1件巨幅油画。

这幅“6英尺长”画作描绘了康斯太勃尔所喜爱的乡村场景斯陶尔(Stour)河沿岸，靠近其父亲所拥有的弗拉特福德磨房(Flatford Mill)。为了准备这幅画，他用了全新的手段：创作了几幅全尺寸的油画草图。他从未打算出售这些草图，康斯太勃尔曾说，他“不反对舍弃玉米，但不能放弃种玉米的土地”，因此它们以最坚定有力的姿态体现了他的处理方式。

沙龙展上大获成功

康斯太勃尔最为著名的“6英尺长”画作《干草车》(*The Hay Wain*)于1824年在巴黎沙龙展上展出[一同展出的还有《斯图尔河一景》(*View on the*

> “如果没有站在一张**6英尺的画布前**，我就不认为自己在工作。”
>
> ——约翰·康斯太勃尔，1821年

Stour)]。值得注意的是，他以《风景：中午》(*Landscape: Noon*)为题展出了这件作品，以回应他在《云的习作》中所添加的注释（见右侧方框）。这些画作引起了轰动，促使欧仁·德拉克洛瓦（见第210—213页）重画了《希阿岛的屠杀》(*Massacre at Chios*)的大半部分，以模仿这个英国人的上色方法。更重要的是，康斯太勃尔获得了沙龙展的最高奖项金奖，并且将这些画作出售给了巴黎的一位画商。

后顾之忧

康斯太勃尔从未在自己的祖国受过这般追捧。他的风格和主题引起了法国浪漫主义者的共鸣，但英国艺术界认为其不够优美。此外，农业题材在整个19世纪20年代都极具争议。

拿破仑战争结束后，粮食价格下跌，因为军队不再需要补助，士兵们回到家中。人们已感受到工业革命的影响：在田野中，机器开始取代人类的辛勤劳作。这对普通的农业劳动者来说都不是什么好消息，不满情绪与日剧增，最终导致了1830年的施荣暴动（Swing Riots），当时的农村劳工袭击了十分之一的什一税谷仓和打谷机。康斯太勃尔在与弟弟的通信中表达了对当地骚乱和焚烧草垛的忧虑之情，但作为磨坊主阶层的一员，他的画作中完全忽视了乡村生活的这一方面。

进入学院

康斯太勃尔终于在52岁时仅以一票之差成为学院的正式成员。尽管如此，许多人认为，这次批准并非出于对其作品质量的认可，而更多是出于对他痛失爱妻玛丽亚的同情——玛丽亚于前一年去世，留下丈夫担负着照顾7个子女的责任。

这是一项名至实归的荣誉，但对于英国伟大的艺术家，这项荣誉迟得有失体面。康斯太勃尔欣然接受了这项荣誉，并成为学院的一名教师，他开设的风景画课程大受欢迎。他于1837年3月31日在伦敦去世，与玛丽亚合葬在汉普斯特德（Hampstead）北部郊区的一座公墓内。

简要年表

1802年
首次尝到成功的滋味，当时的一幅画作《德戴姆山谷》(*Dedham Vale*)在皇家艺术学院的展览上展出。

1815年
在户外画《造船》(*Boat Building*)时，直到看到烟囱冒烟才停工。这一信号表明晚餐正在准备当中。

1821年
《干草车》在法国大受好评。康斯太勃尔在伦敦北部的汉普斯特德（Hampstead）买下一所房子，并开始在附近的荒地上写生。

1827年
19世纪20年代，康斯太勃尔多次在布莱顿停留。他所画的《链条码头》(*The Chain Pier*)描绘的是1823年建于布莱顿的首座主要码头。

1836年
康斯太勃尔的《巨石阵》(*Stonehenge*)代表其晚年更为激荡的风格。

相关技术

《云的习作》

从未有艺术家如此煞费苦心地想要确保自己的风景画看上去足够写实。1822年，康斯太勃尔在给一位朋友的信中称，他“做了大量的天空练习”，创作了近50幅关于云层结构的油画习作。他在每一幅习作中都标注了日期、时间以及风速和风向。在此过程中，康斯太勃尔收获了大量的气象学知识。值得注意的是，他没有在任何风景画中使用过这些习作；其创作的唯一目的就是提高自己的技巧。

《云的习作》（局部），1822年

▽《干草车》，1821年
这一场景描绘了康斯太勃尔的家乡萨福克郡，展现了田园风景中的一辆马车（干草车）。这件作品在伦敦展出时未能售出，却在巴黎沙龙展上大放光彩。

欧仁·德拉克洛瓦

1798—1863年，法国人

德拉克洛瓦是首屈一指的浪漫主义艺术家，他的作品充满了斗争冲突，带给人一种感官上的享受。他的职业生涯十分出色，其对色彩的创新运用深得印象派的推崇。

▷《自画像》，1837年
对德拉克洛瓦而言，需要通过审视内心来寻找绘画的真正主题："主题就是你自己，它们是你在大自然面前留下的印象，是你的情绪。"

德拉克洛瓦有着狂暴的个性，他那充满力量的构图及其对想象力至上的坚持使他成为法国浪漫主义艺术的完美英雄。

他于1798年4月26日出生于巴黎郊区的夏朗东-圣-莫里斯（Charenton-Saint-Maurice），是法国政治家查尔斯·德拉克洛瓦（Charles Delacroix）的第四个儿子。不过，根据传闻，德拉克洛瓦的亲生父亲实际上是外交官查尔斯-莫里斯·德·塔利兰德（Charles-Maurice de Talleyrand）。有人猜测，塔利兰德后来可能在艺术家的职业生涯中动用过关系，以确保他从政府那里获得委托任务。无论这是否属实，德拉克洛瓦都无疑受到了良好的教育，且拥有足够的资金来追求自己的艺术志向。

△画室与家
从1857年到1863年逝世，德拉克洛瓦在巴黎弗斯滕伯格街（rue de Furstenberg）的一间通风的画室里工作，并住在附近的公寓里。

巴黎学业

德拉克洛瓦17岁时曾加入著名的罗马大奖赛前任获奖者皮耶尔-纳西斯·盖兰（Pierre-Narcisse Guérin）的巴黎画室（见第169页），一年后转入艺术学院。与当时的大部分艺术生一样，他的任务是临摹希腊和罗马的雕塑与文艺复兴盛期的绘画。在参观卢浮宫时，他特别推崇鲁本斯和维罗内塞（Veronese）绘画中丰富的色彩感。他开始沉浸在歌德、席勒、莎士比亚和拜伦的作品中，这些作品为其一生的画作提供了丰富的文学素材。

在巴黎沙龙展上，他以一幅展现地狱中的但丁和维吉尔的画作首次成功亮相。不久之后，他就开始专注时事，用此前只属于历史画的宏大方式进行处理，强调悲剧、情感以及英雄主义精神。1822年土耳其独立战争期间，奥斯曼土耳其军队在希俄岛上屠杀了2万多名希腊人。1823年，德拉克洛瓦描绘了这场冲突的悲剧性后果——尽管他本人没有亲眼见过这场战争，但从新闻报道和目击者那里听说过该事件。《希俄岛上的屠杀》（*The Massacre at Chios*，1824年）的前景处是一群倒霉的受害者，而背景中一场战争正在肆

背景简介

东方主义

受到1789年拿破仑入侵埃及的影响，许多西方艺术家（包括德拉克洛瓦和安格尔）都被阿拉伯世界的生活所吸引。在这些东方主义画家中，流行的题材有游牧民族、后宫、市场、废墟、异域情调的婚姻习俗和原始交通，或是当时东方背景下的圣经片段。后宫场景为情欲与异域情调的结合提供了契机，而战争及动物打斗的图像强调了将北非和中东当作激情与危险之地的认知，这使画家们得以有机会尝试描绘暴力幻想。

德拉克洛瓦的北非速写本中的一页，1832年

“想象力以含糊为乐，散播速度较快，其中囊括的主题宽泛，且仅对主题作概要说明。”

——欧仁·德拉克洛瓦

△《萨丹那帕露斯之死》，1827年

一位评论家将德拉克洛瓦大胆的笔触和醒目的厚涂法（颜料的层层堆积）形容为在用“醉酒扫帚”作画。这幅画捕捉到了这场自杀式狂欢的野蛮与感官放纵。

虐。这幅画在1824年的巴黎沙龙展上大获成功。法国政府购买该画的钱足以使德拉克洛瓦到英国游历。在那里，他遇见了同行艺术家，并开始学习康斯太勃尔在风景中捕捉光线的方式。

3年后，《萨丹那帕露斯之死》（*The Death of Sardanapalus*）让德拉克洛瓦在沙龙展上的名声有所动摇。这件作品改编自拜伦的一部戏剧，讲述了亚述暴君萨丹那帕露斯在自己的宫殿被包围时决定在柴堆上自焚。德拉克洛瓦重新诠释了这个情节，展现了国王高踞于自己的财富之巅，冷漠地看着他的马匹、侍从和妃嫔被屠杀。这幅画使本已习惯了新古典主义的秩序和理性主义的观众大为震惊，它触怒了观众，且具有革命意义，不仅是因为它描绘了一场有失体面的狂欢，还因为它以繁密的人体为特色的大胆构图，及其爆发性的色彩组合和有力的笔触。

政治寓言

德拉克洛瓦以下一件重要作品再次挑起了大梁，该作品因选取时事为题材而颇具争议。1831年展出的《自由领导人民》（*Liberty Leading the People*）是对艺术家真实目睹场景的寓言式表现，当时的巴黎人在1830年推翻君主制的七月革命中走向街垒。自由女神是一位工人阶级女性，她坦露着胸部，挥舞着法国国旗，踩踏着被保皇军击毙的大量尸体，两边是一名头戴礼帽的中产阶级男子和一名挥舞着手枪的年轻男孩。这件煽动性的作品被政府收购，却被丢进了库房，因为担心将它公开展出会引起令人不快的革命情绪。在极端浪漫主义想象中，自由被高举，以对抗压迫势力，这确保了德拉克洛瓦在反对严苛的“官方”古典主义风格的画家中拥有一席之地，而其竞争对手让-奥古斯特-多米尼克·安格尔（Jean-Auguste-Dominique Ingres）正是这一风格的拥护者。

东方之旅

一年后，德拉克洛瓦受邀陪同莫尔奈伯爵（Comte de Mornay）前往摩洛哥和阿尔及利亚完成外交使命。在那里，他对东方主义和阿拉伯世界的着迷，随着对日常生活的直接观察与日俱增。他终于得以看到此前只出现在想象中的场景——沙漠风景、阿拉伯战士和战马，他的速写簿中满是素描和笔记。他着迷于北非的耀眼光线和色彩，他的色调变得更浅，色彩则更加饱和。在阿尔及尔的犹太区参观后宫的回忆为《阿尔及尔后宫的女性》（*Women of Algiers in their Apartment*，1834年）和《摩洛哥的犹太婚礼》（*Jewish Wedding in Morocco*，1837—1941年）提供了灵感，二者均以迷人的感官享受为特征。

回到巴黎后，德拉克洛瓦获得了一系列颇有声望的官方委托订单，这些作品将占用他余生的大部分时间。他为国王大厅（Salon du Roi）和波旁宫图书馆、卢森堡宫图书馆、卢浮宫的阿波罗画廊（Galerie d'Apollon）制作了大规模装饰方案。作为一名成功、优雅且机智的人物，他周旋于上流社会，经常光顾富有的艺术资助人的沙龙，并向媒体投稿。德拉克洛瓦与包括弗雷德里克·肖邦（Frédéric Chopin）、乔治·桑（George Sand）和赫克托·柏辽兹（Hector Berlioz）在内的著名音乐家和作家建立了友谊。然而，在其完美的表象下却住着一个备受困扰的灵魂，诗人查尔斯·波德莱尔形容他“躁动不安、惊慌不已，每一次焦虑都让他深受折磨”。

晚期作品

德拉克洛瓦的健康状况很糟，并在晚年离开了对自己推崇备至的社会生活，宁愿在自己位于枫丹白露森林的乡间住宅中消磨时光。他花了12年

人物小传

西奥多·籍里柯

德拉克洛瓦在艺术学院的同学之一就是稍年长的西奥多·籍里柯（Théodore Géricault），其画作充满了戏剧性和动感，给他留下了深刻的印象。德拉克洛瓦曾看过他绘制杰作《美杜莎之筏》（The Raftof the Medus），甚至还为画中的一位人物担任过模特。这幅画描绘了一场沉船事件后所发生的当代悲剧，当时的船长将乘客和船员抛弃在木筏之上，任其随波逐流，甚至死亡。籍里柯于1824年英年早逝，在某种意义上，他将浪漫主义战士的指挥棒传给了德拉克洛瓦。

《美杜莎之筏》，西奥多·籍里柯，1818—1819年

▷**圣天使礼拜堂**

圣苏尔佩斯教堂建筑的和谐感缓和了这幅《希略多拉斯的放逐》中的暴力和混乱构图。

完成的最后一个伟大的项目是位于巴黎圣苏尔佩斯教堂（Saint-Sulpice）的圣天使礼拜堂（Chapelle des Saints-Anges）。其镶板中的2幅油画《希略多拉斯的放逐》（*Heliodorus Driven from the Temple*）和《雅各布与天使搏斗》（*Jacob Struggling with the Angel*）因创新的色彩技巧和生动、断裂的笔触而引人注意，最近的修复工作将这些彰显无疑。

色彩遗产

德拉克洛瓦对色彩的运用是其最宝贵的遗产之一。他是第一批试图通过将三原色（红色、黄色和蓝色）与“互补”色（通过混合任两种原色调而得来）并置在一起来增加色彩张力的艺术家之一。他几乎从不使用黑色，而偏爱于用其他色彩来营造阴影。德拉克洛瓦的色彩实验吸引年轻一代的印象派艺术家。塞尚日后曾说：“德拉克洛瓦的色调在当今法国依然是最美的，我可以告诉你，天底下没有一个人比他更能将魅力与悲怆合二为一，也无人能比他带来更多的色彩共鸣。我们都在用他的语言作画。”

包括表现主义者在内的下一代艺术家则会选取其作品中的其他元素，推崇他对自身主观反应的坚持以及追求愿景时的那种激情。

“德拉克洛瓦热爱激情，并冷静地决定以最明显的方式寻求表达激情的手段。”

——夏尔·波德莱尔

古斯塔夫·库尔贝

1819—1877年，法国人

被视为革命煽动者的古斯塔夫·库尔贝，被誉为法国现实主义画派的领军人物。他试图呈现自己亲眼所见的日常生活，而不受理想美概念的束缚。

古斯塔夫·库尔贝（Gustave Courbet）出生于法国东部汝拉省（Jura）的奥尔南（Ornans），是富裕的农民之子。他对法国乡村这处偏远地区的喜爱持续了一生：他经常造访此处，不厌其烦地绘制那里独特的风景和居民。他拒绝了家人让他学习法律的安排，20岁时搬到巴黎，加入了如今已被遗忘的画家斯特本（M. Steuben）的画室。库尔贝通过复制委拉斯凯兹和卡拉瓦乔等17世纪自然主义画家的画作来磨练技艺，后来则致力于在沙龙上取得成功。事实证明，他很难在沙龙上获得成功：他在1841年至1847年提交了25件作品，其中只有3件获准参展。

△《奥尔南的葬礼》，1849—1850年

库尔贝以大于真人的惊人规模描绘了这一日常事件。该作品中包含他所熟悉之人的肖像画，其中包括他的家庭成员。

现实主义殿堂

1848年，库尔贝遇到了一群聚集在安德勒酒吧（Brasserie Andler，绰号“现实主义殿堂”）的艺术家，其中包括无政府主义者皮埃尔·蒲鲁东（Pierre Proudhon）、诗人夏尔·波德莱尔和作家儒勒·尚弗勒里（Jules Champfleury）。在库尔贝的带领下，该团体接受了现实主义哲学，即艺术和文学应呈现生活的原样，而不是理想化的版本，且应当直面社会问题。同年，巴黎陷入动乱：骚乱当街爆发，国王退位，共和政府成立。库尔贝虽然没有参加斗争，却心系革命。

库尔贝的时来运转是1848年在沙龙展上展出的10幅作品受到评论家的一致好评。次年，描绘家乡附近一座乡间酒店聚会的《晚餐后的奥尔南》（*After Dinner at Ornans*）为他赢得了一枚奖章，画作则由政府购买。受到这次成功的鼓舞，他继续描绘汝拉山的景色和人物，他的下一幅重量级画作《奥尔南的葬礼》（*A Burial at Ornans*）描绘了在其家乡城镇边上举行的一场葬礼，其中有60位居民出席。库尔贝并不是第一位描绘乡村生活的法国画家，但其作品具有革命性，因为他以宏大的规模来处理日常事件。虽然所绘人物都是普通人，却将之表现为可识别的

◁**《绝望的男人》（*The Desperate Man*），1843年**

库尔贝在1842年到1855年画了约20幅自画像，这些画作组成了一部视觉自传，他在其中探索着自己的艺术身份和公众形象。

“绘画是一种视觉艺术，因此应该关注所看到的事物。”

——古斯塔夫·库尔贝

▷《画室》，1855年
库尔贝的这件巨幅油画总结了他的艺术哲学，其中展现的人物都以某种方式服务于他的艺术。如今，我们已能确认画中大部分人物的身份。

人物小传

阿尔弗雷德·布鲁亚斯

阿尔弗雷德·布鲁亚斯是法国南部蒙彼利埃市（Montpellier）的一位古怪的银行家兼艺术收藏家，他是库尔贝最重要的赞助人之一，也是其一生的挚友。在《问候》（*Meeting*）或《你好，库尔贝先生》（*Bonjour Monsieur Courbet*）中，艺术家展现了自己正在仆人陪同下的布鲁亚斯的问候。赞助人和艺术家被象征性地置于同一层面，而布鲁亚斯在迎接艺术家进入自己的世界——阳光普照的地中海乡村，其所用姿势以一幅流行版画《流浪的犹太人》为依据。布鲁亚斯对库尔贝画作的丰富收藏如今可在蒙彼利埃（Montpellier）的法布尔博物馆（Musée Fabre）中看到。

《你好，库尔贝先生》，1854年

个体，而非笼统的类型，经仔细观察而描绘出法国乡土社会阶层间的细微差别。这幅画在1851年的沙龙展上展出时，因其外观的粗俗而受到严厉批评；继1848年法国大革命爆发，对农民生活的这般宏大逼真而非美化的想象可能带有令人不快的胁迫感。

艺术家肖像

如今被冠以激进之名的库尔贝，开始了一条日趋独立的道路。1855年，他对自己在巴黎世界博览会上所分配的展览空间不满，于是决定在"现实主义展馆"（Realist Pavilion）中举办自己的私人展览。它的核心作品是《画室》——一幅神秘的、寓言式油画，花费7年的时间完成，相当于一则艺术宣言。一名裸体模特位于绘画中心，站在艺术家旁边，艺术家则在加工一幅描绘自己心爱的家乡乡村的风景画。位于右侧的均是在他的事业上支持过他的人——赞助人、朋友，还有诗人波德莱尔；左侧则是一些代表剥削者和被剥削阶级的人以及政治人物，包括装扮成猎人的拿破仑三世。库尔贝承认，这幅画的多层象征意义难以理解，但他的本意无疑在于进行某些政治与社会批判。

国际认可

至此，库尔贝在国际上取得了重大成就，在德国、荷兰、比利时和英国展出作品，并与包括詹姆斯·麦克尼尔·惠斯勒（James McNeill Whistler）和年轻的克劳德·莫奈在内的创新型艺术家结交，他与法国艺术机构的关系却问题重重。

库尔贝的不少画作都在故意藐视崇尚美的学院派规则，他却在19世纪60年代创作了一系列较符合传统审美的裸体作品。有些作品颇具颠覆性，比如《女子和鹦鹉》（*Woman with a Parrot*）中躺在床上的女子显然是一位高等妓女，《熟睡者》（*Sleepers*）展现了在一个女同性恋怀中沉睡的两名女子，而《世界的起源》（*Origin of the World*）则从正面完整展现了一个裸体女子。后两幅作品由一位私人赞

"我从没见过天使。给我看一个，我就会画一个。"
——古斯塔夫·库尔贝

助者委托绘制，创作目的并非为了公开展览。

库尔贝的裸体植根于当代法国而非古典神话世界，而他的风景画也是如此。和同代、甚至后代的许多艺术家一样，他热衷于摆脱那些基于意大利神话幻想的风景艺术传统，而渴望描绘充满回忆与个人感受的法国乡村。他的家乡汝拉省就拥有壮丽的森林、溪流和岩石峭壁，从而提供了完美的主题。

库尔贝对汝拉省的描绘往往刻意忽视传统惯例。他并没有用清楚的前景、中景和背景构建一个近似剧院的视角，而是偏爱随意的布局。他往往用一把调色刀来涂抹大块颜料，有时还混合沙子，以强调材料的物理特质。他的风景画中偶尔会出现动物和猎人，反映了他对狩猎运动的热爱。1865年以后，他愈发喜爱描绘在诺曼底海岸观察到的大海，通过强调海的骇人力量与浩瀚无际，从而使人倍感渺小。

政治激进主义

1871年法国政府倒台时，短命的巴黎公社取而代之，库尔贝曾一度参与其中，担任艺术委员会主席一职。这将见证他的事业的衰落，因为他虽然努力地保护着诸多艺术作品，却牵连进拆毁旺多姆柱事件，而旺多姆柱一度被视为拿破仑帝国主义的象征。新政府掌权后不久，他就被捕并被送进监狱。1873年，由于无法筹集当局重建该柱所需要的30万法郎，他逃离法国并流亡瑞士。他坚持作画，创作出一系列杰出的静物画和日内瓦湖景画。然而，他长期患病的身体开始不堪重负，他于4年后离世，享年58岁。

△公众人物

凭借与众不同的络腮胡须和傲慢的举止，库尔贝的裸体画成了讽刺漫画……他和作品大受欢迎，因为这是一条快速成名的捷径。

简要年表

1848年 经常光顾安德勒酒吧，他在此被誉为全新的现实主义运动的领袖。

1855年 在自己的现实主义展馆里举办个展，展品中包括《画室》。

1870年 担任巴黎公社艺术委员会主席，却在一年后被送进监狱。

1873年 逃离法国并流亡瑞士，在日内瓦城外定居。

背景简介

接受丑陋

库尔贝在1853年沙龙上展出的一幅画作《洗浴者》（*The Bathers*）引发了公愤，因为它所描绘的外表粗俗的现代女子身上荡漾着赘肉、脚掌肮脏，而不是早期学院派艺术中理想化的维纳斯或水中仙女。从河里出来的女人髋部异常宽大，而长袜正从她同伴的腿上滑落。她们身上几乎完全看不到优雅，但其令人费解的夸张手势让人回想起神话作品，为画作再添一层与众不同之感。有人谴责库尔贝的作品过于丑陋，但其未加工的身体特征和粗糙的颜料表面为人们展现了一门全新的艺术——人民的艺术，这预示着现代艺术的革命。

《洗浴者》，1853年

但丁·加百利·罗塞蒂

1828—1882年，英国人

作为拉斐尔前派兄弟会的创始人之一，罗塞蒂既是诗人，又是画家。他的神话和圣经题材的画作以及美丽女性的著名肖像画弥漫着诗意的情感。

△《珀尔赛福涅》（*Proserpine*），1874年

罗塞蒂以情人简·莫里斯（Jane Morris）为模特，画了这幅迷人而具有高度装饰性的珀尔赛福涅形象——珀尔赛福涅被哈迪斯所俘虏，成为冥后。

但丁·加百利·罗塞蒂（Dante Gabriel Rossetti）出生于伦敦，他是一名意大利诗人学者之子。13岁时，他进入一所小型艺术学院，后转到皇家艺术学院，师从年长的英国画家福特·马多克斯·布朗（Ford Madox Brown）。

1848年8月，罗塞蒂搬进同学威廉·霍尔曼·亨特（William Holman Hunt）的画室。2位年轻人宣称艺术已随同文艺复兴盛时期备受敬重的大师拉斐尔进入了穷途末路，并批判拉斐尔的杰作《基督易容》（*The Transfiguration*，1516—1520年）“浮夸而罔顾简约的真理……”。

他们深信艺术需更加朴素、更加写实，遂与英国画家兼插画家约翰·埃弗里特·米莱（John Everett Millais）联合组建拉斐尔前派兄弟会（Pre-Raphaelite Brotherhood）。很快就另有4名成员加入了这个理想主义青年团体：罗塞蒂的弟弟威廉·迈克尔（William Michael）、弗雷德里克·乔治·斯蒂芬斯（Frederick George Stephens）、詹姆斯·科林森（James Collinson）以及雕塑家托马斯·伍尔纳（Thomas Woolner）。

◁**《自画像》，1847年**

罗塞蒂年仅18岁时就用铅笔和白色粉笔绘制了这幅肖像画。他把自己描绘成一位风度翩翩的浪漫主义英雄。

▷**《持香薰的天使》，1861年**

包括罗塞蒂在内的兄弟会成员成立了一家设计公司，为英国塞尔斯利（Selsley）的万圣堂（All Saints Church）生产类似这扇彩窗的物品。

回归纯粹

他们受到早期艺术特别是14世纪和15世纪意大利绘画的启发。这可以从罗塞蒂的2幅拉斐尔前派初期的画作中看到：《少女时代的圣母玛利亚》（*The Girlhood of Mary Virgin*）和《天使报喜》（*Ecce Ancilla Domine*）。这2幅作品描绘了15世纪意大利艺术家处理的那类宗教题材，并采用了他们的诸多风格特征，包括稚拙的透视、高调的色彩和强烈的轮廓。最重要的是，他们没有拉斐尔前派所憎恶的“拖泥带水”的画法。

19世纪50年代，罗塞蒂受神话、中世纪传说、圣经场景和罗伯特·布朗宁（Robert Browning）诗歌的启发，画了一系列小幅水彩画，以宝石般的色彩和大量的细节而著称。同样在19世纪50年代，罗塞蒂为牛津辩论社（Oxford Union，大学辩论社团）的墙壁添上了亚瑟王传奇主题的画作，这项装饰设计方案与拉斐尔前派运动的其他同伴威廉·莫里斯（William Morris）和爱德华·伯恩-琼斯（Edward Burne-Jones）共同完成。

渐渐地，罗塞蒂的艺术找到了一个与他以往作品截然不同的新方向，从而创作了一系列描绘妖娆女性的大型油画作品，这些油画卖得很好，让他财源滚滚。然而，1870年，罗塞蒂却患上了重度抑郁症，且对镇定剂上瘾，变得离群索居。尽管如此，艺术家仍然一直坚持作画，将自己关于女性理想美的梦境投于画布之上。

“美人如斯，必是天资。”

——但丁·加百利·罗塞蒂，《美的天赋》（*Genius in Beauty*），1870年

背景简介

拉斐尔前派的模特

拉斐尔前派圈子中的艺术家所偏爱的模特往往带有深情的眼神、富有光泽的浓密秀发、长长的脖颈和丰满的嘴唇。这些“绝色佳人”往往出身卑微，在画布上一跃成为女神或神话人物，而在现实生活中是妻子和情妇。19世纪50年代，罗塞蒂的主要模特是莉兹·西德达尔（Lizzie Siddal，后成为其妻子），在她因用药过量而去世以后，罗塞蒂将她画成但丁失去的爱人比阿特丽斯（Beatrice），这使她永垂后世。为了寻求其他女性的安慰，他深深爱上了艺术家威廉·莫里斯的妻子兼缪斯女神的简·莫里斯。

《比娅塔·比阿特丽斯》（*Beata Beatrix*），约1864—1870年

爱德华·马奈

1832—1883年，法国人

马奈崇尚过去的艺术，特别是西班牙老一辈大师的画作，却因触目惊心的现代性主题而受到攻击，这也为他赢得了年轻一代艺术反叛者们的钦佩之情。

△**《喝苦艾酒的人》，1859年**

马奈以一种用于刻画社会高级成员的形式，创作了这一大幅全身肖像画。画中描绘的是一名身穿斗篷、头戴礼帽的喝醉的社会底层人物。

爱德华·马奈（Edouard Manet）于1832年1月23日出生在巴黎的一个富裕的贵族家庭。他没能加入海军，16岁时登记加入商船队。次年重返陆地，进入著名画家托马斯·库蒂尔（Thomas Couture）的画室，之后便遵循标准的学生实践，临摹卢浮宫老一辈大师的画作。

到了1856年，马奈已成为一名独立的艺术家，拥有自己的画室。当他的父亲在2年后去世时，他所继承的财产足以确保他追求自己的事业，而没有困扰其同代人的那些经济上的担忧。1863年，他与苏珊娜·林霍夫（Suzanne Leenhof）结婚，她是一位比他略年长的荷兰女人，曾是马奈家的钢琴教师。她已有一个年幼的儿子莱昂（Léon），其亲生父亲身份未知，可能是马奈的儿子，或是马奈父亲的儿子。无论如何，他出现在马奈的多幅画作中——马奈经常以家人和朋友作为模特。

现代艺术家

马奈是出了名的多才多艺，擅长处理日常生活、肖像、静物、宗教题材和当代历史场景。他创作油画、色粉画和版画，并在速写本中通过即兴写生的方式记录自己在周边观察到的事物。他在老一辈大师的作品中寻找风格上的灵感，尤其是委拉斯凯兹和弗兰斯·哈尔斯，他欣赏其对颜料的把握和大胆的色调对比。但从根本上讲，他的主题是关于现代和城市。和他的诗人朋友夏尔·波德莱尔一样，马奈想要抓住“现代生活的英雄主义”，即便现实中往往并没有那么多英雄壮举。

《喝苦艾酒的人》（*The Absinthe Drinker*）无疑就是如此，这是对喝醉的拾荒者的一幅鲜明写照。1859年，当马奈将这幅画递交给法国艺术学院的官方展览机构巴黎沙龙展时遭到拒绝。他的另一幅描绘当时生活的画作《在杜伊勒里花园举办音乐会》（*Concert in the Tuileries Gardens*）更为轻松地描绘了时髦的男男女女（其中大部分是马奈的朋友）。这幅画在1862年提交给沙龙展时遭遇了同样的命运。

落选者沙龙展

马奈并不是唯一一名作品被沙龙展拒之门外的艺术家。1863年，5000多份提交作品遭到拒绝，由此引发的强烈抗议迫使拿破仑三世在巴黎工业

相关技术

偏爱黑色

与印象派画家从调色板中删去黑色截然不同，马奈的整个职业生涯中都在使用这种颜色，玩味着将它置于浅色调旁时所营造出的戏剧性。他对黑色的一些巧妙运用源自他作为版画家的亲身实践，因为蚀刻版画和石版画就依赖于黑白色调的鲜明对比效果。

《死去的斗牛士》（*The Dead Toreador*），1864年

◁**《手拿调色盘的自画像》，1878年**

这张笔触宽松的自画像（马奈仅有的2幅自画像中的一幅）几乎完全采用赭色和黑色，展现了马奈身为时髦的巴黎花花公子的形象，同时也表明了他的艺术家身份。

“你必须属于自己所处的时代，画出你所见之物。”

——爱德华·马奈

△《草地上的午餐》，1863年

马奈的绘画不被公众所接受，因为它缺乏传统的主题。画中是一个裸体女人和两位身穿现代服装的男性。

△《奥林匹亚》，1863年

马奈意在用这一形象激怒习惯了女性理想化形式的资产阶级艺术界。他的奥林匹亚不是文艺复兴女神，而是一名普通的妓女。

人物小传

贝尔特·莫里索和伊娃·冈萨雷斯

马奈和2位女画家贝尔特·莫里索（Berthe Morisot）和伊娃·冈萨雷斯（Eva Gonzalès）成为艺术上的密友。他于1868年遇到了前者，当时莫里索正在卢浮宫临摹画作。她当时已经十分仰慕马奈的作品，并曾为他的多幅肖像画担任模特，而这一关系在她于1874年嫁给马奈的弟弟欧仁之后就中断了（这引发了若干猜测，据称马奈和莫里索曾是恋人关系）。莫里索的色调比马奈更浅，风格也更加贴近印象派。马奈还给伊娃·冈萨雷斯画过一幅肖像，画中的她在画架前作画（右图），这幅画作她于1869年成为马奈的学生不久之后。冈萨雷斯的作品展现了马奈对其题材选择和处理方式上的影响，然而她前途无量的职业生涯却随着34岁时香消玉殒而告终。

《伊娃·冈萨雷斯肖像》，1870年

宫为落选画作举办了另一场展览：落选者沙龙展。

拿破仑三世可能是想让此展暴露显落选作品的拙劣质量，然而它们中包括惠斯勒和塞尚等艺术家的作品，如今他们被视为那一代人中非常杰出的艺术家。

因此，当马奈迄今为止最为大胆的画作《草地上的午餐》（*Le déjeuner surl'herbe*）在落选者沙龙展上展出时，场面十分引人注目。画布上，两名穿着现代西装的男子在与两名女子一起享用野餐——两名女子中一名裸体，另一名半裸，这不被观众理解，并受到猥亵的指控。马奈可能本想要向拉斐尔和提香那展现田园诗般聚会的文艺复兴作品致敬，但他的画作惊人地贴近当代，似乎在嘲讽令人尊敬的前辈。它的风格处理同样令人难以接受：由明到暗的细微传统层次已遭摈弃，取而代之的是鲜明的色调对比，从而形成了一种怪异的扁平效果。

重塑大师之作

马奈的大胆进一步体现在下一件重量级作品《奥林匹亚》（*Olympia*）中。事实上，1865年沙龙展评委会接受了这件作品。一具斜倚的女性裸体——这个主题已足够熟悉，画中这位裸女却是一名普通的妓女，公然直

简要年表

- 1863年：马奈的《草地上的午餐》在落选者沙龙展上展出。
- 1865年：《奥林匹亚》所引起的公愤迫使马奈离开巴黎，到西班牙休息一段时间。
- 1867年：由于没有收到在世界博览会上展出作品的邀请，马奈用自己的50件作品举办了一次个人展览。
- 1868—1869年：和家人在布洛涅（Boulogne）度假时绘制了几幅海景画。
- 1874年：在阿让特伊（Argenteuil）与莫奈和雷诺阿一起作画，但拒绝了参加他们第一次群展的邀请。
- 1882年：绘制了最后的代表作《女神酒吧间》，画中描绘的是一位供应饮品的酒吧女招待。

◁《女神酒吧间》，1882年
根据作家居伊·德·莫泊桑（Guy de Maupassant）的说法，马奈最后的遗作描绘了巴黎著名夜总会的酒吧，那里的酒吧女招待是“饮品和爱情的兜售者”。马奈在现场绘制了作品草稿，在画室中完成了这幅作品。

视着观众，而她的仆人正在向她展示崇拜者或客户赠予的一大捧花。提香在《乌尔比诺的维纳斯》（*Venus of Urbino*，1538年）中画过一个女子，马奈曾经临摹该画，但公众认为马奈笔下的女子粗俗不堪，是对传统的一种侮辱。

盖布瓦团体

这样的沉郁强化了马奈作为一个全新“现代”画派核心人物的地位，这一画派包括埃德加·德加（Edgar Degas）、塞尚和毕沙罗（Pissarro）等年轻艺术家以及埃米尔·左拉（Emile Zola）和艺术评论家等文人。他们在巴黎克利希大街（Avenue Clichy）上的盖布瓦咖啡馆（Café Guerbois）会面，在那里他们针对艺术展开热烈甚至激烈的讨论。然而，马奈虽被这一圈子推崇备至，却因某些批评家对《奥林匹亚》的敌意而倍感沮丧。他自行前往西班牙，在那里被委拉斯凯兹和戈雅的作品所折服。他以前曾画过西班牙主题（斗牛士、西班牙舞者和音乐家）的画作，但他这次要以全新焕发的活力回归这些主题。

戈雅的超大幅画作《1808年5月3日》（见第178页）展现了法国占领军对西班牙武装分子的野蛮枪击，它是马奈的一幅关于行刑队的画作《处决墨西哥皇帝马克西米利安》（*The Execution of Emperor Maximilian of Mexico*，1867—1868）的基础，画中描绘的是1867年6月发生的事件。该主题具有政治敏感性，因而从未在沙龙展上展出；马奈也从不被允许将之以平版画出版。

不情愿的革命者

和众多友人一样，马奈的事业也因普法战争而中断。他在1870年被征入国民警卫队，而命运反而在这一时期开始好转：他的作品被沙龙展接受，艺术商人保罗·杜兰-鲁厄（Paul Durand-Ruel）开始购买他的作品。这一年还是马奈风格发展的分水岭。包括莫奈和雷诺阿（Renoir）在内的年轻一代艺术家深受其大胆的技巧和现代性主题的影响，而马奈的作品也受到他们的影响。他开始使用更浅、更明亮的色彩，以更为自由、即兴的方式作画，他的主题日益转向户外场景：河上划船、巴黎的街道、铁道路堑上的景色、槌球比赛以及露天餐厅里的午餐。其中一些油画在户外完成，而不是在画室里，这是印象派人士所钟爱的做法。

当印象派在1874年举办第一次群展时，马奈受邀和他们一同展出作品，但他拒绝成为其中的一员，因为他仍然渴望只有沙龙展能够授予的官方认可。

马奈年仅51岁就死于梅毒并发症。他不是一名主动的革命者，但其作画技巧和主题可谓是真正意义上的激进和现代。

△官方奖章
马奈在他生命结束之际获得了官方机构的认可，当时他被授予法国荣誉军团勋章。

“在这一形象中，寻找强烈的明暗色调；其余的自会随之而来。”
——爱德华·马奈

詹姆斯·麦克尼尔·惠斯勒

1834—1903年，美国人

作为异常浮夸的艺术家，惠斯勒以大胆创新的画作名扬四海，同时也声名狼藉。他画作中的抽象特质在其死后才能得到了充分认可。

詹姆斯·阿伯特·麦克尼尔·惠斯勒（James Abbott McNeill Whistler）出生在美国马萨诸塞州的一个磨坊小镇洛威尔（Lowell），他却在俄罗斯圣彼得堡度过了童年，他的父亲在那里担任一名铁路工程师。他10岁时在俄国帝国学院（Imperial Academy）参加素描课。

惠斯勒十几岁时跟随家人回到美国，被西点军校录取。当他清楚地知道自己不适合军旅生活时，果断辍学。他想要寻求画家的职业生活，并于1855年前往当时艺术世界的中心巴黎。在巴黎，他进入夏尔·格莱耶（Charles Gleyre）的画室，并遇到了现实主义画家古斯塔夫·库尔贝（见第215—217页）及其他艺术家。在他们面前，他是个有趣的人物：夸张而诙谐，衣服稀奇古怪，黑色的卷发上常戴着一顶系丝带的草帽。

◁**《黑色和金色的夜曲：坠落的火箭》，1875年**

惠斯勒用黄色和橙色的颜料来描绘夜空中的烟花。批评家约翰·罗斯金曾痛斥这件作品，惠斯勒则以诉讼回应。

伦敦生活

1859年，惠斯勒离开波西米亚式的巴黎，前往伦敦，在那里他的作品引起了人们的关注。他住在泰晤士河畔，那里将成为他艺术主题的核心，并创作了一系列他称之为“泰晤士组画”（the Thames Set）的蚀刻版画。正如他在巴黎时一样，惠斯勒与城市中具有前瞻性思想的艺术家建立了友谊，并与但丁·加百利·罗塞蒂关系格外密切（见第219页）。

惠斯勒收到的委托订单需为社会重要人物绘制肖像，但其他的画作以处理色彩、色调和情绪的兴趣为特征——为了艺术而艺术，而非以社会或具象为目的。他经常给自己的作品起乐曲的名字，以强调其抽象的美学特质。河流场景被称为“夜曲”；女性肖像画是“交响曲”与“和声”；在有限的色彩中创作的肖像画是“改编曲”。19世纪60年代，他开始运用修长的笔触，通过改变其形态和方向来描绘细节；到了70年代，他的笔法则变得更加大胆、宽阔且富有表现力。他往往会让颜料变稀薄，使其自由滴落。然而，惠斯勒的画作虽看似即兴创作，甚至是未完成的作品，它们实际是经过不断深思熟虑的结果。

与批评家约翰·罗斯金之间的公开诉讼使得惠斯勒最终破产，他于1879年退隐至威尼斯，在那里创作的一系列成功的蚀刻版画，让他时来运转。他晚年辗转于巴黎和伦敦之间，于1903年去世。

相关技术

日本的影响

惠斯勒热爱日本艺术，因而在伦敦以“日本艺术家”而著称。他将日本元素（如和服）加入自己的作品，后来吸收了日本木版画、屏风和卷轴画的构图方法，运用其中的浅层空间。连他用来给作品署名的风格化的“蝴蝶”符号也是受到日本传统印章的启发。

素绉缎和服，约1900年

◁**《金色和棕色：自画像》，1896—1898年**

惠斯勒利用自画像确立自己的公众形象。画中，他将自己表现为一名学者，并佩带荣誉勋章的缎带。

“正如音乐是声音之诗，绘画也是视觉之诗。”

詹姆斯·麦克尼尔·惠斯勒

埃德加·德加

1834—1917年，法国人

出身富贵的德加在社交和风格方面脱离其印象派同仁。作为一位伟大的绘图师，他的技艺师从老一辈大师，但灵感从现代生活中获取。

依列尔-日耳曼-埃德加·德·加（Hilaire-Germain-Edgar de Gas）于1834年7月19日出生在巴黎一个富有而文雅的家庭，他是5个孩子中最年长的。他的父亲经营由祖父创立的法国银行分行，母亲来自一个定居美国的法国家庭，祖父是新奥尔良的一个富有的棉花经纪人。母亲在埃德加年仅13岁时去世，这对他而言是沉重的打击。

在接受古典学教育后，埃德加于1853年开始学习法律，但他对这个学科没什么热情，大部分时间都待在卢浮宫，临摹老一辈大师们的作品。在父亲的认可和支持下，他将法律抛诸脑后，开始认真接受作为艺术家的职业训练。在其职业生涯早期，他将自己的姓氏缩写为听起来不那么张扬的德加（Degas）。

◁《自画像》，1855年

这幅早期的肖像画描绘了放弃学习法律不久后的德加，他看上去桀骜不驯。此时，德加的作画技巧已经相当纯熟，对老一辈大师的传承可以从姿态和风格中一览无遗。

△《舞蹈课》，1873—1876年

这种大胆而不对称的构图受到日本版画和快照摄影的影响，其显著的随意性实则经过了精心构图。

早期影响和偶像

德加早年的老师如今已多半被人遗忘，不过其中的一位路易斯·拉莫特（Louis Lamothe）是伟大的新古典主义艺术家让-奥古斯特-多米尼克·安格尔的学生。他按照安格尔的原则来指导德加，强调素描的重要性。1855年，这位年轻的艺术家遇见了安格尔本人，安格尔给予他终身难忘的建议："要画线条，年轻人，要多画来自记忆或自然的线条。"德加十分崇拜安格尔，后来收藏了他的20幅油画和88幅素描——这是他大量艺术收藏的核心部分。

19世纪50年代，德加多次前往意大利，拜访他的多位亲属，并临摹罗马、佛罗伦萨和那不勒斯文艺复兴大

相关技术

捕捉运动

德加对摄影十分着迷，这对他的艺术产生了重要影响。为了再现意外裁剪的快照构图中的运动感和瞬时性，他故意创造了不对称的图像，其中的人物由画布边缘切割而成。德加受到埃德沃德·迈布里奇（Eadweard Muybridge）开创性作品的启发——迈布里奇制作了多张动物和人类的定格图像，展现了运动的各个连续阶段。当通过诡盘投影机进行投射时，这些画面形成了电影运动。德加晚年的素描、绘画以及刻画芭蕾舞蹈家和马的雕塑都受到迈布里奇1887年出版的《动物的运动》（*Animal Locomotion*）一书的启发。

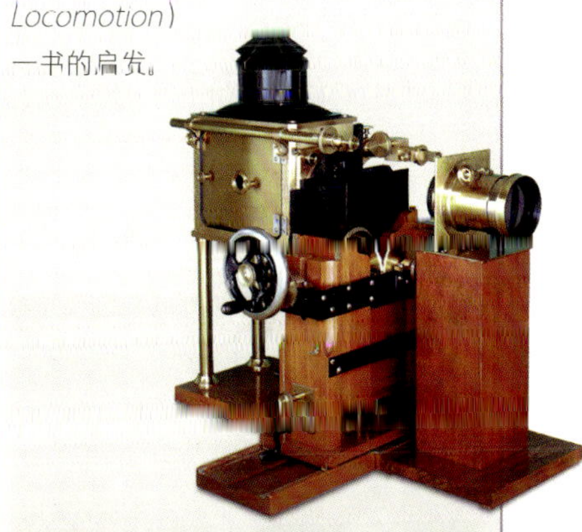

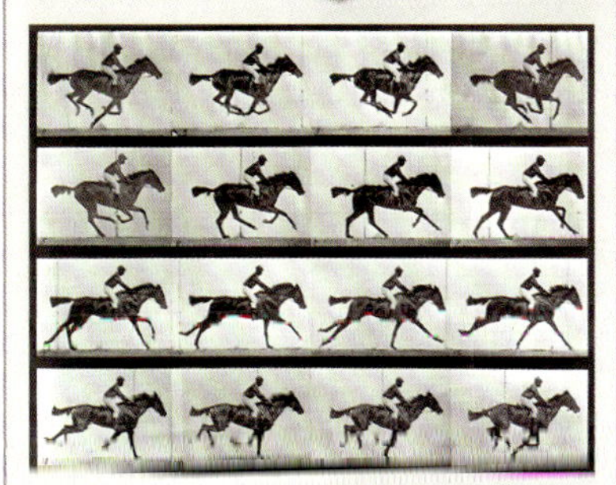

迈布里奇在诡盘投影机下的一组摄影照片

"没有比我的艺术更不自然的事物了。我所做的就是反思和研究大师们的成果。"

——埃德加·德加

“人们一直以**预设观众**在场的**姿态**来描绘**裸体**，然而，**我的**这些女性……像是**透过钥匙孔**偷窥。”

——埃德加·德加

师的作品。肖像和历史主题（传统上被认为是绘画的“合理”主题）是他早期作品的核心，因为他曾试图依靠法国官方艺术大展（年度沙龙展）成名。然而，到了19世纪60年代初，其作品的方向有所转变，当时的城市生活成为他的主题。

1862年与爱德华·马奈的相遇对德加的艺术发展产生了重大影响。马奈只比德加大2岁，却已是巴黎艺术界的重要人物，他倡导一种理念：艺术家的主题不是历史，而是“现代生活”。马奈把德加引入艺术家的圈子，圈中人包括莫奈、雷诺阿、西斯莱、毕沙罗和塞尚。他们在19世纪60年代经常光顾盖布瓦咖啡馆，热情讨论现代艺术。

1870年，这群志同道合的艺术家有时被称为巴蒂尼奥勒团体（Batignolles Group）——因为此前他们曾住在巴黎的这片区域，后来因1870年的普法战争爆发而各奔东西。德加在国民警卫队的炮兵团中服役，因近视（早年的眼疾迹象，晚年一度困扰着他）而被步兵团拒之门外。德加也患有所谓的恐光症（对光过度敏感），这可能是他偏爱在室内作画的部分原因。

历经沉浮

战争结束后，德加于1871年短暂到访伦敦，并在新奥尔良与母亲一家共度数月，于1873年返回巴黎。随后出现了意想不到的打击：他的父亲去世，留下巨额债务。为了偿还债务，德加出售了他的房产和老一辈大师们的画作藏品，且不得不开始考虑靠艺术谋生。

印象派展览

德加与在盖布瓦咖啡馆遇到的艺术家们一起组织了一场独立于沙龙的艺术展览。它以“匿名艺术家协会”（Société Anonyme）进行宣传，但接下来人们对莫奈的一幅作品《印象·日出》所呈现的原始外观大肆攻击，因而此次展览亦被称为印象派展览。1874年至1886年共举行了8次印象派展览，德加参加了其中的7次展览。

与某些同行艺术家不同的是，德加的作品不存在卖不出去的问题。其

人物小传

美国宠儿

美国画家兼版画家玛丽·卡萨特（Mary Cassatt）是印象派团体中为数不多的女艺术家之一。卡萨特是匹兹堡的一位富有银行家的女儿，于19世纪60年代前往巴黎学习艺术，并于1874年在那里定居。她和德加在3年后相遇。“有人会像我一样思考”。德加如此评价她。两人成为亲密的朋友，德加扮演着卡萨特艺术导师的角色。卡萨特后来写道：“第一眼看到德加的画作是我艺术生涯的转折点。”8次印象派展览，她参加了4次，并在将印象派作品带入美国方面起到了促进作用。她的主要题材均围绕着剧院和家庭生活中的场景，通常以母亲和孩子为主角。

《自画像》，玛丽·卡萨特，1878年

▷**《苦艾酒》（*L'Absinthe*），1876年**

这种对巴黎底层生活之沉郁的描绘看似漫不经心，却激怒了保守派批评家。然而，这幅画是德加非常著名的作品之一。

◁《沐浴之后，女人擦干身体》，约1890—1895年
德加对女性洗浴者的主题十分着迷。关于该主题，他创作了200幅色粉画，还有炭笔素描、油画和雕塑。

作品与饱受争议的印象派草稿式的风景画没有多少共同之处，而他那令人印象深刻的绘画技巧反而备受推崇。德加很快就把经济上的担忧抛在了脑后，在最后一次印象派展览之后，他便不再公开展出作品，而是通过画商渠道进行出售。

德加是个偏执狂，正如他的朋友玛丽·卡萨特评价的那样，他“不是个容易相处的人”。他有“天真的快乐”，却也易陷入忧思、勃然大怒，并且言辞尖刻。虽然他有过数不清的友谊关系，但据说他从未认真谈过一次恋爱。“有爱情，也有工作，”他说道，“然而我们只有一颗心。”他经常光顾咖啡馆里的音乐会、赛马和巴黎歌剧院，不停地观察、描绘闲暇和工作中的巴黎人。他精心创作骑师和马匹、洗衣妇、女帽商、歌手和在歌剧院演出的芭蕾舞者等。

多媒介创作

19世纪80年代，随着视力的衰退，德加逐渐从油画转向色粉画，用色彩作画可以更贴近画作表面。他的色粉技巧颇具实验性且十分大胆，因为他用涂鸦和色彩饱满的定向斜杠来描绘外形，有时会将色彩层层叠加，有时会在表面喷上蒸汽，并用画笔或手指混合色彩。19世纪八九十年代，德加一再绘制女性裸体的素描和画作，画中的妇女不是正式摆出姿势，而是正在沐浴或擦干身体，或在梳理自己的头发，就像“通过钥匙孔”观察到的一样。德加在各种媒介中使用的方法都带有实验性，包括各项版画技术。他的三维作品同样具有独创性，虽然他一生只展出过1件雕塑作品，即著名的《14岁的小舞者》（*Little Dancer Aged 14*）。其他多件雕塑（包括马、芭蕾舞演员和洗浴者），并不是为了展出或出售而创作的，德加似乎更倾向于将它们当作用于探索运动的三维草图。这些作品用蜡制成（有时与其他材料相混合），直到他死后才被铸成青铜。

健康状况恶化

随着健康和视力的恶化，德加晚年孑然一身，且很少创作。他变得更加离群索居，深受“德雷福斯事件”之牵连。这是一桩臭名昭著的误判，案件中的犹太军官被错判以叛国罪。这桩案件使得人心涣散、家庭分裂，反犹的德加认为德雷福斯有罪，这让他失去了许多朋友。

1912年，德加被迫离开维克多马西（Victor Massé）街的住宅，这里要被拆除重建。他未能熬过这次搬迁，并放弃了创作。他的一个侄女照顾着体弱多病、几近失明的德加，但被剥夺了艺术的他成了可怜之人，人们常见到他在巴黎的街道上漫步，用拐杖轻敲着人行道。在他83岁去世时，被誉为法国艺术巨匠，但应其生前要求，他的葬礼十分简单，仅有一些老朋友出席，包括印象派同仁莫奈。

▷《14岁的小舞者》，1880—1881年
这尊惊人的自然主义雕塑原作用蜡制成，配以真实的衣服和用马鬃做的假发，它成了1881年印象派展览上的话题焦点。

保罗·塞尚

1839—1906年，法国人

塞尚被誉为现代艺术的创始人之一。作为一位杰出的后印象派画家，其富于开创性的实验促进了立体主义和抽象艺术的发展。

保罗·塞尚（Paul Cézanne）于1839年1月19日出生在法国南部的艾克斯-普罗旺斯（Aix-en-Provence），他晚年喜欢以一名质朴的农民形象出现在画作中。事实上，当时的艾克斯并非是文化荒漠，那里有精美的公共博物馆和大量的艺术收藏，以及一所符合其普罗旺斯首府之地位的绘画学校。此外，塞尚出自一个富有的家庭：父亲成功经营着制帽生意，同时还是一家银行的合伙人。

在父亲的坚持下，塞尚于1859年开始学习法律，而他真正的职业是艺术，这在家里引起了轩然大波。塞尚的父亲是一位严苛的专制主义者；不过，他最终还是平息了怒气，允许塞尚在1861年搬到巴黎学习绘画。

◁《戴贝雷帽的自画像》（油画速写），1885—1886年

塞尚一生绘制了30多幅自画像。他很喜欢将头转向侧面的姿势，仿佛他在冷静地观察自己的特征。

巴黎岁月

塞尚加入了巴黎的斯维斯学院（Académie Suisse）——这是一家非传统的机构，不提供任何教学、监督或考试，但允许艺术家用模特作画，且只需一小笔费用，同时为他们与同龄人交流思想提供了场地。塞尚在这里遇到了卡米耶·毕沙罗（Camille Pissarro），后者成为他的朋友，对他影响深远。当时，塞尚不擅长社交，且缺乏信心，花了好一段时间才在巴黎安顿下来。他得到朋友埃米尔·左拉的帮助（见右侧方框）。彼时，左拉是一名小说家兼记者，在这座城[illegible]

左拉将塞尚介绍给自己的一些熟人，其中包括几位日后的印象派成员。在左拉的鼓励下，塞尚开始前往盖布瓦咖啡馆——一个先锋画家和作家经常光顾的场所。据说，他在那里是个相当怪异的人物。朱丽·马奈（Julie Manet，画家爱德华·马奈的侄女）记得，“他看起来像个凶手，眼睛布满血丝……他的说话方式

◁《艺术家的父亲，正在读<事变>》（***The Artist's Father, Reading* L'evenement**），1866年

在塞尚为父亲画的这幅富有启发性的肖像中，父亲坐在塞尚的一幅静物画前，如坐针毡。

个人小传

埃米尔·左拉

作家埃米尔·左拉（1840—1902年）曾是塞尚在艾克斯的童年伙伴。他以小说家出名，以《卢贡-马卡尔家族》（*Rougon- Macquart*）系列中那丰富的现实主义震惊了读者。左拉还是一位艺术评论家，塞尚初到巴黎时，左拉的熟人还帮了大忙。不幸的是，他们的友谊随着左拉《杰作》（*L'Oeuvre*）的出版戛然而止。这部小说讲述了一位失败的艺术家的故事，而这个艺术家正是以塞尚为原型，这一点再清楚不过。

纳达尔拍摄的埃米尔·左拉，约1890年

“在我所发现的道路上，我是第一人。”

——保罗·塞尚

简要年表

1867年 开始绘制一系列描绘哥特式、恐怖或色情主题的色彩阴沉的油画。

1873年 深受毕沙罗的影响，放弃了沉郁的主题，转向风景画和更为明亮的色调。

约1880年 在拜访左拉期间绘制《梅丹城堡》（*The Château at Médan*），这是他运用严格的几何形式的早期画作。

1886年 与欧丹丝·费凯结婚；同年他的父亲去世。他继续生活在法国南部，在相对孤立的状态下作画。

1898—1905年 创作其最野心勃勃的画作《大沐浴者》（*The Large Bathers*）。这一巨型油画在秋季沙龙展（Salon d' Automne）上展出时，引起了巨大的轰动。

人物小传

卡米耶·毕沙罗

出生于西印度群岛的卡米耶·毕沙罗（1830—1903年）是印象派运动的关键人物之一。他是一位伟大的导师，为一些年轻的艺术家传授外光作画的方法，并参加了印象派的所有展览。19世纪70年代初，毕沙罗对塞尚的影响格外深远，当时他住在蓬图瓦兹（Pontoise）附近，并且他说服塞尚专攻风景画。

毕沙罗（左）和塞尚在蓬图瓦兹，约1875年

能让盘子哗哗作响”，不过她也指出，尽管他举止可怖，却有着最为温和的天性。

起初塞尚的新朋友们对他的风格影响不大。他早期的作品是松散的浪漫主义风格，部分原因是欧仁·德拉克洛瓦的影响。他的作品充满活力、色彩沉郁且轮廓粗犷，往往有着黑暗且暴力的隐含意义，包括强暴、纵欲和谋杀。无需多言，他的这些哥特式主题几乎无人能够欣赏，其报名沙龙的参赛作品也一再遭到拒绝。

私人事务

塞尚早期作品中的病态可能反映了其私生活的不堪。1869年后，他与父亲的关系变得更加紧张，当时他与一位年轻的模特欧丹丝·费凯（Hortense Fiquet）开始了一段私情，他们在1872年育有一子，但他没有告诉父亲，因为会遭到父亲的极力反对。这个秘密涉及财务问题，塞尚不得不用自己单身汉的微薄津贴来维持整个家庭。

新地点，新风格

1870年，为了在普法战争（1870—1871年）期间躲避征兵，塞尚和费凯离开巴黎，搬到马赛附近的艾斯塔克（L'Estaque）。后来，他们定居在蓬图瓦兹（1872年），接着是奥弗河畔瓦兹（Auvers-sur-Oise，1873年），塞尚开始与他的朋友卡米耶·毕沙罗一起作画。

事实证明，这段插曲至关重要。在毕沙罗的引导下，塞尚的艺术发生了转变。他放弃了早期作品中的病态主题，转而专攻风景画。他学习印象派的主要技巧，把颜料调淡，并减少笔触的运用。最为重要的是，他和印象派画都对露天作画十分着迷，他在余生的职业生涯中保留了这一方法。

塞尚参与了早期的印象派运动。他参加了第一次和第三次展览（分别在1874年和1877年举办），展览上，他的作品被公众嘲笑。不过，这种冒险并非一败涂地，因为他引起了阿尔芒·多利亚伯爵（Count Armand Doria）和维克多·肖凯（Victor Chocquet）2位重要收藏家的兴趣。即便如此，塞尚还是因受到批评而灰心意冷，撤出了展览。他十多年来都没有再公开展出过自己的作品。

塞尚孤独地发展着自己的风格。他开始质疑印象派的一些主要信条。他仍然到户外作画，但对捕捉莫奈和其他印象派成员所如此着迷的转瞬即逝的光影效果兴趣不大，而是试图在主题表面之下作深入探究。莫奈曾重复绘制关于特定主题（特别是干草堆和鲁昂大教堂）的景色，和莫奈一样，塞尚也一再重复着同一主题。而他的重复主题是圣维克多山（Mont Sainte-Victoire），一座位于其家乡艾克斯附近的大山。不过，莫奈作画迅速，努力捕捉光线和天气状况消失前的细微变化；塞尚则画得缓慢、有条不紊。他没有使用传统的速写，而是用炭笔为他的主题确定一些主要形态，然

▷**《静物与石膏丘比特》，约1885年**
塞尚在这件作品中颠覆了沙龙展中的静物画，不仅在背景中描绘了自己画室中的细节，还展现了多个视角。这幅画的水平面似乎在围绕石膏丘比特那扭曲的姿势而转动。

◁《圣维克多山》，1887年

浓重的色块和强劲有力的轮廓简化了场景的外形。塞尚把这座山画了60多遍，逐渐将它精简至最基本的形式。

后体融律在一起，形成相互连结的色块。“素描和色彩并不罕见”，他写道，“一个人作画时，就是在画素描……素描和造型的秘诀在于色调间的对比和关系。”

随着对这一方法的信心倍增，塞尚对色调关系的关注优先于写实的外观。因此，他后来创作的几幅圣维克多山则更为抽象，因为房屋、树篱和道路运用了几何色块。

革新的视角

塞尚对透视的看法同样十分激进。他并不拘泥于线性透视最基本的单一原则、固定的视角。他往往采用不同的视角，更为全面地表现各个物体。这在他出色的静物画中表现得最为明显，画中诸如水罐、盘子和水果等物品可以从侧面以及上方看到。这些实验后来被立体主义者们进一步发挥，他们将塞尚视为立体主义运动的主要灵感之源。

赞赏与成功

公众对塞尚的认可来得很晚。在巴黎有很多年未曾见到他的作品，直到1895年画商安布鲁瓦兹·沃拉尔（Ambroise Vollard）给他举办了一场个展。这一决定对年轻一代的艺术家们产生了重大影响，他们将塞尚誉为先锋艺术的领袖，而沃拉尔迅速买下了塞尚其中一间画室里的全部画作。

1901年，莫里斯·丹尼斯（Maurice Denis）在沙龙展上展出油画《向塞尚致敬》（*Homage to Cézanne*），3年后，巴黎的秋季沙龙展举办了一场献给塞尚的展览。这股潮流在艺术家1906年10月去世后也没有停止，秋季艺术沙龙（1907年）上举办了塞尚纪念展，几年后随之而来的是空前的后印象派展览（1910年和1912年），这些展览确认了塞尚作为现代艺术先驱的崇高地位。

▽雷罗夫画室

塞尚于1901年在艾克斯的雷罗夫（Les Lauves）购买了他的最后一间画室，并在那里创作了一些最为著名的画作，其中包括《大洗浴者》。他锲而不舍地作画，直至1906年10月逝世。

“我想‘让印象派风格成为稳固而持久的事物，就像博物馆里的艺术一样’。”

——保罗·塞尚

奥古斯特·罗丹

1840—1917年，法国人

罗丹起初需竭尽全力获得认可，但最终成为他那个时代最著名的雕塑家。他作品中充满激情的张力复兴了雕塑艺术。

奥古斯特·罗丹（Auguste Rodin）出生在巴黎一个贫穷但体面的家庭。13岁时，他在巴黎的高等专科学院接受培训，那里专门培养工匠和商业艺术工作者。一心想成为雕塑家的罗丹申请了著名的美术学院，但不下3次未通过入学考试。

多年来，他一直担任著名雕塑家的助手，在巴黎和布鲁塞尔接受装饰或商业任务，借此获得了宝贵的实践技能。

1865年，罗丹向巴黎官方沙龙展呈交了一件作品《塌鼻男人》（*The Man with a Broken Nose*）——这是一尊非传统的“丑陋”肖像，用黏土塑造了一位老年工人。它被拒之门外，但在10年后，当它用大理石更为朴素地重新展现出来时，却被接受。

▷《青铜时代》，1877年
罗丹这尊非理想化的男性裸体以一位比利时士兵的形象为参照。不管标题如何，这尊雕塑都表现了人类在觉醒时的不知所措。

早期作品

1875年访问意大利期间，罗丹深受到米开朗基罗的影响——他的雕塑有着罗丹同代人作品中所缺乏的生命力。米开朗基罗还让罗丹坚定了对“未完成”作品的追求，比如分离的肢体或是看似正要从尚未雕琢的大理石中挣脱欲出的人物。

罗丹在布鲁塞尔期间，曾首次以作品《青铜时代》（*The Age of Bronze*）在观众中产生了具有争议的影响，该作品的灵感来自罗丹在卢浮宫所看到的米开朗基罗的《垂死的奴隶》。它被巴黎的沙龙展接受并展出，但这种栩栩如生的处理方式触犯了大部分习惯以理想化方式来表现裸体的雕塑家。

△《地狱之门》，始作于1880年
这座宏伟的博物馆大门虽未完成，但它是罗丹最雄心勃勃的项目。这个版本在他去世后铸成。代表诗人但丁的《思想者》（*The Thinker*）坐在水平顶板上，思考着被诅咒的人类的命运。

《青铜时代》获得的关注让罗丹及其终身伴侣罗斯·伯雷（Rose Beuret）离开比利时（他们在那里生活了6年），于1877年回到巴黎。起初，罗丹为了谋生，接受了一些技术熟练但相对卑

背景简介

罗丹博物馆

毕洪宅邸（Hôtel Biron）是一座精致的巴黎豪宅，建于18世纪初，原本是贵族住宅，后成为修道院。1908年，当罗丹到访这座别墅时，法国政府已接管了它。罗丹非常喜欢它的氛围，因此他租下了其中的房间。随着死亡将至，他立下遗嘱，将自己所有的作品和艺术品收藏都留给国家，只需要它们被安置在这座豪宅中。1919年，它成为罗丹博物馆，并向公众开放；后来，罗丹在默东（Meudon）的别墅也成了博物馆的一部分。

在博物馆陈列的罗丹作品

▷罗丹的肖像
在1898年7月拍摄的这张照片中，罗丹将他的工具排列在一块木板上，在自己的雕塑《萨米恩托纪念碑》（*Monument à Sarmiento*）前面摆出造型。

“在一切事物中，我只遵守自然，不会假装对她发号施令。我唯一的野心就是无条件地对她忠心不二。”

——奥古斯特·罗丹，引自保罗·基瑟尔（Paul Gsell），《艺术：与罗丹对话》（*Art: Conversations with Rodin*），1911年

“罗丹工作时说的每一个词似乎都富有深意……”

——威廉·罗森斯坦（William Rothenstein），《男人与记忆》（*Men and Memmories*），1931年

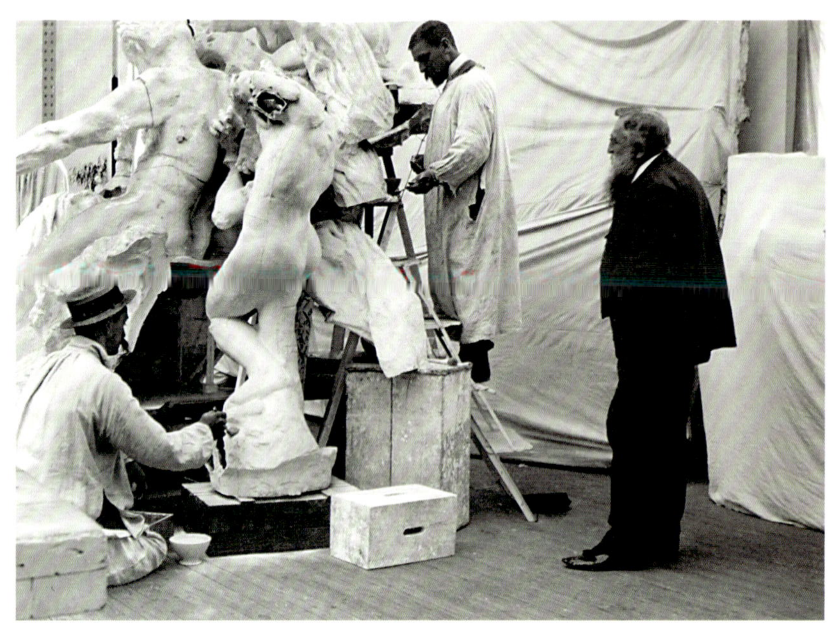

△**罗丹在亨利·勒波斯的画室，1896年**
1896年，罗丹在亨利·勒波斯（Henri Lebosse）的画室监督助手加工著名法国著名作家维克多·雨果（1802—1885年）的纪念碑——亨利·勒波斯是罗丹的首席助手。尽管该纪念碑的石膏模型在第二年才完成，但整件作品的青铜铸像直到1964年才在巴黎安置好。

微的工作——包括为舍夫勒国家瓷器厂设计作品，当时的他已开始在艺术家和知识分子中吸引了一大批追随者。1880年，他的圈中熟人帮他在巴黎租到一间长期画室，并赢得了法国政府的一个重要委托任务——这是他职业生涯的一个转折点。

《地狱之门》

罗丹着手创作《地狱之门》，该工程是要为一个艺术博物馆的入口制造青铜门。这个题材来自诗人但丁的杰作《地狱篇》（*Inferno*），受该诗的启发罗丹创造了近200个受诅咒的罪人形象，他数年来日以继夜地在这件作品上耗费精力。

在某种程度上，这件委托作品是失败的：博物馆从未建成，罗丹也没有完成这件作品。然而，他为这一工程所创造的丰富形象成为他多件名作的灵感来源，其中包括《吻》（*The Kiss*）和《思想者》。现在的《地狱之门》（如今在巴黎和其他地方的罗丹博物馆里展出）在他去世后组装起来，再现了拥挤而灾难性的壮观之景。

精湛技艺

从19世纪80年代起，罗丹成为知名人物，作品丰富，人们对其作品赞赏有加；80年代末，他被政府授予顾问一职。据说他每天工作14小时，常常同时往返好几间画室，对“通往艺术成功的关键是灵感，而不是持续努力和探求真相”这样的观念嗤之以鼻。旁观者对其焦躁不安的力量和技巧而震惊。作为一名造像者，他的技艺无与伦比，他的手指用貌似直觉的技巧来塑造形态，并擅长利用光影。身为裸体造像大师，他将任何竞争对手都无法实现的活力和运动感注入到创作对象的身上；当塑造女性身体时，作品的婀娜身姿往往呼之欲出。

罗丹的作品用石膏、青铜或大理石来呈现，其中多数作品会同时以这三种素材来表现。技艺娴熟的助手是他旺盛生产力的一个重要因素，尤其是将近

▷**《吻》，1886年**
罗丹著名的作品之一《吻》源自《地狱之门》中被诅咒的一对恋人形象。这尊雕塑通过光滑的大理石带来了更柔和的印象。

乎所有的作品都转化成大理石雕像时，不会有损其影响力或知名度。

地方英雄

1884年，罗丹收到一项新的公共委托任务：加莱市市长和议员请他创作一组雕塑，以纪念14世纪向英国国王爱德华三世（Edward III）投降的愤怒的加莱市民，以免自己的城市受到践踏。罗丹的第一个模型并没有赢得客户的好感，因为他将市民展现为面临死亡痛苦的个体，而不是无畏的地方英雄。该工程在未来10年中经历了重重困难。

《加莱义民》（*The Burghers of Calais*）直到1895年才正式揭幕，如今它成为罗丹极受推崇的作品之一。这组雕像由6个在混乱中走向死亡的人物构成，他们各种各样的手势和姿态所组成的构图从任一角度看去都十分戏剧化。作为牺牲的象征，这件作品从英国到韩国等多个国家陆续展出，且大受欢迎。

一尊文人雕像

罗丹的所有委托作品中，最富争议的当属为法国作家协会而作的奥诺雷·德·巴尔扎克（Honoré de Balzac，见右侧方框）纪念像。起初，罗丹打算准确依照作家的模样来创作，但随着时间的推移，这个概念发生了根本性的变化。1898年，当他在沙龙展出一尊近3米高的石膏人像时，观众都对其外观感到震惊。头部是一个奇怪的、充满悲剧性的面部模型，身躯在睡袍下不成形状。事实上，罗丹的人物并非一尊肖像，而是对创造力和先于其时代的苦难的召唤。作家协会拒绝了这件作品，转而雇用了另一位雕塑家，于是罗丹将这尊人像放在自己默东别墅的地面上。1939年，他的《巴尔扎克像》在巴黎立起，如今被视为他的代表杰作之一。

晚年和遗产

到了1900年，罗丹已蜚声国际，且足以在巴黎国际博览会上建立自己的展馆。那时的他已很少接受大型的公共委托作品，但在法国和其他国家有很多人为了被他雕成半身像成为不朽的象征而一掷千金。在生命的最后几年，罗丹将大部分创作精力都用于绘制快速淡彩素描，以及制作栩栩如生的小型石膏和赤陶模型。其中大部分是关于运动的研究，尤其是对舞蹈的研究。女性裸体一直是罗丹不间断的灵感来源，他在德国展出的一些素描由于涉及色情而引发争议。

在罗丹于1917年去世之前，曾筹备建立一座专门陈列其作品的博物馆。罗丹的醒目成就里有一部分就是使雕塑在一度沦为学院派塑造刻板雕像和纪念品的工具后，再次成为一门重要的艺术。后辈的雕塑家将会受益于艺术的全新地位以及罗丹为之创造的全新可能性。

简要年表

- 1865年 向沙龙展提交《塌鼻男子》，遭到拒绝，10年后才被接受。
- 1877年 创作的《青铜时代》引起了关注，其中有人指责他使用活体为铸件。
- 1880年 赢得一项重要的委托任务《地狱之门》，却未曾完成。
- 1884年 开始创作《加莱义民》。作品最终于1895年展出，获得了国际性的成功。
- 1898年 他的《巴尔扎克像》遥遥领先于时代，但遭到了强烈抵制。其伟大之处在1939年才得到认可。
- 1919年 罗丹去世后两年，其作品及艺术收藏宝库罗丹博物馆在巴黎宣布对外开放。

个人小传
奥诺雷·德·巴尔扎克

罗丹为19世纪法国小说家巴尔扎克（1799—1850年）所作的纪念像引发了争议（见左侧）。巴尔扎克的鸿篇巨著《人间喜剧》，描绘了法国社会包罗万象的画面，这在小说中是前所未有的成就。作家巨大的工作量和旺盛的创作力可能暗示了巴尔扎克纪念像最后的象征意味，而[illegible]，巴尔扎克在世时又矮又胖，而他超负荷的夜间工作时长，使他喝了大量咖啡，这很可能是他在51岁便早逝的原因。

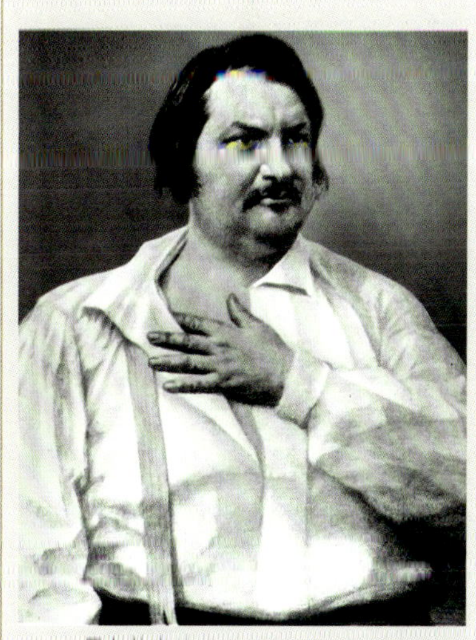

巴尔扎克的照片，纳达尔，1842年

◁《加莱义民》，1895年

这组歌颂加莱人为了拯救自己的城市而直面死亡的群像已成为爱国牺牲的象征。这一版本矗立在华盛顿特区赫希霍恩博物馆（Hirshhorn Museum）的雕塑花园内。

克劳德·莫奈

1840—1926年，法国人

作为典型的印象派画家，克劳德·莫奈在功成名就前曾一度穷困潦倒。几十年来，他在吉维尼所建的壮观花园成为其生活和艺术的焦点。

△莫奈的调色板

莫奈使用点点斑驳的纯对比色，而非渐变的色调来表现光影。此处是他的调色板。

“我于1840年出生在巴黎……一个只注重商业的环境，人人都对艺术表示出轻蔑与不屑。”这就是莫奈在1900年所作人生自述的开端，当时的他已是法国非常著名的艺术家之一。5岁时他随家人搬到了诺曼底海岸线上的勒阿弗尔（Le Havre），在那里经营一家杂货批发店。莫奈对这门生意和正规教育都毫无兴趣，却在青少年时期展现出艺术才能。他的素描给当地的创作型画家欧仁·布丹（Eugène Boudin）留下了深刻的印象。布丹将莫奈引上了艺术之路，鼓励他在室外作画，直接面对自然写生。“突然间，一道面纱被撕开……”莫奈回忆道，“画家的命运之门向我敞开。”

正式学习

尽管父亲不太情愿，却还是允许莫奈在巴黎学习艺术。父亲想要他在官方艺术学校接受培训，而这位桀骜不驯的19岁少年已投身户外写生，对基于古典理想的“学院派”绘画艺术毫无兴趣。因此，1859年，他加入斯维斯学院——一间独立的画室，在那里，他可以在没有正规指导的情况下参加写生课。他在此遇到了卡米耶·毕沙罗，后者成为他的挚友，并一起成为印象派的代表画家。

在巴黎待了2年后，莫奈入征法国军队并被派往阿尔及尔。他的家人将他从军队中赎回，条件是跟从一位知名的老师学习艺术。因此，他勉强地进入夏尔·格莱耶的画室，在那里遇见了雷诺阿、西斯莱（Sisley）和巴齐耶（Bazille）等志趣相投的伙伴，他们成了日后印象派团体的核心力量。他们结伴前往枫丹白露森林，包括杜比尼（Daubigny）和柯罗（Corot）在内的上一代艺术家都曾在这里露天作画。

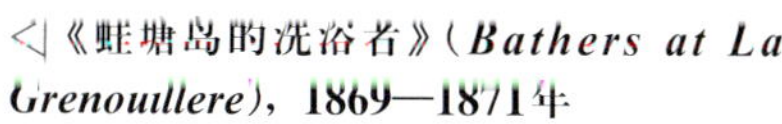

◁《蛙塘岛的洗浴者》（*Bathers at La Grenouillere*），1869—1871年

莫奈使用板状的色块和笔画来营造水面上波光粼粼的光影，并捕捉现代生活里日常的繁忙、喧嚣。

相关技术

便携式颜料

19世纪的颜料制造技术的发展对莫奈产生了巨大影响。1841年，金属颜料管的发明使外光画法更加便捷，莫奈和朋友们可以在室外作画、写生。在此之前，艺术家的油画颜料要靠手工研磨，与油混合，并储存在猪膀胱制成的袋子中，用时刺破袋子，挤出颜料。另一个重要的创新是一系列全新的鲜亮色料的发明，如莫奈最钟爱的镉黄色，这些色料可以当作现成颜料来购买，存储在新的便携式颜料管中，十分方便。

镉黄色管状颜料，19世纪

◁《戴贝雷帽的自画像》，1886年

莫奈绘制这幅自画像时，已开始在美国和法国取得成功。

“对我而言，风景本身并不存在……是周围的大气让它有了生机。”

克劳德·莫奈

莫奈在格莱耶门下继续学习直至1864年，但他的艺术才能在教学画室之外得到了真正发展。1862年，他遇到荷兰风景画家约拿·巴托德·戎金（Johan Barthold Jongkind）。“他是我真正的老师，”莫奈说：“我的眼睛所受的最好教育都是他赐予的。”这位年轻的艺术家还会向同代人学习。他经常光顾盖布瓦咖啡馆，先锋艺术家和作家们常常整晚待在这里，热烈地讨论艺术。这些人往往以爱德华·马奈为首，其描绘“现代生活”的开拓性想法对莫奈大有启发。

迈向现代绘画

虽然神话或历史在传统上被视为艺术家们的“恰当”主题，但莫奈及其同代人摈弃了学院派艺术的主题与平滑而精美的技巧。为了回应马奈那幅伤风败俗的《草地上的午餐》（1863年），莫奈开始创作一幅巨大的、无愧于当代的同名野餐场景，他采用了大胆的平板状笔触。他最终放弃了这件作品，继而以画女友卡米尔（Camille）的一幅画作和超大幅作品《花园里的女子》（*Women in the Garden*，1866年）来探索真人大小的现代图像。

◁**《和谐的蓝色和金色》（*Harmony in Blue and Gold*），1894年**
莫奈在鲁昂大教堂前创作了的30多幅画作，在各种光线条件下捕捉这座建筑物。

在父亲中断他的补助津贴后，莫奈生活窘迫，尤其是卡米尔在1867年生下他们的儿子让。事实证明，1870年对艺术家来说意义重大：他与卡米尔结婚，他的姑妈（唯一关心绘画的亲人）去世了，法国向普鲁士宣战。莫奈的朋友各奔东西。莫奈、西斯莱和毕沙罗逃到英国。雷诺阿加入了骑兵团，巴齐耶则在战斗中不幸丧生。

1871年，莫奈回到法国后，在塞纳河畔的阿让特伊定居，那里距巴黎有15分钟的火车车程。他的风格已经成熟，色彩变得更加明亮，这一时期的画作描绘了闪闪发光的河景，以及在花园的斑驳光影下或阳光普照的草地上的妻子和儿子。

印象派

1870年，莫奈在伦敦遇见了艺术品经销商保罗·杜兰-鲁厄，他的作品终于得以出售，而他仍然为收支相抵而苦苦挣扎。继遭到法国官方年度展的沙龙展陪审团屡次拒绝之后，他与同行艺术家们开始独立展示自己的作品，并获得了“印象派”这一团体身份——该专有名词在1874年第一次群展之后产生。

1878年，莫奈搬到塞纳河畔的维特伊（Vétheuil）村。至此，生下第二个儿子的卡米尔病情严重——除了卡米尔、让和婴儿米歇尔（Michel），莫奈一家人还有莫奈的前赞助人、百货商店巨

背景简介

印象派展览

“印象派”最初是个侮辱性的词汇，用来形容莫奈的一幅看似未完成的画作。1874年4月，包括莫奈在内的30位艺术家在摄影师纳达尔空出的一间巴黎工作室里举办了一场独立展览。参展的艺术家包括皮埃尔-奥古斯特·雷诺阿（Pierre-Auguste Renoir）、阿尔弗雷德·西斯莱（Alfred Sisley）、保罗·塞尚、卡米耶·毕沙罗、埃德加·德加、贝尔特·莫里索以及莫奈的老导师欧仁·布丹。莫奈的作品之一《印象·日出》受到一位讽刺评论家格外苛刻的批评，他将文章起名为《印象派画展》。这个名字保留了下来。史上总共举办了8次“印象派展览”，莫奈拒绝参加1880年和1886年的展览。

纳达尔的巴黎工作室，1874年展览的场地

简要年表

1862年
在诺曼底和戎金一起作画。回到巴黎，加入格莱耶的画室。

1866年
《穿绿色裙子的女人》是一幅真人大小的肖像画，描绘了其未来的妻子卡米尔，该作品在巴黎沙龙展上引起轰动。

1874年
莫奈描绘勒阿弗尔的草图般的风景画《印象·日出》在“匿名艺术家”展中展出。

1886年
在纽约举办的莫奈展一开幕就好评如潮，燃起了法国人对其作品的热情。

1889年
乔治·佩蒂（George Petit）的巴黎画廊举办的一次重大回顾展大获成功。莫奈的名声得以确立。

1927年
在莫奈去世的第二年，他的巨幅睡莲油画系列被陈列在巴黎的橘园美术馆（Orangerie）中。

△《睡莲：两棵柳树》，1914—1926年
莫奈“为了取悦眼睛，为了绘画主题”，在吉维尼（Giverny）建造了自己的花园。他反复绘制睡莲池，在一天的不同时间段捕捉光在水面上的效果。

头厄内斯特·奥修德（Ernest Hoschedé）的妻子和6个孩子，奥修德在1877年至1878年破产并失去了收藏品。1879年卡米尔去世之后，爱丽丝·奥修德与莫奈于1892年结婚，终身相伴。

来到吉维尼

1883年，莫奈再次搬家，这一次搬到了法国北部诺曼底省的吉维尼村。19世纪80年代，他开始了一系列旅程：在诺曼底和布列塔尼激动人心的海岸线、法国中部的克鲁兹（Creuse）山谷以及蔚蓝海岸线的明媚阳光下寻找灵感。

莫奈总是反复绘制他所喜爱的主题。19世纪90年代，他开始了若干个系列的组画，描绘在不同光照条件下的相同主题（以干草堆、白杨树和鲁昂大教堂最为著名）。他定下目标：“描绘……外围层，即普照万物的同一束光线”。他同时创作大量作品，随着光线的变化而更换画布。他希望这些组画能够构成一组和谐的画作而被一并观赏，它们的形态和色彩会因周围大气的变化而转变。

虽然莫奈晚年曾到国外旅行过数次，但吉维尼成为他的整个世界。他是一名激情四射的园丁，花数年时间在此建造他的东方水花园。他的睡莲池及其不断变化的倒影，成为其艺术的焦点。

在挚爱的爱丽丝和儿子让相继去世以后，年迈的莫奈没有停止在花园以及为装下其巨幅油画而建的画室里作画。他的数百幅睡莲画最终捐赠给国家的一个装饰方案。他于86岁去世，次年，他的装饰组画陈列在被称为“印象派的西斯廷礼拜堂”的巴黎橘园美术馆。

▽莫奈的眼镜
随着年岁渐老，白内障模糊了莫奈的视线，使他对色彩的感知发生了扭曲。两次手术和一副特殊的眼镜帮他恢复了视力。

◁睡莲壁画
莫奈的睡莲壁画如此宏大，因而需要一间巨型画室来存放。油画画布被安装在可以移动的画架上。这些巨幅油画与其早期迅速完成的小型画作相去甚远，经过多年缓慢而慎重的绘制，实现了莫奈的终身志愿：捕捉“最短暂而易逝的效果”。

▷《我自己：肖像-风景》，1890年
卢梭将自己描绘成巴黎学院派传统中的一位严肃画家。他很自豪，因为他认为自己发明了一种全新的绘画类型，即"肖像-风景画"。

亨利·卢梭

1844—1910年，法国人

卢梭是一位利用业余时间绘画的海关官员。他的原创艺术在其大半生中都饱受讥讽，后来在先锋艺术中找到了知音。

亨利·卢梭（Henri Rousseau）是自学成才的“天真”艺术家中大受欢迎的典范之一。他出生在法国北部的拉瓦尔（Laval），继平凡的校园生活后，进入了军队。后来他喜欢用富有戏剧性的事件中吹嘘自己的军旅生涯，包括虚构的墨西哥之旅。实际上，他很可能从未离开法国，他对异国情调的体验也仅限于他在1889年巴黎世界博览会上所看到的展品。

20多岁时他离开军队，后找到了一份在巴黎城墙的收费站中任职的工作：检查走私物品——这是他日后绰号“Le Douanier”的由来，意思是“海关关税员”。这项工作要求不高，最重要的是让他有足够的业余时间画画。

> “没有什么比思考并**描绘自然**更让我**开心**的事。”
>
> ——亨利·卢梭

相关背景
卢梭的丛林

卢梭声称他的丛林画是基于墨西哥的见闻，但他从未去过这个国家。他其实是受到巴黎植物园（Jardin des Plantes）的玻璃温室的启发，他承认：“当我进入这些温室，观察这些来自异国的奇异植物时，自己仿佛踏入了梦境。”他的丛林画中的大部分野兽都是基于一本关于巴黎动物园的书中的照片。

巴黎植物园的一座热带温室

虽然从未接受过任何正式的艺术训练，但卢梭对绘画非常认真，从不怀疑自己的才华。他获得了在卢浮宫临摹作品的许可证，并接触当时的一流艺术家以寻求建议。他想当然地认为自己遵循了学院派艺术的伟大传统，但从未掌握规模、比例、照明和透视这些艺术家创造真实幻象时所采用方法的传统规则。尽管如此，他大胆而非正统的色彩质感和表现力意味着他创作了若干幅极具原创性的作品。

卢梭在艺术生涯早期形成的独特绘画风格多年以来几乎不曾改变。他创作肖像画、风景画、静物画，并且渐近晚年时创作过描绘森林和丛林的想象场景。

被先锋派接纳

从1885年开始，卢梭开始在巴黎的独立沙龙展上公开展出自己的作品。尽管他的绘画一开始招致嘲笑，但他并不灰心。到了1893年，他从海关退休，全身心地投入到艺术创作之中。他虽受到评论家的嘲笑，却也开始吸引巴黎先锋派中的崇拜者，他受此鼓舞。

他与诗人兼剧作家阿尔弗雷德·贾里（Alfred Jarry）交好，并开始与作家奥古斯特·斯特林堡（August Strindberg）、斯蒂凡·马拉美（Stéphane Mallarmé）以及包括埃德加·德加和保罗·高更在内的艺术家有所往来。他的新朋友们常拿他的天真和轻信取乐，但对他喜爱有加。毕加索甚至于1908年在自己的工作室为卢梭举办了一场特别的宴会。

超现实主义遗产

当卢梭于1910年去世时，被葬在一座不起眼的贫民墓地。不过在不到一年的时间，纽约和巴黎就相继为他举办了作品回顾展。表现主义画家瓦西里·康定斯基（Wassily Kandinsky）在慕尼黑（见第267—271页）的第一场青骑士画派（BlaueReiter）展览上展出了卢梭的作品。仅仅在十多年之后，超现实主义者就将他的油画誉为非理性的奇妙典范。

△**小报幻影**
卢梭对异国情调的印象部分来源于杂志和低俗小说，他从巴黎报刊《小日报》（*Le Petit Journal*）中获得灵感，甚至曾短暂担任过该刊物的销售代表。

▷**《梦》，1910年**
这幅超现实的画作是卢梭不止25幅丛林画中的一幅，它描绘了艺术家的前任情妇雅德维加（Jadwiga）正在欣赏这一郁郁葱葱的热带场景。

伊利亚·列宾

1844—1930年，俄国人

列宾是19世纪最伟大的俄国画家，他用生动的想象力、史诗般的视野和对生活的热爱描绘了祖国的历史和属于他的时代。

在18世纪初彼得大帝使这个国家西化以前，俄国的艺术在很大程度上还秉承着中世纪的精神。此后，俄罗斯艺术家模仿欧洲风格，19世纪在西方获得了不同程度的成就。然而，伊利亚·列宾（Ilya Repin）是第一位以俄国主题在欧洲声名远扬的俄国艺术家。

俄国的现实主义

列宾于1844年出生于乌克兰的楚古耶夫（Chuguyev），当时这里属于俄国的一部分。他在一位圣像画家那里接受训练，并通过装饰当地的教堂为1864年在圣彼得堡皇家艺术学院学习赚得了足够的金钱。他的作品和道德思想必受到画家兼理论家伊万·克拉姆斯科伊（Ivan Kramskoi）的极大影响。克拉姆斯科伊支持现实主义原理和艺术的民主作用，并以描绘贵族以及俄国农民的肖像画而闻名。

人与神话

至1871年毕业（获最高金奖）时，列宾已经开始绘制这幅使他一举成名的画作《伏尔加河上的纤夫》（*Barge Haulers on the Volga*）。他学生时代的成就为他赢得了一笔旅行专用奖学金，随后从1873年到1876年，他在西欧待了整整3年，大部分时间都待在巴黎。回到俄国之后，列宾在莫斯科居住了几年，之后于1882年在圣彼得堡定居。尽管如此，他还游历偏远地区，为自己的作品收集材料。

▽**《伏尔加河上的纤夫》，1870—1873年**
幅于1873年在维也纳举办的国际博览会上获奖的画作体现了列宾有力、灵活且独具特色的笔触，以及他对平民的关注。

列宾的一些最著名的画作描绘了俄国历史和神话中的戏剧性时刻，但他同样关注当代生活，选择表现强烈人道主义倾向的主题。他还是俄国当时杰出的肖像画家，其模特包括多位名流，尤其是他的朋友列夫·托尔斯泰（Leo Tolstoy）。

1894年，列宾接受了皇家学院的教职，在那里备受学生的尊崇。他在1905年革命后辞职，晚年和作家娜塔莉亚·诺德曼［Natalia Nordman，其妻子是维拉（Vera），二人于1872年结婚］一起生活在芬兰库尔卡拉（Kuokkala）边境的乡村别墅里。

芬兰于1917年宣布独立，导致两国边界关闭，列宾无法返回祖国。他于1930年在库尔卡拉去世，葬在自己别墅院落中。库尔卡拉如今是俄罗斯的一部分，为了纪念这位艺术家而改名为列宾诺（Repino）；列宾的别墅如今是一座专门展现其生活和作品的博物馆。

个人小传

列夫·托尔斯泰

1878年起，列宾开始与托尔斯泰建立长期的友谊，此时的托尔斯泰已完成了现实主义杰作《战争与和平》（*War and Peace*）和《安娜·卡列尼娜》（*Anna Karenina*）。两位艺术家的作品在描绘俄国生活的远景上存在着相似之处，尽管列宾的画作不像托尔斯泰的小说那般深入地探索心灵和思想，但其在精神上同样广博丰饶。托尔斯泰曾称，列宾"比其他任何一位俄国艺术家都更擅于描绘人民的生活"。

《躺在树林里的托尔斯泰》（*Tolstoy Resting in the Forest*），伊利亚·列宾，1891年

▷**《自画像》，1887年**
列宾经常把描绘对象置于画面中央——不会分散观众注意力的背景。据称，他希望自己成为"俄国的伦勃朗"。

"我爱光与真善美，它们是我们生命中最棒的礼物——而我最爱的是艺术！"

——伊利亚·列宾，《致弗拉基米尔·斯塔索夫》，1899年

保罗·高更

1848—1903年，法国人

高更生前默默无闻，死后却影响深远，他放弃了股票经纪人的工作，抛家弃子，逃离“文明”前往南太平洋，将自己的一生献给了艺术。

保罗·高更（Paul Gauguin）于1848年6月7日出生在巴黎，他是一名法国记者及其法国/秘鲁混血妻子的独子。高更很早就开始旅行，父亲的激进观点致使一家人必须去秘鲁寻求政治避难。虽然父亲在旅途中去世，但高更在秘鲁的首都利马（Lima）度过了童年。7岁时，他回到法国，就读于奥尔良的一所寄宿学校，之后被海军预备学院录取。他17岁出海，以商船船员的身份游历世界各地，随后进入法国海军。

改变方向

20岁出头时，高更似乎已准备安顿下来。他的母亲已去世，其富有的监护人古斯塔夫·阿罗萨（Gustave Arosa）帮他在巴黎找到了一份股票经纪人的工作。阿罗萨还凭借自己丰富的现代法国绘画私人收藏让高更接触了艺术。他便开始创作自己的作品，将周日的时间全部用于户外作画。到了1873年，当他迎娶丹麦妻子梅特（Mette）时，已是一个富有之人，也是一位熟练的业余画家。

次年，高更参观了第一次印象派画展，并开始购买新兴艺术家的作品，部分是当作投资，部分是为了向他们学习。他这一时期的画作体现了毕沙罗、塞尚和德加的影响。高更的作品参加了后4次印象派展览，尽管获得了一些仰慕者，但大部分同行都认为他投机取巧、妄自尊大。

继1882年巴黎证券交易所（股市）暴跌之后，高更辞去工作，相信自己能以艺术家的身份谋生。这是一个轻率的举动，特别是因为他有4个孩子，第5个孩子又即将出生。1年后，梅特回到其父母在哥本哈根的家中。高更最早和她在一起，但在1885年夏天，他抛家弃子，回到巴黎。

即便卖掉部分艺术收藏品，资金仍然短缺。1886年的夏天，高更动身前往布列塔尼的阿旺桥（Pont-Aven，见下方方框），这是一个艺术家经常出没的地方。他从布列塔尼文化及其传统服饰和古老的宗教信仰中获得灵感。这是他想要在艺术中创造的特质。1886年冬天，他回到巴黎，将布列塔尼妇女的素描作品用作陶瓷花瓶的设计图案。

△**饰有布列塔尼妇女和年轻人图案的瓶子，1886—1887年**

高更自一开始就对陶瓷感兴趣。他那刻意粗犷的早期作品，饰有布列塔尼生活场景的图案是分隔主义的滥觞，即将平涂的色彩填充在轮廓线内。

> “不要过于复制自然。艺术是一种抽象概念，在想象它之前，要将它从自然中提取出来。”
>
> ——保罗·高更，1888年

◁**《手持调色盘的自画像》，1894年**

这幅引人注目的自画像绘于高更从塔希提返回巴黎之后，画中的高更身穿平日里浮夸的服装——阿斯特拉罕帽和蓝色斗篷，镇定而自信。

背景简介

阿旺桥的艺术家

夏季，艺术家纷纷涌向布列塔尼的阿旺桥，被风景、穿着美丽的布列塔尼服装的妇女以及便宜的住宿所吸引。高更第一次来到这里时已38岁，在更为传统的年轻艺术家中扮演着富有魅力的领军人物。在1888年第二次到访期间，他与查尔斯·拉瓦尔（Charles Laval）、保罗·塞鲁西耶（Paul Sérusier）和埃米尔·博纳尔（Emile Bernard）密切合作。他们基于“艺术是一种抽象概念”的原则，以简化的外形和不自然的色彩，形成一种非写实的风格。

阿旺桥一家酒馆外的艺术家们和一位布列塔尼妇女

“我决定去**塔希提**……希望在那里**野蛮的原始状态**中修习画技。”

——保罗·高更

热带之旅

由于作品销量不佳，高更于1887年春乘船前往巴拿马，“希望可以像野人一样生活”。在巴拿马运河上剧烈颠簸后，他在加勒比海的马提尼克岛（Martinique）度过了4个月。热带“天堂”激发他创作了一些郁郁葱葱的迷人风景画和描绘慵懒女性的画作。待高更一回到巴黎，这些作品就大受欢迎，文森特的画商弟弟提奥·凡·高（Theo van Gogh）购买了其中的几件。

1888年2月，高更返回布列塔尼，迎来了艺术创作的关键时期。年轻艺术家埃米尔·博纳尔于同年晚些时候在阿旺桥和他一同发展出一种被称为分隔主义的风格，该风格以鲜明的轮廓线包围着平涂色块，如同珐琅作品和彩色玻璃那样。

高更以前曾在陶瓷作品中运用类似的技术，不过似乎是博纳尔的绘画激发他创作了第一幅杰作《布道后的幻象》（*Vision after the Sermon*，1888年），这与他早期的印象派风格背道而驰。高更并非试图捕捉外在的现实，或不同于光和大气的效果，而是希望画作能够让人浮想联翩。

在阿旺桥期间，高更受文森特·凡·高之邀前往阿尔勒。10月，凡·高对高更表示欢迎，高更的到来一开始带来了创作的高峰期，却以暴力的结局收场。12月，凡·高用剃刀威胁他，然后割断了自己的耳朵。高更逃到巴黎，并在接下来的几年里辗转于首都和布列塔尼之间。

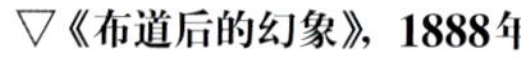

▽《布道后的幻象》，1888年

这幅大胆的作品描绘了雅各正在与一名天使摔跤，一群布列塔尼妇女正在一旁围观，作品构图受到日本版画的影响。高更摈弃了自然主义，创造了一个意象，用不自然的平涂色块描绘这些妇女所体验到的幻象。

△高更在阿尔丰斯·慕夏的画室，巴黎，约1890年

高更与捷克艺术家阿尔丰斯·慕夏（Alphonse Mucha）是酒肉之交。艺术家们及其友人，包括高更的情人安娜都喜欢在相机前拍照。

前往南太平洋

随着高更艺术的发展，使用意象和简洁的表达形式日益增多。他将来自各处的元素（如日本版画和前哥伦布时期的艺术作品）融入作品，并在粗帆布上薄薄地涂上油画颜料，以吸收油料，并营造出他想要的那种无光泽的“原始”表面。

高更决定离开欧洲，“使自己摆脱文明的影响”。1891年，他航行至南太平洋，当他抵达塔希提岛的首府帕皮提（Papeete）时，却发现那里并不是自己想象中的原始天堂。“这里还是欧洲。”他写道。塔希提100年来一直被英法两国占领。欧洲传教士已根除了土著宗教，并且这里的妇女还穿着蹩脚的传教士工作服。幻想破灭的高更很快就离开了帕皮提，来到更偏远的马塔耶亚（Mataiea）地区，租了一间小屋，然后带上一个十几岁的漂亮女孩塔哈马纳（Tehamana），将她当作自己的“女神”（vahine，字面意思是“女人”）。

创作于塔希提的富有异国情调的迷人画作为高更的事业迎来了巅峰。然而，虽然其灵感源自那里美丽女性和美景，但这些图像并没有反映出那里的生活实景，它们更像是高更想象

△**《我们从哪里来？我们是谁？我们往何处去？》，1897年**

高更的巨型檐壁式杰作参考了人类的生命周期，不过其中的意象——包括波利尼西亚偶像——却是故意留下的谜团。

出来的画面。他作品中的许多概念和主题都是以他研究的关于大洋洲生活的文献与书籍为依据，描绘了这些岛屿的古老神话、信仰和传说。

高更的塔希提画作并未透露自身的经历：1893年，他身体欠佳、穷困潦倒，回到法国时口袋里仅剩4法郎。他抵达后不久就继承了一笔13000法郎的遗产，这为他提供了急需的经济支持。特立独行的高更找了一位异国情妇爪哇人安娜（Anna），并把她（和她的宠物猴）带到布列塔尼。

回到巴黎后，高更依旧与成功擦肩而过。毕沙罗指责他“剽窃大洋洲的野蛮人艺术”，而莫奈和雷诺阿认为他的作品“简直太糟了”。只有德加买下了他的几幅画作，但其作品出售还是不尽如人意。高更于1895年永久地离开了欧洲。

绝望与怀疑

回到塔希提后，高更继续创作天堂般的美丽作品，虽然1897年女儿去世的消息让他绝望无助。他打算在结束自己的生命之前，创作一件临终的伟大作品，即《我们从哪里来？我们是谁？我们往何处去？》（*Where Do We Come From? What Are We? Where Are We Going?*）。待作品完成之后，（据称）他爬上一座小山，吞下砒霜后等待死亡，但未遂其愿。

与巴黎画商达成的新协议增加了高更的收入，使他得以前往更加偏远的马克萨斯（Marquesas）群岛，他希望在那里“重新激发想象力，为天赋画上圆满的句号”。

尽管视力衰退、身体欠佳，但他仍然坚持绘画、雕塑，画出吸引人的和谐之作。他为当地马克萨斯人民的正义而与殖民者们斗争，却为自己招来强大的敌人。在因诽谤州长而被判监禁之后，他在信中给一位朋友写道：“这一切烦心事都要置我于死地”。他于1903年5月8日逝世，很可能死于心脏病，享年54岁。他为自己的艺术牺牲了一切。

相关技术

雕塑作品

高更是一位很有天赋的陶艺家、木雕师和雕塑家。他对陶瓷的兴趣一部分受到童年时期在秘鲁看到的前哥伦布时期陶器的影响。他还认为自己的陶瓷会比画作更赚钱。他认为陶器是高级艺术，可以和绘画一样极具表现力，而他的作品重在打破“精美型”作品和“装饰性”作品之间的界限。高更的“原始”陶瓷雕塑神话人物奥维利（Oviri，野蛮人）是塔希提人的死神，该作品为20世纪最具革命性的画作之一毕加索的《阿维农少女》（*Les Demoiselles d'Avignon*，1907年）提供了灵感。

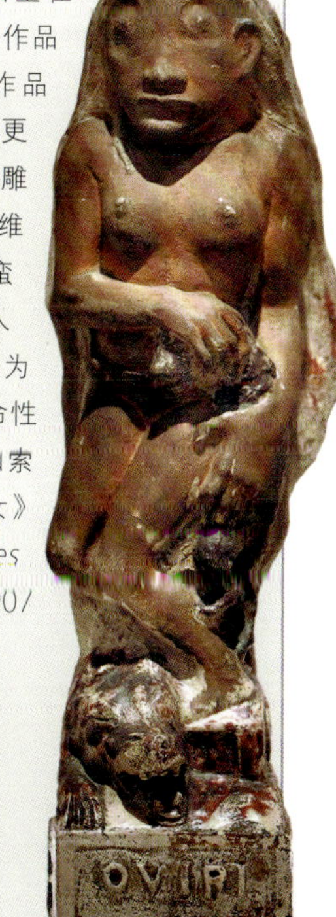

《奥维利》，1894年

简要年表

1888年
受布列塔尼“原始”宗教的启发，创作了第一幅成熟的杰作《布道后的幻象》。

1892年
由塔希提向哥本哈根运送了8幅画作，其中包括《游魂》（*TheSpirit of the Dead Watching*），却只有一幅画作得以出售。

1893年
他在巴黎举办的个展受到评论家和象征主义诗人的部分好评，但销售情况很糟。

1897年
创作《我们从哪里来？我们是谁？我们往何处去？》，当作自杀前最后的遗嘱。

1906年
巴黎的回顾展上展出了高更的227幅作品，鼓舞了包括马蒂斯和毕加索在内的新一代艺术家。

文森特·凡·高

1853—1890年，荷兰人

凡·高的艺术生涯只持续了10年，期间精神饱受折磨，作品的产量却惊人。他那些杰出的后印象派作品在去世后才得到应有的认可。

文森特·维勒姆·凡·高（Vincent Willem van Gogh）于1853年3月30日出生在比利时边境附近的一个荷兰村庄赫仑桑得（Groot Zundert），他是一位牧师及其妻子诞下并活下来的第一个的孩子。16岁时，他搬到海牙，在一家国际艺术品经销商公司古比尔公司（Goupil & Co.）工作，他的叔叔是那里的合伙人。在接下来的4年，他的生活似乎风平浪静，他对艺术和文学的热爱在1872年写给弟弟提奥的信中已明显流露出来。

◁《耳朵缠绷带的自画像》（***Self-Portrait with Bandaged Ear***），**1889年**

凡·高在割掉自己的耳朵2周后画了这幅无畏而坦率的自画像。凡·高的画架和一幅心爱的日本版画环绕着他脸上令人不安的平静和那异常发绿的双眼中忧郁的目光。

事实证明，这段平和时期颇为短暂。1873年，凡·高被调到古比尔的伦敦分公司。对女房东的女儿没有回报的爱情让他心烦意乱、郁郁寡欢。随后他被调到古比尔的巴黎分公司，他在信中开始流露出令人不安的迹象，当时的他沉迷于宗教，对工作失去了兴趣，于1876年被解雇。

凡·高传教士

回到英国后，他接受了一个无薪酬的教师职位，后成为助理牧师。他回到荷兰接受牧师培训，却于1878年放弃学习，搬到博里纳日（Borinage）矿区向人传道。在帮助穷人追随基督的热切愿望的驱使下，他以狂热的态度投入到传教工作中。他放弃自己的世俗物品，离开住所睡在棚屋里。他的热切行为未被认可，2年后被解雇。

到了1880年，艺术取代宗教成为凡·高新的人生使命。他在弟弟提奥的支持下，以非凡的激情开始接受艺术家方面的培训。他从小画素描，如今通过临摹解剖和透视书中的内容自学，并通过查尔斯·巴格（Charles Bargue）的《素描课程》（*Drawing Course*）练习素描。他还曾跟随艺术家安东·莫夫（Anton Mauve）学习，莫夫是他母亲的亲戚。素描是凡·高早期的主要作品类型，他还尝试过各种媒介，其中就包括黑色石印粉笔，该媒介与他早期风格中的强有力的轮廓十分契合。1882年，他开始油画创作。

◁**大量来往信件**

凡·高有800多封信件（大多寄给他的弟弟）保存下来。有些信（如1888年的这封信）上面还画着素描。

◁《悲痛》（***Sorrow***），**1882年**

凡·高为西恩·霍尼克（Sien Hoornik）所绘素描那富有表现力的剪影轮廓反映了他强烈的同情心。题词上写着："世界上怎会有一个女人如此孤独凄凉？"

> “只有当我在画架前作画时，我才感到自己还活着。”
>
> 文森特·凡·高

背景简介

日本版画

色彩鲜艳的日本版画浮世绘（意为“关于浮世的画作”）在19世纪中叶传至欧洲。其大胆的构图和扁平化的明亮色块，往往被蜿蜒曲折的线条所包围，对凡·高及其同代人产生了巨大影响。凡·高是这些作品的狂热收藏家，并制作了爱森（Eisen）和其他日本名家的版画复制品。他将这些复制品钉在画室中，使之出现在他的几幅画作中，其中包括《唐吉老爹》（*Portrait of Père Tanguy*，1888年）和《耳朵缠绷带的自画像》（1889年）。

《艺伎》（*The Courtesan*），溪斋英泉，约18[illegible]年

“在自然如此美丽的时刻，我会极度清醒，我将感觉到，画面如同梦中那般浮现在我的脑海。”

——文森特·凡·高

△《向日葵》(*Sunflowers*)，1888年

1888年，凡·高在等候高更来到黄色小屋时，为他的房间绘制了一组向日葵。

个人小传

提奥·凡·高

文森特的大半生都依赖弟弟提奥的情感和经济支持，提奥曾在巴黎担任艺术商人。通过数百封写给提奥的信——这些信往往是以感谢提供资金和材料作为开头，我们了解文森特的个性、思想和兴趣及其创作过程。文森特往往在信中配以草图，来阐述自己的作品。文森特死后仅6个月，提奥突然产生了几次幻觉，陷入瘫痪。兄弟俩被合葬在巴黎附近的奥弗斯（Auvers）。

提奥·凡·高的肖像

黑暗的岁月

继又一场单恋之后——这次是他寡居的表姐凯·沃斯（Kee Vos），凡开始与一个身怀二胎的女子西恩·霍尼克（Sien Hoornik）确立了关系。西恩为凡·高担任模特，并最终和她出生不久的儿子、年幼的女儿与他一同搬到海牙的一间公寓。他们的关系使凡·高的家人和朋友蒙羞，二人早期曾计划结婚，却在1年后分手。

事实证明，当海牙的生活压力过大时，凡·高就会离开，到荷兰北部的德伦特（Drenthe）一带孤立的沼泽地附近画画。孤独驱使他回到纽南（Nuenen）的父母家，他在这里专注于描绘农民生活。在花了“整个冬季研究头和手部”之后，他创作了早期职业生涯中最雄心勃勃的作品《吃土豆的人》（*The Potato Eaters*），其显著特征是大量使用偏暗的“土质颜料”——生赭色、黄赭色和赭石色。

父亲去世后，凡·高于1885年离开了荷兰。在安特卫普皇家美术学院度过数月后，他来到巴黎，竟在1886年3月开始与提奥生活在一起。这一举动对他的艺术产生了革命性的影响。他跟费尔南德·柯罗蒙（Fernand Cormon）短暂学习过，结识同学亨利·德·图卢兹-罗特列克（Henri de Toulouse-Lautrec）和埃米尔·博纳尔。不久他遇见了印象派圈子里的其他成员。在莫奈和毕沙罗、修拉（Seurat）和西涅克（Signac）的点彩技术以及他收集的大胆明快的日本版画的影响下，他的画焕然一新。首先是他那荷兰时期画作中的暗色调有所提亮，继而十分耀眼。农民画被城市场景、花卉画、大胆明亮的朋友肖像画以及众多自画像所取代。

逃离巴黎

凡·高在巴黎的生活变得不堪重负，并于1888年2月抵达阿尔勒，前往法国南部寻求安慰。他渴望安宁，但他的工作强度已接近其承受的极限。与他留在巴黎的印象派友人不同，他的绘画目标是超越光线和氛围，通过颜色和轮廓来表达感受和想法：“与其试图精确复制眼前的事物，我喜欢更随意地使用颜色，以便更有力地表达自我。”他如此写道。这种方法使得他的作品对20世纪的艺术（包括从野兽派到表现主义等画派）产生了巨大影响。

▷《黄色小屋（街道）》[*The Yellow House (The Street)*]，1888年

凡·高在阿尔勒的一所房子里租下了一套房间（以绿色百叶窗为标志），并打算把它变成一处能让志趣相投的艺术家共同工作的场所。

南方画室

凡·高梦想着在阿尔勒那幢租来的“黄色小屋”中创建一个艺术家社区，即一间“南方画室”。他邀请在巴黎遇见的保罗·高更，并兴奋地为友人的到来做准备。他绘制了一系列向日葵组画，为他装饰卧室。

高更于10月抵达这里。起初，两人就艺术进行了“极为紧张”的讨论。然而，紧张局势升级，12月23日晚上，凡·高的行为变得古怪，于是高更躲进一家旅馆。当晚，凡·高将自己的一只耳朵割下，交给当地妓院里的一个女孩。

他最初试图对这件事轻描淡写，他写道：“我不过是希望自己有一丝再普通不过的艺术气质”，然而在余生中，他的精神状态时而清醒，时而混乱，清醒时他能够工作，而混乱、妄想和幻觉却不时发作，其病因诊断始终不明。他的邻居们担心自己的安全问题，甚至签署了一份请愿书，阻止凡·高待在家中。凡·高意识到自己无法“自控”，于1889年5月住进了阿尔勒附近的圣雷米（St-Rémy）精神病院。

△《星夜》，1889年

这幅晚期的杰作在圣雷米绘制，以一种令人不安的持久能量有规律地跳动着，表达了凡·高经历中的高度紧张感。重复厚涂的破折号笔触营造出强有力的韵律。

晚期的张力

清醒时，凡·高以疯狂的速度作画，创作了一幅又一幅的杰作，包括《麦田与柏树》（*Cornfield and Cypresses*）、《鸢尾花》（*Irises*）和《星夜》（*Starry Night*）。他开始觉得疗养院过于压抑，于1890年5月再次北上旅行。在拜访了巴黎的提奥及其妻儿之后，他搬到宁静的瓦兹河畔的奥维尔村。在那里，提奥找到了古怪却富有同情心的加歇医生（Doctor Gachet）来照顾自己。凡·高继续以疯狂的速度作画，70天内创作出70多幅油画，然而这段旺盛时期却突然中断。或许是他想到提奥在考虑辞掉工作，可能不再足以资助他，这让他觉得无法继续作画。在抵达奥维尔2个月之后的7月27日，他走进麦田，回来时胸口的枪伤处流着血。2天后他死在了提奥身边，享年37岁。

▷**艺术家雕像**

凡·高的雕像矗立在圣雷米疗养院的庭院里，艺术家从1889年起至去世前2个月一直在这里。

简要年表

1885年
继一系列关于农民头部的研究之后，绘制了荷兰时期最著名的作品《吃土豆的人》。

1887年
受点彩派的启发，创作《花园里的情侣》（*Garden with Courting Couples*），以互补色的破折号笔触为特色。

1888年
在高更到来之前，他画了《向日葵》系列作品以及《卧室》（*The Bedroom*），旨在表达“绝对的宁静”。

1889年
在圣雷米疗养院周围的花园和田野中作画，还临摹了他的偶像米勒和德拉克洛瓦的若干幅画作。

1890年
在生命的最后70天里绘制了70多件作品，其中包括《奥维尔教堂》（*Church at Auvers*）和《加歇医生》（*Dr. Gachet*）。

其他艺术家名录

△《自画像》，西奥多·籍里柯，约1812年

伯特尔·托瓦尔森

1768/1770—1844年，丹麦人

伯特尔·托瓦尔森（Bertel Thorvaldsen）是新古典主义雕塑家之一，声望仅次于卡诺瓦。他出生于哥本哈根，从11岁开始在丹麦皇家艺术学院学习，其大部分职业生涯却是在罗马度过。他于1797年3月8日获得旅行奖学金之后来到这个城市，这一天被他当成“罗马生日”来庆祝（他的真实生日不详）。他以雕塑《杰森和黄金纺织》（*Jason with the Golden Fleece*）名声鹊起，该作品以波利克里托斯（Polyclitus，活跃约公元前450—约前420年）创造的古典人物形象为蓝本。这件作品的名气给他带来了很多件委托订单，使他得以在奖学金用完后留在罗马。到了1820年，托瓦尔森开办了一间生意不错的工作室，雇佣了约40名助手，制作半身像、雕像和陵墓雕塑。1838年，他回到哥本哈根，在那里被当成英雄受到热烈欢迎，人们还为他建立了一座博物馆。

主要作品：《杰森和黄金纺织》，1802—1803年；《伽倪墨得斯与朱庇特的鹰》（*Ganymede with the Eagle of Jupiter*），1817年；教皇庇护七世（Pope Pius VII）之墓，1824—1831年

让-奥古斯特-多米尼克·安格尔

1780—1867年，法国人

很少有艺术家像安格尔那样让人们有如此众多不同的意见。在其大半个职业生涯，他都被视为传统价值观的拥护者，是与“德拉克洛瓦一派的浪漫主义”相对立的“古典主义”艺术家，但他同样喜爱从土耳其后宫到凯尔特神话等各种异国情调的题材。安格尔出生在图卢兹（Toulouse）附近，在大卫门下学习，之后于1801年赢得罗马大奖。他在意大利度过了两段快乐的时光（1806—1824年和1834—1841年），最终成为罗马的法国学院主管，同时在巴黎备受赞誉。安格尔是一位出色的绘图师，因其肖像画的精致优雅和裸体画的感官特质而倍受称颂。他还是一位备受尊敬的老师，泰奥多尔·夏塞里奥（Théodore Chassériau）也算是其众多弟子中的一位。

主要作品：《平瓦松的浴女》（*Valpinçon Bather*），1808年；《路易十三的宣誓》（*The Vow of Louis XIII*），1824年；《莫提西埃夫人的肖像》（*Portrait of Mme Moitessier*），1856年

大卫·威尔基爵士

1785—1841年，苏格兰人

作为部长的儿子，大卫·威尔基爵士（Sir David Wilkie）在爱丁堡的董事会学院（Trustees' Academy）接受培训，还曾在伦敦皇家艺术学院短暂深造。他以栩栩如生的风俗画闻名于世，遵循着荷兰艺术家的传统，如阿德里安·范·奥斯塔德（Adriaen van Ostade）和大卫·特尼尔斯（David Teniers）。

在很多方面，威尔基的画作等同于其伟大的同胞拉比·伯恩斯（Rabbie Burns）诗歌的视觉产物。它们充满幽默、观察细致入微的细节，同时也表现出对社会不公的敏锐观察力，如强调苏格兰农村贫困问题的《盲人提琴手》（*The Blind Fiddler*）和《扣押出租屋》（*Distraining for Rent*）等画作。威尔基晚年四处旅行，死于海上。由于检疫法律，他的遗体不能被带回到岸上，正如透纳在致敬之作《和平：海上葬礼》（*Peace: Burial at Sea*，1842年）中所悼念的那样。

主要作品：《盲人提琴手》，1806年；《扣押出租屋》，1815年；《退休军官大声念着滑铁卢战役的前线战报》（*Chelsea Pensioners Reading the Gazette of the Battle of Waterloo*），1822年

西奥多·籍里柯

1791—1824年，法国人

在短暂、有些悲惨的职业生涯中，籍里柯集中体现了浪漫主义运动蓬勃发展的诸多方面。他烦躁不安、神经质且十分冲动。他可以画出优雅的女士和赛马，却同样为暴力、疯狂和死亡等主题所吸引。籍里柯出生于一个富裕家庭，能够独立谋生。在卡勒·维尔内（Carle Vernet）和皮埃尔·盖兰门下接受训练之后，他到意大利旅行，在那里被米开朗基罗的作品深深打动。籍里柯以《进攻的胸甲骑兵》（*Charging Cuirassier*）在沙龙展中初获成功，但其真正的杰作著名的《美杜莎之筏》却并不大受欢迎，主要是因为它描绘的是一桩富有争议的政治丑闻。幸运的是，它在英国展出时情况较好，前来观赏的人群蜂拥而至。籍里柯自从马背上摔下以后，因脓肿感染严重而英年早逝。

主要作品：《受伤的胸甲骑兵》（*The Wounded Cuirassier*），1814年；《美杜莎之筏》，1819年；《埃普索姆的德尔比》（*The Derby at Epsom*），1821年

卡米尔·柯罗

1796—1875年，法国人

卡米尔·柯罗（Camille Corot）是他那个时代最受欢迎的风景画家，也是印象派画家的灵感源泉。作为一名纺织商之子，他在投身艺术之前曾从事布商工作。

在意大利的长期停留（1825—1828年）使艺术家对古典主义风景产生了兴趣，并开始遵循17世纪画家克劳德·洛兰和尼古拉斯·普桑的传统。事实证明，他那柔美抒情的画作在沙龙上一举成功。他于1833年赢得了第一枚奖牌，定期参加沙龙展，并于1864年成为评选小组成员。

柯罗在户外打草稿，却在画室中绘画自己的风景画。他鼓励毕沙罗和莫里索这样的年轻艺术家，但事实上，他们的印象派风格让他的作品看上去显得很过时。

主要作品：《马库西斯之忆》（*La Charrette: Souvenir de Marcoussis*），1865年；《戴珍珠的女人》（*Woman with a Pearl*），1868—1870年；《马车》（*The Wagon*），1874年

弗朗兹·夏维尔·温特哈尔特

1805—1873年，德国人

弗朗兹·夏维尔·温特哈尔特（Franz Xaver Winterhalter）是当时最受欢迎的宫廷画家，赢得了欧洲诸多皇室的委托任务。他出生在黑森林（Black Forest）的一个小村庄，在慕尼黑学院（Munich Academy）学习绘画之前，曾接受过版画师方面的培训。

温特哈尔特曾一度在卡尔斯鲁厄（Karlsruhe）定居，受雇于巴登的利奥波德大公爵（Grand Duke Leopold of Baden）的宫廷。然而，在1834年，他搬至巴黎，这里是他职业生涯的主要根据地。1841年，他被举荐为维多利亚女王（Queen Victoria）画像，之后便定期前往英国。温特哈尔特迅速成为女王最喜爱的艺术家，在壮观与随意之间达到理想的平衡。他给女王上过绘画课，多年以来，女王委托他绘制过100多幅肖像画。

主要作品：《1851年5月1日》，1851年；《拿破仑三世皇后和众宫女》（*The Empress Eugénie Surrounded by her Ladies in Waiting*），1855年；《茜茜公主》（*Elisabeth of Bavaria*），1865年

奥诺雷·杜米埃

1808—1879年，法国人

奥诺雷·杜米埃（Honoré Daumier）是一位杰出的版画家，他是当时最出色的讽刺漫画家，他也制作过为人瞩目的绘画和雕塑作品，虽然这些作品在他生前没有获得太多关注。

杜米埃是马赛的一位玻璃工匠之子，曾给一位执行官做过文员——这是一份令人沮丧的工作，于是，激发了他对社会正义的向往。19世纪30年代，讽刺路易-菲利普（Louis-Philipp）的政治漫画给他带来了牢狱之灾。然而，他没有被吓倒，后来还对拿破仑三世的政权进行了类似的攻击，创造出令人难忘的角色，如恶棍邋遢波尔（Ratapoil，剥皮老鼠）。当政治讽刺遭到禁止时，杜米埃把注意力转向了社会评论。他描绘拥挤的铁路车厢和疲惫的洗衣女郎的画作至今仍能引起人们的共鸣。晚年，杜米埃的视力衰退影响了他的正常工作，而柯罗的慷慨解囊得以将他从贫困中解救出来。

主要作品：《过去、现在和未来》（*Past, Present, and Future*），1834年；《洗衣妇》（*The Laundress*），1863年；《三等车厢》（*The Third-Class Carriage*），1864年

阿诺德·博克林

1827—1901年，瑞士人

阿诺德·博克林（Arnold Böcklin）出生在瑞士，他在职业生涯期间四处旅行，可能在意大利获得了最多的灵感。事实证明，他那令人回味的主题中，有许多出自对古典神话主题的虚构式改编，并对象征主义运动的发展产生了重要影响。博克林在巴塞尔和杜塞尔多夫接受过培训，曾拜风景画家约翰·施罗默（Johann Schirmer）为师。他最早专注风景画，然而，在1850年首次造访意大利之后，他开始将虚构人物加入风景之中。《芦苇丛中的潘神》（*Pan in the Reeds*）让博克林首次尝到了成功的滋味，并且他画了五颜六色的人马、美人鱼和半羊人萨缇。与此同时，他的风景画日趋神秘。其中最杰出的作品《死亡之岛》（*The Island of the Dead*）看后让人心有余悸。

主要作品：《芦苇丛中的潘神》，1857年；《和死神的自画像》（*Self-Portrait with Death*），1872年；《死亡之岛》，1880年

△《自画像》，阿诺德·博克林，1872年

约翰·艾佛利特·米莱爵士

1829—1896年，英国人

约翰·艾佛利特·米莱爵士（Sir John Everett Millais）与但丁·加百利·罗塞蒂和威廉·霍尔曼·亨特（William Holman Hunt）都是拉斐尔前派兄弟会的创始人，该团体于19世纪40年代末向英国艺术机构发出挑战。米莱是一个神童，11岁时，他被皇家艺术学院录取，成为他们有史以来最年轻的学生。

19世纪50年代，他一直完全遵守兄弟会的原则，这体现在他那生机勃勃、精雕细琢的画作《奥菲利亚》（*Ophelia*）和《盲女》（*The Blind Girl*）中。然而，晚年的米莱丢失了激进的锋芒，将更多精力集中于描绘古装社会肖像画和感伤的场景。他也成为儿童画专家，其最著名的范例《泡泡》（*Bubbles*）描绘的是一个长大后要成为海军上将的男孩的肖像。事实证明，这幅作品是如此广受欢迎，以至于被好几代人用作肥皂广告。

主要作品：《洛伦佐和伊莎贝拉》（*Lorenzo and Isabella*），1849年；《盲女》，1856年；《罗利的童年》（*The Boyhood of Raleigh*），1870年

温斯洛·霍莫

1836—1910年，美国人

温斯洛·霍莫（Winslow Homer）是一位画家兼插画家，他以激动人心的海景画而闻名。他出生于波士顿，是商人之子，起初专注于版画艺术。

在接受平版印刷师的训练之后，霍莫开始为流行杂志创作插图，包括《鲍洛画报》（*Ballou's Pictorial*）和《哈勃周刊》（*Harper's Weekly*）。他的突破来自巴黎1867年世界博览会上展出的关于内战的系列画作之一。霍莫利用这次机会到访法国，在那里欣赏到印象派的作品。尽管如此，他直到1875年才成为全职画家。其最杰出的作品创作于英国东北部的卡勒海岸（Cullercoats）和缅因州的普莱斯特耐克（Prout's Neck）的沿海地区。在此地，他尽情描绘野外的猎人，或是在险恶的海域为生存而战的渔民和水手。

主要作品：《前线的囚犯》（*Prisoners from the Front*），1866年；《抽鞭子》（*Snap the Whip*），1872年；《墨西哥湾流》（*The Gulf Stream*），1899年

贝尔特·莫里索

1841—1895年，法国人

莫里索是印象派最忠实的成员之一。印象派的8次展览她参加了7次。她是一位公务员之女，他的父亲鼓励她学习艺术，她曾在约瑟夫·吉查德（Joseph Guichard）和卡米尔·柯罗门下接受培训。

莫里索在沙龙上初获成功。1864年，她的首次尝试就有2幅作品被沙龙展接受，并获得一致好评。在印象派团体中，她与马奈走得最近，两人相互影响。她那非同寻常的构图方法得益于马奈，而她成功说服马奈尝试户外作画。莫里索还同马奈的弟弟联姻，她的家成了印象派召开集体会议的场地。她主要以描绘家庭内部场景而闻名，不过同时还创作了杰出的风景画和肖像画。

主要作品：《摇篮》（*The Cradle*），1872年；《夏日》（*Summer's Day*），1879年；《在餐厅》（*In the Dining Room*），1886年

皮埃尔-奥古斯特·雷诺阿

1841—1919年，法国人

没有一位艺术家能够比雷诺阿更加全面地展现印象派运动的欢乐精神。即使生活一贫如洗，他的画作也着重表现了河畔夏日的美景，或是与朋友欢聚一堂的温情。孩童时期的雷诺阿就开始在一家瓷器厂工作，为进入夏尔·格莱耶画室积攒学费。在那里，他遇到了莫奈、西斯莱和巴齐耶——未来印象派团体的所有核心成员。在其职业生涯早期，雷诺阿是户外作画的热心倡导者，但后来他发现这种方法局限太多。除了风景画，他还绘制丰满的裸体、敏感的肖像以及带有鲜花、妇女和年幼孩子的美丽画面。

主要作品：《蛙塘》（*La Grenouillère*），1869年；《煎饼磨坊的舞会》（*Le Moulin de la Galette*），1876年；《船上的午宴》（*Luncheon of the Boating Party*），1881年

托马斯·埃金斯

1844—1916年，美国人

托马斯·埃金斯（Thomas Eakins）是其所处时代最杰出的美国画家，主要因其肖像画中那富有洞察力的心理现实主义而著称。

△《自画像》，皮埃尔-奥古斯特·雷诺阿，1899年

他出生在费城，其大半个职业生涯都在此工作。

在宾夕法尼亚美术学院接受培训后，埃金斯在欧洲待了4年（1866—1870年）。在巴黎，他继续在让·莱昂·杰罗姆（Jean-Léon Gérôme）门下深造，但其最重要的经历是在西班牙的6个月，他在那里被委拉斯凯兹的沉郁的自然主义之风俘获。回到费城后，埃金斯将绘画与教学相结合，不过公众对其作品的反响颇令人失望。他的两幅最著名的画作《格罗斯医师的临床课》（*The Gross Clinic*）和《阿格纽诊所》（*The Agnew Clinic*）反响不佳，主要是因为其中那血淋淋的医疗内容。埃金斯在生命的最后10年，才得到了他渴望已久的赞誉。

主要作品：《划船的施密特》（*Max Schmitt in a Single Scull*），1871年；《格罗斯医师的临床课》，1875年；《艾米丽·凡·布伦小姐》（*Miss Amelia Van Buren*），1891年

玛丽·卡萨特

1844—1926年，美国人

玛丽·卡萨特是印象派画家兼版画家，出生在美国，却主要活跃在法国。她通过德加进入印象派圈子，参加过他们的4次展览。卡萨特为该群体的作品清单提供了“女性”视角：她将目光聚焦于照顾孩子、观剧或买衣服，而不是酒吧和舞厅。她的版画也非常出色。在参观了巴黎的日本木刻版画展后，卡萨特开始尝试不同的版画技术：蚀刻版画、针刻和凹铜板腐蚀制版技术。成果可见于她的《10张版画》（*Set of Ten*，1890—1891年），这是一组出色的彩色版画，以大胆而不对称的构图、不同寻常的视角以及创造性的配色方案为特色。卡萨特还推动了美国的印象派运动，说服有钱的朋友们购买画作。

主要作品：《坐在蓝色扶手椅上的小女孩》（*Little Girl in a Blue Armchair*），1878年；《马车上》（*In the Omnibus*），1890—1891年；《划船》（*The Boating Party*），1894年

约翰·辛格·萨金特

1856—1925年，美国人

约翰·辛格·萨金特（John Singer Sargent）是美国公民，但其大部分职业生涯在欧洲度过。他出生在佛罗伦萨，在那里接受了最初的艺术训练，然后搬到巴黎并进入卡罗勒斯·杜兰（Carolus Duran）的画室。萨金特以社会肖像画家而闻名，发展出了一种展现真正气魄与时尚的迷人风格，这源于他对委拉斯凯兹和哈尔斯的深入研究。

萨金特在肖像画《X夫人》（*Madame X*）引起的丑闻之后，离开巴黎，到伦敦定居。和许多肖像画家一样，他对自己的领域感到厌倦，于1907年宣布自己将“不再画人脸”。此后，他将精力集中创作印象派影响之下的风景画和波士顿公共图书馆的壁画。萨金特也是一位杰出的战争艺术家，这从他描绘受伤战士的动态形象中可见一斑。

主要作品：《爱德华·博伊特的女儿们》（*The Daughters of Edward D. Boit*），1882年；《石竹、百合、玫瑰》（*Carnation, Lily, Rose*），1885—1886年；《艾伦·泰瑞饰演的麦克白夫人》（*Ellen Terry as Lady Macbeth*），1889年

乔治·修拉

1859—1891年

作为后印象派艺术家的主将之一，乔治·修拉（Georges Seurat）最为著名的就是由他开创的分隔主义（或点画派）技术。他家境富裕，有一笔私人收入，这使他能够尝试新的想法。修拉欣赏印象派艺术家通过并置纯色色块而获得鲜活色彩效果的方法，而他有着数学家般的头脑，想用更为系统的方法来取代他们的直观方法。

在研究了关于光学的最新理论之后，他开始用微小的彩色点来构建自己的作品。在其杰作《大碗岛上的星期天》（*La Grande Jatte*）中，他的分隔主义技术呈现出最佳效果，画作在最后一场印象派展览上展出，备受好评。修拉在后来的作品中继续探索有潜力的全新方向，却在31岁时突然离世。

主要作品：《阿涅勒的洗浴者》（*Bathing at Asnières*），1883—1884年；《大碗岛上的星期天》，1884—1886年；《擦粉的女人》（*Woman Powdering Herself*），1890年

△《自画像》，约翰·辛格·萨金特，1892年

20世纪早期

第六章

▷**《身穿淡蓝色工作服的克里姆特》（*Klimt in a Light Blue Smock*），1913年**

克里姆特拒绝画自画像。这幅用水粉与铅笔绘制的画像由其门徒埃贡·席勒绘制。画中他身穿标志性的蓝色工作服。实际上，这身独特的长袍，与作为克里姆特主要伴侣的先锋派服装设计师埃米莉·芙洛格（Emilie Floge）的渊源颇深。

古斯塔夫·克里姆特

1862—1918年，奥地利人

克里姆特以女性肖像画和氛围风景画闻名，他是第一次世界大战之前维也纳文化黄金时期的代表人物。

“我对于把自己作为绘画对象毫无兴趣。”

——古斯塔夫·克里姆特

1862年7月14日，古斯塔夫·克里姆特出生于维也纳的郊区鲍姆加腾（Baumgarten），他是一个金匠的儿子。他在童年便显露绘画天赋，1876年被维也纳艺术工商学校（Vienna School of Arts and Crafts）录取，很快成为明星学生。十几岁时与哥哥及另一位同学弗朗兹·冯·马奇（Franz von Matsch）合作，并一同接受委托，为新奥地利国家歌剧院（Austrian National Theatre）和艺术史博物馆（Kunsthistorisches Museum）提供装饰方案。

转向新风格

这些传统风格的作品为他赢得赞誉，但在1897年，克里姆特与朋友组建艺术组织“分离派”（Secession），与“艺术之家”（House of Artists）彻底决裂，他从传统艺术的栋梁变为先锋派领袖。

克里姆特转向了一种更平面化、富含情绪且不太传统的风格。他从印象派和新艺术派中分别吸收了柔美朦胧的效果与曲折的线条风格，并融合东方艺术的图案。1894年，他受托以哲学、法学和医学为题在维也纳大学大会堂进行创作，然而将这项任务委托给他的权威们并未认可其实验性作品。数年后他提交的作品因“模糊和梦幻”而遭批评，画中的裸体亦被视为有伤风化。

从此，克里姆特开始为私人赞助者工作，为维也纳资产阶级绘制肖像，创作寓言与神话题材的作品。他还受托创作了另外2组重要的壁画：一个是为分离派大楼绘制的横饰带，一个是为布鲁塞尔的私人宅邸斯托克雷特宫的餐厅绘制的绝美檐壁画。前者以贝多芬第九交响曲为灵感来源，后者则体现了克里姆特最著名的元素之一——相拥的情侣。

色情和寓言

维也纳是精神分析学派的发源地，而精神分析或许可以在一定程度上解释克里姆特在作品与生活中对女性魅力的钟爱。这些主题经常蕴含在其寓言

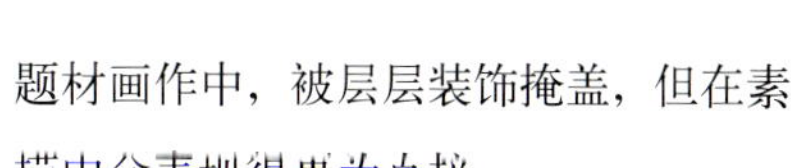

题材画作中，被层层装饰掩盖，但在素描中会表现得更为直接。

克里姆特从35岁左右开始画风景画，描绘他在萨尔茨堡东部度假时见到的乡村风光。虽然他非常熟悉印象派风格，自己的作品却不太注重对光的描绘，而是重视情绪与象征意义——一位评论家将之形容为“织画风景画”。

克里姆特的艺术是独一无二的，虽然影响过埃贡·席勒（Egon Schiele）和奥斯卡·柯克西卡（Oskar Kokoschka），但他没有学生，没办过学校，也没发表过任何宣言。虽然他去世时，立体主义等其他先锋艺术运动已登上舞台，但他仍被视为20世纪杰出的装饰艺术家之一。

△《吻》（*The Kiss*），1907—1908年

克里姆特这幅方形油画是其创作的带有强烈镀金风格的系列作品之一，它是受拜占庭马赛克艺术影响的现代符号。

▽分离派大楼

该建筑由约瑟夫·马里亚·奥尔布里希（Joseph Maria Olbrich）设计，是维也纳分离派的建筑宣言，里面装有克里姆特创作的贝多芬横饰带。

相关技术

装饰艺术

克里姆特画中的人物面部往往是写实的，但其他部分——比如背景与服装——被令人眼花缭乱的装饰性图案和金箔所淹没。克里姆特在早期基督教马赛克艺术的影响下，亲自尝试了马赛克风格，其中最著名的当属为布鲁塞尔的斯托克雷特宫（Palais Stoclet）创作的镶嵌宝石的檐壁画，以及包含金箔、银箔、镜子玻璃、钉子和纽扣等原材料的贝多芬横饰带。

《阿德勒·布洛赫鲍尔肖像》（*Portrait of Adele Blochbauer*）细节，1907年

爱德华·蒙克

1863—1944年，挪威人

蒙克被视为挪威卓越的艺术家之一。其病态而富于张力的作品，使他成为象征主义运动的领军人物，亦为表现主义者提供了灵感源泉。

1863年12月12日，爱德华·蒙克（Edvard Munch）出生于挪威南部乡下的洛滕（Løten）地区。父亲曾任军医，后改当普通的内科医生。举家迁往克里斯蒂亚尼亚（Kristiania，1925年更名为奥斯陆）后，蒙克医生为城市最贫困的地区服务。这让他自己的家庭付出了沉重的代价：1868年，妻子死于肺结核；没过几年，女儿苏菲（Sophie）也死于同样的病症。

接二连三的悲剧让医生精神失常了。他转而迷恋宗教，并开始有暴力倾向。这对年轻的蒙克产生了巨大影响。父亲和弟弟的相继离世，以及妹妹每况愈下的精神状态，更是加重了蒙克的心理创伤。他后来写道："疾病、疯狂与死亡是黑暗天使，始终监视着我的童年，而且在我往后的一生中都如影随形……"

◁《手持香烟的自画像》（***Self-Portrait with Cigarette***），**1895年**

在自下而上的光线营造的氛围中，蒙克凝视着观者，香烟飘升的烟柱衬托着他的头部，象征了这位艺术家的波西米亚式生活方式。

△《病孩》（***The Sick Child***），**1907年**

蒙克的姐姐死于肺结核，他在作品中反复涉及这一主题，这是他的第四幅相关主题画作。

蒙克不幸的童年中唯一的光明来自善良的姨妈卡伦（Karen）。她本身是个业余画家，照料蒙克一家的同时，鼓励孩子们作画。蒙克很快显露出天赋，但他最初打算当工程师。1879年，他进入技术学院，不到一年便由于身体原因被迫退学。身体康复后，他决定投身艺术领域。

艺术学习

蒙克的正式训练始于国立艺术设计学院，却从当时挪威的顶尖画家克里斯蒂安·克罗格（Christian Krohg）非正式的指导中学到了更多。克罗格很受年轻艺术家的喜爱，因为他挑战既定的价值观，以毫不妥协的写实主义风格来处理富有争议性的主题。蒙克通过他接触了先锋派艺术圈，并进入名为"克里斯蒂亚尼亚波西米亚人"的团体。这个团体由于公开抨击资产阶级态度和支持性自由而让挪威社会大为震惊。尽管他饱受争议，但蒙克的才华展露无遗。1885年，他收到人生的第一笔旅行补助金，使他得以前往巴黎。

巴黎的影响

与前沿艺术风潮一经接触，蒙克的风格立刻发生了变化。他开始绘制自己的第一幅重要油画作品《病孩》。创作题材虽然借自克罗格，采用的手法却截然不同。蒙克放弃了克罗格的写实主义，转而采用厚重凝练的形式，并以印象派的手法来描绘细

▽**蒙克的画架**

1898年，蒙克在挪威奥斯高特兰（Asgårdstrand）买了一栋夏季别墅，他晚期很多著名作品都是在这里创作的。现在这栋别墅已成为博物馆，收藏艺术家的个人物品，如背心、调色板、画架等。

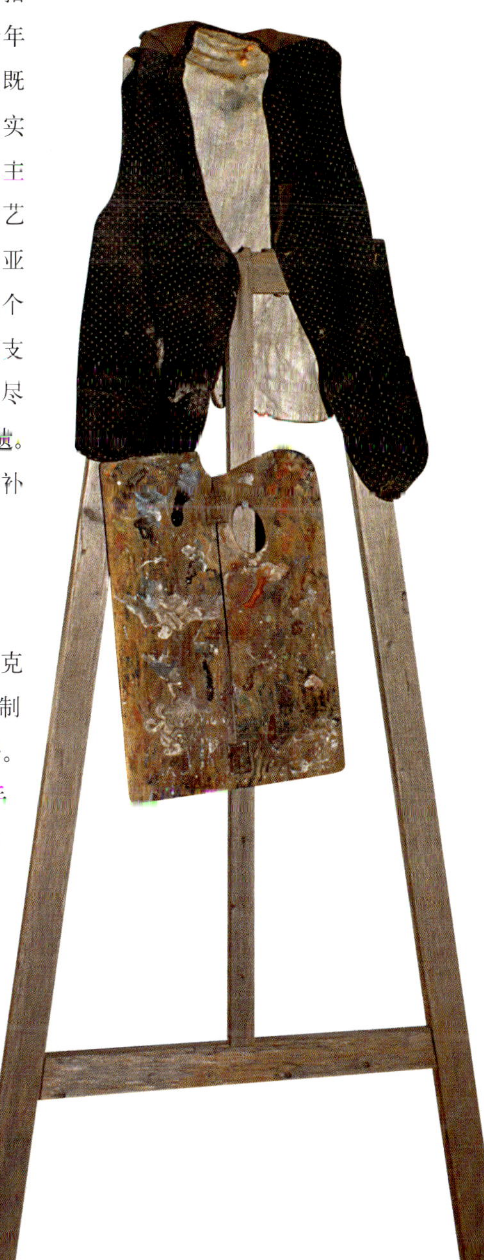

"艺术……需要艺术家**全情投入**，否则便成了**空洞的装饰**。"

——爱德华·蒙克，引自《蒙克与工人（展览图录）》[*Munch and The Workers (Exhibition Catalogue)*]，1984年

▷《呐喊》，1929年

蒙克首次提到画中的事件，是在1892年1月的日记里。它发生在某天傍晚太阳落山之时。这个场景他画过好几个版本，有油画，也有版画。在其中一幅画作上，他用铅笔写道：“只有疯子才能把它画出来。”

人物小传

图拉·拉尔森

蒙克与女性有过几段坎坷的交往经历，其中最具灾难性的是与富有的酒商之女图拉·拉尔森（Tulla Larsen）的交往关系。1898年两人初识，不久深陷情网。1902年蒙克打算结束这段关系，图拉上演了一出自杀的戏码。她准备了一把左轮手枪，扬言要吞枪自尽。蒙克试图夺下手枪，争抢过程中不慎扣动扳机，一枪打断了他中指的末端关节。此后他只要一端起调色板就会感到疼痛。不过这段插曲被他画成了油画《女杀手》（*The Murderess*）。

图拉·拉尔森与爱德华·蒙克

节。次年他以“习作”为名展出此画，结果不出所料，恶评如潮。幸运的是，1889年他的个展大受好评，为他赢得了国立奖学金，从而使他能够继续在巴黎学习。

蒙克在法国首都跟随里欧·博纳（Léon Bonnat）学习。然而和以前一样，循规蹈矩的正式训练并不适合他，独立研究反而带来更大的收获。当时艺术界正处于创意井喷的一段时期，许多才华横溢的画家在不同的领域实验。蒙克兴致勃勃地吸收了这些新观念。通过后印象主义，他意识到线条、色彩和形态完全可以用非写实主义的方式呈现，以强调作品中情绪的效果。通过象征主义，他获得了传达主旨的新方法。他不打算描绘现实场景或故事情节，而是专注于表现观念、情绪或精神状态。

搬到德国

1894年，蒙克受邀在柏林艺术家联盟（Berlin Union of Artists）展出新作。但由于引起了公愤，展览只开办1周便宣告结束，蒙克被迫取走自己的作品。一些联盟成员为表团结，与组织分庭抗礼，组建起柏林分离派。这个新团体后来成为先锋艺术的重要阵地。

蒙克对新获的恶名不以为意，决定留在德国，好好利用自己所引起的关注。在1908年之前，德国一直是他的大本营，虽然他也回过几次挪威，在欧洲各地都有展览。期间他绘制了创作生涯中的核心系列作品《生命的饰带》（*The Frieze of Life*）。该系列作品由一组他希望同时展出的图画构成。它们拥有相同的主题——“关于生、死、爱的诗歌”——但蒙克从未明确阐释过自己的构思。

爱、恐惧与绝望

《生命的饰带》中许多画作都展现了宏大而抽象的主题，既有觉醒的爱与激情，也有孤独与绝望。画面的基调往往充满苦痛且神经质，这一特征在蒙克最著名的作品《呐喊》（*The Scream*）中有着生动地呈现。《呐喊》的灵感来源于蒙克在峡湾附近散步时亲身遭遇的一起真实事件，可能是一次恐慌发作，也可能是广场恐惧症。然而他对线条与色彩的暴力扭曲使得这幅画作中的描绘对象变成了一种焦虑与恐惧的普遍形象。在画面中，汹涌的波涛压迫

“我们想要的不仅仅是对自然的模仿……艺术是心灵泣血的产物。”

——爱德华·蒙克，引自《蒙克与工人（展览目录）》，1984年

△圣奥拉夫大十字勋章（**Grand Cross of the Order of St. Olav**）

1933年，蒙克凭借“对挪威与人类做出的卓越贡献”被授予圣奥拉夫大十字勋章。

简要年表

1886年

首次来到巴黎，次年在奥斯陆展出《病孩》，引起争议。

1893—1994年

开始创作《生命的饰带》系列作品，其中包括《圣母像》（*Madonna*）、《死亡与少女》（*Death and the Maiden*）与《呐喊》。

1900年

在德国、意大利、瑞士与挪威奥斯陆分别待过一段时间；创作出《生命的饰带》系列的核心作品之一《生命之舞》（*Dance of Life*）。

1908年

在一家丹麦诊所里从精神崩溃中恢复，却没有停止作画，开始创作一系列关于工人的画作。

1922年

着手为弗莱雅巧克力工厂（Freia Chocolate Factory）的餐厅设计壁画。这个雄心勃勃的计划最终未能实现。

着前景人物，对后方两个深色的人物却好似全无影响。这暗示着创伤来自受难者自身，而非外部世界。

蒙克会为最重要的画作绘制若干版本，在色彩或形态上稍加调整，以完善其主要形象。他还会使用不同媒介来重塑这些形象。蒙克是卓越的版画家，1894年开始制作蚀刻版画，很快又掌握了平版印刷和木刻版画技术，尤其擅长利用木板的粗糙纹理来增强画面的严峻感与原始张力。

晚年生活

蒙克艺术的力度与原创性使他声名远扬。1899年，克里斯蒂尼亚国家美术馆购入2幅蒙克的画作。6年之后，蒙克应邀在布拉格举办大型回顾展。然而不规律的生活方式对其健康造成了不良影响。他酗酒成性，长时间劳作，频繁出行，终于在1908年精神崩溃，休养8个月才得以康复。

大病一场之后，蒙克决定改变生活方式。他返回家乡挪威，并在此定居。他仍然绘画，但不再执着于使其闻名天下的内省式主题。从这时起，他开始关注周遭的世界。

蒙克的晚期作品缺乏巅峰时期的张力，但有很多其他的特色作为补偿。他绘制杰出的风景画，令人印象深刻的工人生活习作，还打算将画作汇总为系列作品《工人的饰带》（*Working Man's Frieze*）。他仍出国办展，接受荣誉，在家中则过着孤独安静的生活，与自己的大量作品相伴。

他是在第二次世界大战期间去世的。当时德军把战火烧到附近，炮弹炸毁了他家的窗户。时值寒冬，蒙克不幸染上支气管炎，于1944年1月23日病逝。他将自己保留的作品——约1000幅油画、15400幅版画、4500幅水彩与素描作品——全部遗赠给奥斯陆市。

▷《工作室里的蒙克》（***Munch in His Studio***），**1938年**

蒙克晚年在画室里与自己画作的合影，摄于挪威奥斯陆附近的埃克利（Ekely）

瓦西里·康定斯基

1866—1944年，俄国人

康定斯基生活在动荡不安的年代，一生旅居他乡，四海为家。作为抽象艺术的先驱，他向世人证明了，抽象作品可以无比丰富多彩。

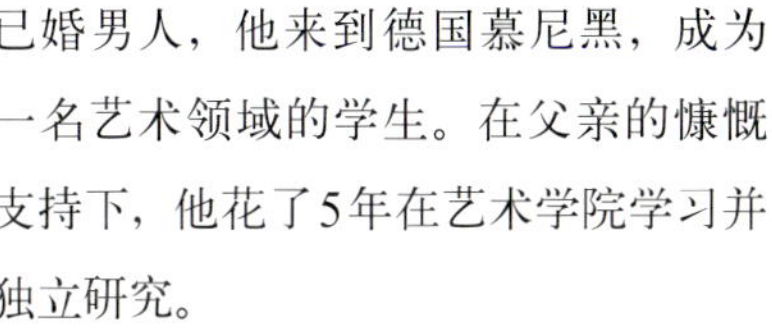

△《方阵展览》(*The Phalanx Exhibition*)，1901年

青骑士团体第一次展览的海报由主席康定斯基设计，采用了当时青年风格的样式。

对一个注定要挑战神圣艺术传统的人来说，瓦西里·康定斯基性格较保守，家庭背景也相对传统。父亲是个富有的茶叶商人。瓦西里在莫斯科与敖德萨（Odessa）长大，从小就对上流社会耳濡目染。总是衣着考究，举止得体，连作画时也不例外。从莫斯科大学毕业后，他似乎注定会成为法律领域的杰出学者，过上一种文雅但未必有创造力的生活。

1896年，爱沙尼亚著名的塔尔图大学（Tartu University）为康定斯基提供了教授席位。与此时，他决定转行，改投绘画领域。作为一个年近三十的已婚男人，他来到德国慕尼黑，成为一名艺术领域的学生。在父亲的慷慨支持下，他花了5年在艺术学院学习并独立研究。

◁《青骑士》(局部)，1903年

马背上的骑手是康定斯基反复选取的一个主题。对他来说，这体现了人类的拼搏精神。

方阵协会

慕尼黑是当时的艺术重镇，但只有地位稳固的学院派艺术与青年风格（Jugendstil，见右侧方框）的部分作品才能得到官方认可。在巴黎引起瞩目的种种新兴艺术运动，如印象派和象征主义，在慕尼黑仍鲜为人知。1901年，比同辈艺术家更年长也更有阅历的康定斯基率头成立了先锋艺术团体“方阵”，不仅展示德国作品，还展出了莫奈等外国艺术家的画作。

在20世纪最初10年，康定斯基本人的作品从相对传统却色彩浓重的风景画，转变为青年风格的彩色木刻版画，以及受俄国与德国民间艺术影响的马赛克风格油画。即便在这个时期，他已经开始在油画中用色彩表达感受，而非描绘形态。

背景简介

青年风格

康定斯基深受青年风格的影响。青年风格是德国19世纪90年代中期至1910年左右在艺术、设计、建筑等领域兴起的一场运动，得名于拥护新艺术风格的杂志《青年》(*Die Jugend*)，它是法国新艺术（Art Nouveau）在德国的近亲。早期的倡导者以花卉及其他自然形态为设计元素，如同民间艺术一样，1900年以后抽象元素开始出现。青年风格促进了德国的艺术实验氛围，为包豪斯学院（Bauhaus School，见第286页）的成立做好了准备。

《青年》杂志封面，奥托·奥克曼（Otto Ockmann）设计，1897年

◁**《瓦西里·康定斯基》，1913年**

1913年由康定斯基的伴侣加布里埃莱·蒙特拍摄。康定斯基身后的是同年创作的《小小乐趣》(Small Pleasures)。

“不再依赖自然只是一个开端。”

瓦西里·康定斯基，《论艺术的精神》(*Concerning the Spiritual in Art*)，1911年

△《即兴作品11号》(*Improvisation XI*)，1910年

康定斯基粗放鲜明的作品是当时先锋油画的杰出代表，带有非现实的浓厚色彩，以及简化却依稀可辨的人物与物体。

与蒙特同行

在方阵艺术学院任教期间，康定斯基与学生加布里埃莱·蒙特（Gabriele Münter）相识。后来这位颇具天赋的画家成为他的伴侣。但最初二人的关系并未公开，因为康定斯基已有家室。1905年方阵协会解散后，二人从慕尼黑的大本营出发，游历各地，客居巴黎一年（1906—1907年），旅居柏林半年（1907—1908年）。期间康定斯基似乎已受到法国新兴先锋画派野兽派（Fauves，见第274页）的启发。该画派以浓重的纯色及看似简单的线条勾勒的场景著称，颇具影响力。

△《论艺术的精神》，1911年

康定斯基这部著作的封面为其木刻版画作品《直立与倒塌的塔楼及骑手》（*Standing and Falling Tower with Rider*）。虽然出版商并不看好，但此书销量不错。

转向抽象

从1908年至1909年，是康定斯基的艺术成就与独创性开始显露的阶段。《即兴作品》（*Improvisations*）、《构图》（*Compositions*）、《印象》（*Impressions*）等一系列编号作品体现了他的信心。他笔下的色彩越来越鲜明厚重。到了1910年，画中的人物与物体已简化到难以辨别的程度。1911年，这些特色终于发挥到极致，成为抽象艺术——这种艺术并非试图复制有形世界，其所有意义都仅仅包含于线条、形状与色彩当中。

康定斯基的风格演变可通过作品的对比显现。比如《即兴作品11号》《印象3号》与《构图5号》，均为1910年至1911年创作，能够看出其中可识别的具象元素是日渐消除的。康定斯基曾描述过这样一个启发性时刻：他在黄昏时分走进工作室，看到一幅油画在暮光照耀下显露出鲜艳的色彩；他意识到这是自己的作品，同时发觉其美感与主题毫无关系。

▷《印象3号（音乐会）》[*Impression III (Concert)*]，1911年

与上图（《即兴作品11号》）相比，这幅油画初看上去像是纯粹的抽象作品。没有副标题的帮助，观者很难把暗示性元素联想为钢琴与观众。

> “过去的几十年里，油画艺术以几乎不可思议的速度取得了突飞猛进的发展。”
>
> ——瓦西里·康定斯基，《点·线·面》（*Point and Line to Plane*），1926年

简要年表

- 1896年 放弃法律，离开俄国，来到德国慕尼黑研习艺术。
- 1901年 成立方阵协会，亲自设计青年风格海报以宣传首展。
- 1909年 创办新艺术家协会，开始转向抽象主义。
- 1910年 绘制《构图》系列的前3幅作品。这些画作后来被纳粹销毁。
- 1910—1911年 开始创作《印象》系列，绘制首幅抽象作品《构图5号》。
- 1913年 创作第一次世界大战之前的最后2幅《构图》系列作品：《构图6号》和《构图7号》。
- 1922年 在俄国度过6年后来到德国包豪斯，绘制了许多几何抽象画。
- 1942年 绘制小规模作品，画风日趋多变，直到1944年去世前不久。

精神艺术

康定斯基对明亮色彩及非具象形式的运用，给人感觉其作品是凭直觉自发创作出来的，但其实并非如此。《论艺术的精神》表明，他是一位肩负使命的理论家。该书撰写于1909年，原定于1911年底出版，实则出版于1912年。康定斯基在书中传达了这样一种信念：感悟艺术对人类的精神成长至关重要；而由于他相信人类即将抛弃唯物主义，进入精神复兴的时代，这一点便显得愈发重要。

他宣称绘画应当表现色彩与形式，而非物体，应当对灵魂施加肉体与精神的双重影响。每种色彩都有独特的内在含义（比如红色代表温暖或愤怒），而这些含义会因颜色的深浅、混合或是与其他颜色的搭配而或减弱或加强。

康定斯基的分析细致入微，不能说确凿无疑，至少也是有理有据。他还将这种观念延伸到其他艺术形式上面，相信音乐与绘画等艺术从内在层面上讲是相通的，认为色彩之于绘画正如和弦之于音乐。他还确信，听到色彩的声音或者看到声音的色彩，是有可能的事情。这些理论对于才华不足的艺术家来说也许会阻碍创造力，但康定斯基用所谓“内在的基本感受”调和了这些理论，创作出大量美感与创造性兼备的作品。

康定斯基在著作中并未声讨他所谓的“客观”艺术，而且在慕尼黑创作期间，其作品风格堪称多变。直到

▽《构图5号》(*Composition V*)，1911年
在这幅具有动感的画作中，康定斯基在暗示性联想通往纯粹抽象的道路上迈出了最后一步。甚至同期很多先锋艺术家都未能发现其优点，而是支持评审委员会拒绝该作品。

人物小传
阿诺德·勋伯格

1911年，康定斯基接触到奥地利伟大作曲家阿诺德·勋伯格（Arnold Schoenberg）的无调性音乐，他深信“这是未来的音乐”，还特地为此创作了《印象3号》。经过通信，两人很快成为好友。勋伯格也是位画家——尽管是采用表现主义风格——其画作曾与青骑士团体的作品共同展出。后来，勋伯格设计出颠覆性的十二音体系，并因此成名。在遭遇一次痛苦的反犹经历之后，于1923年同康定斯基决裂，因为他相信后者也有反犹倾向。希特勒掌权后，勋伯格迁往美国定居。

阿诺德·勋伯格，约1922年

背景简介
青骑士团体

“青骑士”是1911年在慕尼黑成立的艺术家团体中分离出来的一支，由康定斯基领导，成员包括弗兰茨·马尔克（Franz Marc）和奥古斯特·马克（August Macke）。据康定斯基说，这个名字是他和马尔克喝咖啡时灵光一现想出来的，结合了他们对青色的喜爱以及对马与骑手的热衷（马尔克喜欢马，康定斯基则喜欢骑手）。“青骑士”艺术家强调对精神和谐的追求。1911年和1912年举办过两次展览后，青骑士团体因第一次世界大战而解散。战争期间，康定斯基迁居国外，马尔克与马克均遇害身亡。

康定斯基（坐姿）与“青骑士团体”中的艺术家们

20世纪20年代，他才在真正意义上彻底放弃了具象元素。他相继创作了许多不同风格或刻意关联的画作，例如《诸圣节》（*All Saints' Day*）系列，其中同一个场景，既以厚重的色彩和近乎抽象的方式呈现，又以纯真虔敬的民间艺术风格来诠释。同样，在《莫斯科的女士》（*Lady in Moscow*）中，女士立于画面中央，飘浮于街道之上，巨大而神秘的黑色色块悬于其上方——这与同年（1912年）创作的半抽象作品、画如其名的《黑斑》（*Black Spot*）中的处理方式如出一辙。

青骑士团体

康定斯基在发展艺术风格的同时，重新投身于协会与展览活动之中。1909年，他创办新艺术家协会，并策划了数场以法国艺术家为主的先锋艺术展，而未能获得德国公众与评论界的认可，因为日益紧张的国际局势使得民族主义情绪日趋高涨。到了1911年，康定斯基的作品与观念对许多新艺术家协会成员来说都过于超前了，《构图5号》提交至评审委员会后竟被退返。康定斯基辞去职务，与年轻的艺术家弗兰茨·马尔克合作组建了与其对峙的艺术团体“青骑士”。虽然只在1911年和1912年举办过两次展览，但《青骑士年鉴》（*The Blue Rider Almanac*）的出版却对新艺术的发展起到了深远影响，使“青骑士”得以载入史册。

战争年代

康定斯基在“青骑士”时期创作了《构图6号》《构图7号》等作品，然而1914年第一次世界大战爆发后，“青骑士”宣告解散。康定斯基成为德国的敌人，于是携加布里埃莱·蒙特逃往瑞士，但两人很快分手。康定斯基返回故乡俄国。

与康定斯基再婚的妻子是比他小27岁的年轻俄国姑娘妮娜·安德烈耶夫斯卡娅（Nina Andreevskaya）。他熬过了1917年的布尔什维克革命与随之而来的内战。接下来的4年，他以学者与管理者的身份为国服务，监督成立了22家新博物馆。一些先锋艺术潮流得到鼓励，康定斯基本人也获得作画与展览的空间。随着无产阶级艺术群体的不断壮大，康定斯基逐渐被边缘化。1921年12月，康定斯基一家人被派往柏林执行任务，从此再也没有返回俄国。

包豪斯

在柏林度过数月之后，康定斯基来到正在设计界掀起革命的魏玛（Weimar）包豪斯任教。他对此地的氛围颇为满意，与艺术家保罗·克利（Paul Klee）成为好友，致力于教学与绘画。

康定斯基在俄国绘制的部分作品中已开始出现几何元素，但他不愿意被当成是受到了马勒维奇（Malevich）等俄国先锋艺术家的影响。在包豪斯，现代主义艺术家在设计中坚持使用简洁的线条，且不加装饰，这促进了几何元素的采用，康定斯基的作品也在朝相同的方向发展。他自己承认，圆形已取代骑手形象的地位，成为其艺术的精神中心。

1925年，包豪斯在政治压力的胁迫下迁至德绍（Dessau）。康定斯基在此地创作颇丰，数年间绘制了上百幅画作，并开始享誉国际，1926年在德国举办了60周岁纪念展。次年，康定

◁《悬停之力》（*Suspended Force*），1928年

20世纪20年代，康定斯基的作品依旧保持抽象风格，且多为几何抽象画，正如这幅水彩画所展示的那样。在这幅画作中，坚硬的线条在渐变色调的调和下被柔化，这与康定斯基的好友保罗·克利采用的手法惊人地相似。

◁《多变形式》(*Capricious Forms*)，1937年

1933年定居法国后，康定斯基的构图从20世纪20年代富有动感的直线条与几何图形，转变为更加自由的曲线，以及一系列通常被称为“生物形态的”疑似浮游生命的图形。

斯基与夫人妮娜成为德国公民。然而，他平静、勤奋的生活受到大萧条以及逐渐崛起的纳粹党的威胁，后者将所有现代主义形式均视为“堕落”。1933年，包豪斯永久关闭，康定斯基一家再度流亡法国，于巴黎近郊塞纳河畔讷伊定居。

康定斯基最后的创作岁月是在法国度过的。在此阶段，他将早年元素与通常被称为“生物形态的”新元素进行了自由组合。称其为“生物形态的”元素，是因为它们往往类似于微小而原始的生命形式。1939年，康定斯基与夫人成为法国公民。不久之后战争爆发，法国被德国攻陷。

康定斯基拒绝了移民美国的邀请。作为1937年纳粹“堕落艺术展”(Degenerate Art，见第287页)榜上有名的艺术家，他幸运地避开了盖世太保的耳目。康定斯基晚期的作品，如1943年的《成就》(*Fulfilment*)，规模虽小，却绘制得极为完美，表明其创造力直至生命的尽头仍未消失。

▽德绍教师之家

康定斯基在德绍包豪斯任教时，居住在专门为教师准备的住宅里。这些建筑由学校的创办者沃尔特·格罗皮乌斯(Walter Gropius)设计。

“艺术家不仅要**训练眼睛**，还要**训练灵魂**。”

——瓦西里·康定斯基，《论艺术的精神》，1911年

亨利·马蒂斯

1869—1954年，法国人

马蒂斯是20世纪多才多艺且极具创造力的艺术家之一，以“野兽派”领袖而闻名，精通绘画、雕塑、版画与设计。

1869年新年前夜，亨利·马蒂斯（Henri Matisse）出生于法国北部的勒卡托康布雷西（Le Cateau-Cambresis）。父亲是一家店主，经营粮食生意。马蒂斯在邻村博安昂韦尔芒多瓦（Bohain-en-Vermandois）长大，早年对艺术并无兴趣，以律师书记员为业，这多少令人感到意外。1887年，马蒂斯开始在巴黎攻读法律学位。1890年一场阑尾炎过后，对艺术的热情方始觉醒。养病期间，母亲带给他一箱颜料，不久之后，马蒂斯感觉自己“如临天堂”。

教育与实验

为学习艺术，马蒂斯决定放弃前途更有保障的法律行业。父母不情愿地同意了。他对第一任老师威廉·布格罗（William Bouguereau）那冷静的学院派画法深感失望，很快便转投更合意的古斯塔夫·莫罗（Gustave Moreau，见右侧方框）门下。莫罗采用不同寻常的教学方法，鼓励学生一上来就画油画，而不是从素描练起，使他们初期便能掌握运用色彩的技巧。

马蒂斯的早期作品深受印象派影响，且小有所成，在1896年的展览上出售过2幅作品。然而他在亲自挑选的职业生涯中进展缓慢。1894年，马蒂斯的模特情妇卡洛琳·约布劳（Caroline Joblau）为他生下女儿玛格丽特（Marguerite），但两人于3年后分手。1898年1月，马蒂斯与阿梅莉·帕雷尔（Amélie Parayre）结婚，并于次年得子。

▷**巴黎大皇宫第三届独立艺术家协会展览图录**
看过马蒂斯展出的作品后，评论家路易·沃克塞尔（Louis Vauxcelles）将他及其回家朋友们称作“野兽派”。

在这些新增的经济负担之下，马蒂斯不得不接了些临时工作。1900年受聘为室内设计师，为新建的巴黎大皇宫（Grand Palais）绘制花环，作为巴黎世界博览会的中央装饰品。他还找父亲领取补贴——但1901年补贴取消，同年在独立艺术家协会（Salon des Indépendants）举办的展览也招致极端负面的评论。

此时，马蒂斯开始找到真正的方向。首要灵感来源是塞尚和高更。通过前者，他学到了秩序、平衡与活力的重要性，通过后者在塔希提绘制的作品，他领悟到色彩一旦从传统绘画为其安排的描绘性角色中解放出来，便可拥有更强的表现力。1904年在圣特罗佩（St-Tropez）与新印象派画家亨利-埃德蒙·克罗斯（Henri-Edmond Cross）和保罗·西涅克（Paul Signac）共同作画后，他的观念更加坚定了。

虽然马蒂斯漫不经心地尝试过他们的点彩画风格——以互补的微小色点构图作画——但很快就超越了这一方法。次年夏天，他来到法西边境沿海城镇科利乌尔（Collioure），与艺术学院结识的朋友安德烈·德兰（André Derain）合作。邻居丹尼尔·德·蒙弗雷（Daniel de Monfreid）向二人展示了朋友高更晚年的一些作品。这些油画使得马蒂斯与德兰对纯色彩的探索倾注了更大的热情。

人物小传

古斯塔夫·莫罗

对马蒂斯影响最深的老师便是古斯塔夫·莫罗（1826—1898年）。他是象征主义运动的奠基人之一，有意在创作中加入观念与情绪的主观象征式再现，以充满神秘感的宗教与神话题材作品著称。他还是一位善于启迪的老师，学生包括乔治·鲁奥（Georges Rouault）与阿尔贝·马尔凯（Albert Marquet）。马蒂斯继承了莫罗对宝石般精美的色彩的喜爱，以及对“异域”主题的热衷。

《在希律王前跳舞的莎乐美》（*Salome Dancing before Herod*），古斯塔夫·莫罗，1876年

▷**《穿条纹T恤的自画像》（*Self-Portrait in a Striped T-shirt*），1906年**
在这幅直接有力、笔触粗放的画像中，马蒂斯将自己描绘为一个原始率真之人，而非学院派艺术家。

> “我发现盲目地复制自然是**不可能**的：我不得不对自然做出**演绎**，使其**屈服**于图画的**精神**。”
>
> ——亨利·马蒂斯，《大评论》（*La Grande Revue*），1908年12月25日

Henri-Matisse

野兽派的诞生

马蒂斯与德兰的实验成果不久在秋季沙龙（Salon d'Automne）展上展出。秋季沙龙首创于1903年，风格远比官方沙龙前卫。马蒂斯、德兰与一帮志趣相投的伙伴将作品并排陈列，鲜明的非写实色彩营造出极震撼的效果，引起巨大轰动。一位评论家由此将这些画家冠以“野兽派”之名。马蒂斯为展览贡献的主要作品包括《敞开的窗》（*The Open Window*），以及他在1905年为夫人绘制的肖像，即通常所谓的《绿色条纹》（*The Green Stripe*）。该画得名于将人物面部一分为二的粗重痕迹。

野兽派画家包括阿尔贝·马尔凯（Albert Marquet）、莫里斯·德·弗拉曼克（Maurice de Vlaminck）、奥顿·弗里斯（Othon Friesz）、乔治·鲁奥、基斯·梵·邓肯（Kees van Dongen）与劳尔·杜飞（Raoul Dufy），他们从未发表过共同宣言。几年后马蒂斯分析自己对野兽派的感想时表示，“它是我感受到的一种本能需要的自然结果，并非特意做出的决定”，而他的目标是以“富有表现力与建设性的方式”组合色彩。

野兽派可谓昙花一现，1907年左右便不再流行。后来各成员分道扬镳，开始沿不同方向探索。野兽派很快就在新观念与新艺术运动——尤其是布拉格与毕加索提出的立体主义——的光芒下黯然失色，却对日后的表现主义产生深远影响。

▽《敞开的窗》，1905年
马蒂斯在法国沿海城镇科利乌尔绘制的这幅油画，采用了他最钟爱的主题之一——窗内外的景色。鲜亮而不自然的色彩并非为了再现，而是一种表达的工具，马蒂斯将其比作“炸药的引信”。

有秩序的色彩

马蒂斯一度受到立体主义影响，创作出《钢琴课》（*The Piano Lesson*，1916年）等作品，表现更有秩序的几何形结构。他仍然最看重色彩，但越来越强调和谐与统一。使用的色彩虽有所减少，颜色的安排却更为用心，目的是获得最佳美学效果。例如，1913年的《蓝窗》（*The Blue Window*）虽未采用写实性色彩，但色调搭配营造的纯粹美感却直击人心。从某种意义上来说，这幅画作是一场蓝色交响曲，而少量红色与黄色的映衬更是为整体效果增色不少。学者曾怀疑马蒂斯绘制这幅作品时使用了“黑镜”（也称“克劳德镜”，得名于17世纪画家克劳德·洛兰）。这是一种略带凸面的上色透镜，通过它来观看物体，色彩间的差异会减小，这可以帮助艺术家在不被色彩干扰的情况下，对色调进行辨别与比较。

至此，马蒂斯吸引了富有的资助人，如俄国巨头谢尔盖·休金（Sergei Shchukin）与美国作家格特鲁德·斯泰因（Gertrude Stein）。他们的支持，以及在巴黎贝尔南-热纳画廊（Bernheim-Jeune Gallery）出售作品赚取的丰厚利润，使马蒂斯获得了周游世界的机会。他在几年间游历了北

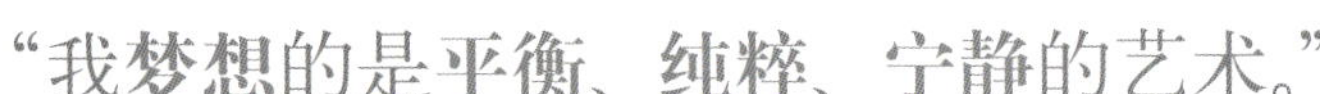

“我梦想的是平衡、纯粹、宁静的艺术。”

——亨利·马蒂斯，《大评论》，1908年12月25日

晚年

马蒂斯最后的重要作品，是84岁去世之前在旺斯（Vence）一家教堂为多明我会修女进行装饰设计。其中一位修女，以前曾任模特，在马蒂斯养病期间照料过他。在这次创作过程中，上至全局的设计，下至牧师祭服的细节，均由马蒂斯亲自把控。由于身体太过虚弱，他未能出席献堂礼，但这座壮丽的教堂本身是对其惊人天赋的最佳纪念。

◁《舞蹈》（*Dance*），1910年
这是一幅为谢尔盖·休金的莫斯科宅邸绘制的作品。极富韵律感的形象设置与明艳生动的色彩，为其赋予了一种部落仪式般的"原始"质感。

非洲、俄国、美国及欧洲大部分地区，拓展了眼界，扩大了影响力，还对中东装饰性纺织品产生了浓厚的兴趣。马蒂斯找到了一些钟爱的题材，比如性感的裸体与女奴、色彩明亮的室内场景，以及大量奇花异果组成的奢华静物画。有人批评他回避残酷的现实性题材，但这种评论大多毫无根据。

1941年，马蒂斯因肠癌动了大型手术，失去了行动能力，接下来的几年非常凄惨：不仅与妻子分居，还整日在战区内提心吊胆。

在这种环境下，马蒂斯开始创作剪纸画（见右侧方框）。其中最优秀的作品收录于1947年一本珍贵的艺术书《爵士》（*Jazz*）当中。鲜明的色彩与天真的风格使这些作品初看上去似乎充满欢乐，但仔细观察过后，可发现表象之下蕴藏的暴力与死亡。例如《伊卡洛斯》（*Icarus*），看似是在直白地描绘这位年轻人因过于接近太阳坠落而亡的古希腊神话，实则暗含对当代的指涉。黄星状如炮弹的爆炸，人物胸口的红点则形似枪伤。

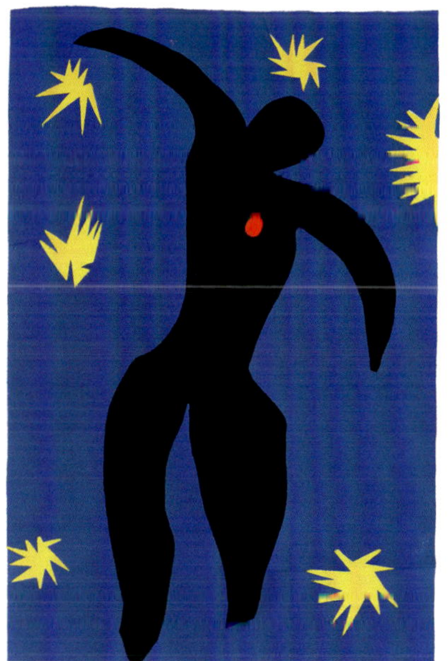

◁《伊卡洛斯》，1947年
马蒂斯的剪纸画，《爵士》收录的20幅作品之一，被看作对其自身的隐喻。

相关技术

剪纸

由于身体日渐衰弱，马蒂斯开始用一种新技术进行创作。他从色彩明亮的纸上剪下各种形状，在助理的帮助下把它们别在一个底座上面。马蒂斯会不断调整它们的位置，直到满意为止，然后将其粘牢。他喜欢这种直接的方式，将其比作雕塑家雕刻木头。"这对我是一种简化。不用画出轮廓，再填充色彩……而是直接用色彩作画。"

正在剪纸的亨利·马蒂斯

简要年表

- 1904年　在圣特罗佩与保罗·西涅克合作，以点彩画风格小试牛刀。
- 1913年　游历摩洛哥，绘制梦幻般的异域风情作品《阿拉伯咖啡馆》（*The Arab Coffeehouse*）。
- 1921年　在中东之行与雷诺阿的启发下，创作《穿红色裙裤的女奴》（*Odalisque with Red Culottes*）。
- 1932—1933年　游览美国后，受托为巴恩斯基金会（Barnes Foundation）创作一组壁画。
- 1948—1951年　为旺克的玫瑰经教堂（Chapel of the Rosary）设计彩窗、壁画及瓷砖。

皮特·蒙德里安

1872—1944年，荷兰人

蒙德里安的油画体现了他在艺术中对宇宙和谐的精神追求，这一探索之旅使他从描绘自然转向了纯粹抽象。

△神智学符号（Theosophical Symbolism）

此符号由神智学的主要倡导者海伦娜·布拉瓦茨基（Helena Blavatsky）设计，其外围是一条衔尾蛇（象征永恒），内部是一个六角星（代表精神与物质的交织）。

皮特·科内利斯·蒙德里安（Pieter Cornelis Mondriaan，后来他在姓氏中去掉了一个“a”）出生于荷兰乌得勒支附近的阿默斯福特（Amersfoort），他在传统而有些严厉的清教徒家庭中长大。父亲是热衷艺术的小学校长，叔父弗里茨（Fritz）是成功的画家，皮特从小就在他们的引领下学习素描与油画。父亲鼓励他当素描老师，因为这是稳定的职业，但在1892年获得教师资格证后，皮特却决定成为职业艺术家。

同年，蒙德里安前往阿姆斯特丹美术学院求学，很快便融入艺术界与波西米亚社交圈，通过为上流社会的有钱人家画像与授课，在经济上足够自给自足。

风景画

完成最初的学业后，蒙德里安申请了著名的荷兰的罗马大奖奖学金。如果获奖，可前往意大利深造。然而1898年与1901年的两次申请均遭拒绝。第二次被拒后，他摈弃了自己那些遭评委批评的人像作品，转而创作风景画，以法国艺术家克劳德·莫奈钟爱的印象派风格在户外描绘农舍、树木与河流。

虽然蒙德里安作品中的具象元素越来越少，风格却谈不上激进，他后来的极端倾向也未显露端倪。不过，这些油画体现了蒙德里安对透视的兴趣以及对自然界的热爱。1904年，他在荷兰于登（Uden）的乡镇度过1年之后，对自然的喜爱之情更是有增无减。

1908年左右，蒙德里安开始形成自己独特的风格，以鲜艳厚重的色彩将树木、花朵与风车表现为简约的平面形式。此时他的作品深受象征派的影响，强调表意而非自然写实，同时，他本人对神智学日益高涨的兴趣也影响其创作。神智学是一个深奥的信仰体系，认为人类所体验到的物质世界以一种超自然宇宙原力为基础，这种更高的精神可通过个人神秘体验得以领会。神智学融合了多种神秘主义传统与宗教理论，在19世纪末与20世纪初颇为流行。

精神探索

蒙德里安以自然为起点，尝试以不同的艺术手法将自己所处的世俗世界与无形的精神层面连接在一起。最初，他采用的是点彩画技术，在定期前往荷兰海滨城镇栋堡（Domburg）

▷《阳光下的杨柳》（*Willows with Sun*），1902年

这幅油画与其说是一次再现自然的严格尝试，不如说是对线条纵横节奏的一次探索，预示了蒙德里安日后的抽象作品中对线条与色彩的运用。

“我相信有可能通过**纵横**的线条……塑造出**真实有力**的艺术作品。”

——皮特·蒙德里安

▷《自画像》，1918年

蒙德里安一生绘有大量自画像。此幅作品乃受一位仰慕者之托而作，画中的艺术家身后是他尝试以新造型主义（Neo-Plasticism）原理创作的彩色窗格作品。

△《构图6号》(*Composition No.6*)，1914年
以建筑范式为基础，纵横线条的搭配精致而均衡，这表明蒙德里安已达到抽象的极致。在他创作生涯的这个阶段，作品中几乎不再出现任何曲线。

▷《红、蓝、黄构图》，1921年
在这幅纯粹由直线组成的图画中，蒙德里安为探求一种更为通用的视觉语言，彻底抛弃了写实艺术。

作画时，以到散分布的清晰色块来描绘沙丘与海景。

1911年造访巴黎后，蒙德里安接触了立体主义。他终于发现了一种视觉语言，足以表达神智学信仰所传递的灵性讯息。巴勃罗·毕加索与乔治·布拉格（Georges Braque）开创的这种革命性再现形式，能让同一物体的不同视角容纳于分裂而抽象的单幅画面之中。

1912年，蒙德里安移居当时的艺术之都巴黎，继续尝试在作品中融入立体主义的手法，将可见的现实转化为面与线，并把这种“去物质化”与自己的神智学信仰联系在一起。这种风格的演变可在其一系列组图中得到印证，画中的树状物体被简化到只剩抽象形式。

《风格》的诞生

第一次世界大战的爆发中断了蒙德里安的实验。战争打响时，他不在巴黎，而是在荷兰度假。他被迫留在祖国，暂居拉伦（Laren）的艺术家聚集区。事后证明，这个意外的变故反而让他因祸得福，因为他在此地结识了两位志同道合的艺术家：特奥·凡·杜斯伯格（Theo van Doesburg）和巴特·范·德·莱克（Bart van der Leck）。二人都与蒙德里安一样对新艺术理论饶有兴趣。1917年，他们创办杂志《风格》（*De Stijl*），用于发表自己的观点。

▷1917年《风格》杂志封面
《风格》杂志得名于艺术与建筑领域的同名运动，主张将复杂的构图简化为黑色、白色与原色组成的线性形式。

新造型主义

蒙德里安试图以文字来表述自己的神智学艺术理论，《风格》为他提供了一个平台，展示其未来作品的理论基础。他不再尝试立体主义，放弃小提琴与水壶等让人感到亲切的题材，而后在1918年左右彻底舍弃了对形象的塑造。

他不再像立体派画家一样诠释视觉真实，而是描绘精神真实——以艺术家为媒介，在画作中揭示宇宙法则。

蒙德里安将自己的理论称为“新造型主义”。他宣称，为了超越视觉真实，色彩、线条与形式必须精简至最低程度，抵达纯粹抽象的地步。以协调的方式编排这些元素，可让观者意识到自己同表象下方隐藏着的宇宙力量之间的连接。

1919年，他返回巴黎。从此蒙德里安规定自己只用纵横线条作画，填充线条之间区域的颜色选取范围也愈发狭窄。这种风格体现在1921年的《红、蓝、黄构图》（*Composition with Red, Yellow, and Blue*）等作品中。各国先锋派艺术家纷纷参观蒙德里安在巴黎启程街26号（26 Rue du Départ）的工作室，他本人也开始获得更为广泛的关注，并首次在美国展出作品。

20世纪20年代，蒙德里安继续打磨自己的理论，改造作品，孜孜不倦

> “艺术家的‘镜子’越干净，所反映的现实就越真实。”
>
> ——多尔·阿什顿（Dore Ashton），1985年

地探索用以表现和谐的图像语言：他开始只用红、黄、蓝三原色与黑、白双色进行创作；画布的边缘成为面与线的构成部分；1924年至1925年绘制的几幅方形作品，视觉元素简化到了无以复加的地步。大约就在这一时期，他开始疏远杜斯伯格，因为他认为杜斯伯格在探索和谐几何风格的过程中未能全力以赴。

自1932年起，蒙德里安开始尝试用宽线条作画。线条几乎变成色块，线与面的分野因而变得模糊起来，这使他得以探索构图中一种全新的均衡感。

纽约的晚期作品

20世纪30年代法西斯主义在欧洲的兴起，让人们失去了许多自由。由于担心战争临近，蒙德里安于1938年离开巴黎，前往英国，在其艺术家朋友本·尼科尔森（Ben Nicholson）准备的住处暂时安顿下来。第二次世界大战真正爆发后再度移居，迁往纽约。蒙德里安与其他从欧洲逃亡而来的众多艺术家共同在此定居，开始在新环境的影响下创作。例如《百老汇爵士乐》（*Broadway Boogie-Woogie*）便是在“美国节奏”爵士乐的启发下创作而成。

蒙德里安开始首次用纸带设计作品，因而他在纽约东59街15号的工作室变得业务繁忙。但这些作品大多为未竟之作：1944年初，蒙德里安因肺炎病逝，享年71岁。众多流亡艺术家与纽约名人出席了他的葬礼，足见其在20世纪艺术界的重要地位，这一地位至今仍无可撼动。

相关技术

蒙德里安工作室

蒙德里安意欲消除绘画、雕塑与建筑之间的区别。他以绘画的原则布置工作场所，体现出对基本形式与色彩的追求。他在巴黎与纽约的工作室，墙壁均为纯净的白色，除了他的作品与少量简单的几何形原色家具，没有任何多余的物品。他为了营造整体的和谐感，不断改变与调整。蒙德里安的工作室在他生前已十分有名，去世后则被拍照留档。

巴黎重建的蒙德里安工作室

◁**《百老汇爵士乐》，1942—1943年**

这是蒙德里安的最后一幅完整作品，其富于脉动感的线条与充满活力的构图体现了他对新家纽约的赞颂，让人联想起这座城市的网格状街道。

康斯坦丁·布朗库西

1876—1957年，罗马尼亚人

布朗库西是杰出的现代派艺术家之一，以极简的造型和在材料上直接雕刻的创新手法，在雕塑界掀起革命。

康斯坦丁·布朗库西（Constantin Brancusi）的家乡位于罗马尼亚喀尔巴阡山脉（Carpathian Mountains）附近的霍比扎村（Hobitza），家里人都是农民。童年时他负责牧羊，学习刻木雕，靠这门传统的手艺给家里增添装饰。青年时期在克拉约瓦（Craiova）做过各种各样的工作。

布朗库西通过自学掌握了读写。18岁时，一位对其木刻技巧印象深刻的实业家出资供他考入克拉约瓦工艺美术学院（Craiova School of Arts and Crafts）。4年后，他被布加勒斯特美术学院（Bucharest School of Fine Arts）录取，研究当时风行的学院派雕塑风格。

◁《睡着的缪斯1号》，1909—1910年
布朗库西在大理石上刻制的头像，以极简的标志与轮廓展现了面部特征，是一尊优雅而典型的现代雕塑。

巴黎教育经历

1904年，布朗库西旅行至巴黎——大部分旅程靠徒步完成——来到法国美术学院（École des Beaux-Arts），很快便被亨利·马蒂斯、阿梅代奥·莫迪里阿尼（Amedeo Modigliani）、马塞尔·杜尚（Marcel Duchamp）与让·科克托（Jean Cocteau）等人组成的巴黎学术圈和艺术界所接纳。他在罗丹的工作室里短暂工作过一段时间，没过多久便离开了，因为"大树荫蔽下，一切都无法生长"。他的早期作品中能够看出学院派与罗丹的影响。1906年的秋季沙龙展上展出了他的初期成果。离开罗丹后，他开始形成一种简洁的风格。这种风格后来在雕塑界掀起了一场革命。

直接雕刻

1908年，布朗库西在一块石头上雕刻了作品《吻》（*The Kiss*），以对称的形式描绘一对情侣的拥吻。他们的躯干融为一体，手臂相互缠绕，容貌嵌于石缝当中，风格简约，虽谈不上抽象，却显示出艺术家在极简的新风格中做出的突破。这是布朗库西对"直接雕刻"（direct carving，见右侧方框）的最初尝试之一。后来他十分偏爱直接雕刻手法。日后又雕刻了若干版本的《吻》，且终生都对这一题材抱有兴趣。他会反复处理自己感兴趣的主题。

布朗库西没有接受罗丹雕塑中典型的写实性与感情特质，而是从非洲与亚洲的"原始"艺术和祖国的民间艺术中寻找灵感。通过参考古老的非西方艺术，他得以在作品中表达时空的无穷性，展开对事物本性的探索。其木雕作品则明显体现了传统民间雕刻的影响。他的大部分家具都是亲手打造的。

现代派范式

尽管形成了抽象而极简的风格，布朗库西却宣称其作品探讨的是

相关技术

直接雕刻

传统雕塑方法是以黏土或石膏制作模型，再按模型铸成铜像或交给专家在大理石上雕刻。罗丹经营的一家工作室就培养了大量助理，罗丹会指导他们把自己设计的模型制为成品。布朗库西从小便在罗马尼亚乡下雕刻木头，对他来说材料本身才是关键。相比于建模铸造这种精细手法，直接雕刻更能够在石料与木材上产生一种无比直观确凿的效果。

《吻》，1908年

◁**《肖像画》，约1928年**
布朗库西衣着简单，生活朴素，爱穿农靴，酷爱罗马尼亚的文化、饮食、音乐与神话。

"简约并非艺术的目的，但忘我地深入事物的本质却能实现简约。"

——康斯坦丁·布朗库西

△《波嘉妮小姐》(铜像)，1933年
原版以大理石为材质，在军械库展览会上展出，曾被嘲讽为“古怪的雕塑，除了外形像一个蛋，其他方面简直一无是处”。

“不要在我的作品中寻找什么‘微言大义’。我为你们提供的是纯粹的愉悦。用心观赏我的雕塑吧。”

——康斯坦丁·布朗库西

物体背后“隐藏的真实”。例如《睡着的缪斯1号》(*Sleeping Muse I*，1909—1910年)，以男爵夫人勒妮-伊拉娜·弗拉商(Baroness Renee-Irana Frachon)的半身像为原型，在磨光的卵形大理石上雕刻出柔美娴静的面庞轮廓，为其赋予一种永恒的精神气质。他经常以头部为主题进行创作，刻造大量石雕与铜像变体，其中包括凭记忆创作的《波嘉妮小姐》(*Mademoiselle Pogany*，1912—1913年)。该作品以光滑的白色卵形大理石为原料，组成部分包括人物的头部与手臂，一双杏眼非常夸张。《世界之初》(*The Beginning of the World*，1920年)则是这些卵形实验作品中的巅峰之作：一块蛋形大理石置放于磨光的圆形铜板之上，让人不禁联想到万物和宇宙的起源。

批评与争议

1913年，布朗库西的作品在美国的首场现代艺术展，即纽约军械库展览会(Armory Show)上展出。1914年，同样是在美国，阿尔弗雷德·施蒂格利茨(Alfred Stiegtitz)的“291”先锋画廊为他举办了首次个展。虽然其作品的颠覆性令很多批评家不快，因而招致恶评，但他在美国、法国与罗马尼亚的收藏家眼里的地位却越来越高。1920年，在巴黎独立艺术家协会展出的作品《X公主》(*Princess X*)使得围绕布朗库西的争议直接上升到丑闻的地步。该作品本应是一位匿名模特的半身像——后来他确认这位模特是拿破仑的曾侄女玛丽·波拿巴公主(Princess Marie Bonaparte)——是一尊抽象化人形的高抛光铜像。然而其造型难免令人感到不适。尽管布朗库西辩称这座雕塑实际上是在展现“女性的本质”，最终还是被迫撤展。

鸟类雕塑

有些特定的形态，布朗库西格外迷恋，终生都在反复探索，精雕细琢，刻制了大量变体。其中最著名的恐怕是鸟系列，即他在1910至1944年创作的29座鸟类雕塑。

《麦亚斯特拉》(*Maiastra*，1910—1912年)是其第一尊鸟类雕塑，原型为罗马尼亚传说中美丽的爱情使者，一只充满魔力的灵鸟。底座上方鸟的形状清晰可辨。然而布朗库西晚期的鸟类雕塑变得更为抽象：《空中的鸟》(*Bird in Space*)的众多版本，造型均纤细瘦长，极为精炼，以图呈现飞翔本身。高抛光的铜面造成的反光与雕塑自身形成呼应，更是增强了这一效果。

1926年，其中一版《空中的鸟》卷入一场著名的官司当中。美国海关的官员认为它并非可以免税的艺术品，而是普通的金属物品，需要缴税，因此将其扣押。2年后，布朗库西胜诉。艺术品的定义——至少从法律意义上来说——被拓宽了。

背景简介

军械库展览会

1913年，纽约举办了一场改变整个美国艺术界的展览——国际现代艺术展(The International Exhibition of Modern Art)，即军械库展览会，汇集了欧洲300余位现代艺术家的作品，向美国人展示了印象派、野兽派、立体派与未来派等先锋艺术流派的绘画与雕塑概貌。公众与出版商均赞不绝口，深受震撼，众多评论家却极尽挖苦之能事，称这些作品是疯狂、可耻、堕落的艺术。这次展览起到催化剂的作用，给美国带来了革命性的影响，使美国艺术家纷纷抛弃现实主义传统，转投新美学的怀抱。

国际现代艺术展，即军械库展览会

纪念馆

20世纪20年代至30年代，布朗库西继续留在美国举办展览。他在国际舞台上与日俱增的名声，为他赢得了印度中部的印多尔(Indore)王公的一件激动人心的委托作品。印多尔王公准备用大理石筑造一座神殿，用于收藏这位雕塑家的作品。他为筹备这个项目耗时数年，可惜王公最终失去了兴趣。一座原本有望成为现代主义丰碑的纪念馆就此化为泡影。

罗马尼亚纪念碑

1938年，布朗库西返回祖国罗马尼亚，在家乡附近的特尔古日乌（Târgu Jiu）为作品举行揭幕仪式。这组不朽之作用于纪念第一次世界大战中阵亡的罗马尼亚将士，由3个部分组成：《沉默之桌》（*Table of Silence*）、《亲吻之门》（*The Gate of the Kiss*）和《无尽之柱》（*Endless Column*），分布在东西向的1300米长的道路上。《无尽之柱》是布朗库西另一个钟爱主题的终极版本，初版的木雕作品要上溯至1918年。这是布朗库西最后的重要作品。他在晚年仍有新作诞生，但主要精力用于打理工作室。他将工作室视为一件艺术品，非常在乎雕塑的放置效果。有作品出售之后，他会重新安排雕塑的位置，保持整个空间的和谐感。

◁《空中的鸟》，1940年
布朗库西想要在这座修长、纤细的高抛光锥形雕塑中展现飞翔的本质。

简要年表

1908年
以作品《吻》开始表达他对事物本质的想象。

1910年
开始创作鸟雕塑系列，持续时间长达30余年。

1918年
在工作室里雕刻出《无尽之柱》的首个版本，并在随后的几年中将作品系列不断扩大。

1926年
《空中的鸟》中的一个版本被美国海关界定为"实用物品"。

1937年
前往印度会见印多尔王公，王宫准备委托他建造一座纪念馆。

1943年
雕刻大理石作品《海豹》（*The Seal*），以简练的形式展现海豹扬起身子的躯体形态。

1952年，布朗库西成为法国公民，将全部未售作品捐给国家，条件是在他死后按照他离世时的样子重建其工作室。他去世时81岁。后世认为，野口勇（Isamu Noguchi）、亨利·摩尔（Henry Moore）、芭芭拉·赫普沃斯（Barbara Hepworth）与雅各布·爱泼斯坦（Jacob Epstein）等雕塑家都深受布朗库西的影响，尤其是受到他对器官造型的运用及直接雕刻法的影响。20世纪60年代的极简主义运动同样也有他的一份功劳。

▽作为艺术品的工作室
意大利建筑师伦佐·皮亚诺（Renzo Piano）已在巴黎的蓬皮杜中心（Pompidou Centre）重建布朗库西的工作室。雕塑摆放的位置与布朗库西生前的安排分毫不差。

保罗·克利

1879—1940年，德国人/瑞士人

克利从立体主义、俄耳甫斯主义与超现实主义等艺术运动中汲取灵感，却不属于任何派别。其油画展现了幻想、才智与创造相结合的奇特风格。

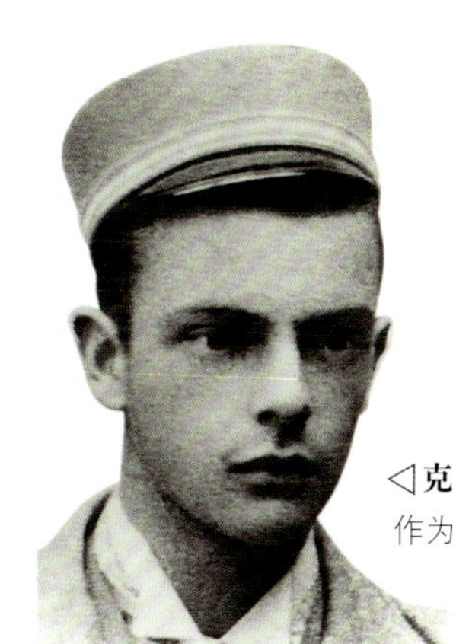

◁**克利在伯尔尼**
作为一名学生，克利显露了极佳的音乐天赋。他对音乐的兴趣贯穿了一生。

1879年12月18日，保罗·克利出生于瑞士伯尔尼（Berne）附近的小城明兴布赫塞（Münchenbuchsee）。父亲是德国人，与保罗一样终生持有德国公民身份。父母都擅长音乐，保罗继承了这一天赋。早年学习小提琴，10岁起开始与伯尔尼交响乐团同台演出。虽然在音乐方面才华出众，但他始终坚持以绘画为业。1898年前往慕尼黑一家私立艺术学院求学，随后在慕尼黑美术学院师从弗朗茨·冯·施图克（Franz von Stuck）。

艺术发展

施图克是重要的象征派画家，还是名优秀的版画家。令年轻的克利印象最深的也正是老师的版画本领。在职业生涯的初期，他专注于蚀刻版画，创作诙谐可笑或含讥带讽的作品。虽然这些作品小有成就，但其主要收入仍来自伯尔尼交响乐团。1906年，他与钢琴家莉莉·施通普夫（Lily Stumpf）结婚。后来有段时间，妻子成了养家糊口的人。

◁《窗边的艺术家》（*The Artist at the Window*），1909年
克利在养成特有的色彩感之前，创作了大量单色作品。这幅早期的水彩画通常被认为是一张自画像。

先锋时代

接触更加先锋的艺术圈后，克利的命运开始转变。1911年，他和瓦西里·康定斯基相识，被其抽象实验作品深深吸引。后来与表现主义团体“青骑士”同台展示作品，成为画家弗兰茨·马尔克和奥古斯特·马克的挚友。

1912年秋天，克利造访巴黎。待的时间虽然不长，却带来难以估量的影响。他在这里获悉了巴勃罗·毕加索与乔治·布拉克领导的立体主义的最新发展状况，还对罗伯特·德劳内（Robert Delaunay）在立体主义基础上改造而成的俄耳甫斯主义产生浓厚兴趣。俄耳甫斯主义作品将毕加索与布拉克的倾斜块面摆正，并以色彩明亮的“窗”取代两人作品中灰色与暗褐色的部分。克利参观了德劳内的工作室，还把这位法国人写的一篇阐述艺术理念的文章译介到德国。

1914年与马克及另一位画家路易斯·莫里耶特（Louis Moilliet）同游突尼斯后，克利终于决定创作彩色作品。3位艺术家都对突尼斯强烈的阳光与鲜艳的色彩惊叹不已。这段经历使他们配色风格大变，克利的水彩画很快便体现了这一点。但第一次世界大战的

△《红色与白色穹顶》（*Red and White Domes*），1914年
在突尼斯之行的启发下，克利创作了多幅由画块组成的作品，以类似于作曲的手法，将其编排为协调的样式。

“我迷恋色彩……永远迷恋，我自己清楚。色彩与我是一体的。我是位画家。”

——保罗·克利，写于游览突尼斯的旅途中，1914年

▷《鱼的魔术》，1925年
克利年轻时曾在那不勒斯游览水族馆，自那之后便对鱼类兴趣浓厚，笔下也经常出现鱼的身影。画中的鱼儿生活在幽暗的幻想世界里，周围是巨型花朵、怪异生物以及一块显示作画日期的钟表。

▽包豪斯工作室里的克利
1919年创立的包豪斯吸引了众多出色的教师，其中包括克利与康定斯基。包豪斯的特别之处在于模糊美术与设计的界限。由于理念过于前卫，1933年被纳粹关停。

爆发中断了他的实验。克利直到1916年才应征入伍，且不曾被派往前线。大部分时间里，他都是在巴伐利亚州一个空军训练基地度过的，起初是地勤人员，后来担任行政职务，因此空闲时可继续绘画。不幸的是，战争让他失去了几位好友——马克与马尔克均于战斗中身亡。

战后成名

克利在“一战”后进展神速。1919年，慕尼黑举办的一场重要展览巩固了他的地位，首部关于其艺术的著作也得以出版。同年，德国著名建筑师沃尔特·格罗皮乌斯在魏玛创办包豪斯艺术学院，邀请声誉日涨的克利前来任教。事后证明，这是克利职业生涯中最为关键的一步。包豪斯日后成为德国两次大战之间最重要的文化中心，克利则在这里度过了最高产的10年。

克利1921年接受教职，起初讲授彩窗绘制与书籍装帧，在编织作坊授课，后来还在校方要求下开课教授素描与油画，并参与基础设计课程的教学。事实表明，克利是一位深受学生爱戴的优秀教师，这份教职非常适合他。他的朋友康定斯基也在此任教。1925年包豪斯从魏玛迁往德绍之后，两人在同一栋建筑内比邻而居，工作室也不过一墙之隔。

> “我期望如新生婴儿般一无所知……处于一种近乎原始的状态。”
>
> ——保罗·克利，引自乔治·汉密尔顿（George Hamilton），《欧洲绘画与雕塑，1880—1940年》（*Painting and Sculpture in Europe, 1880-1940*）

▷《鸣唱机器》(*Twittering Machine*)，1922年
通过这幅才华尽显的幻想之作，我们可以看出超现实派热衷克利作品的原因。一排样貌滑稽的鸟儿在一台随时可能散架的细长条机器上面严阵以待，随时准备一展歌喉。

△《死与火》(*Death and Fire*)，1940年
由于晚年疾病缠身，克利的画作越来越粗野与阴冷。此幅作品中"TOD"三个字母（即德语中的"死亡"一词）构成的苍白脸孔，面带尸僵般的诡异笑容。

思想理论

在包豪斯任教期间，克利对艺术的目标与实践给出了自己的定义。他的大部分理论日后均整理出版，代表作为1925年的《写生教学》(*Pedagogical Sketchbook*)。在校的思想交流还为他带来诸多灵感——克利将近半数的作品都是在包豪斯时期创作的。

1925年，克利得到超现实主义艺术家的关注，受邀参与他们在巴黎的首展。他被邀请的原因显而易见：他与这场艺术运动有太多相似之处：喜欢将看似毫无关联的物体并置，任由画笔自发地在纸上驰骋——这些都是超现实主义的典型特征。不过，克利却在作品削弱了潜意识的成分。他承认自己有时会从涂鸦或意外溅出来的颜料痕迹中获取灵感，但最终的成品永远是具体理念的成果。

风格变化

第二次前往非洲时，克利的风格再度发生变化。1928年至1929年冬天，他周游埃及，这次激起他兴趣的是无尽的荒漠与大规模的古代遗迹。他还开始痴迷于象形文字。此后，他的作品中经常出现奇怪的标记与符号。克利的创作风格驳杂，博采众长，却不依傍于任何一派。有时他接近抽象艺术，但又总是坚持自然是一切艺术创造形式的出发点。他还认定艺术的创作过程比成品更加重要。当然，他的画作只是貌似简单，实则会用到一连串复杂的技术。例如，创作《鱼的魔术》(*Fish Magic*)时，他在鲜明的色彩之上覆盖了一层薄薄的黑色颜料，然后将黑色部分刮去，露出图像。他还把一长条薄棉布粘在画布上当作钟表。一段长长的斜线如吊绳般将其悬于中央，使薄棉布宛如轻纱，似乎轻轻一扯便能揭露新的秘密。这都是克利惯用的顽皮而夸张的手法。

压迫与黑暗

克利在待人处事方面持极端独立的态度。1931年，他对包豪斯内部的争权夺势感到厌倦，便选择离开，接受了杜塞尔多夫艺术学院的职位。然而纳粹的兴起很快便给德国现代艺术蒙上了一层阴影（见右侧方框）。克利在纳粹的报纸上遭到批判，职务被解除，只好返回祖国瑞士。

此次返乡并未使他摆脱烦恼。自1935年起，克利开始被硬皮病困扰。这种罕见的皮肤病最终要了他的命。他仍然坚持绘画，但作品中原有的光明与幽默一去不返，而是呈现出一种阴暗的基调。当局也还在找他的麻烦。克利虽生于瑞士，却是德国公民。他申请获得瑞士国籍，却被一拖再拖。1940年6月29日克利去世之后，当局才批准了这一申请。

背景简介
"堕落艺术展"

20世纪30年代，很多现代派艺术家都因纳粹统治下与日俱增的敌意而遭到迫害。画作被没收，学校遭关停，1937年臭名昭著的所谓"堕落艺术"巡展标志着仇恨的顶点。现代派艺术家的作品与精神病人的涂鸦并列摆放，受尽嘲讽与侮辱。这次展览吸引了超过200万人前来参观，宣传效果空前绝后。

希特勒与戈培尔参观1937年慕尼黑的展览

简要年表

1904年
创作《戴面具的喜剧演员》(*Comic Actor with Mask*)。其早期蚀刻版画的灵感来自弗朗西斯科·戈雅与威廉·布莱克。

1919年
尝试以立体主义观念创作《R庄园》(*Villa R*)，具有多视角透视、矩形色块与大写字母"R"等特征。

1925年
出版《写生教学》。该书开篇中的一段话现已成为常用名言："素描不过是一根线条出门散了个步，自由移动，没有目标……"

1929年
周游埃及，在古代纪念碑与遗迹的启发下创作近乎抽象的作品。

1933年
希特勒在德国掌权，克利被批判为"文化布尔什维克"。作品被视为具有破坏性，克利本人也遭撤职。

巴勃罗·毕加索

1881—1973年，西班牙人

毕加索拥有无穷的创造力，每种艺术手法都运用自如，他对现代艺术的贡献无人能及，是20世纪最伟大的艺术家。

◁ **斗牛主题**
毕加索反复以斗牛为主题进行创作，对人类战胜猛兽的古代题材非常迷恋。

1881年，巴勃罗·鲁伊斯·毕加索（Pablo Ruiz Picasso）出生于西班牙马拉加（Malaga）。父亲何塞·鲁伊斯·布拉斯科（José Ruiz Blasco）是美术老师兼动物画家（人们通常认为这类画家层次较低），经常带儿子观看传统西班牙斗牛，这也成了毕加索早期一些素描作品的题材。在父亲的指导下，毕加索进步神速。何塞前往加利西亚（Galicia）的拉科鲁尼亚（La Coruña）艺术学院担任教授时，毕加索以学生的身份随他一同前往。1892年到1894年，他在这里学习素描，练习描摹人体模型与风景写生——这些都是19世纪艺术家的必修课。正规的训练让毕加索对形式、色彩与线条有了充分的认识，为他日后的实验打下坚实的基础。

在巴塞罗那学习

1895年，在毕加索的妹妹因白喉去世后，家人为过上更好的生活，举家迁往巴塞罗那。何塞在洛加美术学院（La Llotja School of Fine Arts）谋得教职，毕加索也在通过入学考试后成为该校学生。

这所学校帮毕加索练就了一手出色的绘画技术［下方展示的学院派杰作《科学与慈善》（*Science and Charity*）足可证明］，但没有给想象力留下多少发展空间。十五六岁时，他开始对传统题材作品与如实描绘人体（且一成不变地全为男性）感到厌倦。毕加索的父亲艺术天赋有限，以画鸽子著称（巴勃罗日后也画过一些鸽子）。然而他对儿子寄予厚望，想把他培养为更成功的学院派画家。毕加索刚过16岁，父亲就决意把他送入西班牙最负盛名的艺术学院马德里皇家艺术学院（Royal Academy in Madrid）。

毕加索很快便对学校里死板的教学风格深感失望。他发现这里不比巴塞罗那更加前卫，便不再去上课，开始在林荫道上临摹委拉斯开兹和埃尔·格列柯等早期绘画大师的作品，或是到公园写生。父亲十分生气，但1899年毕加索还是回到巴塞罗那，在城里租下一间工作室，决心当一名独立艺术家。

◁ **《科学与慈善》，1897年**
毕加索15岁时绘制的这幅风俗画，描绘了一位医生（模特是毕加索的父亲）给病人看病时的场景，灵感也许来自他妹妹的患病经历。

主要影响

毕加索开始同现代主义艺术家结交，与盘踞在巴塞罗那大小咖啡馆里的艺术圈与思想界人士打交道。他与另一位年轻画家卡洛斯·卡萨吉玛斯（Carlos Casagemas）成为朋友，两人共用一间画室，1900年同行至当时

背景简介

战争与和平

毕加索的生活时常被大规模战争打断，这些战争包括两次世界大战与西班牙内战等。他的许多朋友非死即伤，包括合作者乔治·布拉格、诗人阿波利奈尔与马克斯·雅各布（Max Jacob）。后来成为共产党员的毕加索（1940年他因政治观点未能获得法国国籍）在很多作品中都表达了对战争的憎恨，其中最著名的有《格尔尼卡》（*Guernica*，1937年）、《停尸房》（*The Charnel House*，1945年）与《朝鲜大屠杀》（*Massacre in Kore*，1951年）等。1949年，在巴黎召开的世界和平大会将毕加索的画作《鸽子》（The Dove）选为和平的象征。这一有力的象征沿用至今。

和平鸽瓷盘，毕加索，1954年

▷ **《手持调色板的自画像》（*Self-Portrait with Palette*），1906年**
毕加索绘有多幅自画像，记录了其形象的变迁。在这幅25岁的自画像中，他将自己塑造为一个体格强健、踌躇满志之人，手持调色板，眼望前方，仿佛对自己的艺术前程充满期待。

“每个儿童都是艺术家。难的是长大后仍然是艺术家……”

——巴勃罗·毕加索

▷**《生活》(*La Vie*)，1903年**
这幅清冷的蓝色调油画，寓示了黑夜与疏离，是毕加索"蓝色时期"的巅峰之作。模棱两可的复杂构图中包含了毕加索的朋友卡萨吉玛斯与年轻女性热尔梅娜(Germaine)，前者因求爱遭拒试图枪杀后者，后自杀身亡。

人物小传
艺术家与情人们

毕加索与很多女人的关系都对他传奇的一生有过帮助。他对女性迷恋了一辈子。由于情人往往变成模特，因此其作品记录了自己爱情生活的曲折与变迁。费尔南德·奥利弗（Fernande Olivier）、欧嘉·科克洛瓦（Olga Khokhlova）以及《花园中的裸女》(*Nude in a Garden*)的模特玛丽-特雷莎·沃尔特（Marie-Thérèse Walter）先后成为其在立体主义时期、新古典主义时期与超现实主义时期的缪斯；朵拉·玛尔（Dora Maar）、弗朗索瓦丝·吉洛（Françoise Gilot）与杰奎琳·罗克（Jacqueline Roque）则分别是毕加索20世纪40年代初、战后时期与晚年时期的灵感源泉。

《花园中的裸女》，毕加索，1934年

的艺术中心巴黎。这段时期，毕加索不知疲倦地奔走于巴黎与巴塞罗那之间，试图开创独特的艺术风格。他接触到亨利·图卢兹-罗特列克（Henri Toulouse-Lautrec）的作品，其色彩丰富的巴黎花柳场群像，与毕加索熟悉的学院派风格完全是两个世界。他还观看了保罗·塞尚、皮埃尔·博纳尔与埃德加·德加的作品，将他们的印象主义手法以及对鲜艳色彩的运用融入自己的技法当中。淡色斑块与简化的轮廓（可在凡·高与高更的作品中见到）也影响过毕加索这一时期风格多变的作品，例如1901年的《手捧鸽子的儿童》(*Child Holding a Dove*)。

蓝色与粉红

1901年2月，卡萨吉玛斯自杀身亡。毕加索深受打击，开始创作一系列关于乞丐、悲惨的情侣、病人与老人的阴郁作品，以蓝色取代了原先五彩缤纷的色彩组合。《老吉他手》(*The Old Guitarist*，1903—1904年）等作品中失魂落魄的无家可归者，瘦长的身形宛如埃尔·格列柯笔下的人物，这体现了毕加索在"蓝色时期"对生命的反思。

第二年，毕加索定居巴黎，成为活跃的艺术圈中的一员，其他成员包括诗人纪尧姆·阿波利奈尔（Guillaume Apollinaire）、收藏家格特鲁德·斯泰因以及艺术家安德烈·德兰与亨利·马蒂斯。他开始与模特费尔南德·奥利弗交往，两人的关系维持了7年。毕加索的作品风格也随之改变。以女性、旅行艺人与小丑为题材，采用柔和的粉红与黄色等暖色，是1904年至1906年"粉红时期"的显著特征。然而，尽管色调有了变化，这些作品在许多层面上仍是"蓝色时期"的延续，即便马戏团的队伍也难掩忧郁的底色。

通往立体主义

自1905年起，毕加索的作品转向激进的新方向，风格有些类似于当时被"重新发现的"非洲原始雕像。毕加索将其视为"人类想象力所创造的最有力、最具美感的事物"。这些部落作品简单而严肃的形式，在毕加索油画的非现实的"野兽派"大胆色彩与极具表现力的笔触中得到了呼应。他还受到塞尚（见第231—233页）的启迪，后者20年前就曾在单幅画作中描绘过相同物体的多重视角，以展示其三维本质。

1907年创作的《亚维农少女》(*Les Demoiselles d'Avignon*)将这些分散的影响汇于一体，大胆背离传统的构图与透视理念。这幅画作描绘了巴塞罗那一家妓院的5位赤裸妓女，躯体仅保留最基本的元素，以创造一种全新的对形式的原始再现。尽管这种构图违背了以前所有关于明晰与秩序的公认理念，却仍然遵循着一定的平衡原则，以维持统一的视觉体验。这幅作品使毕加索陡然成为人们关注

▷**非洲加蓬（Gabon）的部落面具**
毕加索对非洲艺术的推崇在其笔下的部分人物形象中能得到体现。比如《亚维农少女》，画中人物的面部与右侧展示的19世纪部落面具极其相似。

"我花了4年才学会像拉斐尔一样作画，穷尽一生才能学会像孩子一样作画。"
——巴勃罗·毕加索

的焦点，但这仅仅是其革命之旅的开端。1907年，他与艺术家乔治·布拉格相识。两人将联手把视觉再现推往极限。

分析与综合

毕加索与布拉格通力合作，以多重视角与多层透视来析解对象，将其呈现于黑色、灰色与赭石色交叠的阴影当中。对象（通常为某个人物或者花瓶、吉他等日常物品）会被简化为一堆几何形立体轮廓——这一手法及其掀起的艺术运动被称为“立体主义”。最初是“分析立体主义”时期（1908—1912年），随后是“综合立体主义”时期。在后一时期，毕加索与布拉格将描绘对象进一步简化为更简单的形状和更鲜明的色彩，使图像平面化，让三维空间的幻觉彻底消失。他们还在作品中引入全新的质感与材料，用现成的物品创作拼贴画与“构建雕塑”。

◁**《吉他》(*Guitar*)，1919年**
在这幅“综合立体主义”的范例中，毕加索在平面色块内将油画颜料与沙子混杂在一起，对深度与空间进行了探索。

▽**艺术家在家中，1960年**
毕加索在法国戛纳附近的家中查看自己的雕塑。艺术家背后的墙上能看到各种版本的《亚维农少女》及其他作品。

相关技术

综合艺术大师

毕加索的声望主要建立在油画之上，但他生前其实探索过多种艺术媒介。他以现成的材料发展拼贴艺术，用黏土、金属与一众回收的日常物品及木雕零件等制作雕塑，给书籍与杂志绘制插图，画海报，为歌剧和芭蕾设计舞台与服装，钻研瓷器，还创作了数千张木刻版画、蚀刻版画与镌刻版画——其中，1930年至1937年为法国艺术收藏家安布鲁瓦兹·沃拉尔创作的一系列版画，对后世产生了深远影响。无论毕加索为获得艺术效果采用了哪种他认为必需的手段，他在形式、色彩与设计方面都展现了同样的大师级水准。

《曼陀林与单簧管》(*Mandolin and Clarinet*)，混合媒介，1913年

战时作品

毕加索避开了第一次世界大战，但许多同行被卷入其中，应召入伍。战争期间，毕加索在巴黎与作曲家埃里克·萨蒂（Eric Satie）和作家让·科克托同属一个先锋群体。通过熟人的介绍，他开始为谢尔盖·佳吉列夫（Sergei Diaghilev）的芭蕾舞团设计布景与服装，并在舞团遇到第一任妻子欧嘉·科克洛瓦，获得了跻身上流社会的通行证。

20世纪20年代，毕加索在继续创作立体主义作品的同时，也在绘制传统人像。这些作品遵循更为传统的绘画原则，令人想起古典艺术中姿态放松的裸体形象。例如1921年的《大浴女》(*Large Bather*)展示了一个身材比例夸张的静坐女性，而1923年的《白衣女子》(*Woman in White*)则是一个娴静淑雅的女性形象，模特很可能是他的妻子欧嘉。这一"新古典主义时期"的作品也许是对惨无人道的战争所做的一种回应，对田园牧歌式平静的一次回望。

然而，毕加索很快便回到对新方法的探索之中，以视觉世界作为出发点，将表象推向极致。从20世纪20年代中期起，他开始落入超现实主义的引力场，认同他们在作品中强调无意识的想象（见第322—325页）。他从未完全赞同超现实主义哲学，但其作品中开始出现幻想与神话中的生物——尤其是米诺陶（Minotaur）——恐惧等原始感受，以及从潜意识中拖拽出来的暴力。这些作品中注满了毕加索对年轻恋人兼模特玛丽-特雷莎·沃尔特的原始情感。

战争的恐怖

戏谑的风格与超现实主义可怕图像的结合，在毕加索1937年的名作《格尔尼卡》里体现得极为明显。该作品反映了西班牙内战时期国民政府蓄意轰炸巴斯克小镇格尔尼卡的事件。毕加索在这幅大型壁画中以黑、白、灰三色勾勒出哀嚎着的支离破碎的人与动物（公牛的形象无疑也在其中），用自己特有的视觉语言描绘了战争的恐怖场面。这幅经典之作一经问世便轰动全球。

简要年表

- 1897年 《科学与慈善》入选马德里美术展，获得荣誉提名。
- 1901年 朋友卡萨吉玛斯自杀身亡。首次参加巴黎展览。
- 1908—1914年 与合作者乔治·布拉格一道开创立体主义。
- 1917年 为俄国芭蕾舞团的《游行》(*Parade*)设计布景、服装与幕布。
- 1925年 参与超现实主义联展，出席超现实主义艺术家会议。
- 1937年 格尔尼卡于4月遭到轰炸，毕加索在接下来的2个月以此事件为题创作了一幅油画。
- 1945年 继续以不同的媒介进行探索，与费尔南德·穆洛（Fernand Mourlot）共同创作石版画。

△《格尔尼卡》，1937年

在一张单色新闻照片的触动下，毕加索创作出这幅刻画暴力的杰作。初展于1937年巴黎世博会的西班牙馆，后来在全球范围内展出，以期唤起人们对西班牙内战的关注。

晚年与遗产

第二次世界大战期间，毕加索留守巴黎，在德军占领期间韬光养晦。战后，年过花甲的毕加索在杰奎琳·罗克（1961年与毕加索成婚）等年轻缪斯的鼓舞下，又产出了大量作品。在毕加索晚年不断增加的作品中，有一部分是对其青年时代接触的早期绘画大师的重新演绎。通过再造德拉克洛瓦的《阿尔及尔女人》（*Women of Algiers*，1954年）以及委拉斯开兹的《宫娥》（*Las Meninas*，1957年），他充满信心地将自己与艺术史上赫赫有名的人物比肩而立。其实当时他的地位已经无可动摇。他健在时是世界上最著名且最有影响力的艺术家。80岁与90岁大寿时，全世界都以奖章与回顾展为其祝寿。

巴勃罗·毕加索于1973年去世，终年91岁。他留下的遗产至今仍令人受益。他一生作品数量高达5万件，多到惊人的地步，足见他无穷的创造力、无尽的好奇心以及打破艺术陈规的雄心。他凭借对艺术手法的全方位掌握，取得了继往开来的巨大成就。

无论褒贬，毕加索已成为被研究、效仿得最多的艺术家，举办的国际展览次数无人可比，其作品也已成为大量书籍与电影热衷的题材。

“不存在抽象艺术。你总得有个出发点，然后才能移除所有现实的痕迹。”

——巴勃罗·毕加索

▷《自画像》，1925—1930年
霍珀将自己描绘成一个无名之人，身后的背景也没有为其生平提供多少线索。在室内戴着帽子，暗示这个男人正穿行于两个目的地之间，处于过渡的状态中。

爱德华·霍珀

1882—1967年，美国人

霍珀是20世纪伟大的具象艺术家之一，美国情景绘画的代表人物，以冷漠而疏离的手法记录了家乡的精神空虚。

△《夜游者》(*Nighthawks*)，1942年

油画展示的四个人物外形简明，彼此之间有种距离感，与观者也有距离感。紧张的面孔在室内强光的照耀下显得更加苍白。周遭环境的衬托则使他们显得渺小、迷失而孤立。

1882年7月22日，爱德华·霍珀（Edward Hopper）出生于美国纽约州哈德逊河（Hudson River）旁的小镇奈阿克（Nyack）。童年时偶尔在父亲的服装店里工作，但更喜欢在河边的小船上玩耍。15岁时建造了自己的单桅船。他起初打算在造船业谋职，后来转投艺术行业。

父母并未反对他的愿望，但建议他走一条“更为稳妥”的道路，成为商业艺术家。出于责任感，霍珀遵从了父母的意思，前往插图函授学院（Correspondence School of Illustrating）求学，后来又被纽约艺术学院（New York School of Art）录取。他师从于威廉·梅里特·蔡斯（William Merritt Chase）与罗伯特·亨利（Robert Henri，见右侧方框），还在同学中结识了日后的妻子乔·妮维森（Jo Nivison）。

完成学业之后，霍珀极度渴望造访艺术之都巴黎，并于1906年如愿前往。当时毕加索等人正在改革现代艺术，但霍珀不曾与其中任何一位会面。父母早已通过教会替他在名门望族的家里安排好住处，因此他没有机会接触先锋派群体。即便如此，霍珀仍然十分享受在法国的时光，且对印象派的作品钦佩不已。

随后几年，他数次重返巴黎，但自1910年以后再未踏上过欧洲一步。

从插画家到艺术家

旅欧归来的霍珀发现美国“粗鄙又落后”。虽然在1918年曾凭借战争海报《打败德国人》（*Smash the Hun*）获奖，但他感觉商业艺术家这份职业无法令自己满意。1913年，他在军械库展览会（见第282页）上出售了1幅作品，却在多年之后才取得突破性成就。1924年，这一天终于来到。在纽约的弗兰克·雷恩（Frank Rehn）画廊举办了一场水彩画展览之后，他放弃了商业艺术家的身份，与乔成婚，从此成为一名全职画家。

美国情景绘画

霍珀及同时代人在第二次世界大战的萧条期间描绘“真实”美国的作品通常被笼统地概括为“美国情景绘画”（American Scene Painting）。霍珀笔下的人物全都处于不太光鲜的场景之中：便宜的小饭馆、破旧的公寓、逼仄的办公室，以及乡间加油站。而且这些人物看上去总有些忧惚：或注视窗外，或萎靡不振地倒在床上，或静静地坐着，仿佛等候着什么。评论家试图围绕霍珀画中的人物构建叙事，但霍珀本人表示自己的作品并无任何画外之音。

第二次世界大战之后，霍珀被抽象表现主义画家耀眼的光芒所遮盖，但得到了杰奎琳·肯尼迪（Jacqueline Kennedy）的资助，1952年还代表美国在威尼斯双年展上展出了作品。此后他一直作画，直到1967年在纽约去世。

◁霍珀的画具

自1913年直至1967年去世，爱德华·霍珀始终在纽约华盛顿广场的同一间小型工作室里起居和工作。

“我认为它并非表现了异乎寻常的孤独……可能我无意识中画出了大城市的孤寂感。”

爱德华·霍珀论《夜游者》

人物小传

罗伯特·亨利

被人称为“巧舌如簧魔笛手”的罗伯特·亨利（1865—1929年），以简明的哲学影响了霍珀与一整代艺术家。他指引学生远离学院派理论，鼓励他们描绘周遭的世界。亨利本人也是一位出色的画家，并且是关注纽约生活阴暗面的“垃圾箱画派”（Ashcan School）的代表人物。

《纽约的雪》(*Snow in New York*)，罗伯特·亨利，1902年

▷**《自画像》，1919年**
莫迪里阿尼笔下的自己带有典型的优雅与浪漫气息，头部描绘为别致的卵形，体现了非洲与大洋洲“原始”雕像的影响。

阿梅代奥·莫迪里阿尼

1884—1920年，意大利人

莫迪里阿尼是典型的波西米亚式艺术家，放荡的生活方式与其作品同样出名。虽然疾病与纵欲导致其创作生涯十分短暂，但他还是创作出精致优雅的油画与雕塑。

“我画下一条线。这条线将承载我的激情。”

——阿梅代奥·莫迪里阿尼

1884年7月，阿梅代奥·莫迪里阿尼出生于意大利里窝那（Livorno）的一个犹太家庭。自幼渴望成为艺术家，然而反复发作的胸膜炎与伤寒症导致其学业中断，只得在家接受母亲教导。身体康复后，随母亲周游意大利，在文艺复兴大师的作品中接受熏陶。

莫迪里阿尼在里窝那师从古列尔莫·米凯利（Guglielmo Micheli），在尼采与波德莱尔的影响下形成了颠覆传统的思想。在佛罗伦萨学习后，考上威尼斯美术学院。他在此度过的3年，据说大部分光阴都消磨在酒精、毒品和女人当中。自从参加1903年与1905年的威尼斯双年展后，他对法国艺术燃起了热情。

◁《女人头像》（***Head of a Woman***），**1910—1911年**
莫迪里阿尼仅有25座石雕作品得以留存，它们抽象而修长的形式为其后来的肖像与人物画提供了一个样本。

巴黎时期作品

1906年，莫迪里阿尼来到先锋艺术中心巴黎，求学于克拉罗西学院（Academie Colarossi）。起初他受到的影响并不激进——比起革命性的未来主义运动（见右侧方框），或是毕加索与同行们所取得的进步，塞尚更让他为之着迷。随着时间的推移，他开始迷上了雕塑。1909年与康斯坦丁·布朗库西（见第281—283页）相识后，雕塑成了他关注的焦点。

莫迪里阿尼以创作石雕为主，经常从附近工地窃取石料。他酷爱刻制头像，曾计划将所有头像作品作为“整体装饰”陈列在一起。与布朗库西一样，他也知道如何简化对象，形成独特的风格，并通过拉长头部与抹除主要面部特征来实现这一点。创作时，他会从立体主义借鉴过的非洲与大洋洲“原始”雕像中汲取灵感。

自成一派

1914年，第一次世界大战爆发。由于原材料短缺，莫迪里阿尼的雕塑工作被迫中断。但他将自己的雕塑风格完美地移植到了油画作品当中。他仍然只关注小范围题材——以肖像画与裸体为主——形成了一种极具特色的“面貌”。笔下的人物瘦削而纤长，且眼睛大多空洞。然而他凭借着天生的漫画才能，寥寥数笔便勾勒出模特的内在本质。

莫迪里阿尼的风格非常仰仗素描。他画过大量速写，很少修改，也不关心细节。绘制油画时也讲求速度，力图一次性完成。他给油画上的颜料不多——主要是出于经济的制约——但与偶像塞尚一样，他也会通过渐深与渐浅的色调所带来的体积感，赋予人物以稳定的形态。

莫迪里阿尼的大部分杰作集中创作于其去世前的5年里。35岁时，他因肺结核与毫无规律的生活方式而离开人世。他的恋人无法接受打击，在他离世2天后跳楼自杀，肚子里还怀着他们的第二个孩子。两人合葬于巴黎的拉雪兹神父（Père Lachaise）公墓。

背景简介

未来主义

在意大利人看来，1909年诗人托马索·马里内蒂（Tommaso Marinetti）发表的一则令人震惊的宣言，标志着未来主义的诞生。在宣言中，诗人声称“众多博物馆像无数墓地一样包裹着意大利，我们应该将她从中解放出来。”未来主义醉心于改革，迷恋现代。翁贝托·波丘尼（Umberto Boccioni）与卡洛·卡拉（Carlo Carrà）等拥护者创作的挑战性作品，追求年轻、速度、暴力与工业感。莫迪里阿尼曾被邀请参与未来主义活动，但他不愿被归入特定派别，于是没有接受。

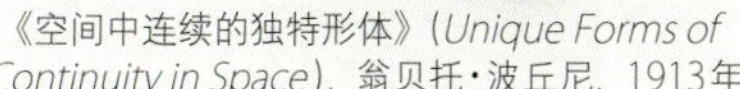

《空间中连续的独特形体》（*Unique Forms of Continuity in Space*），翁贝托·波丘尼，1913年

◁《侧卧的裸女》（***Reclining Nude***），**1917—1918年**
这幅油画参考了提香的名作《乌尔比诺的维纳斯》，是一幅描绘性欲的习作——一经在巴黎展出，立刻引起公愤

▷《七指自画像》，1913年
夏加尔的第一幅自画像绘于巴黎的“蜂巢”(La Ruche)，深受立体主义影响。标题取自意第绪俗语“用七根手指来办事”，形容任务完成得又快又好。

马克·夏加尔

1887—1985年，俄国人/法国人

夏加尔是现代艺术中自成一派的伟大画家，承袭俄罗斯与犹太传统，以现实与魔幻融为一体的风格著称于世。

◁**小提琴的形象**

小提琴与小提琴手——犹太节日里的重要特色——在夏加尔的作品中反复出现，体现了犹太文化遗产于他的重要性。

1887年7月7日，马克·夏加尔（Marc Chagall）出生于俄国西部（现在的白俄罗斯）维捷布斯克（Vitebsk）附近一个工人阶级家庭。家庭成员都是虔诚的哈西德派犹太人。父亲替鱼贩工作，母亲经营小杂货店。成长于俄国需要面临诸多问题——犹太人的生存、教育和工作在这里都受到限制——但这一切都没有阻碍夏加尔对祖国的热爱。对维捷布斯克的回忆反复出现在夏加尔一生的创作之中。

在当地艺术家杰胡达·佩恩（Jehuda Pen）门下短期求学后，自1906年起开始在圣彼得堡师从于莱昂·巴克斯特（Léon Bakst）。巴克斯特凭借为谢尔盖·佳吉列夫的俄国芭蕾舞团设计布景与服装而闻名，他前往巴黎时，夏加尔也一同前往。1910年，夏加尔抵达巴黎，旅费由一位富有的艺术收藏家提供。

巴黎生活

巴黎是个令人耳目一新的地方。这座大熔炉里融汇了所有最新的艺术理论，夏加尔从中获益匪浅。他首先受到立体主义的影响，但对其抽象倾向持有一定怀疑（“让他们被自己画出的方形梨子噎死吧”）。他十分迷恋罗伯特·德劳内对立体主义的诗意变型，以至于把埃菲尔铁塔——德劳内最喜爱的形象——放入《七指自画像》（*Self-Portrait With Seven Fingers*）之中。在“蜂巢”（见右侧方框）居住期间，夏加尔结交了许多朋友，作品也在他们的帮助下得以展出。

◁**画室中的艺术家，1957年**

第二次世界大战结束后，夏加尔返回法国，在尼斯附近的圣保罗德旺斯（St Paul-de-Vence）生活与工作。1952年，与秘书瓦伦蒂娜·布罗茨基（Valentina Brodsky）结婚。两人去世后合葬。

夏加尔的名声日渐增长，但为了见到心上人，于1914年草率地返回俄国。战争爆发后，直到1923年才有机会重返法国。然而也正是因此，他才如愿以偿地与自己的爱人贝拉·罗森菲尔德（Bella Rosenfeld）修成正果。持久而幸福的婚姻是夏加尔一系列核心作品的灵感源泉。夏加尔笔下时常出现喜悦的爱侣形象，有的飘浮于村庄上空，有的骑在马戏团的马儿身上，有的悬浮于巨大的空中花丛之上。

△**《生日》（*The Birthday*），1923年**

在这幅犹如梦境的图像中，夏加尔笔下的自己飘浮于空中，扭过头亲吻妻子贝拉，重现了浪漫爱情的缱绻缠绵。

艺术商、出版商安布鲁瓦兹·沃拉尔委托夏加尔为尼古拉·果戈里（Nikolai Gogol）的散文诗《死魂灵》（*Dead Souls*）绘制插图，于是这对夫妇移居法国。夏加尔回到法国时，正当超现实主义的兴起，并受邀参与这场运动。尽管他的作品与超现实主义有着明显关联——都具有梦境一般的幻想，都将看似毫无关系的物体并置——但夏加尔还是拒绝了。他总是不赞成别人在其作品中寻找深意，不接受任何象征主义式的解读。

第二次世界大战期间，夏加尔深爱的贝拉于美国去世。他的余生都在法国度过。晚年他拓宽领域，开始设计瓷器、壁画、舞台布景、服装、马赛克、挂毯以及镶嵌彩窗——以彩窗为主。在漫长的创作生涯中，尤其令他骄傲的成就之一，便是在耶路撒冷为一家犹太会堂创作的一组以色列十二支派（Tribes of Israel）为主题的12扇彩窗。

背景简介

“蜂巢”

夏加尔初次旅居巴黎时，短期内受到众多流派的各种影响，作品风格急剧变化。这些影响大多来自艺术家聚居地“蜂巢”，也就是1912至1914年夏加尔的居住地。“蜂巢”坐落于城郊的破败区域，紧邻屠宰场，常被恶臭笼罩。这栋摇摇欲坠的建筑提供的廉价工作室，使用者以外国艺术家居多。曾经挤在这口“棺材”（指代其狭小的楔形空间）里的名人包括费尔南·莱热（Fernand Léger）、柴姆·苏丁（Chaim Soutine）、莫迪里阿尼，以及纪尧姆·阿波利奈尔与布莱兹·桑德拉尔（Blaise Cendrars）等著名诗人。

蒙帕纳斯的艺术家聚居区“蜂巢”，巴黎

“我的艺术是极致的艺术，是赤红的火焰，是遍布于我的画作之中的忧郁灵魂。”

——马克·夏加尔

▷**艺术家肖像**
乔治亚·欧基芙拥有漫长的创作生涯。由于视力逐渐下降，20世纪70年代以后便不再作画。去世时98岁。

乔治亚·欧基芙

1887—1986年，美国人

作为现代主义先驱，欧基芙擅长使抽象与具象元素融为一体，将其包含于绚丽的花卉特写以及对美国西部的有力重现之中，并因此名传后世。

“我**讨厌花**。我画它们，只是因为它们**比模特便宜**，而且不乱动。”

——乔治亚·欧基芙

1887年11月15日，乔治亚·欧基芙（Georgia O'Keeffe）出生于美国威斯康星州森普雷里（Sun Prairie），父母都是农民。她从小立志成为艺术家，曾先后在芝加哥艺术学院与纽约艺术学生联盟进修，师从威廉·梅里特·蔡斯。即便如此，早期择业时仍有犹豫，起初担任过商业艺术家和教师。

专业的合作

欧基芙走上职业艺术家的道路，几乎可以说是拜意外所赐。她在哥伦比亚学院求学时，有位任课老师是阿瑟·韦斯利·道（Arthur Wesley Dow）。这位画家独特的风景画受过日本木刻版画的影响。于是，她开始创作大型抽象炭笔素描，一位朋友看到后深感震惊，把这些画拿给了纽约“291”先锋画廊的经营者阿尔弗雷德·施蒂格利茨（见右侧方框）。在没有通知欧基芙本人的情况下，施蒂格利茨展出了这些素描作品，并在欧基芙登门问责时提出于次年为她举办个展。两人就此开始了一段漫长而充满波折的关系。1924年结婚后，两人维持了这种关系，直至1946年施蒂格利茨去世。

欧基芙与施蒂格利茨的关系使她受益良多。他一直资助欧基芙，而且几乎每年都为她举办展览。他为欧基芙拍摄的众多摄影作品，也使她的名声日渐增长——虽然并不都是好名声。更为重要的是，施蒂格利茨的社交圈包含当时一些重要的摄影师与画家，对欧基芙产生了很大影响。比如擅长特写摄影的保罗·斯特兰（Paul Strand）。他通过裁切、倾斜与放大被摄对象的某些部位，将其转化为近乎抽象的图像。

▷**白色头骨**

欧基芙从干燥的荒漠中汲取灵感，将其与巨大而枯白的动物头骨结合在一起，有力地传达出孤寂与焦渴的感受。

摄影的启发

欧基芙有时会借鉴摄影的惯用手法。这可以从她20世纪20年代末开始画的纽约摩天大楼中体现出来。在《光斑中的谢尔顿大楼》（*The Shelton with Sunspots*）里，她模仿镜头眩光的效果；《月下纽约》（*New York with Moon*）则是整个构图都笼罩在街灯的光晕中。这些描绘纽约的作品还体现了欧基芙与精确主义画派的联系。精确主义画派是一个松散的艺术群体，以描绘美国城市景观而闻名，笔下的城市景象整洁有序，物体轮廓分明，线条硬朗，通常带有明显的几何感。

身处荒漠

1929年，欧基芙首次前往新墨西哥州。自从她因施蒂格利茨出轨而精神崩溃，以致住院，这里就成了她的避难所。荒漠很快便成为她在画中的重要主题。她在阿比丘（Abiquiu）北部荒僻的幽灵牧场（Ghost Ranch）里度过了多个夏天，1940年索性买下此地。欧基芙在画里往往将贫瘠的荒漠景象与神秘地高悬于空中的巨大动物头骨布置在一起。别具一格的荒漠景象以遥远的空中视角展现，而正面展示的巨大动物头骨则具备精确主义笔法描绘的细节——二者的另类结合，使欧基芙创作出最令人印象深刻且最具辨识度的杰作。

1946年，纽约现代艺术博物馆为欧基芙举办回顾展。这是第一次有女性艺术家获此殊荣。如今，她被视为20世纪艺术的开路先锋。

人物小传

阿尔弗雷德·施蒂格利茨

欧基芙的丈夫施蒂格利茨（1864—1946年）是位很有影响力的作家、摄影师、出版商及艺术商人。他在自家画廊里推广欧洲现代主义绘画的最新潮流，通过创办杂志《摄影作品》（*Camera Work*）将摄影确立为一种独立的艺术形式。20世纪20年代，欧基芙的作品受到施蒂格利茨社交圈的影响。他在交易与策展方面的才干还让她的作品始终保持在公众视野之内。施蒂格利茨为了比自己小20多岁的欧基芙而离开原配，但后来他与摄影师多萝西·诺曼（Dorothy Norman）的感情又导致了欧基芙的精神崩溃。

1936年欧基芙画展上的施蒂格利茨

▷**《白花》（*The White Flower*），1932年**

欧基芙在微距摄影的启发下绘制了一系列大幅花卉作品，强调形状、色彩与线条等基本要素。

Magritte

雷内·马格利特

1898—1967年，比利时人

马格利特是位特立独行的艺术家，不断追问我们观看图像的方式，意欲重现我们所在世界的神秘感，使熟悉的事物变得不再熟悉。

△圆顶礼帽
马格利特自己头戴圆顶礼帽的形象，经常出现在其作品当中。圆顶礼帽可视作资产阶级的象征，其作品则试图提醒资产阶级来关注世界的神秘。

雷内·马格利特（René Magritte）出生于比利时莱西讷（Lessines），是一位布商3个儿子中的长子。早年命运坎坷：13岁时，患有精神病的母亲投河自尽；2年后，也就是1914年，德国入侵比利时，第一次世界大战爆发，使得刚刚成年的马格利特与祖国共同落入异国残忍的统治当中。

马格利特早年便展露出不凡的艺术天分：12岁学习素描，1年后就开始展览作品。1915年，战争仍在继续，16岁的马格利特前往比利时首都布鲁塞尔，数月后被艺术学院录取。接下来的5年，他偶尔才会去上课。

◁《无题》，1923年
破碎的块面、充满动感的构图，以及明显的斜线，体现了立体主义与未来主义对马格利特早期作品的影响。

印象派的影响

19世纪末印象派开创的松散、自然而多彩的风格对马格利特早期的油画产生过重要影响。然而在布鲁塞尔期间，他接触了先锋派艺术，其中很多是对战火纷飞的欧洲做出的直接回应。于是，他放弃原有的印象派风格，转而开始效法意大利未来主义（见第297页），以及用多重视角描绘日常物体，对世界进行抽象化再现的立体主义。

◁《人子》（*The Son of Man*），1964年
在这幅自画像中，马格利特提出了他在很多作品里都探讨过的核心主题：可见世界的外面是什么？人能够真正理解自己所见吗？马格利特在整个职业生涯里对这幅自画像进行过数次重画与修改。

超现实主义

1918年战争结束时，马格利特已成为一名商业艺术家，以绘制海报、出售画稿和设计壁纸为生。1922年，他与青梅竹马的伴侣若尔热特·贝尔热（Georgette Berger）结婚。后来妻子成了他的模特与缪斯。他继续以“新立体主义”风格作画，直到遇见正以激进手法开辟新道路的超现实派艺术家群体。

超现实主义是20世纪20年代法国作家、诗人安德烈·布勒东（André Breton）在巴黎发起的一场艺术运动，起源于早期以荒谬、讽刺的反战艺术作品而著称的达达主义运动。超现实主义旨在释放潜意识的想象，将其与日常现实调和在一起。有些超现实派艺术家，比如胡安·米罗（Joan Miró），根据精神分析学家西格蒙德·弗洛伊德

△普通人
马格利特衣着保守，身穿西服，头戴礼帽。他与若尔热特·贝尔热的婚姻持续了45年。他曾许诺让她过上“平静稳定的资产阶级生活”。他在生活与艺术中都重新界定了“普通”的概念。

“我希望自己能触到人的本质，人类存在的本质。”

——雷内·马格利特

人物小传

安德烈·布勒东

法国诗人、作家、理论家，自20世纪20年代起便是以巴黎为中心的超现实主义群体中毫无争议的领袖。尽管一开始马格利特得到过布勒东的认可，1927年成为超现实主义群体的一员，但在随后的数年间，两人分歧不断，尤其是在1943年至1948年马格利特受雷诺阿影响的"阳光普照"时期。因此，马格利特没能像遵从布勒东理念的超现实派艺术家那般获得认可。这意味着马格利特对超现实主义及艺术本身的独特贡献，直到其晚年和去世之后才充分被肯定。

安德烈·布勒东，约1950年

(Sigmund Freud）的著作，通过不带主观意图的素描、写作与油画，对无意识行为进行探索；而其他人，如马克斯·恩斯特（Max Ernst）与萨尔瓦多·达利（Salvador Dalí，见第323—325页），则以挑战具象逻辑的形式，创作让观者不安的梦幻般怪异图像。而吸引马格利特的，正是这第二种超现实主义形式。

主要影响

20世纪20年代初，马格利特结识比利时超现实派的几位重要成员，其中包括领袖保罗·努杰（Paul Nougé），以及日后成为马格利特主要经销商的作家卡米耶·高曼斯（Camille Goemans）。不久他便创作了第一幅自称为超现实主义的作品《迷失的骑手》（*The Lost Jockey*，1926年）。该作品深受马克斯·恩斯特与意大利艺术家乔治·德·籍里柯的影响。前者擅长以看似不合理的方式将图像拼贴组合，后者则在作品中采用完全反传统原则的平面化视角。

马格利特质疑绘画（及其虚幻本质）与其再现对象之间的既定关系。他在1929年的名作《形象的背叛》（*Treachery of Images*）中展现了这种质疑。这幅精心绘制的画作显示了一个烟斗的形象，下附一行字："这不是一只烟斗。"马格利特提醒人们，这只是烟斗的画像，而非烟斗本身。这不仅挑战了观者对再现与真实之间关系的原有理解，同时还迫使观者对语言、对象与画像之间关联的随意性做出反思。

△**《形象的背叛》，1929年**

孩童般的笔迹上方，是一幅插图风格的烟斗图像。"背叛"指人们为理解世界而自我欺骗的谎言。

题字画

《形象的背叛》是马格利特1927年移居巴黎后创作的"题字"画之一。他在这个时期接触到安德烈·布勒东（见左侧方框）和其他超现实主义艺术家，比如达利和诗人保罗·艾吕雅（Paul Eluard）。然而，这段高产时期却被1929年华尔街股市崩盘引发的全球经济危机所打断。马格利特没有了独立的资金支持，这意味着他不得不暂时放弃绘画，回到布鲁塞尔找一些商业性的工作。马格利特一生反复被经济问题困扰，在迫不得已的情况下，他只能靠复制自己最成功的作品来维持生计。

1933年，马格利特重新开始作画。他期望在图像中"解决"特定对象提出的"问题"。这种作品有很多都会让眼睛产生错觉或是违反物理法则，前者如1933年的画中画《人的境况》（*The Human Condition*），后者如1937年的《禁止复制》（*Not to Be Reproduced*），画中正对镜子的人物却在镜中映出背面的形象。这些以客观的写实主义手法绘制的画作，向观者展示了发人深省的虚幻悖谬与视觉双关效果，而这一切都是为了动摇"真实"这一概念而服务的。

雷诺阿时期与"母牛"时期

第二次世界大战期间，马格利特仍在布鲁塞尔度过。这段黑暗的年代驱使他创作出了最具实验性的一些画作。在德军统治之下，他感到有必要传播乐观的情绪，于是在印象派画家奥古斯特·雷诺阿的影响下，回归了松散而多彩的"阳光普照"式风格。这种"对快乐的膜拜"于1948年达到顶峰。马格利特此时的创作颜色极为浓艳，颇具漫画风格，他本人称其为"母牛"（字面意义上的"奶牛"）时期，借以讽刺野兽派（见第274页）。但这种有意为之的低俗作品未能获得评论家与买家的认可。

"心灵热爱**未知**，热爱意义不明的图像，因为**心灵本身的意义**就是未知的。"

——雷内·马格利特

简要年表

1926年
创作出自己的第一幅超现实主义作品《迷失的骑手》，画中采用了其钟爱的立柱形象。

1927年
在布鲁塞尔首次办展，展出61幅作品。从商业角度看，这是一次失败的展览。

1943年
在奥古斯特·雷诺阿的影响下，开始以新风格创作，直到1947年。期间也在绘制超现实主义作品。

1947年
开始"母牛"时期的创作。次年于巴黎展出这些作品，未获成功。

1964年
绘制《人子》及另外两幅相关作品：《戴圆顶礼帽的人》（*Man in the Bowler Hat*）与《伟大的前线战争》（*The Great War of the Façades*）。

马格利特很快退回自己更为熟悉的领域，开始绘制电影风格的作品。画中固定的形象不断增加，其中包括身穿西装的人、窗户与窗框、鸟类、空中的云以及月亮。各种形象要么互相转换或隐藏，要么将截然相反的元素调合在一起，前者如1964年的《人子》，后者如1950年的《光之帝国》（*The Empire of Light*）。

他对事物相似性的探寻延续到了20世纪下半叶。此时他的作品不仅开始赢得更为广泛的关注，还引发了米歇尔·福柯（Michel Foucault）等哲学家的兴趣。马格利特将看似毫不协调的形象并置处理的技术，影响了20世纪60年代及之后的一大批艺术家，其中包括安迪·沃霍尔（Andy Warhol）、理查德·文特沃思（Richard Wentworth）、罗伯特·劳森伯格（Robert Rauschenberg）等。

1967年，也就是马格利特生命中的最后一年，他开始依据自己的一部分超现实主义画作塑制蜡像。但这些雕塑尚未铸成铜像，他便因胰腺癌去世了。后世对其作品与理念的兴趣始终不减。

◁《个人价值》（***Personal Values***），**1952年**
日常物品被放大之后，不仅会失去用途，甚至会让人恐惧。这种令人不安的构图，辅以典型写实手法雕琢的细节，是在邀请观者重新审视自己与日常物品及"现实"之间的关系。

相关技术

符号

马格利特虽然采用写实主义绘画风格，画面中却往往会出现一个至多个不协调元素，以精心设计的悖谬扰乱观者的先入之见。他在作品中会反复引入某些常见的形象，比如苹果、烟斗、鸡蛋，以及他最喜爱的圆顶礼帽。我们以苹果为例。马格利特笔下的苹果有多种登场方式：或是作为天体悬浮于空中，或是放大塞满整个房间，或是在自画像《人子》中遮挡住艺术家的面孔。通过把这些日常形象提升至近乎神秘符号的高度，马格利特对观者诠释它们的方式提出了质疑："那有什么意义？什么意义也没有。因为神秘也无意义可言，它是未知的。"

马格利特钟爱的一个符号

亨利·摩尔

1898—1986年，英国人

摩尔是20世纪著名的雕塑家之一，尤以家庭群像与斜倚人像而著称。许多作品都以凿洞穿孔的新方式对空间与体积进行探索。

1898年，亨利·摩尔出生于英国约克郡卡斯尔福德（Castleford），家中以采矿为生，他是家中8个孩子里的第7个。他从小便渴望成为雕塑家，中学时展露不凡的艺术天赋，但父亲建议他当老师。可是年轻的摩尔对这条道路不感兴趣。他18岁入伍，参加了第一次世界大战。在康布雷战役（Battle of Cambrai）中吸入毒气，被送还家乡休养，战争临近尾声才返回法国。

▽《斜倚人像》（*Reclining Figure*），1939年
摩尔喜欢雕刻木像，因为木材的纹理与长度有利于确定作品的形式，这尊榆木人像便是很好的证明。

摩尔依靠退役军人享用的补助金，就读于利兹艺术学院（Leeds School of Art），与芭芭拉·赫普沃斯（Barbara Hepworth）成为校友。他一年便修完两年的素描课程，然后开始研究雕塑，前往伦敦皇家艺术学院求学。

早期影响

在皇家艺术学院进修期间，摩尔专注于在木材或石料上直接雕刻，而非先用黏土制作原型，再铸成金属塑像。他在伦敦经常参观大英博物馆的非西方艺术馆藏，深受古埃及、非洲与墨西哥艺术的影响。他在校期间表现良好，后留校任教。20世纪20年代末，他开始接受重量级委托，如为圣詹姆斯公园站上方的伦敦地铁总部大楼的外立面刻制的著名浮雕作品《西风》（*West Wind*，1928—1929年）。

艺术发展

1929年，摩尔与艺术家同行伊琳娜·拉德茨基（Irina Radetsky）结婚，移居伦敦西北部的艺术家聚集区汉普斯特德（Hampstead）。3年后，摩尔接受伦敦切尔西艺术学院（Chelsea School of Art）的教职，开始创作其最经久不衰、最为人熟知的斜倚人像作品。这些直接在石料上雕刻的人像，显示了墨西哥玛雅雕塑的影响。摩尔在作品中注重表现大块头人体，斜倚人像的四肢往往粗壮到夸张的地步。

现代主义与抽象艺术

同样是在20世纪30年代，摩尔成为伦敦“七五团体”（Seven and Five Society）的一员。该艺术群体致力于创作现代主义与抽象艺术作品，芭芭拉·赫普沃斯与本·尼科尔森（Ben Nicholson）亦是其中成员。造访巴黎后，摩尔接触到欧洲最杰出的现代主义艺术家，比如巴勃罗·毕加索与乔治·布拉格，超现实主义也让他迷恋不已。这些艺术家以抽象化的方式表现人物，或直接将其转化为一系列碎

相关技术

雕刻

在皇家艺术学院进修期间，摩尔背离传统的学院派雕塑技术，即用黏土制作一个原型，然后以铜等金属将其铸成塑像。他更喜爱现代派雕塑家与非西方艺术家大量采用的直接雕刻法，风格上也颇受这些艺术家的影响。摩尔感觉直接雕刻能使他更容易把握作品的形状与形式，可以让他“深入”其形式，感受其存在。他还意识到，直接雕刻可使雕塑家忠实于材料，不受转制过程的干扰，让木材与石料自身的特质得以在成品中展现。

摩尔在木材上雕刻，约1965年

“艺术家必须往材料里注入自己的一些自我和理念。”

——亨利·摩尔，引自唐纳德·霍尔（Donald Hall）《亨利·摩尔：伟大雕塑家的生平与作品》（*Henry Moore: Life and Work of a Great Sculptor*），《地平线》（*Horizon*），1960年

▷**亨利·摩尔**
艺术家身后是其作品《穿衣的斜倚女人》（*Draped Reclining Woman*，1956—1957年）。此人像是艺术家一生中铸造过的第六版作品。

> “在石头上凿出的第一个孔洞具有启示意义……孔洞对于造型的意义，丝毫不亚于实心的部分。”
>
> ——亨利·摩尔，“雕塑家说”（*The Sculptor Speaks*），引自《听众》（*Listener*），1937年8月18日

背景简介

生物形态主义

20世纪30年代，摩尔对显微镜下的形象以及骨骼、卵石、贝壳、树根等自然结构采用的形式兴趣愈发浓厚。他从不同角度为这些物体画素描，试图找出其形状与形式的内在法则，并将这些自然形式作为雕塑的灵感来源或是出发点——这种手法被英国评论家杰弗里·格里格森（Geoffrey Grigson）称为“生物形态主义”（Biomorphism）。摩尔把树根视为木雕的理想形式，将骨骼看作结构强度的范本。他自己的人体雕塑有时便会借鉴这些自然形式。

大树根部天然形成的木雕

片，为艺术开辟了一条极具表现力的激进道路。这对摩尔造成的直接影响是其雕塑更加抽象化。这一时期的作品有时会引发争议。例如1937年，罗兰·彭罗斯（Roland Penrose）买下摩尔《母与子》（*Mother and Child*）系列中的一座雕像，置放于前庭花园。然而这尊裸像触怒了他的邻居们，当地媒体也展开炮轰，指责摩尔身为教师竟然荼毒青少年。不过艺术家同行与收藏家却对其作品青睐有加。

新方向

1939年第二次世界大战爆发后，摩尔的作品走上新方向，以令人难忘的素描展现了伦敦民众在地铁里躲避空袭的场面。这些素描对他来说似乎是雕塑的一种自然延伸，与其斜倚人像雕塑有密切关联。国家美术馆馆长、战时艺术家咨询委员会（War Artists' Advisory Committee）主席肯尼思·克拉克（Kenneth Clark）收购了其中一部分素描作品。1941年，摩尔被任命为官方战争艺术家，奉命创作更多空袭题材的素描，以及关于约克郡矿工（他父亲曾是其中一员）的画作。

由于伦敦的空袭越来越严重，摩尔与妻子搬往乡下，在赫特福德郡（Hertfordshire）买下一座农庄，并在此度过余生。他们将外屋改造成工作室，为摩尔创作大型项目提供了空间。1943年，他为北安普敦的圣马太教堂创作大型雕塑《圣母与圣子》（*Madonna and Child*），开启了家庭题材的一系列创作。1946年女儿玛丽出生后，母子题材对他来说变得更为重要。

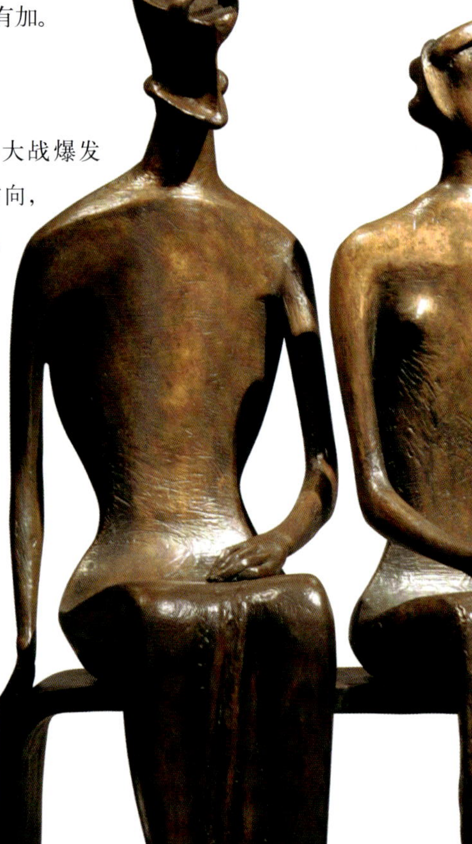

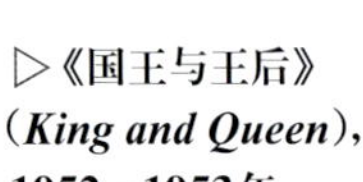

▷**《国王与王后》（*King and Queen*），1952—1953年**

摩尔这尊并排坐在长椅上的男女铜像，以现代手法表现传统题材，反映出他对“原始”艺术的喜爱。

战后风格

战争结束后，摩尔不再热衷于大体积作品，转而开始关注固体与其周遭空间的相互关系，在人像上凿洞穿孔。这种基本手法，被视为向更“原始”风格的一种过渡，与当时“文明”遭战争践踏的境况不无关系。

战后摩尔创作的大型雕塑，尤其铜像作品，是先绘制草图，或者用黏土制作小体积模型，再按比例放大，铸成金属塑像的。

摩尔这个阶段的作品，有相当一部分是为公共委托而作，比如1950年与1956年分别为新建的城镇斯蒂夫尼奇（Stevenage，1948—1949年）与哈罗（Harlow，1954—1955年）创作的家庭群像，1951年为伦敦的英国节（Festival of Britain）创作的斜倚人像，以及在巴黎为联合国教科文组织大楼创作的另一座斜倚人像（1957—1958年）。摩尔通过小体积模型来创作大型作品这一事实，表明这些晚期作品恢复了极佳的手工感。

日渐增加的公共委托，意味着摩尔已成家喻户晓的人物。许多人将其作品视为战后英国复兴与乐观主义的象征。艺术界也对其保持了极高的评价：1948年，他在威尼斯双年展上荣获雕塑奖，20世纪六七十年代个展遍布全球，重要的公共收藏机构均存有其作品。摩尔的很多艺术作品是为户外场所设计的：人体雕塑抽象与中空的形式使其作品独树一帜，与室外环境相得益彰，同山石等景物相比都毫不逊色。

慷慨捐赠

摩尔在晚年捐出大量作品，主要捐赠给安大略美术馆（Art Gallery of Ontario）——光是给亨利·摩尔中心就贡献了数百件作品——和伦敦泰特美术馆。他还将赫特福德郡佩瑞格林（Perry Green）的农庄赠与负责出售与展览其作品的亨利·摩尔基金会。

摩尔是位高产的艺术家，他通过家庭群像与斜倚人像等核心题材拓展了雕塑的边界，构建了处理三维形式的全新手段，并因而闻名。无论在本国还是在国际上，他都是20世纪最负盛名的艺术家之一。

简要年表

- **1928—1929年** 第一件公共委托作品《西风》与其他重要雕塑家的作品并列展示。
- **1929年** 雕刻《斜倚人像》，第一件用霍恩顿（Hornton）的棕石创作的人像作品；许多早期作品均使用这种石料。
- **1940—1941年** 以多种媒介创作空袭题材素描，展示战争期间伦敦民众在地下躲避轰炸的场面。
- **1957—1958年** 在巴黎用凝灰石为联合国教科文组织大楼铸造《斜倚人像》。
- **1962—1965年** 创作其最早的组雕作品之一，即抽象化铜像《刀锋两件组雕》（*Knife Edge Two Piece*）。
- **1971—1972年** 《绵羊雕塑》（*Sheep Piece*）体现了他对生物形态的爱好。真羊有时会在附近吃草。

◁**霍格兰兹（Hoglands）农庄**
自1940年直到他去世，佩瑞格林的这座农庄都是摩尔的家。摩尔的很多作品都在这里的工作室与庭院中展出。

▷**《大型斜倚人像》，1984年**
这座抽象风格的铜制人像由1938年创作的模型放大制成，展示在新加坡华侨银行（OCBC Bank）前，长约9米，是摩尔规模最大的作品之一。

其他艺术家名录

沃尔特·西克特

1860—1942年，英国人

沃尔特·西克特（Walter Sickert）出生于慕尼黑，1868年移居伦敦。起初渴望当一名演员，但舞台生涯并不顺利。1881年考入伦敦斯莱德艺术学院（Slade School of Art），不久便成为詹姆斯·惠斯勒的学生。其油画中的精致色调，便是拜惠斯勒的影响所赐。他曾与埃德加·德加共事，受到其非传统构图的影响。1899年至1905年，在迪耶普（Diepp）居住，此后返回伦敦，以厚重粗粝的色彩描绘静默的室内场景。这些作品后来成为他所属的卡姆登镇（Camden Town）画家群体的代表作。

西克特的著作与教学将英国艺术与欧洲艺术紧密相连，产生了重要作用。晚期音乐厅题材的油画，以及根据照片创作的画像，目前被视为其最具前瞻性的作品。

主要作品：《荷兰女人》（*La Hollandaise*），约1906年；《无聊》（*Ennui*），约1914年；《布莱顿的小丑》（*Brighton Pierrots*），1915年

皮埃尔·博纳尔

1867—1947年，法国人

皮埃尔·博纳尔是一位画家、版画家与设计师，出生于巴黎附近的丰特奈-欧罗斯（Fontenay-aux-Roses）。19世纪80年代末，放弃法律行业，转攻绘画，在巴黎的艺术院校读书期间结识了艺术家同行莫里斯·德尼（Maurice Denis）与爱德华·维亚尔（EdouardVuillard）。在新艺术主义、象征主义和日本版画的影响下，组建“纳比派”（Nabis），意图振兴绘画艺术。1891年至1905年创作的早期作品以版画为主，海报与版画风格简洁而充满活力。

自1905年起转而以油画为中心，用明亮丰富的色彩描绘亲切的家庭场景。这些作品被称为“家庭情景绘画”（intimist），包含沐浴的场景，画中人物均以他最喜爱的模特，也就是他的妻子玛尔特（Marthe）为原型。晚年时常往返于巴黎与法国南部。去世后的几十年里，他在绘画界的名望不断增加。

主要作品：《倚在床上的女人》（*Woman Recliningon a Bed*），1899年；《乡下餐厅》（*Dining Room in the Country*），1913年；《厕所》（*The Toilet*），1932年

△《自画像》，皮埃尔·博纳尔，1889年

凯绥·珂勒惠支

1867—1945年，德国人

凯绥·珂勒惠支（Käthe Kollwitz）出生于普鲁士城市柯尼斯堡（Königsberg，现俄罗斯的加里宁格勒），1885年至1889年在柏林与慕尼黑学习艺术。与一位医生结婚后，迁居柏林贫民区，见证了城市底层民众的艰难处境。将贫穷作为题材，以富有表现力却不带感情的方式，在素描、蚀刻版画与木刻版画中展示亲眼目睹的苦难。1910年以后，开始创作雕塑，同样探讨了人类身处逆境时的尊严问题。她的作品含有和平主义倾向（其儿子死于“一战”，孙子死于“二战”，因此悼念也是她关注的题材），而她的社会意识与左翼倾向则促成了1927年的苏联之行。1933年德国纳粹上台后，身为柏林科学院的首位女院士，被迫辞职。

主要作品：《纺织工人的反抗》（*Weavers' Revolt*），1893—1897年；《悲痛的父母》（*Grieving Parents*），1924—1932年；《死亡》（*Death*），1934—1935年

卡西米尔·马勒维奇

1878—1935年，俄国人

卡西米尔·马勒维奇（Kasimir Malevich）出生于基辅，1903年起在莫斯科学习艺术，期间与俄国先锋派颇有来往，结识了艺术家娜塔莉亚·冈察洛娃（Natalia Goncharova）与米哈伊尔·拉里奥诺夫（Mikhail Larionov），开始在后印象主义、立体主义与未来主义的共同影响下以混合风格描绘农事场景。后不满足于创作再现式作品，渴望将艺术从“物体的束缚”中解放出来。他曾为歌剧《战胜太阳》（*Victory over the Sun*）设计抽象化舞台背景，并开始在白底上创作简单几何图形。这些初展于1915年的“至上主义”（Suprematist）画作，意味着抽象艺术迈出了“与自然决裂”的激进一步。

马勒维奇晚年大部分时间用于研究与教授至上主义理论，以及撰写相关著作。然而自从1924年斯大林成为苏联领袖，社会主义写实主义成为金科玉律，其创作便停滞不前。由于苏联政府认为其纯粹抽象的作品过于前卫，晚年回归了具象的绘画风格。

主要作品：《黑方块》（*Black Square*），约1915年；《白上之白》（*White on White*），

1917—1918年;《农民头部》(*Head of a Peasant*), 1928—1929年

恩斯特·基希纳

1880—1938年，德国人

恩斯特·基希纳（Ernst Kirchner）出生于德国阿沙芬堡（Aschaffenburg），1901年至1905年在德累斯顿学习建筑。由于对绘画的兴趣与日俱增，与德累斯顿的几位同学共同创立了德国表现主义艺术组织“桥社”（Die Brücke）。作品以人像为主。在文森特·凡·高、爱德华·蒙克与亨利·马蒂斯等艺术家的影响下，采用参差不齐的形式，铺设浓稠的平面色块。1911年在柏林安家，以生动的笔法描绘城市场景。这些作品后来被视为表现主义的巅峰之作。

1915年应征入伍后，精神崩溃，移居瑞士。在此地以风景与自然形态为题进行创作，作品中多了几分静穆感。同期还创作了高水平的蚀刻版画、木刻版画与石版画。1937年因作品被纳粹定性为“堕落艺术”并予以取缔，再度精神崩溃，不久自杀身亡。

主要作品：《柏林街道》(*Street, Berlin*), 1913年;《从军时期自画像》(*Self-Portrait as a Soldier*), 1915年;《达沃斯风景》(*Blick auf Davos*), 1924年

费尔南·莱热

1881—1955年，法国人

费尔南·莱热（Fernand Léger）出生于法国诺曼底，曾任建筑制图员，1900年起在巴黎学习艺术。早期作品效法保罗·塞尚，1909年起主要受立体主义的影响。然而其作品中的管状形态和明艳色彩，与巴勃罗·毕加索及乔治·布拉克采用的支离破碎的形式并不相同。第一次世界大战过后，专注于捕捉“机械之美”，作品愈发平面化与风格化，轮廓鲜明，色彩对比强烈。

20世纪20年代，他开始拓展领域，绘制壁画、设计舞台布景、摄制电影。第二次世界大战期间，在美国耶鲁大学任教。1945年返回法国后，加入共产党，受托创作一系列大型装饰性作品，以其标志性风格描绘人体。1950年建造的陶瓷工作室，1967年变成了纪念性的国家博物馆。

主要作品：《城市》(*The City*), 1919年;《三个女人》(*Three Women*), 1921年;《大游行》(*The Grand Parade*), 1954年

△《自画像》，翁贝托·波丘尼，1904—1905年

翁贝托·波丘尼

1882—1916年，意大利人

翁贝托·波丘尼（Umberto Boccioni）出生于意大利的雷焦卡拉布里亚（Reggio Calabria），早年当过记者，1900年左右转投绘画。常年游历各地，1907年定居米兰，在此结识了未来主义创始人菲利波·马里内蒂（Filippo Marinetti）。未来主义艺术家意欲同过往的艺术决裂，创造新艺术，捕捉由机械驱使的现代生命的感受与情绪。波丘尼全心全意地拥护这些理念，在作品中将物体分解为充满力量感的线条，以吻合未来主义的宗旨。还采用流动的视角体系，以明亮的互补色使现代性的生机活力得以显现。

他甚至还将未来主义理念运用于雕塑当中，创作出暗示速度、活力与运动的多层次雕塑。然而1916年，他在第一次世界大战服役期间意外身亡，创作生涯也随之戛然而止。

主要作品：《街头噪音侵袭屋舍》(*Street Noises Invade the House*), 1911年;《空间中连续的独特形体》, 1913年;《人体活力》(*Dynamism of a Human Body*), 1913年

弗拉基米尔·塔特林

1885—1953年，俄国人

弗拉基米尔·塔特林（Vladimir Tatlin）出生于乌克兰基辅，当过水手，1902年至1910年在莫斯科与奔萨断断续续地学习艺术。1914年，他在观看巴勃罗·毕加索的立体主义绘画之后，开始亲自动手，用玻璃、木材和金属创造出极具辨识度与动感的雕塑作品，让“真正的材料处于真正的空间之中”。这些作品是构成主义的雏形。构成主义相信艺术可以服务于深刻而重要的社会目的。

1917年俄国革命之后，布尔什维克认可其理念，将他确立为俄国先锋派的领袖，命他为俄国大规模生产的家具、衣物及其他物品担任设计工作。然而，最能体现其雄心的计划，比如多功能巨塔第三国际纪念碑（Monument of the Third International），以及他命名为“勒塔特林”（Letatlin）的飞行器，最终却未能实现。晚年岁月在教学与剧场布景设计中度过。

主要作品：《浮雕》(*Reliefs*), 1915年;《第三国际纪念碑》(模型), 1920年;《勒塔特林》, 1932年

奥斯卡·柯克西卡

1886—1980年，奥地利人

奥斯卡·柯克西卡（Oskar Kokoschka）出生于珀希拉恩（Pöchlarn），成长于维也纳。1905年至1909年在维也纳艺术学院读书。在首都的文化氛围，尤其是西格蒙德·弗洛伊德著作的影响下，从1910年起开始凭“心理肖像”引人关注，以有限的色彩与浅淡却紧张的笔触来捕捉模特内在的彷徨不安。大约在同一时期，还开始为柏林先锋刊物《暴风雨》（*Der Sturm*）绘制插图。1915年，在第一次世界大战中负伤，后迁往德累斯顿，1919年至1924年在此地教书。

20世纪20年代，开始创作明亮耀眼的风景画，并四处旅行。1935年，逃离纳粹的统治，来到英国避难，1953年定居瑞士。继续教学的同时，也继续以特色鲜明的表现主义风格进行创作。

主要作品：《梦想的年轻人》（*The Dreaming Youths*），1907年；《风的新娘》（*The Bride of the Wind*），1913—1914年；《普罗米修斯三联画》（*Prometheus Triptych*），1950年

迭戈·里维拉

1886—1957年，墨西哥人

迭戈·里维拉（Diego Rivera）出生于墨西哥的瓜纳华托（Guanajuato），1896年至1902年在墨西哥城学习艺术。1911年前往欧洲，来到先锋艺术中心巴黎，与巴勃罗·毕加索等数位艺术家成为朋友，受到立体主义影响。1921年回国后，开始转向本土文化以及前哥伦布时期的玛雅与阿兹特克艺术。在墨西哥革命运动的号召下，开始绘制公共壁画，日后凭此名扬天下。他从在欧洲观赏过的文艺复兴壁画中获取灵感，以强有力的装饰性色彩与简约的平面化形式，将墨西哥社会史与政治史中的难忘场景悉数呈现，靠写实手法创造极具表现力的不朽之作，以启示与鼓舞普通民众。1930年至1934年，受托在美国创作，影响力扩展到墨西哥之外的地区。1928年，与艺术家同行弗里达·卡洛（Frida Kahlo）结婚。晚年在工作室中绘画度日。

主要作品：《创世》（*Creation*），1922—1923年；《底特律工业壁画组图》（Detroit Industry fresco cycle），1932—1933年；《人，宇宙的控制者》（*Man, Controller of the Universe*），1934年

△《头戴宽边帽的自画像》，迭戈·里维拉，1907年

马塞尔·杜尚

1887—1968年，法国人

马塞尔·杜尚（Marcel Duchamp）出生于法国诺曼底，为了在绘画界闯出名堂，1903年迁居巴黎。1913年，创作出以层叠图形组成的半抽象作品《下楼的裸女》（*Nude Descending a Staircase*），引发争议。1915年放弃绘画，转而以“现成品”创作。选取自行车轮胎和瓶架等日常物品，将其呈现为艺术，使得创作的重心从制作转变为思考。他被视为概念艺术的先驱：概念先行，实体成品在后。移居纽约后，展出臭名昭著的小便池《泉》（*Fountain*）。1920年至1923年制作出一个复杂而神秘的窗式造物，将其取名为《大玻璃》（*TheLarge Glass*）。杜尚工作节奏缓慢，大部分时间都在下国际象棋。然而，由于对概念艺术、动态艺术、超现实主义、波普艺术与极简主义均产生过影响，他已成为20世纪艺术的中心人物。

主要作品：《下楼的裸女2号》，1912年；《泉》，1917年；《新娘甚至被光棍们扒光了衣服》（*The Bride Stripped Bare by HerBachelor*，即《大玻璃》），1920—1923年

瑙姆·加博

1890—1977年，俄国人

瑙姆·加博（Naum Gabo）出生于白俄罗斯，1910年至1914年在慕尼黑研究医学与工程学。到巴黎拜访兄长安东尼·佩夫斯纳（Antoine Pevsner）之后，接触到先锋艺术。1915年，受立体主义影响，创作第一批雕塑。当时他正在斯堪的纳维亚地区（Scandinavi）躲避第一次世界大战。战后，加博与佩夫斯纳返回俄国，发表构成主义宣言，提倡纯粹抽象的雕塑形式。从1923年起，开始创作非具象的动态雕塑，用透明的材料创建看似在空间中没有重量的构造。他对材料的情感与美学层面的兴趣，没有得到共产主义政府的认同。后者认定艺术应该于社会有益。加博在柏林与巴黎居住过一段时间，又在英格兰旅居了一段时日，后来前往美国哈佛大学任教，继续传播构成主义学说。

主要作品：《构建头部2号》（*Constructed Head No. 2*），1916年；《动态构造》[*Kinetic Construction*，即《驻波》（*Standing Wave*）]，1919—1920年；《空间中的线性构造2号》

(*Linear Construction in Space No. 2*), 1949年/1972—1973年

亚历山大·罗琴科

1891—1956年，俄国人

亚历山大·罗琴科（Aleksander Rodchenko）出生于圣彼得堡，1910年至1914年在喀山艺术学院读书。后前往莫斯科，绘画风格很快便从印象主义转变为抽象主义。

他是构成主义创始人之一。构成主义在图形方面注重“线性构造”，色彩方面强调只用单色与原色。罗琴科创作的悬浮几何形雕塑是其代表作。1917年俄国革命之后，他成为俄国最为政治服务的艺术家之一，教职众多，讲授构成主义理论。1921年，放弃美术，转投工业设计领域，创造家具、纺织品、印刷物与政治宣传海报。

他还成为独树一帜的摄影师，以标志性的对角形构图记录后革命时代俄国的工作环境。1935年重拾绘画。晚年以“滴画”方式绘制的抽象画作，预示了杰克逊·波洛克（Jackson Pollock）的作品风格。

主要作品：《红黄蓝纯色三联画》(*Pure Red Colour, Pure Yellow Colour, Pure Blue Colour*)，1921年；《书》[*Books*，朗蒂斯出版社（Lengiz Publishing House）海报]，1924年；《楼梯》(*The Staircase*)，1930年

马克斯·恩斯特

1891—1976年，德国人/法国人

马克斯·恩斯特（Max Ernst）出生于科隆附近的布吕尔（Brühl），曾经研究精神医学，后来转投绘画。与青骑士团体的奥古斯特·马克是好友，对精神病患者绘制的画作非常感兴趣。参加第一次世界大战之后，在科隆组建达达主义团体，1922年又来到巴黎，投身于安德烈·布勒东领导的超现实主义运动当中。

恩斯特奇诡幻魅的画作在很大程度上利用了童年的记忆，将看似不相干的图像并置，营造出梦境般的场景。这种个人神话式探究还让恩斯特摸索出了其他工作方法，比如拼贴与擦印（用不同表面的拓片绘制图像），为作品引入了新元素。他与超现实主义的关系一直保持到1937年。1941年移居美国，晚年的画作将抽象推向了极致。1954年，荣获威尼斯双年展绘画奖。

主要作品：《西里伯斯象》(*Celebes Elephant*)，1921年；《人应对此一无所知》(*Men Shall Know Nothing of This*)，1922年；《炉边天使》(*Angel of the Hearth*)，1937年

胡安·米罗

1893—1983年，西班牙人

胡安·米罗（Joan Miró）出生于巴塞罗那，1907年至1915年在家乡学习商业与艺术，1920年迁居巴黎，结识了巴勃罗·毕加索与达达主义成员。早期受野兽派影响，移居巴黎后与安德烈·布勒东和超现实主义艺术家过往甚密，参加了1925年皮埃尔画廊（Galerie Pierre）举办的首届超现实主义展。遵从超现实主义的原则，释放潜意识中的创造力，游走于具象与抽象之间，以各种标志、符号与飘浮的彩色图形构建独特的个人语言，部分作品是对自然的再现。他频繁往返于巴黎与西班牙，直到1936年西班牙内战打响。以“狂野时期”创作的梦魇般的生动画作回应了这场战争。自1944年起开始制作瓷器，探索新技术，受托创作了几件重要的公共雕塑。1956年定居马洛卡，年愈古稀仍在创作。

主要作品：《农场》(*The Farm*)，1921年；《星座》系列（Constellations series），1940—1941年；《月鸟》(*Lunar Bird*)，1946—1949年

亚历山大·考尔德

1898—1976年，美国人

亚历山大·考尔德（Alexander Calder）出生于美国宾夕法尼亚州朗顿镇。在父母的支持下，1915年至1919年在新泽西州学习机械工程学。1923年转攻艺术，在纽约学习绘画。他于1926年迁居巴黎，开始用金属丝制作雕塑。早期作品的形象为马戏团的动物，后来改为人与物品。这些线性雕塑被视为三维线条画。

1930年参观艺术家同行皮特·蒙德里安的工作室后，得到启发，开始探索抽象形式，不久之后创作出首件动态雕塑，并因而成名。动态雕塑以不同颜色的金属片制成，由丝线吊于空中。早期版本靠发动机或人工驱动，1934年之后的动态雕塑仅凭气流即可驱动。

20世纪50年代以后，在法国与美国之间来回奔波，接手了一些大型公共项目。他在创作生涯中也制造过不会移动的静态雕塑。20世纪60年代，他的画作也开始与其他作品一同展览。

主要作品：《考尔德马戏团》(*Cirque Calder*)，1926—1931年；《花瓣弧形》(*Arc of Petals*)，1941年；《三盘》(*Trois Disques*)，1967年

∧《自画像》，1957年，亚历山大·考尔德

1945年至今

第七章

阿尔贝托·贾科梅蒂

1901—1966年，瑞士人

贾科梅蒂是20世纪极具创意的雕塑家之一。他将存在主义的感知和隔离理念融入绘画及其最为著名的纤长雕塑之中。

阿尔贝托·贾科梅蒂（Alberto Giacometti）出生于瑞士东部博尔戈诺沃（Borgonovo）的意大利语区，他是四兄弟中的老大，其家族成员均颇具艺术天赋。父亲乔瓦尼（Giovanni，对贾科梅蒂的艺术发展有很大影响）和教父库诺·阿米耶（Cuno Amiet）都是瑞士著名的艺术家，两个弟弟迭戈（Diego）和布鲁诺（Bruno）分别是家具设计师和建筑师。

早期影响

阿尔贝托自青少年早期便显露艺术天赋（他14岁时在父亲的工作室完成了第一件肖像雕塑和第一幅油画作品），1919年开始在日内瓦学习艺术。第二年和父亲同游意大利时，他被丁托列托和乔托的作品深深吸引，在佛罗伦萨考古博物馆看到的埃及艺术也激起了他的兴趣。

1922年，他入学巴黎的“大茅屋学院”（Académiede la Grande Chaumière），跟随奥古斯特·罗丹的前助手安托万·布德尔（Antoine Bourdelle）学习。和当时许多艺术家一样，贾科梅蒂也对所谓的大洋洲和非洲“原始”艺术产生了兴趣，并毫无疑问地受到康斯坦丁·布朗库西（见第281—283页）及上一个10年于巴黎兴起的立体主义的影响。1926年，他在曼德隆街（rue Hippolyte-Maindron）成立了自己的工作室，并保留了一生之久。

△**《勺型女人》（*Spoon Woman*），1926—1927年**

这件贾科梅蒂的真人大小的青铜雕塑汇集了他早期受到的影响。非洲文化中的勺子象征物被倒置，勺子的凹陷部分代表女性的子宫。

超现实主义者

贾科梅蒂与巴黎超现实主义作品商皮埃尔·罗布（Pierre Loeb）签订了合约。一系列扁平的石膏雕塑令其声名鹊起，他开始融入先锋派的圈子，和萨尔瓦多·达利、雷内·马格里特、马克思·恩斯特、胡安·米罗以及超现实主义创始人安德烈·布勒东等人交往。1931年，贾科梅蒂成为超现实主义团体中的一员，并接受其议程，开始通过富有创意的雕塑来探索性、创伤和梦境等潜意识，这些作品通常形似建筑模型或玩具。他将自己的雕塑放在四边开放的笼子里——几乎可以算作雕塑作品的一部分，以此来表现清晰的界限，同时突出了其中的各元素的力量。

贾科梅蒂与弟弟迭戈关系亲密，后者于1930年前往哥哥位于巴黎的工作室。兄弟二人共同制作室内家用物品，如灯、花瓶、桌子等，这些产品经由先锋派室内设计师让-米歇尔·弗兰克（Jean-Michel Frank）出售，或直接卖给其他国家的收藏家。与此同时，《悬浮球》（*Suspended Ball*）、《凌晨4点的宫殿》（*The Palaceat 4 a.m.*）等隐喻式作品奠定了贾科梅蒂作为超现实主义领军艺术家的名声。

创造性的发展

父亲乔瓦尼于1933年去世，贾科梅蒂回到瑞士帮助母亲处理后事。没

相关技术

肖像

贾科梅蒂是画家兼雕塑家，其肖像作品的主角通常都是家人。在他的标志性的肖像画作中，人物均直面观者，姿势僵硬，大张着双眼目视前方，面无表情。画面颜色比较暗淡，或直接是单色，头部通常为黑色，身体其他部位全部或局部不上色。背景以寥寥几笔勾勒，让人无法识别这是何处，人物由此被赋予近乎牧师般的气息。

《安妮特，艺术家的妻子》（*Annette, the Artist's Wife*），1961年

◁**自画像，约1923年**

这幅早期自画像预示了贾科梅蒂后来的立体主义和超现实主义试验，也预示了他对表现人类头部和日光的痴迷。

“对我来说，人体不是实心物体，而是透明结构。”

——阿尔贝托·贾科梅蒂，写给皮埃尔·马蒂斯（Pierre Matisse）的信，1947年

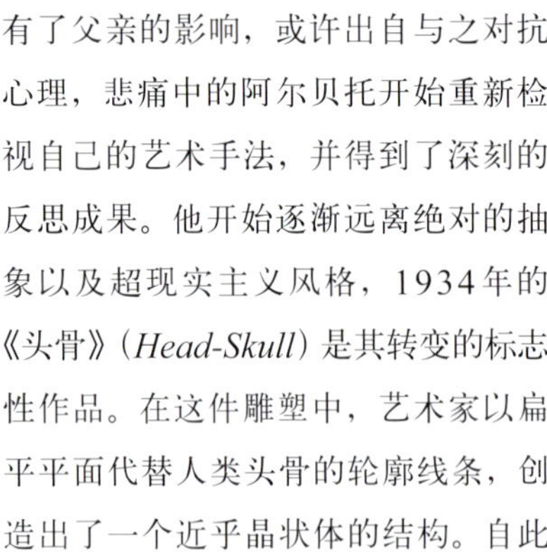

▷ **工作中的艺术家**

画肖像时，贾科梅蒂会严格把控座椅和对象与画架之间的距离，让自己既能看清细节，又可以观察全局。

△《笼子》(*The Cage*)，1950年

贾科梅蒂在超现实主义创作中使用过笼子的意象，后来又重新拾起这一象征。笼子的轮廓线条在勾勒出空间的同时，也成为雕塑本身的一部分。

有了父亲的影响，或许出自与之对抗心理，悲痛中的阿尔贝托开始重新检视自己的艺术手法，并得到了深刻的反思成果。他开始逐渐远离绝对的抽象以及超现实主义风格，1934年的《头骨》(*Head-Skull*)是其转变的标志性作品。在这件雕塑中，艺术家以扁平平面代替人类头骨的轮廓线条，创造出了一个近乎晶状体的结构。自此之后，如何表现人类的头部成为贾科梅蒂余生的主要任务。

矛盾与逃避

贾科梅蒂向具象风格靠拢，还喜欢参照模特而非依靠自己的想象力进行创作，这些对超现实主义者来说都是不可接受的。1935年，他被逐出该团体，尽管其作品仍出现在他们的战前世界巡回展览中。第二次世界大战开始时，贾科梅蒂留在了巴黎，与存在主义作家让-保罗·萨特(Jean-Paul Sartre)、西蒙娜·德·波伏娃(Simone de Beauvoir)以及美国艺术收藏家佩吉·古根海姆(Peggy Guggenheim)成为好友。不断逼近的德军让他不得不逃回瑞士，并在那里一直住到战争结束。贾科梅蒂这一时期的作品出现了一个奇特的转变：为

简要年表

1928年

以《凝视的头颅》(*Gazing Head*)获得超现实主义者的青睐，这件雕塑将人类头部简化为抽象本质。

1930—1931年

《悬浮球》定义了一个全新的雕塑类型，名为“动态无声物品”(mobile and mute objects)，模糊了物与雕塑之间的界限。

1948年

创作了典型的存在主义作品《三个行走的人(一)》(*Three Man Walking I*)，雕塑中的3个男子往不同方向走去，亲密却又疏离。

1956年

在同一个支架上塑造了15个站立裸体女人像，其中9个由青铜浇铸。

1961年

为“卡罗琳娜”(Caroline)画了大量肖像，这位妓女有趣的一生使贾科梅蒂痴迷，他曾在多个作品中画过不同形态的卡罗琳娜。

1965年

创作《艾利·洛塔(三)》(坐姿)[*Elie Lotar III, (Seated)*]，表现贫穷的巴黎先锋派前成员洛塔数小时保持同一姿态的样子。

“艺术的目的不是再现现实，而是创造一个同等强度的现实。”

——阿尔贝托·贾科梅蒂

了表达生命的纯粹本质、表现艺术家和模特之间的距离，他的雕塑变得极为迷你，甚至比针还小。等到1946年返回巴黎时，据说他的作品装满了6个火柴盒。

存在主义形象

回到巴黎工作室后，贾科梅蒂开始创作后来为他赢得名声的纤长人形雕塑。他的成熟作品既纤弱又粗糙，既易碎又坚硬。男人形象处于行走状态，有的三两成行，有的独自一人，身子前倾，或许即将冲进雨中，或许是在赶时间。他们硕大的脚掌将其固定在地上。女人形象则站着，仍是两三人一组或独自一人，又高又瘦，正面对着我们，静止且严肃，虽消瘦却有如丰碑。

为了寻找人类的本质，贾科梅蒂将雕塑削减至只剩骨头。创作于1948年的《三个行走的人》《雨中的人》（*Maninthe Rain*）和《站立的女人》（*Standing Woman*）等作品，表现了存在主义哲学中的孤独、疏离和焦虑之感，同时也迎合了残忍战争之后欧洲对人性的追问。

贾科梅蒂与法国哲学家让-保罗·萨特是非常要好的朋友，萨特在存在主义语境下撰写了诸多评论其作品的文章，包括贾科梅蒂在美国的首次展览图录的前言。这场展览于1948年在纽约的皮埃尔·马蒂斯画廊（Picrre Matisse Gallery）拉开帷幕，令艺术家闻名国际。

晚期肖像

1947年，贾科梅蒂的情人兼模特安妮特·阿姆（Annette Arm）从瑞士前来找他，二人于1949年完婚。安妮特和弟弟迭戈是他最喜欢的模特，并为他俩创作了诸多雕塑和绘画肖像，当然，其他朋友和家庭成员也出现在艺术家的作品之中。当艺术世界被抽象风格主导时，贾科梅蒂却坚定地聚焦于具象艺术，并成功找到了表达自己所见所感的方法。20世纪50年代中期，他开始创作一系列肖像，决意不差分毫地捕捉模特的形象，每一幅画背后都是长时间的工作和持续不断的修正。这些作品在很多展览中展出，包括巴塞尔美术馆（Kunsthalle in Basel）和巴黎梅格画廊（Galerie Maeght），并获得诸多奖项。1956年，他的作品在威尼斯双年展的法国馆展出；1962年，双年展又邀请他举办一场个展，还把雕塑大奖（Grand Prize for Sculpture）颁给了他。

▷ **《迭戈胸像》（*Bustof Diego*），1964年**
迭戈·贾科梅蒂是哥哥生命中的忠实伙伴：在哥哥隔壁的工作室工作，帮他浇铸铜像，给他当模特。贾科梅蒂为弟弟制作了大量胸像。

最后几年

虽然经历了胃癌手术，但贾科梅蒂仍顽强工作到生命的最后一刻。在生命的最后几年里，他创作了一系列以巴黎为主题的版画，这些作品后来被集结出版，名为《巴黎永不灭》（*Paris sans fin*）。贾科梅蒂于1966年去世，葬在家乡博尔戈诺沃，长眠于父母身边。

背景简介

存在主义

根植于丹麦哲学家索伦·克尔凯郭尔（Søren Kierkegaard）的理念，存在主义发展为一个强调个人经验和感知的核心地位以及个人自由和选择之重要性的哲学流派。贾科梅蒂的好朋友让-保罗·萨特是巴黎领头的存在主义作家和哲学家，并在贾科梅蒂的作品中看到了存在主义思想。艺术家创作的疏离、弱小的人物，看似是对异化、孤独和痛苦的概括，这些人类的本质情绪被核能时代进一步加强。在挣扎着表现人物和物理空间的过程中，贾科梅蒂借用了存在主义的感知及人与人之间的联系方式这两个主题。

让·保罗·萨特

▷与《7号》(*No.7*) 合影
照片中的罗斯科站在1960年创作的作品《7号》前，这幅作品反映了他标志性的风格：横条色块绘于大型画布之上。和其他抽象表现主义艺术家一样，罗斯科不给自己的作品命名，很可能是想避免强加意义或解读。

马克·罗斯科

1903—1970年，俄国人/美国人

罗斯科是美国战后重要的艺术家之一，继探索表现主义和超现实主义后，他找到了自己极致抽象的标志性风格——飘浮在深色背景之上的边缘柔和的矩形。

马克·罗斯科（Mark Rothko）原名马库斯·罗斯科维兹（Marcus Rothkowitz），出生于俄罗斯德文斯科（Dvinsk）。1913年，10岁的罗斯科和家人一起移民美国，定居俄勒冈州的波特兰。1921年至1923年，他在耶鲁大学读书，但还没毕业就搬到了纽约。他在那里曾短暂跟随立体主义画家马克思·韦伯（Max Weber）和先锋派艺术家阿希尔·戈尔基（Arshile Gorky）学习艺术，并遇到了现代主义画家米尔顿·埃弗里（Milton Avery），后来二人于1928年联合举办了一场展览。1929年，他开始在布鲁克林犹太中心的中心学院（Center Academy of the Brooklyn Jewish Center）教授儿童艺术课程，直到1959年才辞职。

寻找精神

虽然罗斯科被认为是抽象表现主义画家——他本人拒绝这一标签——但其早期绘画属于具象风格。他的画作主题从肖像画到风景画、都市疏离景观（包括一系列描绘纽约地铁的画）等，不一而足。

1933年，罗斯科迎来第一场融合了表现主义和超现实主义的个展。他在作品中运用象征性形象，从神话中汲取主题，试图表达人类的原型真相，并填补精神空白。这一创作方式在“二战”期间变得更加急迫，尤其是在他读完德国哲学家弗里德里希·尼采（Friedrich Nietzsche）的著作《悲剧的诞生》（*The Birth of Tragedy*）之后——尼采在这本书中透过希腊悲剧来审视社会。

1945年，艺术收藏家佩吉·古根海姆为罗斯科举办个展，展出了包括《海边的缓慢旋涡》（*Slow Swirl at the Edge of the Sea*）在内的作品。罗斯科以自己的潜意识为灵感创作了这幅超现实主义画作，画面中的两个人可能是在跳舞，象征着“有机体的原则和热情”。

趋向抽象

20世纪40年代末，罗斯科抛弃了具象绘画，作品开始具备其标志性风格。这些过渡时期的抽象画作——轮廓模糊的柔和图形飘浮在深色背景之上——被称为“多形状”（multiforms）。艺术家认为这些作品能够和具象作品一样有效——甚至更加有效地传达人类的激情，在他看来，后者已然过时。也是在这段时期，罗斯科开始省略作品名称，也不作任何解释，因为他想让观者从中找到属于自己的意义。

罗斯科继续精进这个风格，直到他只画出2个或3个颜色闪耀的竖排叠放的方块。超大尺寸的画幅不是有意疏远观者，而是为了吸引他们靠近，让画作变得更加亲密。薄涂的色彩与画布密不可分。艺术家的目的是为表达崇高之感；他坚持自己的画作应富有意义、充满思想，而非仅仅是彩色玩物或装饰物。也许正是这种想法促使他在1958年拒绝了位于纽约新建成的西格拉姆大厦（Seagram Building）的四季餐厅的委托。

20世纪60年代，罗斯科创作了一系列巨型板上绘画，这些作品后来组成了罗斯科教堂。相比之前的画作，它们的色彩更深，也没有发光效果，而且背景和前景图案之前的区别更加模糊。但他还是希望能吸引观者，使其进入深度冥想状态。罗斯科最后一系列强有力的绘画《灰色上的黑色》（*Black on Gray*）延续了晚期作品的黑暗风格，这是一组横向并置的画作，表现了宁静与狂乱，像是荒凉的月球景观。健康问题和抑郁症于困扰着晚年的罗斯科。1969年，他跟妻子离婚；次年2月，他结束了自己的生命。

▽**《海边的缓慢旋涡》，1944年**

该作品绘于罗斯科迎娶第二任妻子玛丽·爱丽丝·比斯特尔（Mary Alice Beistel）之前，画面描绘了两个飘浮的人物，可能代表欢爱中的情侣。

△**罗斯科教堂**

罗斯科为德克萨斯州休斯顿的罗斯科教堂创作了14幅巨型画作，该教堂不属于任何宗派。其压抑的色彩是为了让观者“跨越”画布，而这是明亮的色彩所无法达到的效果。

背景简介

色域绘画

色域绘画（Colour field painting）与抽象表现主义紧密相连，诞生于20世纪40年代至50年代的纽约。其首批主要拥护者是克里福德·斯蒂尔（Clifford Still）、巴奈特·纽曼（Barnett Newman）以及马克·罗斯科（虽然他本人否认自己属于任何流派）。延伸至画布边缘的平面色块是该风格的特点，以抽象风格为主的画是为了激发观者的精神或情感共鸣，而后一辈艺术家则更专注于色彩本身。

《无题》（*Untitled*），马克·罗斯科，1959年

“在我的作品前哭泣的人，跟创作过程中的我有着相同的宗教体验。”

——马克·罗斯科，引自《与艺术家对话》（*Conversations with Artists*），塞尔顿·罗德曼（Selden Rodman），1957年

SOFT SELF PORTRAIT

萨尔瓦多·达利

1904—1989年，西班牙人

达利以其精心绘制的奇异画作而著称。身为一位出类拔萃的表演者，正是他普及了超现实主义，并将其自身形象打造成世界名流。

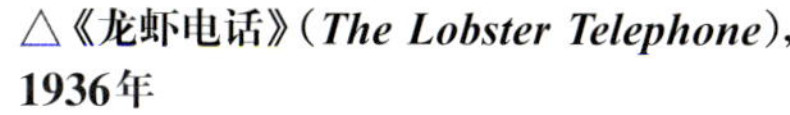

△《龙虾电话》(*The Lobster Telephone*)，1936年

达利为英国艺术收藏家爱德华·詹姆斯（Edward James）制作了这件作品，后者一共委托了4部家用电话。

萨尔瓦多·达利于1904年出生在西班牙加泰罗尼亚（Catalonia）的菲格拉斯（Figueres）。自1916年起，达利便进入美术学校学习绘画；1917年，父亲在家中为儿子举办了第一场个人展览。虽然父亲十分支持达利，但父子二人的关系仍很紧张，原因主要在于这个中产阶级家庭的天主教背景和艺术家放荡不羁的喜好之间的矛盾。达利和母亲更加亲近，她于1921年去世时，达利悲痛欲绝。

超现实主义在巴黎

母亲去世的第二年，达利离开家乡前往马德里，进入皇家圣费尔南多艺术学院（Real Academia de Bellas Artes de San Fernando）学习。通过研究拉斐尔、维米尔和委拉斯凯兹的画作，他在那里习得了超绝的油画技能。他针对各种先锋艺术风格进行实验，尤其是立体主义，还跟同学路易斯·布努埃尔（Luis Buñuel）和诗人费德里戈·加西亚·洛尔卡（Federico García Lorca）成为好友。即将完成学业之前，达利被艺术学院开除，据说是因为煽动起义。不久后，他前往欧洲艺术中心巴黎，在那里见到了自己的偶像毕加索，并经加泰罗尼亚同乡胡安·米罗引荐，结识超现实主义艺术家。

达利深受立体主义和未来主义影响，西格蒙德·弗洛伊德（见右侧方框）的理论也是其灵感来源，其作品与超现实主义的目标理想愈发贴合。1929年，达利正式加入了这个组织。

超现实主义运动始于5年前诗人兼前达达主义者安德烈·布勒东发表的一份宣言。超现实主义者力求从意识的控制中解放想象力，以"解决一直以来梦境与现实之间不可调和的矛盾"。有些成员，如马克思·恩斯特和安德烈·马松（André Masson），试图通过

◁《带烤培根的软自画像》(*Soft Self-Portrait with Grilled Bacon*)，1941年

达利在这幅画中自我嘲弄，将自己的脸撑在拐杖（其作品中常见的象征物）之上。培根则来自艺术家住在纽约时吃的早餐。

▽《永恒的记忆》，1931年

这幅完成度极高的幻想作品是达利最著名的画作。艺术家使用了一种极为精细的黑貂毫笔来描绘画中的微小细节。

背景简介

梦境与潜意识

达利及其他超现实主义者都痴迷于伟大的维也纳精神分析学家西格蒙德·弗洛伊德的作品，这些理论揭示了潜意识的秘密。阅读弗洛伊德的著作（并最终与其会面）激励着达利记录下自己的梦境，并将梦境般的画面融入绘画之中，也因此达利的画作反映了许多弗洛伊德的关键理念。例如，达利的《欲望之谜：我的母亲》（*The Enigma of Desire: My Mother*，1929年）就与俄狄浦斯情结（Oedipus complex，即恋母情节）有关，而《秋天的自相残食》（*Autumn Cannibalism*，1936年）则参考了弗洛伊德的精神性欲发展理论。达利曾说他想赋予梦境和幻想一个具体的现实，而这些作品就是最好的证明。

西格蒙德·弗洛伊德

"每天给我**2个小时活动**时间，另外22个小时我将在**睡梦**中度过。"

——萨尔瓦多·达利

△《圣安东尼的诱惑》(*The Tempta-tion of St Anthony*)，1946年

这幅画作最初是参赛作品，标志着艺术家的关注点转向宗教主题。该作品结合了宗教象征和超现实主义元素，如长度异常的动物四肢以及空旷的风景背景。

人物小传

加拉·达利

达利的妻子艾琳娜·伊万诺娃·迪亚克诺娃（Elena Ivanovna Diakonova），即加拉，出生于俄罗斯。1912年，她与法国诗人保罗·艾吕雅坠入爱河，二人于1917年结婚。艾吕雅是超现实主义运动的发起人之一，加拉经由他认识了组内的其他艺术家。她和达利之间的婚外情开始于1929年，并于1934年嫁给了他。加拉成为了达利的缪斯，出现在他的诸多画作之中。达利认为她对自己的艺术创作极为重要，因此很多作品都署了两个人的名字。这对夫妻从未分离，直至1982年加拉去世。她被葬在达利为其购置的位于赫罗纳的普柏城堡之中。

加拉和达利，摄于1934年二人婚礼之后

“无意识行为”达成目标，比如让手自主在纸上划动。雷内·马格里特、伊夫·唐吉（Yves Tanguy）和达利等其他成员则通过在画中以梦境般的构图并置奇特事物来激发观者的幻觉体验。

达利以其精细的油画技巧描绘出超现实的梦境。借助他所谓的“妄想狂批判法”，达利试图释放自己潜意识中的画面，故意酝酿自我感应的幻觉，以融合想象与现实。他最具突破意义的作品《永恒的记忆》(*The Persistence of Memory*，1931年）成为超现实主义著名的画作之一，其象征意义被无数次解读。和达利在这一期间的其他作品一样，这幅画也探索了死亡、衰退、命运等主题，并使用了经常出现的意象，例如，画面中央沉睡的生物还曾出现在1929年的2幅画中。

协同合作

超现实主义小组的成员不仅有艺术家，还包括作家和电影从业人员，正是通过这个组织中，达利结识了诗人保罗·艾吕雅（Paul Eluard）及其夫人加拉（Gala，见左侧方框）。达利也和组内其他同伴合作项目，如与路易斯·布努埃尔一起拍摄电影《一条安达卢的狗》(*Un Chien Andalou*，1929年）和《黄金时代》(*L'Age d'Or*，1930年)。

极具识别度的胡子再加上怪异的举止，达利天生就是个自我宣传家。1936年，他在伦敦的超现实主义国际大展上发表了著名的演讲。他身着一身潜水服，一只手牵着两只狗，另一只手拿着英式台球杆。展览吸引了大量观众，开展当日即造成城市交通瘫痪，马格里特和达利等艺术家由此变得家喻户晓。

20世纪30年代末期，达利开始脱离超现实主义小组。在其崇拜的文艺复兴画家的影响下，他的风格逐渐偏向现实主义。达利与安德烈·布勒东的

“我和疯子之间的唯一区别就是我没疯。”

——萨尔瓦多·达利

简要年表

1926年	1929年	1949年	1951年	1983年
完成评价极高的《面包篮》(*Basketof Bread*)等现实主义油画，显示了他高超的画功。	完成《伟大的自慰者》(*The Great Masturbator*)，可以说是其代表性画作《永恒的记忆》的前作。	深受向日本广岛和长崎投放原子弹事件震动，由此创作了《原子的丽达》(*Leda Atomica*)。	完成《圣十字若望的基督》(*Christ of St John of the Cross*)，对宗教形象进行再创作，画中展现的十字架上的基督却没有指甲、流血及伤口。	完成《燕子的尾巴》，该作品是基于勒内·托姆(René Thom)的数学理论而绘制的系列画作之一。

分歧及其政治主张（达利在西班牙内战中支持佛朗哥）促使他被该运动驱逐。1940年，达利定居美国。

心智之旅

达利的跨大西洋之旅也伴随着另一个转变：他回归天主教，并开始在画中加入宗教元素。在美国，他尝试了很多油画以外的创作领域，比如高端商店的室内设计、舞台设计、珠宝设计，他还写了一本名为《萨尔瓦多·达利的秘密生活》(*The Secret Life of Salvador Dalí*，1942—1944年）的书，并在其中坦白了对女性的暴力倾向等"秘密"，着实震惊了读者。

直至20世纪40年代末返回西班牙，达利一直在画宗教主题、探索童年的场景和妻子加拉。虽然这些画作都有着他独特的风格，却没能给批评家和评论家留下深刻印象。与此同时，达利愈发以宣传噱头、写作和设计作品而闻名。

达利在20世纪60年代到70年代最重要的项目是在家乡菲格拉斯，他和市长一起计划重建在西班牙内战中被毁的剧院。很多达利的作品以及他收集的其他艺术家的作品都在这栋建筑中展出。重建工作和展品布置从1968年到1974年花了6年时间。

最后的工程

在生命的最后10年，达利深受疾病困扰。他的右手开始颤抖，这很可能是由他吃的各种非处方药共同作用导致的。加拉于1982年去世，留下消沉的艺术家孤身一人。第二年，达利完成了自己的最后一幅画作《燕子的尾巴》(*The Swallow's Tail*)，抽象的画面主要由曲线和直线组成，也是他基于突变理论创作的系列画作中的最后一幅。

继家中失火后（有人说这是自杀未遂），朋友们帮助达利搬到剧院博物馆中的房间居住，在那里他度过了最后的时光。1989年，达利死于心脏衰竭，被葬在博物馆的地下室。这栋建筑至今是艺术家的神龛，他终其一生接纳并尝试了各种主题和风格，却从未对超现实主义丧失信心，并为其风靡世界贡献了诸多力量。

◁达利剧院博物馆

位于菲格拉斯的达利剧院博物馆是一座杰出的建筑，结合了网格穹顶和沿着外墙排布的蛋型雕塑。达利余生都在为博物馆添砖加瓦，将其变为自己最重要的纪念堂兼作品欣赏与研究中心。

▷《带抽屉的米洛·维纳斯》(*Venusde Milo with Drawers*)，1936年

这尊石膏雕塑上开有拉出的抽屉，抽屉上装饰着貂皮绒球拉手。传统形式和怪异意象的融合，再加上性隐喻，使其成为一件令人难忘的、独特的超现实主义作品。

▷《自画像与荆棘项链和蜂鸟》(*Self-portrait with Thorn Necklace and Hummingbirds*)，1940年

弗里达·卡洛就是她自己最爱的描绘对象。在这幅自画像中，荆棘项链和毫无生气的蜂鸟象征着画家强烈的痛苦。

弗里达·卡洛

1907—1954年，墨西哥人

墨西哥画家弗里达·卡洛被誉为一代女性主义偶像，以其生动、惊艳、时而如梦魇般的自画像而闻名，这些画作被视为其身体和情感苦痛的编年史。

玛格达莱娜·卡门·弗里达·卡洛·卡尔德隆（Magdalena Carmen Frida Kahlo y Calderón）于1907年7月6日出生在墨西哥城的郊区小镇科约阿坎（Coyoacán），父亲是德国人，母亲是墨西哥人。她在6岁时患小儿麻痹症，一条腿由此留下终身残疾。青少年时期，弗里达把生日年份改为1910年，以表示对墨西哥革命（1910—1920年）的拥护。18岁那年，她遭遇车祸，脊椎、腿部和骨盆都严重受伤。弗里达失去了生育能力，忍受着残疾和长期疼痛，并经历多次手术，包括1953年的右腿部分截肢手术。

1929年，弗里达嫁给了年龄比自己大一倍的共产主义者、墨西哥壁画家迭戈·里维拉。她以生命中的“第二次事故”来形容他们二人之间风暴般的关系。这对夫妇各自有过几次绯闻[弗里达最著名的一段婚外情是与俄国革命家列夫·托洛茨基（Leon Trotsky）]，并于1939年离婚，但于次年复婚。

△《弗里达和迭戈》（*Frida Y Diego*），1944年
弗里达画的这幅双人肖像是送给迭戈的结婚周年纪念日礼物。

自我的不同版本

弗里达在1925年康复期间自学绘画。在其143张画作中有55幅自画像，而她正是以自画像而闻名。这些精心布局的作品以主角不变的、无表情的凝视为特点；有时画中人物身着墨西哥传统服饰，一字眉、小胡子、黑头发，通常头微微扭向一侧，只有一只耳朵可见。她对自己身份的不停探索既是个人化的，也带有政治色彩的：这些画创作于后墨西哥革命时期，也是其自身动荡经历的写照，涉及她与自己身体、性别以及民族身份认同之间的关联。

痛苦的表达方式

身体和精神上的极致折磨经常出现在弗里达的作品之中，例如《破碎的脊柱》（*The Broken Column*, 1944年）和《受伤的鹿》（*The Wounded Deer*, 1946年），她在后者中将自己画成一个人和动物的杂交体，被猎人的箭射中。

在法国作家、超现实主义先驱安德烈·布勒东看来，弗里达那色彩浓烈、热情四射且坦诚得毫不设防的画作——有时骇人，常似天真——是“绝对纯粹且绝对致命的——是围在炸弹上的丝带”。

弗里达作品中关于美、性别和性政治的元素吸引了女权主义者们的兴趣，如《剪发后的自画像》（*Self-Portrait with Cropped Hair*, 1940年），这幅画作于因丈夫不忠而离婚之后。她把自己描绘成短发女子，身着男装，手拿剪刀，脚边堆着碎发。墨西哥民间艺术、美洲土著和阿兹特克文化、东方哲学以及医学理论都对艺术家产生了影响，再加上她对事实和幻想的融合，弗里达的作品成为数个艺术领域的研究对象：例如，布勒东首先将其作品归为超现实主义。而她本人则坚持否认类似的标签：“我从没画过梦境，”她说，“我画的都是自己的现实。”

死后的荣誉

1954年，弗里达在科约阿坎的家中去世，年仅47岁，并于死后获得了狂热追捧。大量艺术展览、纪录片、电影以及书籍使她享誉许多国家。2016年，她的《森林里的两个裸体者》（*Two Nudes in the Forest*, 1939年）以800万美元的高价售出，创造了拉丁美洲艺术家的拍卖纪录。弗里达的画作如今跻身于20世纪艺术界极具影响力的作品之列。

◁**蓝房子**
弗里达出生、居住、死去的房子，位于波西米亚街区科约阿坎。该住处被称为“蓝房子”，弗里达曾花了大把时间在此作画。

背景简介

弗里达、托洛茨基和共产主义

虽然弗里达和里维拉的婚姻存在诸多分歧，但二人的政治立场是一致的。作为革命社会主义者，他们都热烈欢迎流亡的苏维埃共产主义领导列夫·托洛茨基及其妻子于20世纪30年代末来到墨西哥。1937年末，托洛茨基搬进弗里达位于科约阿坎的家，二人有过一段简短的婚外情。俄国夫妇后来搬到附近的一所房子中，托洛茨基于1940年被暗杀。警察因共谋罪审问弗里达，但2天后就释放了艺术家。

弗里达迎接托洛茨基及其妻子露丝（Ruth）来到墨西哥

“我之所以画自己，是因为我常常是孤独的，而且我就是自己最熟悉的对象。”

——弗里达·卡洛

弗朗西斯·培根

1909—1992年，生于爱尔兰的英国人

作为战后英国绘画领域的杰出代表，培根通过扭曲变形、富有表现力且饱受折磨的形象表达人类的阴郁现实，形成了极具辨识度的个人艺术语言。

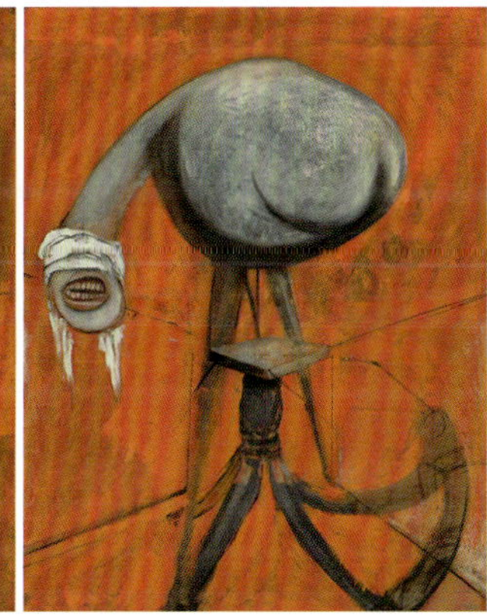

◁**《以受难为题的三张习作》，1944年**

虽然散发着强烈的基督教隐喻气息，但培根的这组三联画的灵感实则来自于埃斯库罗斯（Aeschylus）《奥瑞提亚斯》（*Oresteia*）戏剧三部曲中的复仇三女神。

弗朗西斯·培根（Francis Bacon）出生于爱尔兰的都柏林，父母都是英国人，他在爱尔兰和英国两地长大。他的童年过得很艰难：患有慢性哮喘的培根在家中接受教育，父亲尤其不能接受他愈发显露的同性倾向，1926年，老培根发现儿子偷偷试穿母亲的内衣后，将他赶出家门。16岁的培根在伦敦漂泊，接着在柏林待了2个月并受到了这座城市艺术文化的熏陶，随后前往巴黎定居。正是在那里，在毕加索及超现实主义者的作品的影响下，他决定成为一名艺术家。

1928年，培根回到伦敦，开始从事现代主义风格的家居设计和室内设计，同时自学绘画。1933年迎来了他在艺术上的首次成功：一幅阴郁荒凉的画作《受难》（*Crucifixion*），该作品灵感来自于毕加索，不仅参加了群展，还收录在艺术评论家赫伯特·里德（Herbert Read）的《艺术进行时》（*Art Now*）一书中，并被收藏家迈克尔·塞德勒爵士（Sir Michael Sadler）购买。但之后成功似乎渐行渐远，计划中的个展也宣告失败；1936年，他的作品因不够超现实而被国际超现实主义展览拒绝。接下来几年，培根很少作画，仅有的作品也被他亲自销毁。

第二次世界大战期间，培根因哮喘而不具备服兵役的条件，于是他志愿服务伦敦民防，但后来因为哮喘恶化，便只能放弃民防工作。他继续创作，1945年战争接近尾声时，他完成了具有突破性意义的作品《以受难为题的三张习作》（*Three Studies for Figures at the Base of a Crucifixion*，1944年）。这组内含扭曲形象的画作立刻吸引了人们的注意力，触摸到了深受战争折磨的民众的神经，同时激起了赞扬与震惊。培根接着完成了《绘画1946》（*Painting 1946*），最初被伦敦的汉诺威画廊（Hanover Gallery）买下，后来又卖给了纽约的现代艺术博物馆（Museum of Modern Art）。

旅行与伦敦

随后几年，培根一直在伦敦和蒙特卡洛（Monte Carlo）之间往返，后

相关技术

摄影的影响

培根的很多画作都是基于照片创作的，他深深着迷于埃德沃德·迈布里奇（1830—1904年）表现运动中的动物和人类的先锋连续摄影，并将这些照片中的运动和姿态融入自己的画面。迈布里奇的摔跤手照片被用于多幅作品，包括充满争议的《两个人》（*Two Figures*，1953年），画中两名裸体男子正在床上结合——这一行为或许正反映了当时培根所处的混乱情感关系。

选自迈布里奇《动物的运动》

◁**《自画像》，1971年**

培根的自画像同时展示了自己脸部的不同面，但与静态的立体主义作品不同，画中动态的笔触表现了艺术家扭曲容貌的运动特征。

“……一个艺术家必须学会从自己的热情和绝望中汲取养分。”

——弗朗西斯·培根，选自《艺术家观察：与当代艺术家的28次对话》（*The Artist Observed: 28 Interviews with Contemporary Artists*），约翰·格鲁安（John Gruen）

▷伦敦波西米亚区

培根与一些战后具象风格艺术家共同组成了“伦敦画派”（School of London）。照片中从左至右依次为：提摩西·贝伦斯（Timothy Behrens）、卢西安·弗洛伊德（Lucian Freud）、培根（中间）、弗兰克·奥尔巴赫（Frank Auerbach）以及迈克尔·安德鲁斯（Michael Andrews）。

者的赌博和夜生活吸引着他。正是在蒙特卡洛，艺术家养成了用帆布背面画画的习惯，他更喜欢那种未经雕饰的粗糙质地。

1949年底，培根在汉诺威画廊举办了第一次个展。这一成功的展览包括一系列近乎单色调的头部特写——这些扭曲的、肮脏的、张着大嘴的头被困在几何笼子或盒子之中——其后续作品中也出现了同样的意象。《头部（六）》（*Head VI*）基于迭戈·委拉斯凯兹的著名肖像《英诺森提十世》（1650年，见第121页）而创作，是后来《尖叫的教皇》系列中的第一幅作品，培根在该系列中着魔般的对委拉斯凯兹的这幅画进行再创作。

▽《头部（六）》，1949年

在这幅画中，教皇坐于一个玻璃盒子内，身着紫色祭服。背景那充满力量、宽大的垂直笔触代表窗帘或挂饰，烘托出扑面而来的痛苦和隔离之感。

除了古典大师，培根还经常使用照片作为灵感来源。比如，汉诺威展览中的《人体形象习作》（*Study from the Human Body*，1949年）就源于埃德沃德·迈布里奇的动态摄影（见第329页方框）。

具象作品

当抽象愈发流行之时，培根的画仍保持具象风格，通常表现空旷背景中的一个人或一颗头。扭曲痛苦的形象总是被线条所束缚，强化了困境、孤独和折磨的氛围。

20世纪50年代，培根画中的主体既有斯芬克斯——始于埃及之旅后，也有一系列身着黑西装的忧郁男子；开始进一步探索裸体形象，还画了一系列国内外的动物。从50年代中期开始，培根往返于伦敦和摩洛哥的丹吉尔（Tangier）之间，丹吉尔即他后来的爱人彼得·莱西（Peter Lacy）的居住地。

1957年，培根在汉诺威画廊展出的作品体现了摩洛哥强烈灼热阳光的影响。他还受到过文森特·凡·高的启发，这在《去往塔拉斯孔的画家》（*The Painter on the Road to Tarascon*，1988年）画中表现得十分明显。在《凡·高画像习作》（*Studies for a Portrait of van Gogh*）6幅系列作品中，他放弃了暗色调，转而使用明亮的红色、蓝色、黄色和绿色，颜料以厚重的笔触层层叠加，无疑是受到了这位荷兰画家的影响。

友情与爱情

1962年，培根的个人回顾展在伦敦的泰特美术馆开幕，为此他特意创作了大型三联画《受难三习作》（*Three Studies for a Crucifixion*），标志着继1944年的《以受难为题的三张习作》之后首次回归这一主题。整个60年代，他绘制了几组三联画，其中包括另一幅《受难》（*Crucifixion*，1965年）。

结束了与莱西动荡、暴力的关系之后，培根开始与年轻的工人阶级小偷乔治·戴尔（George Dyer，见右侧方框）交往，这又将是一场虐恋。戴尔成了他最常见的描绘对象，大量肖像及全身作品的主角都是这位年轻人。

“我为自己而画。此外我什么都不会。”

——弗朗西斯·培根，与弗朗西斯·吉亚科贝提（Francis Giacobetti）的对谈，1991—1992年

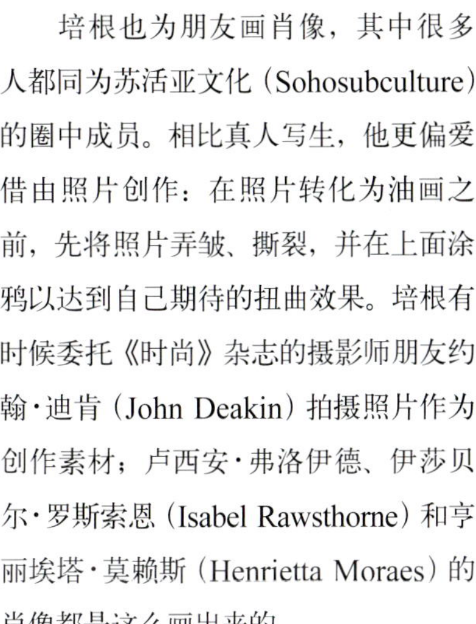

培根也为朋友画肖像，其中很多人都同为苏活亚文化（Sohosubculture）的圈中成员。相比真人写生，他更偏爱借由照片创作：在照片转化为油画之前，先将照片弄皱、撕裂，并在上面涂鸦以达到自己期待的扭曲效果。培根有时候委托《时尚》杂志的摄影师朋友约翰·迪肯（John Deakin）拍摄照片作为创作素材；卢西安·弗洛伊德、伊莎贝尔·罗斯索恩（Isabel Rawsthorne）和亨丽埃塔·莫赖斯（Henrietta Moraes）的肖像都是这么画出来的。

◁**雷斯马厩工作室**

在临时工作室创作多年之后，培根于1961年搬到伦敦雷斯马厩（Reece Mews）的一处空间。新工作室堆满了颜料、画布和参考资料，艺术家有时候很难在画作之前移动。

风格的简化

随着缺乏安全感的戴尔逐渐沉迷于酒精，培根与这位年轻人的关系也逐渐恶化。1971年，戴尔于培根巴黎大皇宫回顾展前夜自杀。戴尔以及其他几位朋友去世后，培根开始创作自画像，并说：“我周围的人像苍蝇一样死去，我没有别人可画了”。当然，他后来又找到了其他主题，而且对于肖像画的热情也丝毫未减。

培根的作品变得更加简化，形象被置于风格化的室内，彩色的背景十分扁平，不过这些画仍然传递出疏离和不安之感。20世纪70年代中，他遇见了另一位伦敦工人阶级年轻人约翰·爱德华兹（John Edwards），并与其展开了一段柏拉图式的关系，直至生命结束。

晚期作品与遗产

身为当今世界著名的艺术家之一，培根在当时也在世界范围内举办了各种回顾展和展览，包括东京、伦敦、莫斯科和华盛顿。在生命的最后10年，他依旧保持创作活力，并开始用喷雾器搭配油画颜料和乳化漆进行创作，以达到更加扁平、简洁的效果。

培根使用橘红色和粉色，或浅蓝色、灰色或米黄色等冷色来画背景，并继续以概括的几何线条或笼子打造深度和空间。他去除了所有额外元素，早期作品中的暴力与痛苦被克制和冷静所取代。除了置于底座上的不知名肌肉裸体和扭曲的形象，肖像和自画像依然是其最常出现的主题，其中尤为杰出的范例便是散发着罕见的平和、温暖气息的《约翰·爱德华兹肖像的三张习作》（*Three Studies for a Portrait of John Edwards*，1984年）。

培根一直工作到生命的最后一刻。他于1992年去世，并指定约翰·爱德华兹为自己的唯一继承人。他的影响可见于朱利安·施纳贝尔（Julian Schnabel）等新表现主义艺术家，以及包括达米安·赫斯特（Damien Hirst）在内的概念主义艺术家的作品之中。

人物简介

乔治·戴尔

1963年，乔治·戴尔在苏活区的酒吧遇见了弗朗西斯·培根，随后成为后者的爱人、伴侣以及最重要的缪斯，是培根60年代作品中的主角。伦敦东区的小流氓戴尔虽然外表强悍，但其实是个脆弱敏感的人。他的酗酒和一心寻求关注的绝望行为注定了这段关系的失败。1971年，戴尔服下过量巴比妥，结束了自己的生命。培根深深的伤痛明显体现在接下来几年的画作之中，如大型的“黑色三联画”，包括剖析戴尔之死的《三联画，1973年5—6月》（*Triptych May-June 1973*）。

培根（左）和戴尔在东方快车上

简要年表

- 1944年 完成《以受难为题的三张习作》，一举成名。
- 1953年 《基于委拉斯凯兹的教皇英诺森十世肖像的习作》（*Study after Velázquez's Portrait of Pope Innocent X*）是该系列的40余幅作品之一。
- 1966年 《蜷缩的乔治·戴尔肖像》（*Portrait of George Dyer Crouching*）描绘了裸体的戴尔蜷缩在沙发边缘，凝望着深渊。
- 1973年 完成《三联画，1973年5—6月》，强烈唤起了戴尔之死的回忆细节。
- 1982年 《自画像习作》（*Study for a Self-Portrait*）展现了坐着内省的艺术家，一部分头部被擦除。
- 1984年 以更加平静的新风格完成《约翰·爱德华兹肖像的三张习作》。

杰克逊·波洛克

1912—1956年，美国人

杰克逊·波洛克凭借向画布上泼洒和滴落颜料的独特技法创造了极具辨识度的个人风格，成为美国抽象表现主义画家的领军人物。

△**波洛克的颜料**

波洛克坚称在以其著名的滴画法进行创作的过程中，他能“掌控颜料的流动”，他的作品绝非偶然而无计划的。

1912年，保罗·杰克逊·波洛克(Paul Jackson Pollock)生于美国怀俄明州(Wyoming)的草原小镇科迪(Cody)的一家牧场，他是5个男孩中最小的，母亲斯特拉·梅(Stella May)以自己最喜欢的怀俄明镇名给他起了名字。父亲勒罗伊(LeRoy)是一位农民，同时也是受雇于政府的土地测量师。

波洛克出生后，一家人搬到圣地亚哥种植水果，但生意失败了。他们又迁往亚利桑那州，随后在一连串南方城市落脚，不停寻找工作。波洛克颠沛流离的童年经历为他留下了深刻的心理印记，父亲的酗酒与之后的离家则加重了这道烙印。

早期影响

波洛克有时会同父亲一起参加调研之旅，借此发现了美洲原住民的沙画。这种画在治疗仪式中创作，绘者将彩色沙子倾倒在水平平面之上。这些画给波洛克留下了深刻印象，后来每每谈到其“行动绘画”的源头时，他总会提到原住民的沙画。

母亲是一位手工艺传承者，在她的鼓励下，波洛克和哥哥们都对艺术产生了兴趣。1921年，最年长的查尔斯(Charles)前往洛杉矶的奥蒂斯艺术学院(Otis Art Institute)深造，并从那里给弟弟们寄回记录着欧洲先锋艺术最新发展状况的杂志。

拒绝常规

与此同时，波洛克被洛杉矶的手工艺术高中(Manual Arts High School)录取，在一位思想极为进步的老师引导下，他开始接触东方神秘主义及现代艺术的新观念，这位老师还鼓励学生写生(这在当时很罕见)。18岁的波洛克腼腆却有主见，想从传统艺术和学院权威中解放出来，后因不守规矩被高中开除。1930年，他搬到纽约，与查尔斯会合，并成为艺术学生联盟(Art Students League)——不走寻常路的非官方艺术流派——成员托马斯·哈特·本顿(Thomas Hart Benton)的学生。

本顿大胆的现实主义风格和对社会评论的兴趣并未对波洛克的艺术产生根本性影响；波洛克曾说，本顿的作品是自己“反抗的对象”。无论如何，本顿成为波洛克人生下一个10年中的

背景简介

艺术与大萧条

1929年美国股票市场的崩盘导致美国及相关国家陷入10年的经济衰退之中。很多美国艺术家都采用社会写实主义风格创作具象作品来记录那段时期，这些艺术家都受到了公共事业振兴署(Works Progress Administration)的资金支持，这是罗斯福总统为创造就业机会设立的政府机构。大萧条与战争过后，许多艺术家寻求更加自由的思考与创作方式，后来所谓的抽象表现主义就此诞生。

富兰克林·罗斯福(Franklin D Roosevelt)的竞选宣传徽章

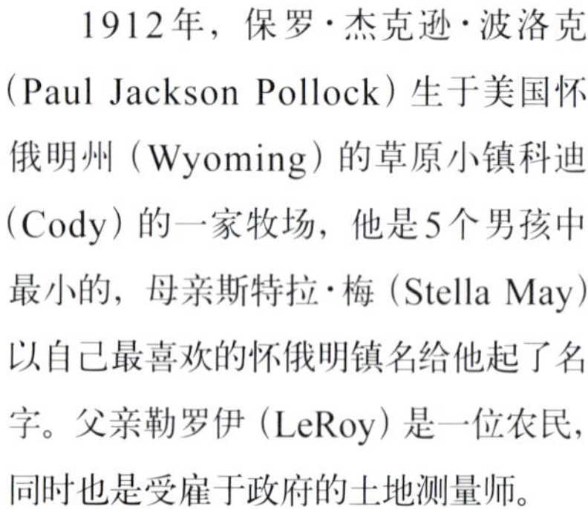

◁**《母狼》(*The She-Wolf*)，1943年**

这是一幅波洛克早期痴迷原始主题时的典型作品。这幅画于1943年出现在他的首场个人展览中，画中粗壮的线条和强烈的色彩吸引了人们的注意力。

▷**行动绘画**

1949年，波洛克于长岛工作室作画。在其“行动绘画”过程中，喷溅、滴落或抹蹭在画布上的痕迹一五一十地反映了艺术家的姿态和行为。

> “我关心的是**自然的韵律**……海浪波动的方式……我自内而外地创作，**就像自然一样**。”
>
> ——杰克逊·波洛克

人物小传

佩姬·古根海姆

玛格丽特·佩姬·古根海姆是波洛克艺术事业的强大推手。她来自美国一个富裕的矿业家族，并将大部分积蓄都花在收藏现代艺术品上。1938年，她在伦敦开了一家画廊，为欧洲之行路遇的许多艺术家举办展览。第二次世界大战的爆发中断了她在巴黎开设博物馆的计划。佩姬转而在纽约开设了“本世纪艺术画廊”，波洛克正是在那里办了几场展览，并借此开启艺术生涯。“二战”结束后，古根海姆搬到威尼斯，至今仍可在那里看到她的藏品。

佩姬·古根海姆

◁《男人和女人》(*Male and Female*)，1942—1943年
画中曲线的女性和直线的男性形象反映了立体主义对波洛克的影响；部分画面也预示着他后期更为大胆的绘画方式。

关键角色，尤其是在其父亲于1933年去世之后。

颜料实验

1936年，波洛克进入了由墨西哥壁画家大卫·阿尔法罗·西凯罗斯(David Alfaro Siqueiros)经营的工作室，西凯罗斯向艺术家介绍了商用瓷漆等新媒介，并教他如何将颜料抛向画布而非画在上面。

1938年至1942年，波洛克为公共事业振兴署的联邦艺术计划（见第332页方框）效力，以此挣得一小笔收入，他也得以有时间发展自己的绘画语言。那时，波洛克已成了一个酒鬼。他找到荣格派理疗师约瑟夫·亨德森(Joseph Henderson)医生寻求帮助，医生建议这位“失语”患者通过绘画与世界交流。波洛克的画描绘抽象的动物、图腾和人头，反映了他内心的痛苦，也预示着后期的疯狂创作。

1942年，赞助人兼策展人佩姬·古根海姆（见左侧方框）开设了本世纪艺术画廊(Art of This Century Gallery)，纽约艺术界就此发生了巨大转变。她在画廊中展出欧洲超现实主义、立体主义与抽象主义先锋艺术家的作品，赢得了整整一代美国艺术家的青睐，包括波洛克在内。他的个人经历与欧洲艺术家作品背后的潜意识和宇宙原型产生共鸣。

1943年，古根海姆为波洛克举办了首次个展。展览图录将其画作——部分具象部分抽象——形容为猛烈、不可预测、散漫无常。同年后期，波洛克为古根海姆位于纽约的家创作了一幅大型作品《壁画》(*Mural*)。这幅画本质上是抽象的，但包含对人体身躯和脸部的暗示（据说他对着空白画布盯了6个月，然后一口气完成了画作）。看过《壁画》和展览的评论家很快便将波洛克称为艺术大家。

行动绘画

1945年，波洛克与美国艺术家李·克拉斯纳(Lee Krasner)结婚，二人在长岛购置了一套住宅，并把谷仓改造成工作室。在此，波洛克于1947年至1950年创作了最著名的系列作品。

波洛克会在工作室地面铺上未经拉伸的画布，然后将颜料泼洒或滴落在上面。他使用液体广告颜料和传统的油画颜料，还会加入沙子等其他材料以丰富画面质感。谷仓空间很大，波洛克得以围着帆布作画，喷洒各种颜色的颜料。他发现与笔刷相比，将滴画法与木棍、泥铲和刀等其他工具相结合，能让自己的活动范围更大、动作更连贯流畅。他画得很快，并称自己就“在”画中，这也反映了创作一幅作品所需的精神强度和体力支持。

评论家哈罗德·罗森伯格创造了“行动绘画”一词来描述波洛克的画法，帆布变成“行动的场所”。最终作品不仅仅是一幅画，更是“关于”绘画过程本身的作品。

▷《大教堂》(*Cathedral*)，1947年
这幅早期滴画显示了依靠这种技法达成的意图与随机之间的动态平衡。

简要年表

- 1930年 从西海岸搬到纽约，在艺术学生联盟师从托马斯·哈特·本顿。
- 1943年 为佩姬·古根海姆住宅创作的《壁画》，其第一幅重要的大型绘画。
- 1950年 波洛克在威尼斯举办首次海外个展。他此前从未离开过美国。
- 1952年 使用纯黑颜料在未经处理的帆布上完成《1952年，第5号》(*Number 5, 1952*)，这幅画是他转向“黑色”绘画的重要标志。
- 1955年 在《寻找》这幅画中，他融合了倾倒而出的厚涂颜料与黑色、绿色、黄色、红色色块，由此走向全新的艺术轨迹。

抽象表现主义

一些在古根海姆的画廊举办过展览的艺术家——包括波洛克、威廉·德·库宁（Willem de Kooning）和罗伯特·马瑟韦尔（Robert Motherwell）在内——被称为抽象表现主义画家，不是因为他们具有相似的风格，而是因为其作品蕴含的情感力量。这些艺术家与马克·罗斯科（见第320—321页）等色域画家共同创作出极具新意和影响力的作品，使纽约成为世界现代艺术的中心。抽象表现主义艺术家成了明星，波洛克则成为美国先锋派的代言人。不仅如此，至1949年秋天，他已经戒酒整整2年。

最后的作品

给予波洛克“滴洒杰克”（Jack the Dripper）这一昵称的画作风格持续了几年，但艺术家一直在不断前进。1951年，他展出了一系列不同风格的新作，基本采用全黑颜料直接在未经处理的帆布上绘制而成，画中包含些许具象元素。这些作品没有卖出去。波洛克后来又回归到更为多彩的风格中，不过依然会向画中加入具象元素。这些后期作品，如《白光》（*White Light*）和《寻找》（*Search*），融合了滴落和厚涂颜料两种手法。

然而到了20世纪50年代中期，波洛克处于衰退期，几乎没有新作，且又回归了酒精的怀抱。1956年8月，波洛克酒驾出了车祸，不仅自己丧命，还造成了乘客之一伊迪斯·梅茨赫尔（Edith Metzger）的死亡。他短暂的艺术生涯以悲剧收场，但其作为美国伟大的画家之一和抽象表现主义领军人物却声誉永存。

△《白光》，1954年
在这幅波洛克完成的最后作品中，白色碎片遍洒彩色背景之上。艺术家直接将颜料管中的颜料抹在画布上，并用颜料管为颜料塑形。

“你必须大量否认、忽视并毁灭，才能抵达真相。”

——杰克逊·波洛克

▷《自画像》，1949年
布菲一生创作过大量自画像，其中大部分都以表现主义风格的尖利黑色直线条勾勒而成。他极为高产：晚年曾透露，自己从1946年开始每天完成一幅画。

贝尔纳·布菲

1928—1999年，法国人

布菲的作品在评论界颇受非议，但在民间十分流行。这些怪异的表现主义画作描绘了战争、宗教与风景，使其在生前成为法国著名的画家之一。

“我要求世人仅凭我的作品评价我，我因之而生、**以之为生。**”

——贝尔纳·布菲，摘自《在秘密工作室中》（*In the Secret Studio*），让-克劳德·拉米（Jean-Claude Lamy），2004年

◁**《黄色背景中的小丑》（*Clown on Yellow Background*），1966年**
布菲这一系列色彩明亮、笔触尖利小丑画作获得了商业成功，却遭到了评论家的嘲笑。

贝尔纳·布菲（Bernard Buffet）于1928年出生在巴黎巴蒂尼奥勒（Batignolles）区，当时该区已经因马克思·雅各布（Max Jacob）、皮埃尔·博纳尔等艺术家而出名。小时候的布菲很不适应学校的生活，但通过和母亲一起去卢浮宫欣赏古典大师的作品，再加上参加美术夜校，他对绘画产生了极大兴趣。天主教的成长环境和与母亲（于1945年去世，那时的他还是少年）之间的关系深刻影响了艺术家日后的创作。

布菲平静的童年被第二次世界大战的爆发打断，随后纳粹于1940年占领了巴黎。他在这段艰难岁月中亲眼目睹的贫困和痛苦始终伴随其余生。

15岁时，布菲进入巴黎美术学院学习，并于1947年在当地举办首次个人展览；次年，他与伯纳德·洛尔茹（Bernard Lorjou，见右侧方框）一起在巴黎圣普拉西德画廊（Galerie Saint-Placide）被授予赫赫有名的“艺评奖”（Prix de la Critique）。

独特的风格

至此，布菲已抛弃早年对后印象主义的探索，转而发展出一种戏剧性地表达内心感情的个人风格。他开始使用棕色、灰色和黑色等哑色绘制瘦长尖利的“表现主义”人物形象，深色的轮廓置于规整的线网之中，似乎蕴含着忧伤、孤独和绝望的气息。在许多观者看来，这些作品捕捉到了战后时期所盛行的情绪。

接下来的10年，艺术家笔下极具辨识度又平易近人的作品——包括风景画、静物画、肖像画和《基督殉难》（*The Passion of Christ*，1951年）等宗教画——为他带来了成功与名声。英俊的布菲成为法国50年代的文化明星，这位域外艺术家曾是名流圈的一员，该团体包括女演员碧姬·芭铎（Brigitte Bardot）、设计师伊夫·圣·罗兰（Yves Saint Laurent）以及电影导演罗杰·瓦迪姆（Roger Vadim）。布菲的《战争的恐惧》（*The Horror of War*，1954年）、《小丑的头》（*Clown's Head*，1956年）等系列画作被认为是其诸多艺术成就中的巅峰之作。

评论界的谴责

20世纪六七十年代，布菲的作品仍然备受法国本土及海外公众的欢迎——尤其是日本，其个人美术馆于1973年在当地开放——并且极高的创作产量令其收入颇丰。然而，艺术家的财富也使其脱离艺术界的新发展，评论家抱怨他的画作因被大量复制为海报而变得过于风格化、粗劣与庸俗。他遭到艺术精英的谴责，其中尤以巴勃罗·毕加索为甚。布菲通过生活与作品塑造了自己的公众形象，将其变为畅销商品。对他来说，评论界人士都是势利眼，来自公众的赞誉更加重要；毕竟，绘画是他的天然需求。当帕金森综合症使他无法拿起画笔时，71岁的布菲选择了自杀。

◁**色调较为明亮的调色盘**
1958年与模特安娜贝尔·施沃布（Annabel Schwob）成婚后，妻子成为布菲的缪斯；他开始在此前暗沉的用色中加入更多色彩，其作品也随之变得更加明亮和大胆

背景简介
证人之人

布菲后来逐渐与“证人之人”（L'Homme-tèmoin）小组联系密切。该组织由艺术家伯纳德·洛尔茹和保罗·勒贝罗勒（Paul Rebeyrolle）成立，二人认为艺术应该真实地描绘社会现状，反对当时盛行的抽象主义。对于战后一代来说，这意味着捕捉那些亲身经历过全球冲突下的死亡与困苦者所感到的精神隔离及存在异化，让-保罗·萨特已经在其著作中用哲学术语定义了以上情感。

伯纳德·洛尔茹与他创作的一张政治海报

安迪·沃霍尔

1928—1987年，美国人

从商业插画师到波普艺术家，再到社会名流、商人，沃霍尔从未停下创新的脚步，他颠覆了视觉文化，至今我们仍受到他的影响。

◁金宝汤罐头
沃霍尔绘制人人都能认得出的物品。在其艺术生涯的数个阶段，都曾以金宝汤罐头的醒目设计为灵感进行创作。

安迪·沃霍尔（Andy Warhol）生于1928年，父母是定居美国匹兹堡的斯洛伐克移民。沃霍尔小时候曾卧病数月，在这期间他着了魔一般地不停画画，熟读刊登光彩照人的好莱坞明星照片的杂志，并由此激发出他早期对名人的迷恋。沃霍尔最珍视的童年物品是一张童星秀兰·邓波尔（Shirley Temple）的签名照。

在绘画上显露的天赋为他赢得了匹兹堡的卡内基技术学院（Carnegie Institute of Technology）的一笔奖学金。1945年入学后，受绘图师本·沙恩（Ben Shahn）的影响，他在此发展出自己独特的“涂印技巧”（blotted line）插画风格。沃霍尔是一名出色的学生，他的画作为他带来了各种赞誉。1949年获得美术学位后，他搬到纽约，以商业插画师的身份前去寻求事业发展。

◁《12月的鞋》（*December Shoe*），1955年
沃霍尔的涂印技巧：在一张不吸水的纸上画设计图，再在上面用墨水描摹，接着将这张纸按压在另一张吸水纸上，就能制造出一幅线条断断续续、微妙可人的图像。

商业设计师

刚刚抵达纽约几天后，沃霍尔便接到来自《魅力》（*Glamour*）杂志的委托，要他绘制鞋的插画，而这一主题日后将成为其专长。插画署名中，他的名字被错打成“Andy Warhol”，于是他沿用了这个笔误。插画工作贯穿整个50年代，包括来自《时尚芭莎》（*Harper's Bazaar*）和《时尚》等杂志的委托。作为一位获奖设计师，沃霍尔的事业蒸蒸日上，因此收入颇丰，他买下一栋别墅，供自己与母亲居住。这些经历也锻炼了他的商业敏锐度，对其之后的作品至关重要。

波普艺术的出现

到了1958年，沃霍尔优渥的生活方式岌岌可危：他的插画风格已经过时，委托订单数量基本为零，事业处于衰退之中。正是在这危急时刻，他见到了罗伯特·劳森伯格和贾斯培·琼斯（Jasper Johns）两位年轻画家的画作。他们的艺术可谓完全脱离了一众过去10年间主导美国艺术界的抽象表现主义画家。琼斯和劳森伯格没有将绘画变为情感充沛、几乎先验式的体验，而是使用报纸、旗帜，甚至旧轮胎等日常物品组装艺术作品。沃霍尔对他们的作品印象深刻，并想复制这两位艺术家的成功。

他开始创作自己的画作，转向自己所熟知的杂志和报纸中寻找灵感。

背景简介

美国待售

沃霍尔在20世纪30年代的美国大萧条时期长大，这一时期的经济不稳定持续了很久，当时很多人吃饭都成问题。因而，第二次世界大战后几十年内该国经历的商业和工业大爆炸则成为值得庆贺之事，即人人富足的“黄金时期”。沃霍尔对罐头汤等消费品的描绘，成为这个主导20世纪的世界超级大国的新财富、自信和地位的象征。

在消费时代购物，20世纪50年代的美国

◁《自画像》，1963—1964年
呈网格状排布的丝网印刷肖像——这幅作品的主角是他自己——成为沃霍尔60年代的商标。他通常同时使用原色和二次色，或像这幅自画像一样，选用明暗度不一的同种颜色。

“赚钱是艺术，工作是艺术，好生意是最棒的艺术。”

——安迪·沃霍尔

相关技术

复制粘贴

沃霍尔选用流行文化中的图像，再利用照片丝网印刷技术进行大批量复制，他通常将这一工作外包给其他公司。通过再次占有别人创作的影像，他挑战了艺术作品必须是完全原创的观念；经由以他人的作品为蓝本，并用机械手段——彻底抹除艺术家的手工痕迹——创作自己的作品，他为跨媒体、数字和观念艺术铺设了基础。沃霍尔发现了照片丝网印刷这一技术后，其作品内容就与他创作艺术的过程密不可分。

照片丝网印刷，沃霍尔作品的核心创作过程

在1961年的《广告》(*Advertisement*)中，他将化妆品、健身和可乐广告图像拼贴在一起，放大后用黑白两色将其画出，大胆、简洁、冷静且客观的风格定义了日后全新的“波普艺术”。

不断成功

《金宝汤罐头》(*Campbell's Soup Cans*)标志着沃霍尔作为画家的首次成功。这幅诞生于1962年的画作如今被公认为其重要的作品之一，以“人人都能认出的东西”为主题，延续了艺术家简洁的平面风格，但同时意味着创作方法的转变：之前的绘画具有表现性的颜料滴落痕迹，而现在，他追求的是机械复制的清晰度，故意去除任何艺术家本人的印记（虽然画中的每个罐头都是手绘的）。沃霍尔还捕捉到了重复的力量，以此使图像脱离其原本的意义。《金宝汤罐头》面世后，他很快便开始使用照片丝网印刷，这一专为商业用途发明的技术将成为艺术家的标志性创作媒介。在新作品中，沃霍尔融入了更多消费品，如可口可乐瓶子和布里洛肥皂，包括猫王埃维斯·普里斯利（Elvis Presley）和詹姆斯·迪恩（James Dean）在内的名流照片也被纳入其中；这些作品共同打造了一部60年代美国的视觉百科全书。罗伊·利希滕斯坦（Roy Lichtenstein）和克拉斯·奥登伯格（Claes Oldenburgh）等波普艺术家也基于大众媒介进行创作，沃霍尔与他们一起将流行文化抬升到了艺术的高度。

经由一系列以车祸、自杀和一把空电椅照片为母本创作的作品，沃霍尔探索了美国消费主义的黑暗面。以玛丽莲·梦露（Marilyn Monroe）为主角的一幅图像概括了光鲜的名声和时常随之而来的悲剧结局之间的一线之隔；好莱坞标志性明星梦露于1962年死于药物滥用，她的形象不断出现在沃霍尔的作品之中。

工厂

随着市场对他的画作需求快速增长，沃霍尔于1964年搬到更大的工作室，在助手的帮助下，开始大量生产大型丝网印刷作品。

▷**《玛丽莲，右手边》(*Marilyn, Right-hand Side*)，1964年**

1962年玛丽莲·梦露因滥用药物去世后，沃霍尔以她的照片为依据创作了各种“批量生产”的图像。头像的重复指涉梦露在当时媒体中的无所不在。

“如果你想了解安迪·沃霍尔的一切，看看我的画、电影，以及我自己的外观就足够了，那就是我。表面之后什么都没有。”

——安迪·沃霍尔

这家以“工厂”(Factory)为名的工作室吸引了各色人等来访或驻扎，从购买作品的有钱人，到落魄艺术家、演员，以及纽约波西米亚地下世界的变装皇后。沃霍尔则为自己打造了神秘、疏离、面无表情的人设，满足于以旁观者的角度管理这个全新的社交圈；圈中满是期望从他日渐膨胀的名声中捞到好处的奉迎者。

△工厂中的电影拍摄现场

电影《切尔西女孩》(1966年)的拍摄现场照，沃霍尔位于画面中央，工厂是3个取景地之一。"演员们"实际上扮演的就是自己，这部影片被大多数当时的评论家斥为淫秽，并嗤之以鼻。

多元化与商业

随着20世纪60年代渐去，沃霍尔的兴趣点转移到了活动影像上，并制作了几部实验性质的偷窥式影片，采用业余演员，主角都是女继承人伊迪·塞奇威克(Edie Sedgwick)等“沃霍尔超级巨星”(Warhol Superstars)。《沉睡》(*Sleep*，1963年)、《帝国大厦》(*Empire*，1964年)，以及系列片《试镜》(*Screen Tests*，1963—1966年)等电影得到了独立电影制作者的疯狂追捧，而1966年的《切尔西女孩》(*Chelsea Girl*)则获得了一定的商业成功。

沃霍尔进一步拓展兴趣点，参与了一些当时发生在纽约的现场行为艺术——“偶发艺术”(Happenings)，并于60年代末开办了自己的流行文化杂志《访谈》(*Interview*)。他甚至还一度成为朋克乐队地下丝绒(Velvet Underground)的临时“经理”，为他们的同名专辑设计封面。

1968年末，沃霍尔遭瓦莱丽·索拉娜丝(Valerie Solanas)枪击，快乐至上的工厂生活随之戛然而止。这名女子不满沃霍尔对待自己的方式，随后被诊断患有精神分裂症。艺术家活了下来，但工作室的开放时间减少，于1974年搬入更为正规的创作场所“办公室”(the Office)。

70年代大部分时间，沃霍尔将自己对名声和财富的迷恋与“艺术本质上就是商业”的理念相结合，他成为一名社会肖像师，为任何愿意付钱的人生产丝网印刷像。从摇滚明星米克·贾格尔(Mick Jagger)到女演员丽莎·明尼里(Liza Minnelli)，数十位人物的形象都被凝固在了沃霍尔那带有标志性风格的作品之中：色彩鲜艳的背景下突出的宝丽来式剪影。

晚期作品与遗产

沃霍尔继续创作自画像，记录自己不断变换的公众形象；80年代时，这些作品变为商品，他的名气超过了许多自己画中的人物。沃霍尔出现在电视和公开场合中，亲自宣传产品或时尚事物。晚年时，他开始考虑自己的艺术遗产，并转而制作更多的实验作品；《氧化》(*Oxidation*)和《影子》(*Shadows*)系列绘画采用了更偏向抽象美学的手法，与他几十年前公然抨击的抽象表现主义者的作品不无相似之处。1983年，沃霍尔开始与一位新兴美国艺术家让-米歇尔·巴斯奎特(Jean-Michel Basquiat)合作，共同创作了若干幅充满生机、色彩明亮的画作。晚期系列作品之一以达·芬奇的《最后的晚餐》为母本，映射了他一直小心隐藏的私人生活的宗教面。

1987年2月，沃霍尔意外死于胆囊手术并发症。他过世的消息占据了全世界的新闻头条，许多生前的名流朋友和崇拜者出席了葬礼。沃霍尔将日常影像塑造为标志性符号，改变了人们看待大众媒体、文化和艺术之间关系的方式，他因此而被后世铭记。

▽《最后的晚餐》，1985年

基于达·芬奇同名画作雕版的一张老照片，沃霍尔创作了近100张变体作品。在其中一些画作中，他将广告图像叠加在了基督的形象之上。

▷**《黄色》(*Yellow*)，1999年**
阿尼什·卡普尔站在自己明亮的黄色巨型作品面前。虽然墙上的作品初看是平坦的，实际上是凹进去的空洞。

阿尼什·卡普尔

生于1954年，印度裔英国人

卡普尔运用各种材料，创作出直击人心的质朴雕塑和包罗万象的装置作品，来探索他的各种兴趣，包括神话、形而上学和神秘主义。

"我的创作虽然有形，却意蕴无穷。"

——阿尼什·卡普尔，引自戴维·安法（David Anfam）《阿尼什·卡普尔》，2009年

阿尼什·卡普尔（Anish Kapoor）1954年出生于孟买。1970年至1973年在寄宿学校完成学业后，前往以色列并开始绘画。1973年移居英国，在伦敦的霍恩西艺术学院（Hornsey College of Art）和切尔西艺术学院学习，并逐渐开始关注雕塑。

卡普尔对唐纳德·贾德（Donald Judd）和索尔·莱维特（Sol LeWitt）等艺术家饶有兴趣，这些艺术家创作出的极简主义雕塑形式看似简单，除了自身没有任何其他含义。罗马尼亚艺术家保罗·内亚古（Paul Neagu）的"触觉对象"（tactile objects）注重形式、纹理及其二者的关联，卡普尔深受其影响。此外，雕塑用来传递肉欲及异能等秘密体验的潜能，卡普尔日后将在自己的作品中展开探索。

色彩与生机

在伦敦切尔西艺术学院获得研究生学位时，卡普尔已经公开展示过自己的作品。1979年印度之行后，他创作出第一组使自己成名的系列作品：《1000个名字》（*1000 Names*，1979—1985年）。这组作品由几何状的建筑形式组成，上面涂着色彩鲜艳的颜料。这些欢快而充满生机的雕塑以色彩本身作为对象加以赞美，同时也散发出一种象征意义，使人想起宗教仪式、神秘主义和未知事物。

未填充的空间

20世纪80年代，卡普尔的作品在全球持续展出，他本人则与托尼·克雷格（Tony Cragg）、理查德·迪肯（Richard Deacon）和艾莉森·怀尔丁（Alison Wilding）等新英国雕塑派艺术家建立了联系。这些艺术家的雕塑是对前10年极简主义的反抗，使用了各种材料和制作技术。

卡普尔开始以玻璃纤维、石板和石块为材料，专注于"空洞"（voids）。作品中未填充的空间，如1987年的《物的中心》（*At the Hub of Things*），暗示了空虚和遗忘。

雕塑与建筑

1990年卡普尔代表英国参加威尼斯双年展，1991年荣获著名的透纳奖，作品获得了越来越多的赞誉。他开始受托进行公共创作。卡普尔的不锈钢镜面雕塑，如2004年的《云门》（*Cloud Gate*），不仅引人深思，而且能与周围的建筑形成互动。卡普尔对雕塑和建筑之间的这种相互关系十分着迷，以聚氯乙烯为材料制作的大型构造《玛息阿》（*Marsayas*，2002年）和《利维坦》（*Leviathan*，2011年）将这种兴趣发挥到了极致，靠周遭的环境来填补其内部的巨大空间。

卡普尔的作品继续走红。他最广为人知的公共艺术作品是2012年为伦敦奥林匹克公园建造的中心建筑《轨道》（*Orbit*），高达115米。2016年，卡普尔获得迄今已知最黑的物质梵塔黑（Vantablack）的独家艺术使用权。阿尼什·卡普尔的雕塑作品影响深远，引人入胜，这使他成了当今最重要的在世艺术家之一。

△《轨道》，2012年

卡普尔为2012年奥运会设计的巨大不对称建筑，位于伦敦斯特拉特福奥林匹克公园上方，是英国规模最大的公共艺术品。

相关技术

物质世界

卡普尔在作品中使用了各种各样的材料，包括石头、金属、油漆、颜料、树脂、蜡、木材、毛毡和混凝土。与新英国雕塑派有关的艺术家对材料本身非常感兴趣。然而，对于卡普尔，物质材料往往只是探索形而上学理论的一种工具而已。他认为艺术与"很多不存在的东西"有关。

卡普尔的《自生》（*Svayambh*）使用了蜡和油性漆，2007年

◁《云门》，2004年

这个巨大的不锈钢构造安置在芝加哥千禧公园（Millennium Park）中，其百分之八十的表面反射着天空，故而得名"云门"。

▷《我和眨眼先生》(*Me and Mr DOB*)，**2009年**

在这幅石板画中，村上隆将自己的脸与其笔下的标志性角色“眨眼先生”并置在一起。这个角色多年来不断变化，最初是一脸愤怒，满口利齿，后来则变得越来越可爱（如图所示）。

村上隆

日本人，生于1962年

村上隆试图诠释当今日本文化中的传统元素与全球影响的融合，因此日本与西方的复杂关系一直是其作品的核心。

村上隆1962年出生于东京。成长过程中逐渐对1945年原子弹爆炸的遗留问题以及“二战”后美国在日本的统治产生了兴趣。

村上隆喜爱艺术，最初热衷于日本特有的艺术形式，尤其是金田伊功和宫崎骏等先驱者制作的动画片。他想追随他们的脚步，于是考入东京艺术大学（Tokyo University of the Arts），获得日本画博士学位。日本传统技法形成的绘画风格多年来不断发展，涉及的题材更为广泛。在这期间，村上隆一直对动画很感兴趣。

全球艺术

在11年的学习生涯中，村上隆决定成为一名职业艺术家。他将自己在动画方面接受的训练、注重合作的工作方式，以及在日本传统绘画方面的技巧结合在一起，创造了一种流行艺术风格。1993年，这种风格体现在了“眨眼先生”的身上，而这个角色后来成了他笔下的标志性形象。这个异想天开的卡通形象灵感来自漫画，背景往往是传统日本画风。眨眼先生（Mr DOB）脑袋圆圆的，“D”和“B”两个字母充当耳朵，具有自画像的性质。村上隆的作品中，眨眼先生总会以各种各样的方式反复出现。

留学美国

得到奖学金后，村上隆在纽约现代艺术博物馆学习了1年，感受了安塞姆·基弗（Anselm Kiefer）和杰夫·昆斯（Jeff Koons）等观念艺术家的革命性作品。他以典型的日本特色开创了引人注目的艺术风格，以市场为导向，很快就引起了艺术界的注意。他和毛里齐奥·卡泰兰（Maurizio Cattelan）等人被视为新一批国际艺术家，这些艺术家在新的全球舞台上探索了民族身份的方方面面。

村上隆对日本身份的关注，主要集中在地下动漫和宅男“极客”亚文化方面。他将宅男推向主流，质疑艺术的既定价值。1996年回到日本后，村上隆效仿沃霍尔（见右侧方框）建立了“巨乳工厂”（Hiropon Factory），大规模生产受宅男启发的作品。

▷《727—272上帝在命运逆转的地方出现》（*727—272 The Emergence of God at the Reversal of Fate*，2006—2009年）
“眨眼先生”出现在这幅由16块嵌板组成的作品里，其中包含了更多日本传统绘画的元素。

△《玛坦戈之花》（***Flower Matango***，2001—2006年）
村上隆的“花卉怪物”灵感来自于日本电影中的一种生物，2010年曾在法国凡尔赛宫的展览中展出。

超扁平

村上隆继续创作高端的绘画、雕塑作品，设计奢侈品，经常与迎合上流社会的国际品牌合作（2003年，他与奢侈品牌路易·威登合作设计了一系列手袋）。同时，他也设计面向大众的经济实惠型商品，从微笑的花朵到球根蘑菇等饰品、服装和玩具，都是村上隆品牌中能让普通人消费得起的特色产品。

2000年，村上隆创造了“超扁平”这个概念，不仅形容了自己作品中的日本传统装饰美学，也描述了介于排斥性与亲民性、高阶与低端、传统日式与西式之间的文化层级。他认为这种文化层级定义了日本当代社会。凭借深刻的思想和大众化的艺术创作方式，村上隆成功跻身于国际公认的杰出艺术家之列。

> **背景简介**
>
> 村上隆与沃霍尔
>
> 村上隆与美国艺术家安迪·沃霍尔有许多相似之处（见第339—341页）。他们都是精明的商人，都是极具个性的艺术名家，都是娴熟的合作型创作者——无论是与其他艺术家还是与商业品牌合作——他们使得各种形式的艺术成为可能。然而，沃霍尔把司空见惯的日常事物提升到高端艺术的层次，村上的工作室却完全拒绝区分高端与低端。按照他的“超扁平”理念，村上隆对所有作品都等闲视之。
>
> 
>
> 助手在村上隆的工作室中作画

“艺术和商业将融为一体，而日本人接受这一点。”

村上隆，与玛格达莱妮·佩雷斯（Magdalene Perez）的访谈，2007年

其他艺术家名录

威廉·德·库宁

1904—1997年，荷兰裔美国人

威廉·德·库宁生于鹿特丹，十几岁时曾在一家商业美术公司担任学徒，1916年至1924年进入鹿特丹艺术学院（Rotterdam Academy of Art）学习。1926年，他以偷渡者身份移民美国，在纽约落脚。20世纪30年代，在结束了联邦艺术计划（Federal Arts Project）的工作后，他成为一名全职画家。德·库宁与流亡艺术家阿希尔·戈尔基成为好友，在后者影响下，他于20世纪40年代开始创作富有韵律、具有生物形态图案的抽象画作。这一抽象风格促成了他与杰克逊·波洛克的相识，二人共同成为抽象表现主义的领军人物。

1950年，德·库宁开启了自己最为著名的系列作品《女人》（*Women*），结合了猛烈的线条和艳丽的色彩，在暴力的“绘画冒险”中表现女性形象。他余生继续探索抽象创作，还曾在70年代制作了一些半具象青铜雕塑。

主要作品：《粉色天使》（*Pink Angels*），1945年；《女人（一）》（*Woman I*），1950—1952年；《骑手（无题之七）》[*Rider (Untitled VII)*]，1985年

路易丝·布尔乔亚

1911—2010年，法裔美国人

路易丝·布尔乔亚（Louise Bourgeois）生于巴黎，曾在众多巴黎美术学院学习，并简短师从费尔南德·莱热。1938年，她嫁给一位美国艺术史学家并定居纽约。布尔乔亚起初创作抽象绘画，自20世纪40年代起愈发转向雕塑领域。她的雕塑介于抽象和具象之间，通常暗示人的形象。到了60年代，她开始将自己的雕塑嵌入超现实主义环境之中，包括类似笼子的装置。其作品的很多主题都具有强烈的个人色彩，有的源自童年的创伤记忆以及父亲和她的家庭教师的婚外情。布尔乔亚坚持创作，直到晚年，以女性思想家兼艺术家的身份闻名世界。

主要作品：《小女孩》（*Filette*），1968年；《父亲的毁灭》（*The Destruction of the Father*），1974年；《妈妈》（*Maman*），1999年

△路易丝·布尔乔亚坐在自己的雕塑作品《女屋》（*Femme-Maison*，1981年）上，纽约现代艺术博物馆，1983年

西德尼·诺兰

1917—1992年，澳大利亚人

西德尼·诺兰（Sidney Nolan）生于墨尔本，1938年开始成为全职画家。其受现代主义影响的早期作品很大程度上源于超现实主义，但第二次世界大战后，他开始以日后成为其标志性风格的技法创作人物和风景画，有时用海绵或手指蘸着颜料绘画。诺兰笔下故作“质朴”的作品捕捉到了内陆地区的明亮光线和宽阔空间。他描绘澳大利亚民间英雄内德·凯利（Ned Kelly）的系列作品获得了国际认可。1950年前后，他前往英国，美国也为他的创作提供了新主题，但诺兰总会回到使自己成名的澳大利亚。

主要作品：《内德·凯利》，1946年；《天堂花园》（*Paradise Garden*），1968—1970年；《蛇》（*Snake*），1970—1972年

约瑟夫·博伊斯

1921—1986年，德国人

约瑟夫·博伊斯（Joseph Beuys）生于克雷菲尔德（Krefeld），结束“二战”服役后，进入杜塞尔多夫艺术学院学习，并于1961年成为该学院的雕塑老师。他在整个60年代发展了自己独特的艺术理念，创作“社会雕塑”，以提供“精神、社会和心理治疗”。博伊斯对语言、神话以及人与环境之间的关系深感兴趣，用各种材料创作反映生命复杂性的雕塑。他以行为艺术而闻名，包括与一头野狼共处一室长达一周。他在60年代加入了反传统的艺术家组织激浪派（Fluxus），并成为人们狂热追捧的艺术偶像，因公众演讲而闻名世界。

主要作品：《如何向死兔子讲解绘画》（*How to Explain Pictures to a Dead Hare*），1965年；《群》（*The Pack*），1969年；《我爱美国，美国爱我》（*I Like America and America Likes Me*），1974年

卢西安·弗洛伊德

1922—2011年，英国人

卢西安·弗洛伊德（Lucian Freud）是精神分析学家西格蒙德·弗洛伊德的孙子。他生于柏林，于1933年搬到英国，在伦敦和萨福克（Suffolk）学习艺术。弗洛伊德的早期人物和植物绘画细节极为丰富，同时使用被水冲淡的颜料，以达到近乎超现实主义的效果。自20世纪50年代起，他的用色偏向大地色，笔触也更加清晰，富有肌理的表面赋予其笔下人物近乎可触的质感。弗洛伊德的模特通常都与他有直接的私人关系，画作一丝不苟的精准度意味着写生可能会持续数月之久。最终成果是精神感十足的肖像作品，艺术家彼得·布雷克（Peter Blake）在1993年说道，弗洛伊德“无疑是英国最棒的在世画家”。

主要作品：《抱着猫的女孩》（*Girl with a Kitten*），1947年；《沉思（自画像）》[*Reflection (Self Portrait)*]，1985年；《沉睡的救济金管理员》（*Benefits Supervisor Sleeping*），1995年

△《约瑟夫·博伊斯正在一次事件中展示自己的作品《脂肪屋》（*Fettraum*），达姆施塔特（Darmstadt），德国，1967年

罗伊·利希滕斯坦

1923—1997年，美国人

罗伊·利希滕斯坦（Roy Lichtenstein）出生于纽约，在艺术学生联盟学习，第二次世界大战服役结束之后，进入俄亥俄州立大学。起初他的工作是教师和商业艺术家，20世纪60年代初以前一直坚持抽象表现主义风格，之后才开始创作日后令其名声大噪的作品。

利希滕斯坦将漫画书和广告中选出的图像放大，并原封不动在帆布上进行复制，用未混合的原色颜料上色，以粗黑线勾边，甚至还会手工画上原作印刷过程中使用的本戴点（Ben-Daydots）。他很快就成为波普艺术的主要支持者之一。该主义反对抽象表现主义原则，推崇日常消费主义和大众媒体影像。利希滕斯坦余生一直以自己的代表性风格进行创作，晚年涉足雕塑领域。

主要作品：《溺水的女孩》（*Drowning Girl*），1963年；《Whaam！》（1963年）；《笔锋》（*Brushstrokes*），1967年

罗伯特·劳森伯格

1925—2008年，美国人

罗伯特·劳森伯格出生于得克萨斯州阿瑟港（Port Arthur）。最初的专业是药剂学，后在第二次世界大战期间在海军服役。被开除军籍后、返回纽约前，他进入几所不同机构学习，包括极具实验性的黑山学院（Black Mountain College）。20世纪50年代，劳森伯格与其亲密合作者贾斯培·琼斯一起，凭借自己的作品挑战了抽象表现主义的统治地位：他将身边物品置入多彩的画作之中，创造了他所谓的“结合画”，模糊了艺术与日常之间的界限。这项实验持续至20世纪60年代，随后他开始创作丝网印刷作品，以及将艺术史图像和大众媒体图像并置的拼贴画。

劳森伯格是行为艺术的早期支持者之一，并就艺术与新技术之间的联系进行探索。他在20世纪70年代至80年代使用丝绸、纸板箱以及后来的金属制作雕塑，反映了他对现代生活的多样性和内部关联性的痴迷，这也是贯穿其全部作品的主题。

主要作品：《汽车轮胎印》（*Automobile Tire Print*），1953年；《字母组合》（*Monogram*），1955—1959年；《追溯（二）》（*Retroactive II*），1963年

唐纳德·贾德

1928—1994年，美国人

唐纳德·贾德（Donald Judd）出生于密苏里州，先后学习哲学和艺术史，还曾参加纽约艺术学生联盟夜校，后于1959年至1965年担任艺术评论家。他最初的绘画风格是抽象表现主义，但很快转向雕塑领域，创作几何物（通常是箱子）。原作材质是木头，后续工业复制品则选用金属或彩色有机玻璃。贾德将这些“具体物品”按照数学序列规则排布，例如，以固定间隔将其垂直堆叠固定在墙面上。通过模糊雕塑和周围环境的界限，他打破了创作传统，挑战了艺术品表达了其自身之外的“现实”的理念。这些概念是极简艺术的关键，贾德自然是其中一员大将。

20世纪70年代末，他专门为展览地点定制作品。1973年，他搬到得克萨斯州，并在那里为自己的作品设计了展示空间，同时继续撰写极简主义理论。

主要作品：《无题（堆叠）》[*Untitled (Stack)*]，1967年；《无题（前进）》[*Untitled (Progression)*]，1973年；《无题（堆叠）》[*Untitled (Stack)*]，1980年

贾斯培·琼斯

1930年—，美国人

贾斯培·琼斯生于乔治亚洲（Georgia）的奥古斯塔（Augusta），1949年搬到纽约。与其亲密合作者罗伯特·劳森伯格一道，他发展出背离当时主流的抽象表现主义的艺术风格。

琼斯开始以世俗的普通象征物为绘画对象，如旗子、标靶、数字和字母，并使用厚涂手

法强调画面作为画的本质。琼斯声称意图以“全新眼光”看待熟悉的物品，他在画作中突出表现标志的模糊性，以及艺术品与日常物之间的关系。自1958年起，他开始创作日常物品雕塑，如啤酒罐；20世纪60年代，追随马塞尔·杜尚的步伐，他开始将现成品融入作品。琼斯对日常物的使用还将继续影响波普艺术和极简主义，不过从20世纪70年代开始，他的作品便开始偏向风格化的自传性质。

主要作品：《旗帜》（*Flag*），1954—1955年；《上色的青铜（麦芽酒罐）》[*Painted Bronze (Ale Cans)*]，1960年；《地图》（*Map*），1961年

△贾斯培·琼斯在自己的纽约工作室中，德国，1967年

格哈德·里希特

1932年—，德国人

格哈德·里希特（Gerhard Richter）出生于德累斯顿，在德国乡下长大。1951年进入德累斯顿学院（Dresden Academy）学习之前，当过商业艺术家的学徒。1961年，他搬到杜塞尔多夫，并在那里靠单色画出名，这些画基于报纸或家庭相册中的照片创作。他很快开始有意地模糊图像，通过强调颜料的特殊性质分析照片的功能。

里希特在20世纪70年代扩宽了研究范畴，开始绘制表现家乡战后废墟的城市景观以及风景画，这些作品唤起了人们对德国浪漫主义艺术的回忆。除去创作照片写实主义具象艺术作品，他还绘制抽象画作，并在20世纪60年代再创作几何彩色图表，20世纪80年代中期之后开始创作多层颜料浸染油画。这些后期画作通过橡胶滚轮拖拉、抹擦颜料绘制而成。凭借绘画作品和玻璃雕塑，里希特被视为极有成就的在世艺术家之一。

主要作品：《1024色》（*1024 Colours*），1973年；《贝蒂》（*Betty*），1988年；《抽象绘画（809-1）》[*Abstract Painting (809-1)*]，1994年

大卫·霍克尼

1937年—，英国人

大卫·霍克尼（David Hockney）出生在布拉德福德，后进入伦敦的皇家艺术学院学习，并很快因多才多艺与个人天资而出名。20世纪60年代，他与波普艺术联系紧密，但后来尝试使用不同媒介——摄影、速写和油画，来描绘周遭世界。

霍克尼愈发迷恋加利福尼亚，并于1978年移居该地，他的许多游泳池画作都是对如何呈现光和水的探索。20世纪70年代，他以其波西米亚社交圈为对象创作精细、简约的超写实主义肖像，后于20世纪80年代进行照片拼贴实验。20世纪90年代，他将精力转向立体主义风格多视角的色彩鲜艳的场景，描绘大峡谷（Grand Canyon）风景；2000年之后开始绘制家乡约克郡（Yorkshire）的乡村景致。霍克尼闻名全世界，备受欢迎，他是20世纪英国成功的艺术家之一。

主要作品：《大水花》（*A Bigger Splash*），1967年；《克拉克夫妇与小猫珀西》（*Mr and Mrs Clark and Percy*），1970—1971年；《梨花盛开的公路》（*Pearblossom Highway*），1986年

朱迪·芝加哥

1939年—，美国人

画家、装置艺术家、女性主义学者、教育家朱迪·芝加哥（Judy Chicago）于1939年出生在芝加哥，原名朱迪斯·科恩（Judith Cohen）。出于反抗父权的目的，她后来将继承自父亲的姓氏改为了出生城市的名字。1964年，芝加哥从洛杉矶的加州大学（University of California）毕业，获得绘画和雕塑硕士学位。1969年，她发起了美国首个女性主义艺术教育项目弗雷斯诺（Fresno）；1971年，与其他人在加州艺术学院联合成立了女性主义艺术项目（Feminist Art Program）。

她最著名的作品是装置《晚宴》（*The Dinner Party*，1974—1979年），被一些评论家誉为女性主义艺术的典范。这件作品由一个巨大的三角形桌子构成，灵感来自于达·芬奇的《最后的晚餐》（约1495年），在餐桌上为39位历史和神话中著名女性摆出了餐具。1978年，芝加哥成立了非营利组织“穿越花朵”（Through the Flower），意在唤起通过艺术提升女性成就的意识。她一生大部分时间都在加州度过。

主要作品：《生育计划》（*The Birth Project*），1980-1985年；《大屠杀计划：从黑暗到光明》（*The Holocaust Project: From Darkness to Light*），1987-1993年

安塞尔·基弗

1945年—，德国人

第二次世界大战末，安塞尔·基弗在多瑙埃辛根出生，这场战争影响了艺术家日后的大部分作品。他后来进入弗莱堡（Freiburg）和卡尔斯鲁厄的艺术院校学习，在那里参加了约瑟夫·博伊斯教授的课程，并由此接触到了观念艺术。基弗通过1968年至1969年

的一系列行为艺术表演探索这一全新的艺术形式。这些以及其他作品的核心在于对德国身份的探究，并以民俗、历史以及纳粹主义的暴行作为创作参考。

20世纪80年代早期，人们重新对于绘画的兴趣再次兴起，新表现主义也日益崛起。在这一时期，基弗创作了以自然元素为主题的高密度绘画作品，受其炼金术、符文、诗歌和宇宙学方面兴趣影响，他在画中融入了有机元素。1993年，他搬到法国南部的一间大型工作室。继乔治·布拉格之后，基弗成为首个作品被卢浮宫收为永久馆藏的在世艺术家，而且至今仍是极重要的在世艺术家之一。

主要作品：《占领》（*Occupations*），1969年；《瓦鲁斯》（*Varus*），1976年；《海边的波西米亚》（*Bohemia Lies by the Sea*），1996年

玛丽娜·阿布拉莫维奇

1946年—，塞尔维亚人

玛丽娜·阿布拉莫维奇（Marina Abramovic）在1965年至1970年就读于贝尔格莱德美术学院（Belgrade Academy of Fine Art），随后前往克罗地亚首都萨格勒布学习。自20世纪70年代初起，她便成为行为艺术的重要代表人物。所谓行为艺术是指艺术家通过表演预先计划好的或即兴的行为，来进行创作的艺术形式，这些行为或面向观众进行或被记录。

在很多表演中，阿布拉莫维奇都将自己推向身体和精神的极致状态，并探索艺术家与观众之间的关系。她在重要作品中切割、鞭打、灼烧自己的身体，试探个人的疼痛极限，探究宗教和净化仪式，同时测试公众对艺术接受程度的极限。阿布拉莫维奇对观众参与的关注于2010年的《艺术家在场》（*The Artist is Present*）中达到巅峰。在这一作品中，她安静地依次与数百名公众一一对视，共计736个小时。

主要作品：《节奏系列》（*Rhythm Series*），1973—1974年；《巴尔干巴洛克》（*Balkan Baroque*），1997年；《艺术家在场》，2010年

莫娜·哈透姆

1952年—，巴勒斯坦人

莫娜·哈透姆（Mona Hatoum）生于黎巴嫩，父母是巴勒斯坦人，她起先在贝鲁特（Beirut）学习艺术。1975年在伦敦旅行期间黎巴嫩爆发战争，她不得不留在伦敦。结束了1979年至1981年在斯莱德美术学院（Slade School of Fine Art）的艺术学习后，哈透姆开始通过自己的作品探索政治、性别和身份之间的关系。她的早期作品包括视频表演，强调身体的极致脆弱与复原能力，通常指涉女性主义理论和当时的巴勒斯坦政治。

▲莫娜·哈透姆，2008年摄于柏林

20世纪80年代末，哈透姆开始创作超现实主义装置艺术，这些由日常物品构成的雕塑将家庭事物和离奇事物并置在一起；她在20世纪90年代作品中使用的网格结构暗指权力和控制体系。通过结合熟悉的与敌对的、个人的与政治的，哈透姆创造的作品散发着高度紧张的气息，反映了冲突塑造下的世界。

主要作品：《距离有多远》（*Measures of Distance*），1988年；《光的判决》（*Light Sentence*），1992年；《陌生的身体》（*Corps étranger*），1994年

达米恩·赫斯特

1965年—，英国人

达米恩·赫斯特（Damien Hirst）出生于布里斯托尔，1986年至1989年在伦敦的金史密斯学院（Goldsmiths College）学习，并在那里接触到了观念艺术。他进取又早熟，仍在上学时便组织仓库展览，还遇到了收藏家查尔斯·萨奇（Charles Saatchi），萨奇开始赞助他创作观念框架艺术作品，包括一只吊在福尔马林缸里的鲨鱼，以及其他使用动物尸体制作的雕塑。这类作品融合了赫斯特对死亡的痴迷与感觉论美学，后者是主宰20世纪90年代英国艺术界的许多艺术家——被称为“YBA”（年轻的英国艺术家，Young British Artists）——都遵循的创作理念。赫斯特是YBA中最引人瞩目的成员：包括批量生产的“旋转斑点”（spinandspot）抽象绘画在内，其作品备受收藏家青睐。

2008年，苏富比的赫斯特专场拍卖会收入约1.11亿英镑，其中他在2007年创作的钻石头骨更是成为在世艺术家售出的最昂贵的艺术作品。

主要作品：《生者对死者无动于衷》（*The Physical Impossibility of Death in the Mind of Someone Living*），1991年；《母子分离》（*Mother and Child, Divided*），1993年；《为了上帝的爱》（*For the Love of God*），2007年

艺术作品索引

Z

综合索引

致谢

感谢玛格丽特·麦克马克（Margaret McCormack）为本书所用图片整理索引。出版商感谢下列人士授权复制并使用其照片：

（缩写：a=上图；b=下图；c=中图；l=左图；t=最上图）

1 Bridgeman Images: Musee Marmottan Monet, Paris, France / Bridgeman Images (c). **2 Getty Images:** Fine Art / Contributor (c). **3 Alamy Images:** SPUTNIK / Alamy Stock Photo (c). **5 Getty Images:** Hulton Archive / Staff (c).

12 Getty Images: Mondadori Portfolio / Contributor (tr). **13 Getty Images:** Alinari Archives / Contributor (bl). Thekla Clark / Contributor (br). **14 Alamy Images:** Heritage Image Partnership Ltd / Alamy Stock Photo (tl). **14 Getty Images:** O. Louis Mazzatenta (tr). **15 Getty Images:** Mondadori Portfolio / Contributor (l). **15 Alamy Images:** David Collingwood / Alamy Stock Photo (tr). **16 Getty Images:** DEA / M. CARRIERI / Contributor (c). DEA / G. DAGLI ORTI / Contributor (cr).

17 Getty Images: Universal History Archive / Contributor (c). **18 Alamy Images:** World History Archive / Alamy Stock Photo (bl). **18-19 Getty Images:** Universal History Archive / Contributor (bc). **19 Alamy Images:** Skyfish / Alamy Stock Photo (tr). ART Collection / Alamy Stock Photo (br). **20 Getty Images:** DEA / G. DAGLI ORTI (c). **21 Getty Images:** Robert Alexander / Contributor (bl). **21 Bridgeman Images:** Museo Nazionale del Bargello, Florence, Italy / Bridgeman Images (tr). **21 Getty Images:** DEA / G. NIMATALLAH / Contributor (br). **22 Alamy Images:** Artokoloro Quint Lox Limited / Alamy Stock Photo (bl). **22 Getty Images:** Mondadori Portfolio / Contributor (c). DEA / G. NIMATALLAH / Contributor (br).

23 Bridgeman Images: Ghigo Roli / Bridgeman Images (tl). **23 Getty Images:** Mondadori Portfolio / Contributor (cr).

24 Alamy Images: Granger Historical Picture Archive / Alamy Stock Photo (bl). World History Archive / Alamy Stock Photo (c). **25 Getty Images:** Mondadori Portfolio / Contributor (c). **26 Getty Images:** Heritage Images / Contributor (c).

27 Getty Images: Universal History Archive / Contributor (c). De Agostini Picture Library / Contributor (br).

28 Alamy Images: Brian Atkinson / Alamy Stock Photo (bl). **28 Getty Images:** UniversalImagesGroup / Contributor (t).

29 Getty Images: De Agostini Picture Library / Contributor (bl). DEA / G. CIGOLINI / Contributor (br).

30 Alamy Images: Bailey-Cooper Photography / Alamy Stock Photo (cl). **30 Getty Images:** Leemage (ca).

30 Bridgeman Images: Louvre (Cabinet de dessins), Paris, France (cr). **31 Bridgeman Images:** Musee Conde, Chantilly, France (c). **32 Bridgeman Images:** National Gallery, London, UK (bl). **32 Getty Images:** DEA / G. NIMATALLAH (tr).

33 Alamy Images: Art Reserve / Alamy Stock Photo (tr). **34 Alamy Images:** B Christopher / Alamy Stock Photo (c).

34 Getty Images: Thekla Clark / Contributor (br). **35 Getty Images:** Thekla Clark / Contributor (c).

36 Getty Images: Leemage / Contributor (bl). **36 Alamy Images:** PAINTING / Alamy Stock Photo (tr).

37 Getty Images: UniversalImagesGroup / Contributor (br). **38 Alamy Images:** World History Archive / Alamy Stock Photo (cl). **38 Getty Images:** PETIT Philippe / Contributor (cr). **39 Getty Images:** Leemage / Contributor (c).

40 Bridgeman Images: Ashmolean Museum, University of Oxford, UK (cl). **40 Getty Images:** Heritage Images / Contributor (c). **41 Getty Images:** Planet News Archive / Contributor (tc). Joe Cornish/Arcaid Images (bl). Heritage Images / Contributor (br). **42 Bridgeman Images:** Baptistery, Florence, Italy / Bridgeman Images (br).

43 Bridgeman Images: Museum of Fine Arts, Boston, Massachusetts, USA / Gift of Mr and Mrs Henry Lee Higginson / Bridgeman Images (tl). **46 Alamy Images:** Jakub Krechowicz / Alamy Stock Photo (tc). **47 Alamy Images:** PAINTING / Alamy Stock Photo (c). **47 Getty Images:** DEA / G. DAGLI ORTI / Contributor (cr). **48 Getty Images:** GraphicaArtis / Contributor (tl). **48-49 Getty Images:** Alinari Archives / Contributor (tc). **49 Getty Images:** DEA / A. DAGLI ORTI / Contributor (br). **50 Getty Images:** Print Collector / Contributor (tc). **50 Getty Images:** DEA / A. DAGLI ORTI / Contributor (bc). **51 Alamy Images:** IanDagnall Computing / Alamy Stock Photo (tl). Photo 12 / Alamy Stock Photo (tr).

52 Bridgeman Images: Private Collection / Photo © Christie's Images (tr). **53 Bridgeman Images:** Private Collection / Photo © Christie's Images (tl). **53 Alamy Images:** Lou-Foto / Alamy Stock Photo (bl). Beijing Eastphoto stockimages Co.,Ltd / Alamy Stock Photo (br). **54 Alamy Images:** Artepics / Alamy Stock Photo (c). **55 Alamy Images:** Granger Historical Picture Archive / Alamy Stock Photo (c). **55 Alamy Images:** INTERFOTO / Alamy Stock Photo (cr).

56 Alamy Images: imageBROKER / Alamy Stock Photo (cl). classicpaintings / Alamy Stock Photo (tr).

57 Alamy Images: classicpaintings / Alamy Stock Photo (br). The Print Collector / Alamy Stock Photo (cr).

58 Alamy Images: INTERFOTO / Alamy Stock Photo (bl). PRISMA ARCHIVO / Alamy Stock Photo (br).

59 Alamy Images: Photo Researchers, Inc / Alamy Stock Photo (tc). World History Archive / Alamy Stock Photo (bl). Riccardo Sala / Alamy Stock Photo (br). **60 Getty Images:** Mondadori Portfolio (tr). **60 Alamy Images:** FineArt / Alamy Stock Photo (bl). **61 Alamy Images:** FineArt / Alamy Stock Photo (c). **62 Alamy Images:** Christine Webb Portfolio / Alamy Stock Photo (cl). **62 Getty Images:** hkp (bc). alxpin (br). **63 Alamy Images:** age fotostock / Alamy Stock Photo (cl).

63 Getty Images: DEA / G. NIMATALLAH / Contributor (cr). **64 Getty Images:** Heritage Images / Contributor (cl). Mondadori Portfolio (br). **65 Bridgeman Images:** Museo Petriano, Rome, Italy / Alinari (cl). **65 Getty Images:** Gonzalo Azumendi (tr). **66 Alamy Images:** classicpaintings / Alamy Stock Photo (c). **67 Alamy Images:** classicpaintings / Alamy Stock Photo (tc). **67 Getty Images:** DEA / G. NIMATALLAH (br). **68 Getty Images:** DEA / F. FERRUZZI / Contributor (tl).

68 Alamy Images: INTERFOTO / Alamy Stock Photo (br). **69 Getty Images:** Heritage Images / Contributor (bl).

69 Alamy Images: Heritage Image Partnership Ltd / Alamy Stock Photo (br). **70 Alamy Images:** classicpaintings / Alamy Stock Photo (cl). **70 Getty Images:** Fine Art / Contributor (cr). **71 Alamy Images:** classicpaintings / Alamy Stock Photo (tr). **72 Getty Images:** Fine Art / Contributor (c). **73 Getty Images:** Marka / Contributor (bl). DEA / G. CIGOLINI / Contributor (c). **74 Getty Images:** Leemage / Contributor (tr). Leemage / Contributor (bl). **75 Alamy Images:** Jozef Sedmak / Alamy Stock Photo (c). **75 Getty Images:** Fine Art / Contributor (bl). **76 Getty Images:** DEA PICTURE LIBRARY / Contributor (c). **76 Bridgeman Images:** Ashmolean Museum, University of Oxford, UK (cr).

77 Getty Images: Leemage / Contributor (c). **78 Alamy Images:** classicpaintings / Alamy Stock Photo (tl). The Artchives / Alamy Stock Photo (tl). **78 Getty Images:** Photo 12 / Contributor (br). **79 Getty Images:** UniversalImagesGroup / Contributor (tc). Fine Art / Contributor (tr) **80 Scala:** bpk, Bildagentur fuer Kunst, Kultur und Geschichte, Berlin (ca). Photo Scala, Florence (br). **81 Getty Images:** Heritage Images / Contributor (c). **82 Alamy Images:** Artepics / Alamy Stock Photo (tl). **83 Getty Images:** Ullstein Bild / Contributor (cr). Heritage Images / Contributor (bl).

84 Alamy Images: Artokoloro Quint Lox Limited / Alamy Stock Photo (tc). **84 Getty Images:** Fratelli Alinari IDEA S.p.A. / Contributor (bl). **84 Bridgeman Images:** Brooklyn Museum of Art, New York, USA / Gift of A. Augustus Healy (br).

85 Alamy Images: FineArt / Alamy Stock Photo (c). **86 Alamy Images:** World History Archive / Alamy Stock Photo (cl). Heritage Image Partnership Ltd / Alamy Stock Photo (br). **87 Alamy Images:** Masterpics / Alamy Stock Photo (c). JTB MEDIA CREATION, Inc. / Alamy Stock Photo (br). **88 Getty Images:** Leemage / Contributor (tc).

89 Alamy Images: Granger Historical Picture Archive / Alamy Stock Photo (bl). **92 Getty Images:** Heritage Images / Contributor (tl). **92 Alamy Images:** ACTIVE MUSEUM / Alamy Stock Photo (br). **93 Scala:** Photo Scala, Florence - courtesy of the Ministero Beni e Att. Culturali (c). **94 Getty Images:** Alinari Archives / Contributor (tl). Print Collector / Contributor (tr). **95 Alamy Images:** Ian Dagnall / Alamy Stock Photo (bl). **95 Shutterstock:** Gianni Dagli Orti/REX (cr).

96 Alamy Images: Mary Evans Picture Library / Alamy Stock Photo (bc). **96 Getty Images:** DEA / A. DAGLI ORTI / Contributor (tr). **96 Alamy Images:** PRISMA ARCHIVO / Alamy Stock Photo (br). **97 Getty Images:** Fine Art / Contributor (c). **98 Getty Images:** Imagno / Contributor (tl). Fine Art / Contributor (bl). **98 Alamy Images:** Ian Dagnall / Alamy Stock Photo (cr). **99 Bridgeman Images:** Onze Lieve Vrouwkerk, Antwerp Cathedral, Belgium / Bridgeman Images (tc).

100 Getty Images: Heritage Images / Contributor (cl). **100 Alamy Images:** Mike Booth / Alamy Stock Photo (cr).

101 Alamy Images: FineArt / Alamy Stock Photo (bc). **101 Getty Images:** Mark Renders / Stringer (tr).

102 Alamy Images: Archivart / Alamy Stock Photo (bl). Heritage Image Partnership Ltd / Alamy Stock Photo (br).

103 Alamy Images: World History Archive / Alamy Stock Photo (c). **104 Alamy Images:** vkstudio / Alamy Stock Photo (c).

105 Alamy Images: Art Collection 2 / Alamy Stock Photo (bc). **105 Bridgeman Images:** Museo di Roma, Rome, Italy / Bridgeman Images (cr). **106 Alamy Images:** Ken Welsh / Alamy Stock Photo (cl). Granger Historical Picture Archive / Alamy Stock Photo (br). **107 Alamy Images:** Archivart / Alamy Stock Photo (tl). **107 Getty Images:** JNS / Contributor (bl).

108 Bridgeman Images: Galleria Borghese, Rome, Italy / Bridgeman Images (c). **109 Bridgeman Images:** Museo Nazionale del Bargello, Florence, Italy / Bridgeman Images (bc). **109 Getty Images:** Alinari Archives / Contributor (br).

110 Bridgeman Images: Galleria Borghese, Rome, Italy / Bridgeman Images (bl). **110 Getty Images:** De Agostini / Contributor (tr). **111 Getty Images:** DEA / G. DAGLI ORTI / Contributor (tl). **111 Scala:** Photo Scala, Florence/bpk, Bildagentur fuer Kunst, Kultur und Geschichte, Berlin (cl). **112 Alamy Images:** LatitudeStock / Alamy Stock Photo (cl). LatitudeStock / Alamy Stock Photo (tr). **112 Getty Images:** DEA PICTURE LIBRARY / Contributor (br). **113 Getty Images:** Mondadori Portfolio (cr). PHAS / Contributor (br). **114 Alamy Images:** Peter Horree / Alamy Stock Photo (c). **115 Getty Images:** Leemage / Contributor (c). **115 Alamy Images:** Heritage Image Partnership Ltd / Alamy Stock Photo (c). **116 British Museum:** © The Trustees of the British Museum. (bl). **116 Alamy Images:** classicpaintings / Alamy Stock Photo (tr). **117 Alamy Images:** FineArt / Alamy Stock Photo (bl). **117 Alamy Images:** Granger Historical Picture Archive / Alamy Stock Photo (c). **117 Alamy Images:** Riccardo Sala / Alamy Stock Photo (br). **118 Getty Images:** Mondadori Portfolio (c). **119 Alamy Images:** FineArt / Alamy Stock Photo (c). Prisma by Dukas Presseagentur GmbH / Alamy Stock Photo (cl). Fabrizio Troiani / Alamy Stock Photo (br). **120 Alamy Images:** Tomas Abad / Alamy Stock Photo (cl).

120 Alamy Images: World History Archive / Alamy Stock Photo (bl). **121 Alamy Images:** Archivart / Alamy Stock Photo (tl). FineArt / Alamy Stock Photo (tr). **122 Alamy Images:** Heritage Image Partnership Ltd / Alamy Stock Photo (tc). Granger Historical Picture Archive / Alamy Stock Photo (br). Japanese castles / Alamy Stock Photo (cr).

123 Wiki Commons: http://www.emuseum.jp (c). **124 Alamy Images:** Iconotec / Alamy Stock Photo (tl). Peter Horree / Alamy Stock Photo (bc). **124 Getty Images:** DEA PICTURE LIBRARY (cr). **125 Getty Images:** Rembrandt Harmensz. van Rijn (c). **126 Getty Images:** Heritage Images / Contributor (tl). **126 Alamy Images:** Heritage Image Partnership Ltd / Alamy Stock Photo (bc). **126-127 Alamy Images:** Ian Dagnall / Alamy Stock Photo (tc).**127 Alamy Images:** PAINTING / Alamy Stock Photo (br). **128 Alamy Images:** Francesco Gavazzeni / Alamy Stock Photo (bl). **128 Alamy Images:** FineArt / Alamy Stock Photo (tr). **128- 129 Alamy Images:** Peter Horree / Alamy Stock Photo (bc). **129 Alamy Images:** Scenics & Science / Alamy Stock Photo (br). **130 Getty Images:** Fine Art / Contributor (c). **131 Bridgeman Images:** Mauritshuis, The Hague, The Netherlands / Bridgeman Images (cb). **131 Alamy Images:** Peter Horree / Alamy Stock Photo (tr).

132 Alamy Images: The Print Collector / Alamy Stock Photo (cl). World History Archive / Alamy Stock Photo (tr).

133 Alamy Images: FineArt / Alamy Stock Photo (br). **134 Getty Images:** Indianapolis Museum of Art / Contributor (c).

135 Bridgeman Images: National Museums of Scotland / Bridgeman Images (tc). **135 akg-images:** akg-images / Erich Lessing (bl). **135 Bridgeman Images:** Indianapolis Museum of Art, USA / Thomas W. Ayton Fund / Bridgeman Images (br). **136 Alamy Images:** ART Collection / Alamy Stock Photo (cb). **137 Bridgeman Images:** Musee des Beaux-Arts, Arles, France / Peter Willi / Bridgeman Images (tr). **138 Bridgeman Images:** Louvre, Paris, France / Bridgeman Images (bl). **139 Alamy Images:** Heritage Image Partnership Ltd / Alamy Stock Photo (ct). **142 Alamy Images:** ART Collection / Alamy Stock Photo (tr). **143 Alamy Images:** Art Collection 2 / Alamy Stock Photo (bl). REUTERS / Alamy Stock Photo (br). **144 Getty Images:** DEA / G. FINI / Contributor (c). **145 akg-images:** Les Arts Décoratifs, Paris / Jean Tholance (tc).

145 Bridgeman Images: Musee de la Ville de Paris, Musee Carnavalet, Paris, France (br). **146 Alamy Images:** PRISMA ARCHIVO / Alamy Stock Photo (t). Ionut David / Alamy Stock Photo (bl). **147 Getty Images:** DEA / J. E. BULLOZ / Contributor (br). **148 Bridgeman Images:** Private Collection / Bridgeman Images (c). **149 akg-images:** akg-images / MPortfolio / Electa (tl). **149 Getty Images:** DEA / A. DAGLI ORTI / Contributor (br). **150 Alamy Images:** Granger Historical Picture Archive / Alamy Stock Photo (bl). **151 akg-images:** akg-images / Bildarchiv Monheim (tl).

151 Alamy Images: Giovanni Tagini / Alamy Stock Photo (br). **152 Bridgeman Images:** Anglesey Abbey, Cambridgeshire, UK / National Trust Photographic Library/Christopher Hurst (c). **153 British Museum:** © The Trustees of the British Museum (c). **153 Alamy Images:** Artokoloro Quint Lox Limited / Alamy Stock Photo (br). **154 Alamy Images:** INTERFOTO / Alamy Stock Photo (bl). **155 Getty Images:** Heritage Images / Contributor (tl). Science & Society Picture Library / Contributor (bc). **155 Alamy Images:** Artokoloro Quint Lox Limited / Alamy Stock Photo (br). **156 Getty Images:** Hulton Archive / Handout (c). **157 Alamy Images:** Artokoloro Quint Limited / Alamy Stock Photo (c). Lebrecht Music and Arts Photo Library / Alamy Stock Photo (br). **158 Alamy Images:** World History Archive / Alamy Stock Photo (tc). still light / Alamy Stock Photo (bl). **158-159 Getty Images:** Universal History Archive / Contributor (bc).

159 Bridgeman Images: © Library and Museum of Freemasonry, London, UK / Reproduced by permission of the Grand Lodge of England (cr). **159 Getty Images:** Print Collector / Contributor (br). **160 Getty Images:** Print Collector / Contributor (c). **161 Getty Images:** Heritage Images / Contributor (cl). **161 Bridgeman Images:** Pictures from History (cr). **161 Alamy Images:** North Wind Picture Archives / Alamy Stock Photo (br). **162 Getty Images:** Heritage Images / Contributor (c). **163 Getty Images:** DEA PICTURE LIBRARY / Contributor (bcl). Heritage Images / Contributor (bcr). De Agostini Picture Library / Contributor (cr). **164 Alamy Images:** ACTIVE MUSEUM / Alamy Stock Photo (c).

165 Getty Images: Leemage / Contributor (tl). **165 Alamy Images:** Andrew Jankunas / Alamy Stock Photo (br).

166 Alamy Images: Zoonar GmbH / Alamy Stock Photo (bl). FineArt / Alamy Stock Photo (br).

167 Alamy Images: Lebrecht Music and Arts Photo Library / Alamy Stock Photo (ct). ART Collection / Alamy Stock Photo (br). **168 Bridgeman Images:** Musee Fragonard, Grasse, France (c). **169 Alamy Images:** Ros Drinkwater / Alamy Stock Photo (c). JOHN KELLERMAN / Alamy Stock Photo (cr). **170 Alamy Images:** FineArt / Alamy Stock Photo (tc).

170 Getty Images: Leemage / Contributor (bl). **171 Alamy Images:** Peter Barritt / Alamy Stock Photo (tr).

172 Alamy Images: Niday Picture Library / Alamy Stock Photo (tr). **173 Alamy Images:** Granger Historical Picture Archive / Alamy Stock Photo (bl). **173 Bridgeman Images:** Private Collection / Archives Charmet (cr).

174 Getty Images: Heritage Images / Contributor (c). **175 Getty Images:** Heritage Images / Contributor (c). Visions of America / Contributor (cr). **175 Alamy Images:** Norman Barrett / Alamy Stock Photo (br). **176 Getty Images:** PHAS / Contributor (tr). **176 Alamy Images:** Classic Image / Alamy Stock Photo (cl). **177 Getty Images:** Heritage Images / Contributor (cr). Marco Cristofori (bl). **178 Alamy Images:** Niday Picture Library / Alamy Stock Photo (b).

179 akg-images: Album / Oronoz (tc). **179 Getty Images:** DEA / G. DAGLI ORTI / Contributor (br).

180 Bridgeman Images: Ecole Nationale Superieure des Beaux-Arts, Paris, France (c). **180 Alamy Images:** Tom Hanley / Alamy Stock Photo (cr). **181 Alamy Images:** Peter Horree / Alamy Stock Photo (c). **182 Alamy Images:** World History Archive / Alamy Stock Photo (tl). World History Archive / Alamy Stock Photo (bl). ACTIVE MUSEUM / Alamy Stock Photo (br). **183 Bridgeman Images:** Bibliothèque Paul-Marmottan, Ville de Boulogne-Billancourt, Académie des Beaux-Arts, France (cr). **183 Getty Images:** Leemage / Contributor (bc). **184 Getty Images:** Leemage / Contributor (bl).

184 Bridgeman Images: Private Collection / © Partridge Fine Arts, London, UK (c). **184 Getty Images:** James L. Stanfield / Contributor (br). **185 Scala:** The National Gallery, London (c). **186 Getty Images:** Fratelli Alinari IDEA S.p.A. / Contributor (c). Waring Abbott / Contributor (cl). **187 Alamy Images:** Classic Image / Alamy Stock Photo (tr).

187 Getty Images: DEA PICTURE LIBRARY / Contributor (br). **188 Alamy Images:** vkstudio / Alamy Stock Photo (bl).

188 Alamy Images: V&A Images / Alamy Stock Photo (tr). **189 Alamy Images:** LOOK Die Bildagentur der Fotografen GmbH / Alamy Stock Photo (c). **189 Getty Images:** Marco Secchi / Stringer (br). **190 Alamy Images:** Granger Historical Picture Archive / Alamy Stock Photo (c). **191 Getty Images:** Heritage Images / Contributor (tr). **192 Alamy Images:** The Artchives / Alamy Stock Photo (tl). **193 Alamy Images:** ART Collection / Alamy Stock Photo (cl). **196 Alamy Images:** Photo 12 / Alamy Stock Photo (c). **197 Getty Images:** Heritage Images / Contributor (c). **197 Getty Images:** Print Collector / Contributor (cr). **198 Bridgeman Images:** Musee Marmottan Monet, Paris, France (cl).

198 Getty Images: DEA / G. DAGLI ORTI (cr). **199 Bridgeman Images:** Private Collection / Photo © Christie's Images (tl). **199 Getty Images:** Susanna Price (cr). **200 Alamy Images:** INTERFOTO / Alamy Stock Photo (c).

201 Getty Images: Fine Art / Contributor (ca). DEA PICTURE LIBRARY (tr). Fine Art / Contributor (br).

202 Alamy Images: Ian G Dagnall / Alamy Stock Photo (c). **203 Getty Images:** Print Collector / Contributor (c).

203 Bridgeman Images: Museum of London, UK / Bridgeman Images (tr). **203 Getty Images:** Bob Thomas/Popperfoto / Contributor (br). **204 Alamy Images:** Hemis / Alamy Stock Photo (cl). GL Archive / Alamy Stock Photo (tr).

205 akg-images: akg-images / Purkiss Archive (tl). **205 Alamy Images:** World History Archive / Alamy Stock Photo (cr).

206 Alamy Images: Granger Historical Picture Archive / Alamy Stock Photo (c). **207 Bridgeman Images:** Sterling and Francine Clark Art Institute, Williamstown, Massachusetts, USA (tr). **207 Bridgeman Images:** Victoria & Albert Museum, London, UK (c). **207 Alamy Images:** classicpaintings / Alamy Stock Photo (br).

208 Alamy Images: V&A Images / Alamy Stock Photo (tr). V&A Images / Alamy Stock Photo (bl).

209 Rex Features: Eileen Tweedy/REX/Shutterstock (cr). **209 Getty Images:** John Constable (br).

210 Bridgeman Images: Giraudon, studio (1912-53) / Paris, France (c). **210 Alamy Images:** MARKA / Alamy Stock Photo (br). **211 Alamy Images:** Granger Historical Picture Archive / Alamy Stock Photo (c). **212 Alamy Images:** Heritage Image Partnership Ltd / Alamy Stock Photo (tl). **212 Getty Images:** Heritage Images / Contributor (bc).